운동하는 몸과 세계,
철학을 만나다

운동하는 몸과 세계,
철학을 만나다

초판 1쇄 2017년 6월 15일

지은이 최순태, 하송박, 김상범, 김동규
펴낸이 서길수
펴낸곳 영남대학교출판부

출판등록 1975년 9월 5일 경산 제16-1호
주소 경북 경산시 대학로 280
전화 053) 810-1801~3
FAX 053) 810-4722
홈페이지 book.yu.ac.kr

ISBN 978-89-7581-548-5 93690

운동하는 몸과 세계, 철학을 만나다

동·서양 철학사상의 조우

최순태
하송박
김상범
김동규

영남대학교출판부

머리말

인간의 몸은 오랫동안 철학적 사유의 장으로부터 벗어나 있었다. 이는 주지주의적인 전통철학이 인간의 영혼, 이성 등의 정신적 가치만 중시해 왔기 때문이다. 그리하여 이성에 의한 몸의 지배와 통제는 당연한 것으로 간주되어 왔고, 인간의 몸과 관련이 있는 욕망, 감정 등은 상대적으로 경시되거나 소홀히 다루어질 수밖에 없었다. 하지만 근대에 접어들면서 인본주의 사상과 과학의 발달은 이에 대한 새로운 접근을 요구하게 되었다. 인간의 몸과 마음은 상호의존적인 관계임을 이해하게 된 것이다. 몸 철학의 탄생은 이를 근간으로 하고 있다.

몸에 대한 인식의 변화는 몸의 활동과 관련한 접근도 새로워지기 시작하였다. 건강문제에 있어서도 그렇고, 여가선용의 수단으로서도 그러하며, 경우에 따라서는 정치적인 목적에서도 몸의 활동은 중요한 수단이 되기도 한다. 최근에는 몸의 관리가 사회적 평가의 척도이자 자아실현, 자아정체감을 획득하는 중요한 변인으로 작용하여 몸 프로젝트라는 말이 낯설지 않게 되었다.

하지만 이러한 시대적 추세가 긍정적인 결과만을 도출하는 것은 아니다. 이성의 지배로부터 몸의 해방이라는 구호가 단순히 신체적 욕망의 충족만을 의미하는 것이 아니기 때문이다. 외모와 몸매로 인간의 가치를 평가하고, 획일적 기준의 '몸짱'이 자본주의와 결합하면서 몸은 서비스소비의 각축장을 만드는 첨병역할을 하기도 한다. 근면한 노동을 위한 도구로서의 몸, 고귀한 정신을 담는 그릇으로서의 고전적인 몸이 아닌 '몸 학대'로까지 이어지고 있는 것이다.

이와 함께 인간 몸의 활동은 인적, 물적 세계화의 형태로도 나타나고 있다. 자유시장의 원리에 기반 한 스포츠의 세계화는 경제적 효율성을 신장하고, 세계시민의식을 고양하는 중요한 수단이 되고 있다. 그리하여 민족주의, 애국심, 사회통합을 이루는 매개역할을 하기도 한다. 하지만 스포츠의 세계화 또한 문화자원의 유통과정에서 강대국에 의한 문화제국주의 현상이 나타나는 부작용이 있다. 이에 스포츠 세계화에 대한 긍정론과 비판론이 첨예하게 대립하고 있는 것이다. 따라서 정보화 시대의 도래와 함께 스포츠현장에서 개선되어야 할 과제에 대한 심층적인 논의와 세계화에 대한 탐색은 중요한 과제라고 볼 수 있다.

이 저서는 이러한 제반 문제에 대한 철학적 성찰을 시도하는데 목적이 있다. 철학의 근간이 반성과 비판이듯이 이 저서의 내용 또한 인간의 운동하는 몸을 대상으로 그 의미를 찾고, 행위에 따른 반성적 성찰을 시도하였다. 즉 운동하는 몸의 의미와 정체성을 동서양의 관점에서 논의하고, 이를 바탕으로 실천적 관점에서 스포츠 세계화의 지형과 패러다임을 탐색하여 소개하고자 한 것이다. 이 저서는 3부로 구성되어 있으며, 그 주요 내용은 다음과 같다.

제1부는 보디빌딩하는 몸의 의미와 주체성을 주제로 탐색하였다. 건강의 역사, 몸의 지위변화, 섹슈얼리티, 신체육성의 변천과정 등을 탐색한 후, 보디빌딩하는 몸의 의미를 전인적, 수행적, 종교적 인간상으로 구분하여 논의하였다. 또한 보디빌딩하는 몸의 주체성 문제를 자기만족, 타자의 시선, 신체자본 등의 개념으로 분석하였으며, 새로운 시선으로서 타자지향적 주체로의 회귀, 자아-타자의 경계허물기, 신체자본의 획득에서 체험으로 등을 탐색하였다.

제2부는 도가사상을 바탕으로 한 신체관을 탐색하고, 현대 스포츠문화를 비판한 내용이다. 도가사상으로서 道, 자연과 무위(無爲), 氣, 소요유(逍遙遊) 등의 개념을 파악한 후, 이에 근거한 생명유지 신체관, 자연무위적 신체관, 기화론적 신체관 등을 탐색하였다. 이어 도가사상을 통한 현대 스포츠문화의 비판으로서 道, 무위, 소요 등의 관점에서 논의하였다.

제3부는 스포츠 세계화에 대한 비판적 지형과 뉴 패러다임을 제시하였다. 스포츠 세계화의 맥락에 대한 이론구조를 논의한 후, 신자유주의와 스

포츠 세계화, 스포츠 세계화 해독의 뉴 프레임 등을 탐색하였다. 스포츠 세계화의 비판적 지형으로서는 경제적 세계화, 정치적 세계화, 문화적 세계화 등과 스포츠의 관계를 논의하였다. 그리고 스포츠 세계화의 뉴 패러다임으로서 경제적 공동체주의의 형성, 생태정치학의 적용, 세계시민주의의 확산 등이 제시되었다.

이상의 내용구성은 세 명의 박사학위 논문을 기반으로 한 내용으로서 동서양 체육사상의 조우라고 하는 관점에서 탐색되었고, 스포츠 세계화를 기반으로 한 스포츠실천의 문제와 조화를 이루려 했다는 특징이 있다. 또 지나치게 사변적인 접근에 의한 인문학의 난해함을 극복하여 독자의 다양성을 추구하려 하였다. 이러한 면에 있어 이 저서는 몸 철학에 관심이 있는 체육학도와 체육철학 연구자의 전문서적으로서는 물론 일반인의 교양도서로도 그 의미가 있다고 본다.

이미 완성된 연구물들을 저서출판의 명분으로 수정하는 작업은 당초의 예상보다 힘든 면이 없지 않았다. 하지만 내용구성 전반을 새로운 각도에서 조정하고 보완함으로써 원뜻의 전달이 용이해졌고 충실해진 면이 있음은 사실이다. 시간이 흐르면 또 수정하고 보완해야 할 부분이 어찌 없을까만, 그러한 걱정은 그 때 가서 하기로 하고 부족하지만 용기를 내어 감히 출판을 결심하였다.

마지막으로 원문의 구성 자체를 늘 자기 일처럼 도와준 해군사관학교 이정식 교수와 대구예술대학교 김현수 교수의 노고를 잊을 수 없고, 항상 가까이에서 염려해주고 사기를 북돋워주는 경북도립대학교 김기홍 교수의 정성도 큰 힘이 되었다. 또한 늘 함께 하고 있는 영남대학교 체육인문학 교실의 학문적 동지들과 이 저서의 출판을 허락해준 영남대학교 출판부 관계자들에게도 감사의 뜻을 전하고자 한다.

2017년 6월

김 동 규

차 례

제2장. 도가사상의 신체관과 현대 스포츠문화 비판

제1장 보디빌딩하는 몸의 의미와 주체성

1. 개관

몸[1] 은 정신과 하나로 이루어진 살아있는 유기체로서 우리 삶의 중심적 지위에 있다. 그럼에도 불구하고 몸은 실체이원론의 그늘 아래 정신과 분리되면서 정신에 의한 지배, 남성위주, 영혼과 정신 우위사상 등으로 인해 오랫동안 천시되거나 지위가 상실된 채 역사를 이어왔다. 세월이 흐르면서 최근 자본주의로 인한 소비문화의 급증과 물질적 풍요, 여가시간의 증대, 외모중시 풍조, 건강의 중요성 인식 등과 같은 현상은 몸에 대한 관심을 크게 증가시키고 있다. 이와 같은 변화는 몸의 지위회복에 국한되지 않고 몸에 대한 지나친 관심과 투자로 인한 새로운 문제점, 즉 몸 학대와 억압, 그리고 몸 천시현상 등으로 대변되는 몸의 주체성 상실로 나타나고 있다. 정신과의 조화로움 속에서 몸의 의미를 발견하는 것이 아닌 몸에 대한 과잉된 담론과 실천들이 난무하게 된 것이다.

---

1. 이 저서에서의 '신체', '육체' '몸' 등은 '몸'으로 통일하여 표기되고 있음.

이러한 점에서 현대사회의 몸은 새로운 관심사이자 중요한 연구주제로 부상하게 되었다. 이는 단순한 문화적 현상이라기보다는 근대의 탈신체적 거대이성이 꿈꾸어 왔던 인간중심적인 유토피아와 이성에 기초한 문명이 자행하고 있는 삶의 퇴행적 현장을 목도하게 되면서 지구의 존속과 자연과 인간의 공존을 위한 몸의 대안적 담론을 요구하는 것이다(김은혜, 2005). 그리하여 몸에 대한 담론은 소극적으로 몸과 정신의 불평등한 지위문제나 심신이원론에 대한 비판과 극복에 머물러서는 안 되며, 몸의 실존적 의미는 몸과 욕망의 관계, 즉 미적 충족이라는 현대인의 욕망 속에서 탐구되어야 한다(홍성민(2011).

인간의 몸은 생물학적 실체인 동시에 사회적 실체이다. 그런 만큼 몸에 대한 인간의 관심도 철학의 역사만큼이나 오래되었다. 그러나 역사적으로 독자적인 이해의 범주를 형성하지 못한 몸은 '정신'또는 '자아'의 담지자인 종속변수로만 존재해 왔다. 따라서 몸의 실존방식도 시대에 따라 전혀 다른 양상을 보여준다. 근대 이전, 심신이원론에 근거한 마음에 의한 몸의 지배, 즉 몸의 도구화로 인한 몸의 억압이 근대에 들어서면서 드러난 이성적 주체인 근대적 '개인'을 통해 해방을 도모하게 되었다. 하지만 형이상학이 다루는 전통적인 기획인 정신에 대한 해명은 여전히 몸을 제한적인 이성의 지휘 아래 놓이도록 하였다(이을상, 2010).

그러나 생명을 중심으로 한 몸의 권리회복과 건강을 기축으로 한 몸에 대한 관심의 증가는 전지구적 자본주의 논리의 확산으로 인해 새 국면을 맞게 된다. 이 때 몸에 관한 담론 중에서도 보디빌딩(bodybuilding)은 매우 흥미 있는 지점에 위치한다. 이에 대해 이소은(2012: 133)은"보디빌딩이라는 운동을 통해 만들어지는 몸은 담론의 통제를 받는 추상적인 몸인 동시에 움직이는 체화라는 적극적인 실천을 통해 구현되는 구체적인 몸"이라고 하였다. 몸에 대한 이상향이 획일적이지 않지만 보디빌딩을 하는 사람들 사이에는 어떤 몸이 관리가 잘 된 몸인지에 대한 에토스(ethos)를 갖고 있고, 이는 계획이나 조작이 아닌 개별적 프로젝트로 수행된 결과이기 때문에 보디빌딩은 상당히 구체적인 담론을 형성하게 된다.

이러한 점에서 기존의 몸만들기를 통해 이전과는 다른 정체성을 찾게 되었음을 강조하는 연구들은 "몸을 미완성의 생물적 현상인 동시에 사회적 현상으로 바라보고, 두 측면이 만나는 지점에서 형성되는 개인의 정체성에 주목한다는 점에서 몸을 프로젝트로 바라보는 관점을 취하고 있다(임인숙 역, 2011: 24)." 즉 몸 프로젝트는 사회적인 미(美)의 인식과 척도에 부합하기 위한 것이기도 하지만, 그 기준이 구체화되어 있어 사회적 동물로서 인간자신의 자아성찰적인 과정을 담고 있기도 하다. 뿐만 아니라 자신의 주체성과 정체성의 실현을 위한 자본주의 체제의 새로운 몸의 전략이 될 수도 있다. 따라서 보디빌딩을 통한 몸만들기는 몸 프로젝트의 관점에서 논의가 가능한 현상이라고 볼 수 있다.

몸 프로젝트로서의 보디빌딩은 예술이 특정한 이상을 물질적으로 표현하는 행위인 것처럼 더 크고 단단한 근육을 통해 자신의 이상을 몸이라는 물질로 가시화하려는 전략이다. 이를 통해 자신의 존재감에 대해 강력한 언명을 내보이는 것이며, 몸에 대한 통제감과 심미적 가치를 통해 자아정체감과 힘, 권위, 지배를 내포하는 자아실현의 수단으로 인지하려고 한다. 이런 점에서 보디빌딩은 몸에 대한 수련과 단련활동을 고도로 계획적이며 의도적으로 수행하여 몸을 강인하고도 조화롭게 가꾸고 다듬어 정제되고 균형 잡힌 신체상을 추구하는 운동으로서 그 의미가 있다고 할 것이다.

그러나 앞서 언급한 바와 같이 보디빌딩하는 몸은 중요한 의미와 가치가 함축되어 있음에도 불구하고, 일상에서 보디빌딩을 외형상 나타나는 근육발달이나 건강추구와 같은 단순한 몸 단련의 의미로만 간주하고, 현대사회에서 주류를 이루는 몸에 관한 담론에서 제외시킴으로써 신체문화를 척박하게 하거나 왜곡된 가치체계에 머물게 하는 경향이 있다. 보디빌딩을 하는 몸에 대한 오해나 선입견들이 그런 인식을 가중시키는 것이다. 따라서 이 저서에서는 보디빌딩하는 몸의 철학적 의미와 가치를 규명하고, 몸 살림 운동 프로젝트로서 수행되고 있는 보디빌딩이 인간의 주체를 찾는데 기여하고 있다는 것을 증명하려고 한다. 이를 위해 몸의 철학적 담론과 보디빌딩의 발전과정을 논의하고, 보디빌딩하는 몸의 의미와 주체성 문제를 탐색할 것이다.

2. 몸의 철학적 담론

몸이란 정신과 하나로 이루어진 살아있는 유기체이며, 삶을 살아가는 행위의 주체이다. 몸에 대한 인식은 다양한 역사적 맥락을 통해 인식주체로서의 지위격상과 현대 자본주의사회에서 자본의 양식을 표현하는 수단으로 작용하는 결과를 가져 왔다. 그러나 몸에 대한 지나친 관심과 투자는 몸의 주체성 상실과 몸의 학대, 그리고 몸의 상품화와 왜곡된 가치관의 형성 등 종전과는 다른 파행적 사회문제를 야기하게 된다. 몸이 물질적 대상이 되면서 남에게 보여주고 군림하는 욕망의 기호, 사회의 기호품으로 전락되거나 비주체적인 몸으로 취급되는 예를 쉽게 볼 수 있게 되었고, 몸에 대한 존엄성은 상품화 앞에 무력해지는 상황을 맞이하게 된 것이다.

건강의 역사에 담긴 몸

몸은 정신과 하나로 이루어진 살아있는 유기체이며, 삶을 살아가는 행위의 주체이기도 하다. 그럼에도 불구하고 몸은 우리에게 너무나 가깝고 익숙하다는 이유로 오랫동안 진지한 철학적 사유의 장에서 벗어나 있었다 (노양진, 2004). 하지만 근대에 접어들면서 종교개혁과 인본주의 사상으로의 회귀, 과학의 발달 등은 정신의 가치를 다시 생각하도록 하는 계기가 되었다. 인간의 인식이 신 중심이 아닌 인간중심의 삶을 계획하고 실현하는 방향으로 전도된 것이다. 이러한 변화에서 인식변화를 이끌었던 가장 큰 원인은 의학의 발달이었다. 이에 대해 강신익(2010b: 5)은 "지금 우리는 건강과 질병, 그리고 건강을 회복하는 과정인 치유를 신체로부터 일어난 변화로 설명하는데 익숙해져 있다. 이러한 설명방식은 '인간은 무엇인가'라는 물음에 기계적 신체와 그것의 주인인 이성 또는 영혼의 합체라고 답하는 사유구조의 소산"이라고 했다. 즉 현재의 인식과 사유에서는 몸에 대한 이해가 다양함을 의미하는 것이다.

역사적으로도 영혼과 몸의 분리, 이성에 의한 몸의 지배, 남성위주의 심신관 등이 있어 왔고, 이로 인한 몸의 억압과 통제는 영혼과 정신, 이성적 가치 등이 지배 권력과 맞물려 몸이 지닌 자연성은 개인과 사회에 불안을 주고 질서를 깨트리는 악의 근원이라는 편견을 낳았다. 이렇게 몸을 소외시키는 문화는 죽음의 문화로 심화되어 사회에 각종 현대질환을 범람시켜 많은 사람들이 고통을 겪는 상황에 이르게 하였다. 스스로 몸을 느끼고, 몸의 자각을 깨어나게 하거나, 자기의 몸을 살리는 주체임을 인식하지 못하고, 자기다움에 대한 의식과 그것을 발휘할 기회를 박탈당한 사회에서 살아왔다고 볼 수 있다(황정희, 2002: 3). 그리하여 몸에 대한 일종의 사회적 모순은 건강, 질병 등에 대해 새로운 이해를 요구하게 되었으며, 이는 사회에 의해 관리되는 몸이라는 의미도 포함하는 것이었다.

이러한 변화의 중심에는 의학이 있다. 의학의 발달은 건강이 질병이라는 문제와 결부되어 사회를 기능적으로 파악하는 구조기능주의의 출현을 가져왔다. 구조기능주의는 노동자의 건강과 의사의 역할, 그리고 국가의 개입을 정당화하였으며, 국가의 질병관리개입에 당위성을 부여하였다(강신익, 2008). 의학을 기축으로 한 건강의 구조기능주의적 접근은 건강의 역사적 발전과정을 통해 드러난다.

인간이라는 주체는 점차적으로 개인에서 사회라는 단위로 편입되었고, 사회속의 개인은 자율성이라는 측면에서 제한을 받기 시작했다. 그 과정에서 몸의 의미가 변화하는 것은 당연한 일이었다. 이에 대해 강신익

(2006)은 질병, 생명, 우생학 등의 키워드가 어떻게 사회변화를 이끌고 있는가에 대해 건강의 역사적 의미변화를 논의하였다. 그의 연구는 다음과 같이 요약, 정리될 수 있다.

> 인간은 역사적으로 인류발생 시점에 수렵과 채취를 주요 생계수단으로 삼았다. 이 시기에는 대개 소규모 인구 집단단위로 이동과 생존, 그리고 번식을 하였다. 풀과 나무 열매나 들짐승 등 다양한 동식물을 영양원으로 삼았으므로 균형 잡힌 영양 상태를 유지할 수 있었고, 건강에 대한 가장 큰 위협은 질병보다는 자연에 의한 재난이었을 것이다. 이후 정주생활을 하면서 농사 및 목축기술의 발전은 많은 변화를 가져왔다. 여기저기 배설물이 방치되고 자연적으로 정화되기도 전에 더 많은 오물이 버려지면서 각종 해충과 미생물이 번식할 수 있는 최적의 조건이 만들어졌고 주기적으로 각종 전염병이 유행하게 된 것이다. 이러한 환경에서의 질병확산은 인구를 조절하고, 몸이 스스로 적응하는데 있어서 자연의 역할이 크게 작용했다는 것을 의미한다.......<중략>.......이후 18세기에 영국에서 시작된 산업혁명은 경제활동이 농업과 수공업 위주에서 공장과 기계를 사용하는 제조업 중심으로 개편되는 과정이었다. 이 과정에서 인구의 과밀현상이 두드러졌으며, 공장 단위의 생산체계는 도시화를 가속화시켰다. 이러한 급속한 도시화는 보건이라는 개념을 충족하는데 어려움을 가중시켰다. 이 시기의 질병이 주로 환경, 영양, 위생, 작업과 관련되었을 것이라는 추론은 너무나 당연하다. 이 중에서도 결핵은 가장 흔한 죽음의 원인이었으며, 노동과정에서 접촉하는 다양한 화학물질들로 인한 직업병이 만연했다. 성냥공장 노동자, 구리제련공, 모자 제조공, 방직공 등에 흔한 턱뼈의 괴사, 음낭암, 수은중독, 폐질환 등이 잘 알려진 직업병이다. 생활환경의 변화가 질병을 다양화시키고 확산시키기에 이르게 된 것이다.......<중략>.......현대에 이르러서는 새로운 질병도 생겨났다. 거식증 등의 식이장애와 비만 등은 대개 현대인에게만 나타나는 질병유형으로서 생물학적 진화와 문화적 진화의 부조화가 그 원인인 것으로 여겨

> 진다. 수백만 년에 이르는 진화의 시간 대부분은 식량이 부족한 자연적 상태를 유지했다. 따라서 생물학적 몸은 먹을 것이 있을 때 필요한 양보다 많이 먹어 두는 식성을 선택했다. 하지만 현대인의 생활양식과 기계화·자동화 등으로 음식을 모두 소화할 만큼의 신체적 노동의 기회를 앗아가 버렸다. 비만은 당연한 귀결이다. 생물학적 진화의 시간을 문화적 진화의 시간이 따르지 못한 결과이다. 이 밖에도 만성피로증후군, 걸프증후군, 보상증후군 등 사회적 스트레스로 인한 질병들이 나타나고 있으며, 항생제의 남용으로 인한 슈퍼박테리아의 출현과 이로 인한 난치성 감염, 전혀 새로운 유형의 질병 형태인 광우병, AIDS, SARS, 에볼라 바이러스 감염 등이 출현하고 있다. 자연과 환경의 변화, 의학기술의 발달은 인류의 평균수명을 증가시켰지만 새로운 질병에 의해 단축되는 수명도 동시에 늘어나게 되었다(강신익, 2006: 24-27).

인간의 건강에 대한 위협은 자연재난에서 질병으로, 근대에는 환경, 영양, 위생, 작업 등으로, 그리고 현대에는 생물학적 진화와 문화적 진화의 부조화 등을 통해 드러났다. 노동과 질병의 역학관계는 시간이 흐를수록 밀접한 관계를 맺어 왔으며, 생활상의 변화는 건강의 의미에 변동을 주는 양상으로 전개되어 갔다. 따라서 의학의 의미는 질병의 개선과 치료라는 의미에서 예방과 적응의 의미로 개편되었다. 이에 대해 이을상(2010: 337)은“건강은 질병의 예방과 치료를 통해 지켜진다. 이를 위해 ‘의료’가 발달했다. 이로써 몸의 의미는 ‘생의학’의 차원에서 규정된다.”라고 하였다. 그는 본래 질병이란 유기체의 생명력과 결부된 문제였다는 점에서 의료는 개인의 문제이고, 개인이 책임져야 할 문제였지만 전염병을 통해 질병은 개인의 문제가 아닌 집단의 문제로 전화(轉化)된다고 본 것이다. 그 결과 개인은 사회라는 집단으로의 편입과정을 통해 국가적 관리의 대상이 되었고, 국가는 의료를 장악함으로써 자연스럽게 개인을 관리하게 되었다. 이러한 의미에서 질병을 사회적으로 관리해 온 역사는 매우 오래 되었다고 볼 수 있다.

의학을 통한 인간 관리의 역사에 대해 M. Foucault((1926~1984)는 고고학적 접근이라는 독특한 관점을 통해 새로운 시각을 제시한다. 그에 의하면 이러한 관리를 증명하는 두 모델이 서구사회의 '나병'과 '페스트'모델이었다고 주장한다(박정자 역, 2001). McNill(2005), Diamond(2005)는 인간이 집단생활을 영위한 이후 질병에 대한 공동의 대처는 어찌 보면 생명 그 자체의 문제였다고 보는 것이 옳다고 하였다. 그 이유는 서구사회에서 나병은 공동체의 안위를 '정화'라는 과정을 통해 이루려는 시도로서 문제가 있는 개인들을 배제시키는 것이었고, 나병환자의 추방모델은 공동체의 건강에 영향을 미치는 다른 사람들을 거대한 수용소에 감금하는 방식의 모범이 되어 왔다(오생근 역, 2003). 반면 페스트모델은 추방모델과는 정반대의 방향으로 관리되었다. 그것은 환자를 내부로 끌어안고 관리하는 방식이었다. 당국은 일정지역을 구획하고, 감독관이 매일 모든 집 앞을 지나가면서 일일이 호명한다. 이때 호명 받은 사람이 창문에 모습을 드러내지 않으면, 이는 아픈 것을 의미하였다. 아프다는 것은 정상인들에게 위험한 인물이기 때문에 당국이 적극 개입해야 함을 함축한다. 이와 같이 페스트모델에서 중요한 것은 '근접 관찰'이다. 이에 비해 나병모델에서 중요한 것은 '거리두기'다. 왜냐하면 나병모델에서는 공동체의 정화가 목표였지만, 페스트모델에서는 건강한 국민의 생산이 목표였기 때문이다(Foucault, 2001; 이을상, 2010).

이러한 관리모델들은 그 주체가 당국, 즉 국가에 있다는 공통점을 가지고 있다. 국가는 건강이라는 가치를 확보하기 위해 비정상인들의 정화와 생산이 정당화될 수 있는 통치의 기술이라고 본 것이다. 이는 19세기에 들어 위생, 보건학이라는 새로운 학문을 통해 관리기술을 강화하였다. 이를 Foucault는 생명정치(biopolitics)라고 불렀다. 생명정치는 L. Pasteur(1822~1895)에 의해 왜 생명이 사회의 관리를 받아야 하는지 그 근거를 제공하게 되었으며, 그 근거는 다름 아닌 병균이었다. 병균은 보이지 않고 전문가들에게만 포착되는 것으로서 일반인들이 알기 어려운 전문분야로서의 의학을 구축하는데 큰 공헌을 하였고, 이를 통해 생명정치를 가능하게 하였다. 하지만 생명정치도 Foucault에게는 생의학적 시선의 지배를 통한 인구/주민의 관리를 말하는 것이었으며, 이는 더욱 강화되어 인간이 근본적으로 지향하는 좋은 삶이라는 우생학의 출현을 가져왔고, 인종의 개량은 종의 개선이라는 차원에서 집단 간 차별의 근거가 되기도 하였다. 이를 G. Agamben(1942~)은 생명정치의 죽음관리(tanatopolitica)가 시작되는 것이라고 보았다(이을상, 2010).

이와 같은 죽음관리의 체계는 나치의 인종청소라는 비극으로 드러나게 되었으며, 이는 전쟁 이후 뉘른베르크 전범재판을 통해 생명윤리라는 인간 존엄사상을 낳게 하였다. 이러한 몸의 역사적 변천은 집단의 관리체계에서 개인의 그것으로 다시 그 지평을 넓혀가고 있으며, 개인은 몸에 대한 관심과 투자를 적극적으로 행하면서 몸의 지위를 제고해 나가고 있다. 그러나 이러한 역사적 관점은 질병의 역사를 통해 건강의 의미를 되새기게 하지만 몸의 사회적 의미를 담고 있지는 못하다. 몸의 의미변화를 추적하는 것은 사회학적 관점에서의 몸의 지위 변화과정을 통해 그 의미를 배가할 수 있을 것이다.

몸의 지위 변화

현대사회에서 몸에 대한 관심은 자본이라는 인식을 통해 더욱 강화되고 있는 양상이다. 자본을 축적하고 강화하려는 인간의 욕망은 몸을 소비문화에 있어서 중요한 주제로 자리 잡으면서 수많은 담론을 양산해내기에 이르렀으며, 이러한 현상은 학문적 관심으로도 이어졌다. 이처럼 몸은 인식주체로서의 지위격상을 통해 현대 자본주의사회에서 자본의 양식을 표현하는 수단으로 작용하는 결과를 가져오기도 하였다. 즉 건강하고 젊은 몸은 사회적 교환가치를 가진 자본으로서, 시간의 흔적을 성공적으로 거스르지 못한 늙고 병든 몸이나 자기 몸에 대한 조절능력의 결여를 보여주는 뚱뚱한 몸에 비해 우월한 교환가치를 가진 것으로 인정받는다. 이 시대에 만연해 있는 외모 지상주의와 외모에 대한 신념들, 나이에 대한 선입견 등은 이러한 자본으로서의 몸의 위상을 말해준다.

이에 대해 최순태, 김동규(2014: 35)는 "현대 선진 자본주의 사회에서 생산성 급증과 물질적 풍요, 여가시간의 증대는 몸에 대한 관심과 건강문제를 최대의 이슈이자 트렌드로 자리 잡게 하였으며, 학문적으로도 다양한 지적 논의를 통하여 오늘날 몸은 중요한 연구주제로 떠오르게 되었다. 특히 철학적 입장에서의 몸은 인식대상에서 인식주체로 변화되었고, 상실되었던 몸은 몸의 회복으로 제자리를 잡아가게 되었다."고 평가한다. 몸이 가진 지위변화는 철학적 인식의 전환으로 가능하게 되었다고 보는 것이다.

그러나 몸에 대한 지나친 관심과 투자는 몸에 대한 새로운 문제점, 즉 몸의 주체성 상실과 몸의 학대, 그리고 몸의 상품화와 왜곡된 가치관 형성 등 종전과는 다른 파행적 사회문제를 야기하게 되었다. 몸이 물질적 대상이 되면서 남에게 보여주고 군림하는 욕망의 기호, 사회의 기호품으로 전락되거나 비주체적인 몸으로 취급되는 예를 쉽게 볼 수 있게 되었고, 몸에 대한 존엄성은 상품화 앞에 무력해지는 상황을 맞이하게 된 것이다. 또한 몸에 대한 비주체적인 태도는 의료체제에서도 심각하게 나타나고 있다. 병에 대한 두려움과 의사의 권위가 맞물려 각 개인들은 자신의 몸을 주체적 입장에서가 아니라 타자에 의해 해부와 생리학적인 관찰대상으로 내몰면서 주체로서의 몸은 무시되고 있다(황정희, 2002: 2). 몸이 주체성 회복과 동시에 소비의 주체가 되면서 또 다시 주체성을 상실하게 되는 역설적 현상이 나타나고 있는 것이다.

이러한 현상은 몸에 대한 보다 새로운 차원의 위기의식을 조장하고 있다. 근대사회와 산업사회를 거쳐 현대사회에 이르기까지 인간의 몸은 근면한 노동을 위한 수단으로 인식되었으며, 고도의 물질문명에서도 최소한의 근본적 가치 및 인식은 깊은 문화적 토양을 형성하여 몸이 고귀한 정신을 담는 그릇으로서의 지위는 확보하고 있었다. 하지만 이제 몸이 설 수 있는 신체문화는 존립마저 위협받고 있다. 이러한 몸 학대에 대한 자성과 위기의식 하에서 몸 살림운동이 일어나고 있다. 이에 대해 황정현(2000)은 몸 살림 운동의 의의에 대해 다음과 같이 말한다.

> 몸 살림은 '몸'의 자기다움을 살리는 삶으로서 인간과 자연의 '몸'의 생명가치를 중시한다. 이는 생명위기의 몸 문제를 극복하기 위한 주체로서 몸의 자각, 몸의 주체에 의한 자기수련, 생명운동과 생태여성주의, 수련문화에서 중시하는 관계의 가치, 개인 스스로의 주체적 의미를 갖는다. 따라서 몸 살림은 너와 나, 자연과 인간의 관계회복과 주체로서 몸의 생명가치를 중시하여 타자에 의한 자기 찾기가 아니라 스스로 더불어 '자기다움'과 '우리다움'을 살리는 수련운동이다.

몸에 대한 주체성을 회복하고 몸에 대한 새로운 생명가치를 주입하기 위한 몸 살림 운동에서 몸은 그 사람의 내적 기질과 태도의 재현으로 인식되고 개인의 정체성은 자신의 몸과 관련된 사회적 가치들과 연결된다. 또한 몸 살림을 통하여 몸이 곧 자아로 통용되는 현상은 과거 정신과 몸을 이분화하고 정신적 특성만을 인간됨의 유일한 조건으로 간주하였던 근대성으로부터의 이탈을 의미한다. 그리하여 Shilling(임인숙 역, 2011)은 이러한 변화에 대해 다음과 같이 평가한다.

> 서구사회에서 이러한 변화는 종교적 힘이 쇠퇴하면서 이루어졌다. 개인들에게 존재론적, 실존론적 확실성을 부여하고 지탱해 주었던 종교적 힘이 쇠퇴함에 따라, 개인들은 자신을 초월한 의미구조로부터 명확한 세계관이나 자아정체성을 더 이상 제공받지 못한다. 이러한 상황에서 신뢰할만한 자아감을 구성할 수 있는 토대로 개인들은 자신의 몸에 주목하게 된다. 그래서 Giddens 역시 전통적인 의미체계를 약화시킨 후기 근대로의 변화가 몸에

> 대한 관심을 증폭시켰다고 지적한다. 전통사회에서 개인의 정체성은 사회적 지위의 재생산에 그들의 몸을 연결하는 의식을 통해서 자동적으로 주어지는 것이었다. 그러나 후기 근대에서 의미 있고 신뢰할만한 자아정체감은 개인들이 특정한 몸 관리양식을 하나의 생활양식으로 채택하면서 형성된다.

Shilling이나 Giddens 역시 몸에 대한 관심의 증가는 전통적인 의미체계의 약화로부터 비롯된 것이라고 평가하고 있다. 고대사회에서 몸은 타고난 것이자 자연스러운 실제로 인식되었다. 하지만 근대성이 몸을 정의하고 규제해 온 종교계의 힘을 축소(Turner, 1996)시키면서, 후기 근대사회는 개인들에게 자신의 몸을 주목하게 했고, 몸에 대한 관심의 범위를 넓혔다(Giddens, 1991). 몸은 주어진 것이 아니라 성찰적 자아정체성을 형성하는 토대를 제공했다는 Giddens의 주장처럼 현대사회의 개인들은 신뢰할 만하고 의미 있는 자아를 구성하는 기초이자 대상으로 몸을 바라보게 되었다. 자연주의와 사회구성주의 관점의 연결을 시도했던 Shilling(2003)에 따르면 몸은 개인이 자아정체성 일부로 수행해야 하고 완성해야 하는 일종의 '프로젝트'가 되었고, 소유자의 각성과 노력으로 갈고 다듬어질 수 있는 변화 가능한 실체가 되었다. 인간의 몸은 고정된 본질적 속성을 갖는 자연적 실제가 아니라 끊임없이 재구성해야 할 대상으로 설정된다(임인숙, 2002 재인용). 이는 르네상스 인본주의를 통해 인간으로 되돌아가자는 휴머니즘 사상과 맥을 같이 한다고 볼 수 있다. 인간의 믿음, 즉 종교 등과 같은 의미체계를 대체할 수 있는 것이 무엇인가를 묻는 것과 같다. 몸의 상품화 경향은 이러한 점에 기반 해 주체성 문제를 초래하고 있다.

현대인들은 자신의 몸에 대하여 과거 어느 때보다도 깊은 관심과 애착을 보인다. 자신의 몸을 어떻게 관리하였는가에 따라서 사회에서 인정받는 사람으로서, 준비된 사람으로서의 적임자로 평가받게 되고 그에 적합한 지위를 얻기도 한다. 그리하여 몸 관리는 사회체계 내에서 사회적 평가의 척도이자 동시에 자아실현은 물론 자아정체감 획득의 중대한 변인으로 작용하고 있다. 이를테면 건강함, 섹시함, 날씬함 등은 타고나는 것이 아니라 관리되고 변형될 수 있는 결과물로서의 몸이라는 것이다.

그 동안의 우생학적 관심은 우성적 인자들의 집합을 통해 몸은 타고난 것이라는 인식을 강화해 왔다. 그러나 몸은 적극적인 개입을 통해 변형 가능하다는 믿음이 자리 잡으면서 몸은 수행을 통해 하나의 프로젝트 안으로 편입되는 현상, 즉 '몸 프로젝트'현상이 보편화되기에 이르렀다. 이 개념은"몸에 대한 자연주의적 관점과 사회구성주의적 관점을 비판적으로 연결하기 위해 Shilling(1993; 1999)이 제안한 개념(이소은, 2012: 133)"으로서, 그는 몸에 대한 전통적인 관점에 대해 다음과 같은 견해를 밝혔다.

> 자연주의적 접근은 몸을 자아와 사회가 기초하는 유일한 생물학적 토대로 보는 것이다. 자연주의적 관점은 우생학적 사고와 깊은 관련을 가진다. 적자라고 하는 우생적인 종이 있으며, 그것과 다른 경우는 모두 부자연스러운 것이 되는 것이다. 이러한 시각은 미디어의 확산기제를 통해 더욱 강화되는 양상을 보여준다.

이러한 자연주의적 관점은 몸을 개인과 사회의 결정인자로 간주하는 단순성과 함께 인종 차별주의적인 시각으로 연결될 위험성이 있다는 점에서 많은 학자들로부터 비판을 받았다. 몸에 대한 사회구성주의적 관점이 대두된 것이다. 이는 앞서 살펴본 바와 같이 사회적 관리모델을 검토하고 이에 대한 정당성을 부여하는 방식을 의미한다. 이소은(2012: 134-136)은 이에 대해 Foucault(1994)를 인용하여 '규율(discipline)'에 대해 다음과 같이 평가한다.

> 정상적인 몸과 그렇지 않은 몸은 모두 몸의 감각이나 느낌이 아니라 국가와 제도, 근대의학이라는 지식체계가 이야기하는 범주에 의해 규정된다. 몸의 의미는 당시의 제도와 주요 권력이 어떻게 반영되는지에 따라 달라지며, 권

력의 형식에 따라 구성되는 주체의 속성은 달라진다. 권력은 다양한 규율의 장치들을 통해 몸에 직접적으로 투영되며, 구체적인 규율과 감시의 체계 안에서 몸은 유순한 몸(docile body)으로 길들여진다.

이러한 사회구성주의적 시각은 페미니즘의 영역에서도 논의의 지평을 넓혀 왔다(임인숙, 2004a; 정주원, 2006; 정은아, 손승영, 2010). 여성의 몸 관련 논문들은 후기 소비자본주의 사회의 가부장제 문화가 기대하는 미의 기준에 도달하도록 여성들을 끊임없이 사회화하고 있으며, 미의 기준에 도달한 여성에게 주어지는 사회적 인정과 보상을 통해 여성들의 몸매 가꾸기를 치열한 경쟁 속으로 밀어 넣고 있다고 비판하였다.

몸이 자본이라는 정체성을 가지고 소비되는 현대사회에서 개인은 육체자본의 관리라는 과제에 대해 무심하기 어렵게 되었다. 특히 육체자본의 제고를 위한 소비지출은 몸 프로젝트의 핵심으로 작용한다. 다시 말해 투자라는 개념으로 인식되어 몸 프로젝트에 참여할 것이 강제되고, 이는 곧 사회적 억압으로 드러난다. 이에 대해 Bourdieu는 "몸 가꾸기에 '계급 취향의 물질화'가 작동되고 있고, 상류층에 속한 사람들은 자신의 신분을 확실하게 증명할 수 있는 몸 관리 방식을 취하고 있다(Bourdieu, 1995: 279)."고 하였다. 이는 대중매체를 통해 더욱 강화되며, 주체의 입장에서 보더라도 상징으로 작용하게 된다. 몸을 가꾸지 않는다는 것은 신분에 대한 타인의 인식을 일정부분 포기하겠다는 의도이고, 반대로 투자를 통해 관리를 하겠다는 적극적인 태도는 사회적 자본에 대해 무관심하지 않다는 의지의 표명으로 받아들여지고 있는 것이다.

한편 최근의 몸 프로젝트와 관련한 몸의 지위변화에서 논의될 수 있는 중요한 논점 중 하나는 바로 노화와 관련된 주체의 관리이다. 우생학적 관점에서 몸에 관한 기존의 논의들은 대중매체가 재현하는 몸 이미지가 사람들에게 '정상적인 몸은 무엇인가'에 관한 기준을 제시하고, '비정상적인 몸을 어떻게 다루어야 하는가'에 대한 사회적 규범을 형성하고 있음을 밝힌 바 있다(송희영 2011; 임인숙, 2004; 임인숙, 김민주, 2012). 비만과 노화에 관한 미디어 보도의 연구들은 미디어가 비만한 몸에 대해서는 비정상성과 일탈성을 부각하는 시각적, 언어적 장치를 통해 비만 낙인을 강화하며, 노년을 타자화하고 노화를 치료대상으로 삼는 '노화의 의료화' 담론을 형성하고 있음을 분석한다(김주미, 한혜경, 2013; 김혜성, 2011; 한혜경, 2012; 김송희, 2013). 후기 근대사회가 몸을 일종의 프로젝트로 간주(Shilling, 2003)하는 것처럼 동안을 하나의 프로젝트로 인식하는 사회문화적 환경을 김송희(2013)는 '동안담론'으로 명명하면서 변화 가능한 존재양식으로 표상하고 있다. 이는 신자유주의 체제의 '통치성'아래 '동안관리'가 자기계발 및 경쟁력 확보차원에서 투자로 개념화되고 있음을 포착한 것이다.

이상의 논의를 종합하면, 몸의 지위는 건강의 역사적 변천과정과 더불어 사회구성주의, 자연주의적 접근, 그리고 여러 담론들을 통해 이해의 변화를 가져오고 있다. Shilling과 Foucault 등이 제기하는 논의들은 몸의 사회적 이해변화에 적절한 이론적 근거를 제공하고 있으며, 후기의 근대사회는 몸의 지위변화에 대해 전 국가적 관리체계로부터 벗어나야 한다고 주장한다. 따라서 현대사회는 개인의 주체적인 몸의 지위가 확보되어야 하는 시점이 도래했으며, 이는 주체성 회복을 전제로 한 몸의 독립을 의미하는 것이다. 이제 살펴볼 논의는 몸에 대한 의미변화에서 성의 차이를 다루는 것이다.

섹슈얼리티와 몸

"성은 우리가 삶을 어떻게 살아야 하는가, 또 우리가 자신의 몸을 어떻게 즐기고 거절해야 하는지를 둘러싸고 끊임없이 변화하는 우리 자신의 관점에 대한 역사(김종엽, 1996: 347)"를 제공해 준다. 여성의 주체성에 대한 핵심이 여성의 몸과 성, 노동에 있다고 가정할 때 유물론적 논의에서의 이론적 함의는 몸이 갖는 역사적이고 문화적인 힘을 함축한다. 한국에서는 1990년대 이후 인문사회과학 전반에 걸쳐 몸과 섹슈얼리티에 관심이 모아지면서 섹슈얼리티의 사회적인 재현을 중심으로 한 연구가 활발해져 왔음은 주지의 사실이다. 이는 1980년대 후반까지 여성의 사회적 노동에 관한 관심이 절대적이었던 점과는 대조되는 현상이다(이수자, 1999; 2006).

1950년~1960년대에 섹슈얼리티와 정체성에 관한 모순적인 메시지를 흡수하면서 살아온 젊은 여성들은 몸의 해방이라는 과제에 놓이게 되면서 욕망의 표출이 시작되었다. 섹스는 여성해방의 화두가 되었고 쾌락은 해방과 동의어로 인식되었다. 젊은 여성들은 성적 쾌락이 가부장제에 의한 몸의 억압에서 해방되는 길이자 여성들에게 권한부여의 기능을 한다고 믿은 결과였다. 성 혁명이 여성들에게 긍정적으로 미친 영향은 크게 두 가지다. 첫째, 성적 주체로서 여성의 존재를 인정하게 된 것이다. 두 번째는 여성의 성적 해방이 요구됨과 동시에 찬양되었다는 점이다. 따라서 당시 성 해방은 이전까지는 무성적 어머니이거나 성적으로 타락한 매춘녀의 이분화로 인지되었던 여성에게 성적 쾌락을 즐길 수 있는 권리를 부여하는 정치학으로 인지되었다(Hooks, 2000: 86-87).

이러한 역사적 배경 속에서 1970년대 들어 페미니즘은 운동과 이론으로서 본격적으로 성장한다. 제2의 물결을 주도했던 급진주의 페미니스트들은 '여성의 성적 자기결정권의 정치적 중요성'을 전면에 내세우며, '여성의 입장에서 본 섹슈얼리티'를 이론화하기 시작했다(이나영, 2009: 18). 페미니스트 학자들은 섹슈얼리티를 섹스나 젠더를 넘어서 독자적 특성과 메커니즘을 지닌 사회적 역사적 구성물일 뿐 아니라 인간의 관계성, 욕구, 억압, 권력을 이해할 수 있는 중요한 실체 또는 도구로 보게 된 것이다(권인숙, 2009: 42).

1990년대 후반 들어 20대 미혼여성들은 적극적으로 자기의 삶을 기획하고 실천하려고 하였다. 비교적 사회의 통념과 관습으로부터 자유롭게 자기 삶을 기획하고 그 중심에 서려 한 것이다. 이들이 자기 삶과 욕구를 드러내는 방식 역시 이전의 것과는 판이하게 다르다. 텔레비전, 영화와 같은 대중매체의 영향과 함께 최근 다양한 방식의 문제제기를 통해 수면 위로 떠오른 섹슈얼리티 담론도 20대 미혼여성들에게 영향을 미쳤을 것이다. 이러한 과정에서 여성의 상품화, 대상화 문제는 핵심적인 것으로 논란이 되어 왔다(문은미, 2002: 232).

이러한 조짐이 상품화에 한정된 현상은 아니었다. 노동영역에서도 섹슈얼리티는 노동의 개념에 편입되면서 성적 서비스에 대한 노동권의 주장으로 이어진 것이다. 여성의 존엄성이라는 대전제 아래 여성의 상품화에 대해 노동자들이 주체가 되어 노동권을 주장하는 아이러니한 상황이 발생하게 되었다. 섹슈얼리티와 노동에 대한 의미가 새 국면을 맞이하게 된 것이다. 이에 대해 Foucault는 여러 권력 장치들이 몸에 직접적으로 연결되는지와, 그 안에서 현대사회의 권력이 전통사회와 어떻게 다르게 작동하는지를 보여주고자 하였다. 그는 생명이 권력행사의 중심으로 오면서 새로운 종류의 권력기제가 발달했다고 하였다. 몸은 이 지점에서 노동력이라는 가치와 결부되면서 부르주아 계급의 헤게모니에 기여하게 되었다. 이 때 여성의 몸은 노동을 수행하는 주체이며 노동이 수행되는 장인 동시에 섹슈얼리티의 장이기도 하다(Arendt, 1967).

섹슈얼리티와 관련하여 남성과 여성의 차이 또한 몸 담론을 둘러싸고 첨예한 대립양상을 보인다. 전통적인 시각에서 남성은 합리성, 객관성, 이성 등을 대변하는데 반해, 여성은 이에 대해 불완전함을 대변하는 존재로 인식되어 온 것이다. 늘 여성의 주체성은 남성의 보살핌 속에서 이루어지는 것으로서 배려의 대상이 되었다. 따라서 Freud는 다음과 같이 말한다.

> 가부장적 세계에서 여성의 몸은 거세된 몸, 결핍된 성, 어두운 대륙이다. 여성의 몸은 그 자체로서 완전하지 못하며, 그렇기 때문에 근대적 국가의 일원으로 기능하는 데도 한계가 있다. 여성이 남성과 다른 가장 큰 차이는 출산이

지만, 이마저도 남성권력의 기획에 따라 때로는 산아제한을, 때로는 출산장려의 대상으로 치부될 뿐이다. 이제 여성에게 남는 것은 남성주체의 성적 판타지의 타자로 대상화되는 섹슈얼리티뿐이다(임종수, 박세현, 2013: 101-102).

섹슈얼리티와 관련된 몸은 건강담론과 마찬가지로 관리의 대상이었다고 볼 수 있다. 관리주체는 공권력을 필두로 한 남성의 권력이었으며, 이는 여성의 지배방식으로 활용된다. 여성의 지배를 위한 절차는 성적으로 남성에게 도구화되는 것이다. 이러한 도구화는 의학담론과 결부되면서 상당히 구체적으로 드러난다. 생물학적인 성은 관리의 대상이며, 여성이 출산을 하기 위한 준비는 생물학적으로 남성을 받아들일 준비를 철저히 하는 것으로 간주되었다. 가령 여성과 관련된 성 담론은 대체로 생리, 처녀막, 낙태, 순정, 정절, 오르가즘, 성병, 클리토리스 등 대부분 성욕이나 성 위생, 때때로 성 훈육과 관련된 것인데, 그것은 금기나 도그마의 용어라는 점에서 여성을 대상화하고 지배하는 담론을 충분히 유추할 수 있다. 영화나 소설 등 전통적인 내러티브 양식들도 여성의 몸을 여성이 아닌 남성적 시선을 통한 억압과 쾌락을 일관되게 유지하고 있다(임종수, 박세현, 2013: 103-104).

이와 같은 시각은 여성이나 남성들에 의해 조정되는 것이 아니라 양성적인 차원에서 이루어진다. 이는 미디어를 통해 배포되는데 현모양처의 삶은 여성에 의해 여성이 지켜야 할 미덕으로 위치되고, 남성은 가부장적인 삶의 원천으로서 여성을 관리하는 주체의 지위를 부여받게 된다. 특히 미디어는 더욱 적극적으로 여성의 몸에 대한 변형을 요구하게 된다. 미디어가 말하는 이상적인 몸은 몸에 직접 장식하거나 의복으로 장식하여 일시적 혹은 영구적으로 변형되는 것을 넘어 이상적인 몸 자체를 갖도록 요구하게 된다. 이에 대해 Morgan은 여성들의 인체가 여전히 제한되고 조절되고 평가된다고 주장하며 많은 연구들은 여성들이 이상화를 위해 인체를 변형한 후 정신적·육체적으로 만족감이 증가했다고 보고한다. 인체에 고통과 압력을 주는 행위들이 가부장적인 요구와 미(美)라는 이름 아래 정당화되고 이상적인 인체 변형을 위해 다양하게 나타나고 있다. 즉, 이러한 미적 추구의 과정에서 의복뿐만 아니라 인체의 부분을 강조한 다른 형태의 패션도 과도하거나 부주의한 경우 인체를 변형시키고 부작용도 유발시키고 있다(김지연, 2007).

미용 성형수술과 함께 이상적인 몸으로 변형시키기 위한 웨이트 트레이닝은 1970년대 중반 이후 시작되어 1980년대부터 주류를 이루게 되었다. 즉, 비만·체형·피부 관리실 및 헬스센터, 다이어트식품, 건강 보조식품 등으로 인한 '상품화된 몸 관리'의 일상화와 프로젝트 화는 보디빌딩이 몸 프로젝트의 시각에서 주도될 수 있는 가능성을 가진다고 볼 수 있는 근거를 제공하였다. 이에 대해 Cox는 '20세기 날씬한 인체의 유행은 코르셋보다 더 많은 압박'이라고 하였으며, Wilson은 입거나 벗을 수 없는 '근육의 코르셋'이라고 하여 항상 인위적으로 인체를 만들어야 하는 정신적인 압박을 표현하였다. 많은 여성들이 심한 다이어트와 몸만들기로 인해 빈혈, 영양불균형, 피곤함, 두통 등의 부작용을 일으키고 있으나 이러한 패션은 더욱 심해지고 있다(김지연, 2007).

이와 같이 여성의 몸은 섹슈얼리티 담론을 통해 노동의 영역에서 그 의미가 규정되는 것은 물론 가부장적인 기준, 그리고 미디어를 통한 우생학적 완전성에 대한 계몽이 이루어지면서 여성의 주체성 확보에는 실패하는 모양새다. 또한 고통을 수반하면서까지 몸을 디자인하려는 욕망은 여성의 주체성을 훼손하고 있으며 더욱 강화되고 있다. 따라서 자연스러운 몸에 대한 여성 스스로의 주체적인 태도와 외모 지상주의적 사회풍토의 개선이 요구되는 현실이다. 또한 미디어의 선동적인 몸 억압기제나 남성중심의 가부장적 기준 등은 섹슈얼리티에 따른 몸의 변형을 요구하고 있다. 몸 프로젝트에서 섹슈얼리티에 대한 구분은 그 자체로 성불평등적인 요소를 내포한 과잉현상임을 주지할 필요성이 있는 것이다.

신체육성의 역사적 변천과정

오늘날 현대인이 추구하고 있는 몸의 아름다움이 가장 이상적으로 표현된 시기는 고대 그리스일 것이다. 그들에게 있어서 운동은 신을 닮기 위한 노력, 즉 그들의 이상향에 이르기 위한 수단 중 하나였고, 이는 이상적이고 아름다운 몸의 모습으로 조각상에 표현되었다. 그들에게 완벽한 몸이란 황금비율(canon)로 일컬어지는 인체미를 갖는 것으로서 유전에 의한 것이라기보다는 후천적 노력에 의한 것으로 인식되었다. 이러한 인체미에 대한 관심은 절제되고 정제된 몸에 대한 표현수단으로서의 미술작품에 그대로 투영됨으로써 오늘날의 몸 수련, 혹은 몸 프로젝트로서의 보디빌딩에 대한 가치를 축적해 왔다.

역사적으로 근대적인 웨이트 트레이닝 장비와 유사한 기구를 이용하여 훈련을 했던 신체문화가 뚜렷이 나타난 것은 그리스의 역사에서이다(Terry, 1996: 26). 그리스의 레슬링선수들은 힘을 키우기 위해 보디빌딩과 유사한 체력훈련을 실시하였다. 그들은 체계화된 운동기구의 혜택을 받지는 못하였으나 돌이나 통나무 등을 들어 올리는 운동을 함으로써 근력을 강화시켰다. 그 대표적인 예가 Milo였다. 그는 송아지를 어미소가 될 때까지 어깨에 메고 걷는 훈련과 들어 올리는 훈련을 하였다. Milo의 훈련은 현재 점진적 과부하의 원리로 전수되어 보디빌딩 훈련방법의 기초적인 원리로 남게 되었다(Hurray & Karpovich, 1983; 신정태, 1993: 317-318; 이가람, 2013: 29 재인용).

이러한 노력의 결과들은 그리스의 예술가들로 하여금 예술작품으로 승화될 가치를 가지는 것들로 인식되었다. 그들이 숭배하는 신의 모습을 가장 이상적이고도 완벽하게 형상화함으로써 그 작품들은 모든 사람이 그 모습대로 자신의 신체미를 추구하는 목표가 되었으며, 그들이 동경하는 삶의 궁극적인 목적과 생존의 의미마저도 조각상에 함축된 전인적인 인간상을 겨냥하게 되었다. 그러한 이유에서 실제로 그리스인들은 자신들의 몸 관리에 특별났다고 전해진다. 그들은 자신들의 천성적인 아름다움을 한층 더 높이기 위해 출생에서부터 완전한 성장에 이르기까지 몸을 단련하고 유지하며 더욱 아름답게 발전시키도록 인위적인 모든 방법을 동원했다고 한다. 강건한 몸을 위한 그리스인들의 생활양식은 유년기 시절부터 시작되었으며, 이는 몸에 대한 사상을 적립하는 계기가 되었다.

그리스인들의 이러한 예술적 이상이 가장 잘 반영된 것이 Phidias의 '올림피아의 제우스상'이다. Phidias의 제우스상은 이루어질 수 없는 이상의 전형이다. 그리스조각의 대부분이 신과 영웅이었던 것은 그들이 인간보다 우월했기 때문이라는 이유에서만 아니라, 예술적 표현의 대상이 이념적인 것이고 예술이 그런 이상화의 활동이라고 믿었기 때문이다. 그래서 그들은 신체적 탁월성과 도덕적 탁월성이 공존하는 형상으로서 신과 영웅을 조각예술의 소재로 삼았던 것이다. 신과 영웅의 형상 속에서 그리스인들은 그들의 포괄적 이상을 구현했었다. 조각가들은 눈에 보이는 대로의 인간을 만든 것이 아니라 민족의 가장 심오한 철학적 본질 가운데 존재하는 인간을 만들었다(박범수, 1996).

그리스인들은 자신들이 섬기는 신을 제작할 때조차도 상(像)을 자신들과 똑같은 인간의 모습으로 표현해 낼 만큼, 자신들이 다루고 있는 미술상의 모든 주제에 대해 지극히 인간적으로 접근하고 있다. 더욱이 이러한 사실은 그리스인들이 인간을 포함한 세계에 대해 숙고하고 있던 하나의 태도, 즉 '세상의 중심은 인간이다.'라고 하는 인간중심적 사고를 드러낸다고 볼 수 있다. 예컨대 '인간은 만물의 척도'(H. Diels, 1951)라는 소피스트 Protagoras(BC 481경~BC411)가 천명한 인간 척도론(Homo-Mensura Satz)이 당시 그리스의 모든 분야, 즉 논리학·형이상학·윤리학 ·미학·법률·국가·종교 등 그리스인들의 삶 속에 스며든 결과라고 말할 수 있다(이승건, 2007).

이러한 그리스인들의 인간중심주의적 사고는 그들이 제작한 조각상과 도기화에 그대로 투영되어 몸의 아름다움과 몸의 운동성, 미적 이미지로서의 몸에 관한 체육·미학적 가치를 추구해 나갔다. 그들은 건강미를 표출할 수 있는 몸을 아름답게 보았다. 장식을 통한 미의 창출도 있었겠지만 움직임을 통하여 표출되는 아름다움을 더욱 중시하였다. 그로 인해 아무것도 걸치지 않은 나체에 대한 관심이 높았으며 여성보다는 남성의 몸에 더 관심이 많았다(고영득, 2009). 이는 고대 그리스의 역사에 있어서 저항운동의 목적이 근력의 강화에 국한된 것이 아니었음을 말해준다. 그리스의 운동선수들은 신체미를 과시하기 위해 전라의 몸으로 경기에 참여했으며, 그것은 미와 힘의 조화를 지향하며 탁월성을 추구했다. 그리스체육이 인간존중의 시민육성과 관련이 있었기 때문이다(이학준, 2008: 27).

중세의 몸은 예술작품을 통해 초기의 단순화, 양식화 경향을 거쳐 공간적 깊이와 과학적이고 합리적인 원근법이 무시되었으며, 인체의 비례나 균형을 도외시한 비자연주의적인 접근이었다. 이의 근본적인 특색으로 시종일관했던 성향은 형이상학적 존재를 가지는 세계관을 대변하는 것이었다. 즉 극히 종교적이고 정신적인 예술로서의 성격을 잃지 않으면서 교회조직을 중심으로 한 그리스도교 일변도의 감정을 상징적으로 표현하였다. 그리하여 정신세계의 표현이 지배하는 중세미술의 인체표현은 그리스적 정밀표현을 바탕으로 구상적 표현방법이 아닌 상징적 표현방법으로 인간의 성격화(性格化)를 나타내었다. 그리고 로마네스크(Romaneaque)와 고딕(Gothic)의 시기에는 인체의 묘사를 통해 인간본연의 존재성에 대한 강한 향수를 볼 수 있었다. 이 시대의 인체표현은 인체의 비례로부터 표정에 이르기까지 종교적 이상주의(理想主義)와 사실주의(寫實主義)가 결부되어 있었고, 이는 곧 도래할 인간성의 회복과 근대 미술표현을 꿈틀거리게 하는 동기를 이루게 된다(김옥준, 김영주, 2007).

비잔틴(Byzantine) 시대의 인체표현은 비례론적으로 수치화하지 못하는 추상적인 선적 원리에 지배된 평면성이 특징이었다. 몸은 종교적 이유인 정숙, 금욕의 풍조로 인해 인체를 드러내지 않는 인체 은폐형으로서 남녀의 성차가 없는 중성적인 이미지를 나타냈다. 그 후 8차례에 걸친 십자군 원정으로 인한 유럽사회의 급격한 변화와 동서양의 문화적, 경제적 교류는 새로운 예술양식인 로마네스크 예술을 탄생시켰는데, 이 시기에는 군복의 발달과 기사계급의 출현으로 약한 자를 돕는 기사도 정신이 나타나게 되었다. 또한 여성을 존중하고 여성의 아름다움을 예찬한 데서 신체의 미를 가꾸려는 심리를 만들었으며, 이는 비잔틴과 로마네스크 시대간의 인체미를 표현하는 방식을 구분 짓게 하는 중요한 요소가 되었다(김옥춘, 김영주, 2007). 즉 비잔틴 시대에는 몸을 속박하는 의미에서 몸 전부를 은폐하였으나, 로마네스크 시대에는 몸을 속박하기보다는 자연적인 인체미를 이상으로 여겼다. 따라서 인체비례는 중세의 종교적 이상주의와 인체의 조화적 비례를 중시하는 고대 로마시대 인체미의 영향에 의해 8등신으로 표현되었다(전경숙, 1995).

이러한 시대적 경향과 예술적 충동은 인간본성 속에 살아 숨 쉬고 약동하는 힘과 에너지의 원천을 표출하고자 하는 신체적 욕구의 발로이며, 종교적 제약에서도 인간신체의 아름다움과 경건함을 표출하기를 염원하는 것이었다. 그들이 인간으로서 준수해야 할 종교적 숙명이라고 인지하는 순간마저도 하느님께서 주신 성스러운 몸의 향연을 만끽하고 싶어 하는 순수의지의 흔적이라고 할 수 있다.

한편, 체육의 암흑기로 비유되는 중세의 기독교시대에도 체육, 즉 활발한 신체활동을 통한 이상적인 인간상을 구현하는 근본정신의 맥은 유지되고 있었음에 주의를 환기시킬 필요가 있다. 본래 중세 기독교시대에는 정신우위, 신체멸시 사상으로 인하여 물질과 신체적인 것은 근본적으로 악한 것이며, 영적인 것만이 우월하다는 심신이원론적인 사상, 즉 유대주의 사상이 지배하던 시기였음은 재론의 여지가 없다. 그리하여 학문적으로, 혹은 체육학적으로 중세를 논할 때, 행해진 신체활동에 대한 특별한 사실이나 논의점들을 제시하지 않으면서 그에 대한 의미를 부여하지 않는 게 일반적인 현상이다. 그럼에도 불구하고 제한적이나마 나타난 신체활동과 인체미가 현대적 관점에서 어떠한 의미를 부여하고 있는가 하는 점에 대해서는 관심을 가지고 냉정한 평가를 해야 할 것이다. 중세에도 활발한 신체활동을 통한 가능성과 희망은 항상 존재해 왔으며, 활발한 대근활동과 신체단련에 대한 순수의지는 더욱 강열하게 인간내면에 싹트고 있었다고 볼 수 있기 때문이다.

르네상스는 14~16세기 서양역사에 있어 중세에서 근세로 넘어오는 과도기에 나타난 문화의 총칭으로서, 교권(敎權)에 의하여 규정된 기독교적 신(神)·자연·인간관의 속박으로부터 해방되어 신본주의(神本主義) 혹은 신중심사상에서 인본주의(人本主義) 내지는 인간 중심주의로의 전환을 지칭한다. 이러한 시대적 여건 속의 르네상스 시대에 행해진 체육활동은 이탈리아의 휴머니스트, 즉 인문주의자들에 의해 중세에 멸시되었던 몸이 다시 정신과 대등한 위치를 회복하게 되었다.

인문주의가 체육활동을 적극적으로 발전시키는데 있어서는 다음과 같은 사상적 배경이 있었다. 첫째, 세속에 의한 기쁨은 몸에 대한 긍정적인 사고를 포함하고 있다. 즉 아름다움, 건강, 신체적인 유능함은 가치 있는 재산으로서 이러한 인식은 성직자들 사이에서도 다양하게 확산되고 있었다. 둘째, 고대정신과의 만남은 고대문헌의 수집과 평가를 통하여 그리스의 짐나스틱(Gymnastic)과 로마의 신체훈련을 비교·대조케 하였다. 셋째, 인문주의는 인간의 인격을 존중하여 어린이의 발달단계와 연령에 따른 고유한 특성에 대한 이해를 강조하고, 운동충동, 유희충동, 레크리에이션의 욕구가 교육학의 중요한 관점이 되었다(김동규, 2013). 따라서 중세 암흑기 수세기 동안 신으로 인하여 인간이 부정되었던 조류가 르네상스기를 맞으면서 인간 스스로를 인정하고 각성하기 시작한 것이다. 즉 그리스의 인본주의 사상에 힘입어 몸의 아름다움을 위한 표현이 부활되었고, 풍만과 풍요 속에서 몸의 아름다움을 재발견하게 되었다.

르네상스의 인본주의는 우주의 무한함을 시각적으로 포착할 수 있게 함으로써 세계에 대한 인간의 우월성을 과시하는 하나의 양식을 탄생시켰다. 그러나 이는 인간이 신보다 높은 위치의 절대자라기보다는 신과 대등한 위치인 대립자의 존재를 의미하는 것이다. 따라서 르네상스 시기의 인체조각은 그리스, 로마의 인간정신과 더불어 자연에 대한 탐구정신이 창작의 자세로 전환되어 다시금 자연주의적이고도 사실주의적인 인체조각을 나타나게 하였다. 르네상스 시대에 있어 인간에 대한 신뢰와 이성에 대한 강렬한 믿음은 예술의 근거가 된 것이다(안재현, 2000).

르네상스기에 표현된 인체조각상은 그리스, 로마시대에 나타났던 몸의 아름다움과 풍만, 그리고 풍요가 과감하고도 우월적 지위로 표현된 것이다. 중세의 억제된 표현으로부터 탈피하여 역동적인 몸을 표현하였고, 자연주의적이고 사실적인 몸을 표현함으로써 인간의 신체활동과 인체미에 대한 인간주의적 접근의 기회를 열어 나갔다. 또한 르네상스기의 조각상은 신체활동과 인체미에 대한 본능을 사실적으로 표현함으로써 신체단련의 당위성에 이어 몸 프로젝트로의 정초를 형성하기에 이르렀다. 신플라톤주의의 영향을 받아 인체표현이 보다 사실적이고 특히 인문학적 색채를 띠기 시작한 것이다. 특히 B. Michelangelo(1475~1564)는 인체표현에 있어 인간의 의지와 힘, 그리고 이성적 능력을 조각상에 표현하는 심신일원론적인 철학을 바탕으로 주체적인 정신세계를 주입함으로써 몸에 대한 세계관을 확장시켰다. 또한 그는 신의 의지와 힘을 인간의 의지와 힘으로 대체시키며 인간의 이성능력을 존중하는 휴머니즘을 이루게 하였다.

이탈리아에서 발생한 르네상스 운동이 학문과 예술의 새로운 기운을 일으키며 범 유럽으로 확대되고 있을 때 독일을 중심으로 종교개혁이 일어났다. 종교개혁이 일어나게 된 역사적 배경은 중세 말의 유럽사회가 전면적으로 변화하는 과정에서 날로 증가하는 이단운동, 신비주의의 대두, 교황의 권위에 대한 회의, 그리고 교황 및 교회의 타락과 형식주의에서 찾을 수 있다. 이와 함께 르네상스 운동의 영향도 종교개혁의 탄생에 중요한 배경이 되었다. 특히, 북부유럽의 사회적 인문주의 정신과 근접하여 르네상스로 확산된 세속적 분위기가 종교개혁을 일으키는 터전을 마련하였다고 볼 수 있다. 그러므로 종교개혁은 르네상스 휴머니즘의 연장선에서 이해될 수 있다. 그 당시의 성직자들은 세속적이고 현세적인 욕망의 충족에 타락하여 풍자와 비판의 대상이 되었으며, 교회 내부 혹은 외부로부터의 개혁이 필요하던 때였다. 종교개혁은 이러한 시대적 상황으로 보아 필연적이었다고 볼 수 있으며, 이의 직접적인 발동은 M. Luther(1483~1546)에 의해서였다(김동규, 2013).

Luther는 종교개혁의 정신과 인문주의를 겸해서 정서교육과 건강교육의 수단으로 음악과 체육을 중요시하면서 "음악은 신으로부터의 가장 아름답고 빛나는 선물로서 사람의 심정을 깨끗하게 하는 것이며, 체육은 사람을 타락하게 하는 것과 무절제한 마음에서 구제하는 힘을 가진 것"이라고 하였다. 또 그는 뛰고 노는 것이 아이들의 본성임을 깨닫고 학교 프로그램에 스포츠, 특히 펜싱과 레슬링을 포함시켜야 한다고 주장하였다. 그는 많은 종교개혁자들과 달리, 보호자가 동반된다면 무용을 찬성한다고 하였고, 자신도 볼링을 즐겼으며 도덕적으로 건전한 체육활동은 배척하지 않았다(김옥태, 2004: 8). 인간의 존재를 심신이원론적 존재가 아닌 심신일원론적 관점에서 주지하고 있던 것으로 유추할 수 있다.

신체문화의 전개는 19세기 말에 나타난 머슬빌딩(muscle-building)을 시작으로 본격화되었다. 이는 단순히 생존수단이나 자기방어를 위한 근력강화가 아닌 그리스적 이상이었던 '미적 몸의 추구경향'을 의미하는 것이었다. 또한 고대 스톤 리프팅(stone-lifting)이 근대 웨이트 리프팅(weight lifting)으로 진화했다는 것을 의미했다. 보디빌딩이 나타나기 전 신체문화(physical culture)의 형성과정에 대한 이가람(2013)의 연구를 요약하면 다음과 같다.

> 보디빌딩이란 용어는 근대에 출현한 것으로 나타나지만 그와 유사한 신체육성 문화는 고대 그리스, 이집트, 중국 등에 산재했던 것으로 나타난다. 그리고 그러한 활동은 독일태생의 Eugene Sandow, 1867~1925)에 의해 체계화되었던 것으로 확인된다. 보디빌딩의 선구자로 알려진 Sandow는 19세기말 유럽에서 강인한 남자로 큰 명성을 얻었고, 많은 그림과 사진의 모델

로 활약했다. 그는 영국과 네덜란드에서 중량들기(weightlifting)를 조직화된 스포츠로 발전시켜 칭송을 받았다(Bonino, 2001: 56-70).

1867년에 프러시아(Konigsburg, Prussia)에서 태어난 Sandow는 1889년 영국으로 이민갔다. 그 해, 11월 Royal Aquarium에서 열린 경기에서 프랑스 장사(strongman), Charles Samson에게 승리하여 세계에서 가장 힘이 센 인물이라는 수식어를 얻기도 했다(Crompton, 2011: 37).

오늘날의 보디빌딩이 탄생하게 된 것도 Sandow의 영향이었던 것으로 나타난다. '보디빌딩의 아버지'라 불리게 된 그의 영향력은 유럽을 넘어 아메리카 대륙으로까지 확장되었다. 19세기 후반 유럽과 미국의 박람회나 희극쇼(vaudeville)에서는 강한 남성들의 연기가 성행했다. Sandow는 이러한 전통을 주도한 대표적인 인물이었다. 1893년 Sandow는 26세에 당시 유명한 프로듀서 Florenz Ziegfield와 처음 미국에서 계약을 맺었고, 자신의 신체적 탁월함을 무대에서 선보였다. 이 때 많은 사람들이 Sandow의 신체적 탁월성을 감상하기 위해 Ziegfield쇼를 관전했다(Stokvis, 2006: 466-467). 그의 힘과 몸매 자랑은 Chicago World's Fair에서도 큰 인기를 끌었고, 그 이후 미국에 본격적인 몸만들기 운동이 일어났다. 이러한 변화의 중심에는 Sandow가 있었으며, 그러한 변화가 후일 보디빌딩이란 이름의 체계적인 몸 가꾸기 운동으로 이어지게 되었다.

미국에서 신체육성, 즉 몸만들기 문화가 본격화된 것은 19C 건강중시 사조의 출현과 맥을 같이 하고 있다. 생물학의 발달과 함께 미국사회에서는 건강을 중시하는 일련의 사회적 움직임이 나타났다. 그러한 변화의 중심에는 George Barker Windship이라는 인물이 보인다. 그는 1859년과 1861년에 건강을 중시하는 일련의 개혁자들에게 힘의 중요성을 알리는 최고의 전도사로 간주되었다. 그는 유복한 가정 출신으로 하버드대학에서 우수한 의료기술을 연마하고 졸업한 뒤 보스턴의 많은 병원과 공공기관에서 근력운동과 연계된 프로그램을 수용하게 만들었다. Windship은 탄탄한 이론을 바탕으로 근력훈련에 대한 높은 수준의 강연을 선보일 수 있었고, 체육관과 의

> 료센터를 결합한 시설을 마련하여 성공적인 건강개혁 분위기를 이끌었다(Paul, 1983: 49). 미국사회에 중량운동을 바탕으로 하는 신체문화가 뿌리내리기 위한 사상적 토양은 건강 중시사조(건강개혁)였고, 그 중심에는 Windship이 존재했던 것이다.
> 그러나 미국 체육사를 고찰해 보면 당시 중량운동의 확산을 주도한 전문적 단체는 YMCA였던 것으로 확인된다. Windship의 영향을 받아 근력운동에 심취되었던 인물들이 대개 미국 YMCA 지도자가 되었기 때문이었던 것으로 나타난다. 중량운동에 심취한 인물들이 주로 YMCA시설을 이용하여 근력 트레이닝(strength training)을 소개하고 전파시켰다(Paul, 1983: 55). YMCA는 복음을 전파하기 위해 체육활동을 지렛대로 활용했으며, 이를 위해 다양한 스포츠종목과 함께 중량운동을 체육부의 중요한 프로그램 중 하나로 채택했다. 예컨대, 1892년 YMCA는 약 20만 명의 회원을 보유하고 있었으며, 348개의 체육관을 운영하였다(Rader, 1983: 152). 이러한 환경에서 대부분 젊은이들은 농구와 배구종목에 매료되어 갔지만, YMCA 체육관에서 웨이트 트레이닝도 중요한 위치를 차지하게 되었다(Stokvis, 2006: 469). YMCA가 미국체육의 확산기에 지대한 영향을 미친 점을 감안할 때, Windship의 중량운동 또한 1900년을 전후로 미국사회에 급속히 확산되었다. 이상이 보디빌딩이란 용어가 나오기 전 체력의 강화나 신체미의 육성을 지향했던 신체육성 문화의 기원과 진화과정을 고찰한 것이다(이가람. 2013).

당시의 이러한 시대적 상황 하에서 조화로운 신체단련의 예찬론이 등장할 수 있었고, 몸을 단련하는 것은 오늘날 몸을 가꾸어 이상적인 인간상을 구현하는 보디빌딩에 대한 가치추구의 목표에 다가가는 서막을 여는 것이었다. 즉 르네상스 시대에 회복하고자 하였던 고대 그리스, 로마인들의 숭고한 인간정신의 구현과 신체단련에 대한 예찬론을 종교개혁의 정신으로 수용하고, 종교개혁은 몸을 인간적 행위로 승화시켜 오늘날의 몸 가꾸기, 몸 단련 프로젝트로서 보디빌딩의 원형으로 그 존재의미를 부각시켰다.

3. 보디빌딩하는 몸의 의미

현대사회에서 몸은 단순히 생존을 위해 유지되어야 할 생명이라는 단순한 의미를 넘어 관리되어야 할 대상이며 신체자본으로서 일종의 프로젝트이다. 더 크고 단단한 근육을 통해 남성성이라는 이상을 몸이라는 물질로 가시화하는 매개체인 보디빌딩은 수행적 인간상의 숭고한 이념을 현대사회에서 몸은 단순히 생존을 위해 유지되어야 할 생명이라는 단순한 의미를 넘어 관리되어야 할 대상이며 신체자본으로서 일종의 프로젝트이다. 더 크고 단단한 근육을 통해 남성성이라는 이상을 몸이라는 물질로 가시화하는 매개체인 보디빌딩은 수행적 인간상의 숭고한 이념을 구현하도록 한다. 또한 심신의 조화로운 발달과 신으로부터 받은 몸의 온전함을 추구하고 다양한 재능을 발휘하여 전인의 상태에까지 이르게 하는 이른바 종교적 인간상을 구현하는 효과적인 수단이 되기도 한다.

보디빌딩 개념의 성립과 발전

현대사회에서 몸은 단순히 생존을 위해 유지되어야 할 생명이라는 단순한 의미를 넘어 관리되어야 할 대상이다. 건강하고, 보기 좋은 몸을 만들기 위해 가용한 모든 수단을 동원하고, 관리전문가들에게 위탁하는 등 몸은 신체자본으로서 프로젝트의 대상인 것이다. 그러한 면에서 몸은 현재의 지위보다 더 나은 방향으로의 지향을 기획한다는 것에 동의할 수 있을 것이다. 그리고 이 기획은 불가능한 일이 아닌 성사될 수 있는 가능성에 대한 믿음을 전제로 하는 것으로서 실제로 몸 관리 산업에 힘입은 바 크다. 몸 관리는 전문가를 자처하는 이들에 의해 가용한 투자자원을 투입하면 그에 합당한 결과물로서의 몸을 형성할 수 있다는 믿음을 바탕으로 발전된 것이다. 그 증거로서 미디어에 나오는 많은 담론과 사람들이 몸에 대한 담론형성을 주도하면서 이를 뒷받침하고 있다. 이를테면 원래는 저렇게 예쁘고 날씬하지 않았는데 현재의 미모는 노력의 투입에 따른 결과라는 진술들이 그것이다. 이와 관련한 Shilling(1999)의 다음과 같다.

> 자연주의적 관점이 기능주의적 환원론에 빠질 위험이 있다면, 사회구성주의적 관점은 사회적 관계나 사회적 힘으로 몸을 환원시켰다는 비판을 피하기 어렵다.......<중략>.......사회구성주의적 관점들은 사회가 몸에 개입하여 의미를 부여하는 양상을 설명해 주지만 몸의 구체적인 특성에 대해서는 설명하지 않으며, 몸이 실질적 분석대상으로서는 경시된다.

따라서 Shilling(1999: 24)은 두 관점의 연결을 시도하면서 몸을 미완성의 자원으로 파악하고, 현대사회에서의 몸은 주체의 노력에 따라 개선 가능하고 변화를 수반하는 실체로서의 의미를 가질 수 있는 프로젝트라는 것이다. 즉 몸은 물질적 속성이나 사회적 담론에 의해 일방적으로 규정되는 것이 아니라 선택한 생활양식을 통해서 완성시켜야 하는 미완성의 실체이다. Giddens(1997)는 이에 대해 '성찰적 자아정체성(reflexive self-identity)'이라고 명명하면서, 이의 형성이 요구되는 후기 근대사회에서의 몸은 자아정체성의 일부로 수행된다고 하였다. 즉 Shilling의 몸 프로젝트 개념은 몸에 대한 사회구성주의적 관점을 따르면서도 일방적인 사회의 억압보다는 사회적 가치를 선택적으로 받아들이거나 변형하여 이를 자아정체성의 토대로 삼는 양상에 주목하고 그 중심에 몸이 존재함을 강조한다(이소은, 2012).

그러나 이소은(2012: 138)은 몸 프로젝트를 전면에 내세운 연구들은 몸의 물질성을 놓치지 않으면서 몸과 사회적 담론의 영향관계를 파악하고자 했던 Shilling의 처음 의도와는 달리 결과로서의 자아정체성에 지나치게 초점을 맞추는 경향이 있다는 점을 지적한다. 자아정체성에 몸의 중심을 놓다보면 몸에 대한 접근이 다시금 사회구성주의적 접근으로 환원되고 만다는 점을 지적하는 것이다. 몸이 사회의 일면을 받아들이고 변형하는 수행을 통해 완성되는 '과정'과 개별적으로 구성된 몸이 다시 문화라는 더 큰 맥락에서 어떻게 해석되는지에 보다 깊은 관심을 가질 필요가 있다고 말하고 있다.

이와 같은 모습은 서구에서 상당히 오랫동안 구축되어 온 지식과 가치 체계에 기반을 둔다. Dutton(1995)은 기원전 그리스 시대까지 거슬러 올라가 이러한 체계의 기원을 탐색하였는데, 그에 따르면 '완벽함의 은유로서의 근육질 몸'은 기원전 그리스 시대의 신과 영웅의 몸 이미지에서 비롯된다. 이 가치가 이탈리아 르네상스 시기 서구유럽으로 이어지게 되고, 이후 계속해서 예술적 관습을 형성하면서 근육질 몸은 남성적 권력과 미적·성적인 쾌락의 상징으로 발전해 왔다. 그리스 조각이 현대사회에서 예술의 지위를 차지하고 있음을 감안할 때, 조각과 같은 몸을 만든다는 것은 자신의 몸을 예술과 같은 몸, 예술로서의 몸으로 만들려는 노력이라 할 수 있다. 예술이 특정한 이상을 물질적으로 표현하는 행위인 것처럼, 보디빌딩은 더 크고 단단한 근육을 통해 남성성이라는 이상을 몸이라는 물질로 가시화하는 것이다(이소은, 2012 재인용).

Dutton의 시각은 보디빌딩에 대한 몸 철학적 의미로서 실로 오랜 전통적 고정관념처럼 자리매김하게 된다. 이는 다름 아닌 남성성 추구라는 것이다. 지금까지 보디빌딩에 관한 여성들의 인식도 힘과 권위와 지배를 내포하는 근육질의 몸매를 선호하거나 추구해 왔으며, 실제로 여성 보디빌더들도 가냘프고 여성스러운 체형을 유지하기보다는 건강하고 근육질로 빚어진 강하고 안정적이며 조화로운 몸매를 선호하였다. 다양한 신체문화 중 강인한 신체를 소유하고 싶은 욕구, 몸의 과시욕, 육체미에 대한 심미적 동경 등이 결합된 대표적인 것이 보디빌딩(bodybuilding)일 것이다.

역사적으로 고대 그리스의 신체육성 운동은 힘의 증강은 물론 신체미의 육성을 시도한 것이었고, 그러한 경향은 오늘날의 보디빌딩과 다르지 않다. 그동안 보디빌딩의 발전사와 관련한 연구는 다양하지만 연구내용의 사실여부를 파악하고 정리하는데 있어서는 이가람(2013)의 논문이 독보적이라고 볼 수 있다. 따라서 보디빌딩 개념의 성립과 발전에 대해서 그의 연구내용을 요약·정리하여 소개하고자 한다.

신체육성 문화는 근대 이전에도 스톤리프팅(Stone lifting), 중량들기, 저항운동(resistance exercise) 등과 같은 근력 트레이닝활동이 존재했으며, 이는 근력 트레이닝(strength training), 머슬빌딩(근육증강, Muscle-building), 웨이트리프팅(weightlifting) 등의 개념으로 계속 진화해 왔다. 근대적인 신체육성 운동은 Eugene Sandow로부터 본격화되었다. 그가 중량운동을 통해 획득한 신체적 탁월함을 대중들에게 알리는 과정을 통해서 유럽과 미국에서 신체육성 운동이 일어나게 되었으며, 특히 미국의 경우 건강중시사조와 YMCA의 강건한 기독교주의 운동사조의 확산과 함께 신체육성 운동이 본격화되었다.

'보디빌딩(body building)'이라는 용어가 언제 처음 사용된 것인지 정확히 알려진 바는 없다. 하지만 초창기 YMCA관련 사료를 고찰해보면 YMCA체육지도자였던 J. Roberts가 만들어낸 신조어(新造語)였던 것으로 확인된다. 그 이전에도 내용상 보디빌딩과 유사한 근력강화나 몸만들기 운동이 있었지만 미국사회에서 보디빌딩이란 용어의 등장과 함께 신체적성(physical fitness) 운동이 본격화된 것은 19세기 후반 건강에 대한 관심의 고조와 깊은 관계가 있으며, 보디빌딩이란 이름의 새로운 건강운동 체계가 등장한 것은 Windship의 역사와 연계되어 있다. 1850년대 후반부터 1870년대 중반까지 건강문제와 직결된 'strength movement'가 일어났고, Windship은 건강증진을 위한 중량운동 프로그램을 제시하며 홍보를 강화했다(Higginson, 1861: 283-302). Sandow의 영향으로 미국에서 신체육성 운동이 크게 확산되었을 때였다. 당대 Windship은 건강중시사조의 흐름에서 핵과 같은 존재였으며, 그러한 영향으로 신체육성에 대한 관심은 더욱 높아지게 되었다.

보디빌딩이란 용어가 YMCA를 통해 탄생하게 된 것은 Windship의 영향이 미국 YMCA 지도자들에게 미쳤기 때문이었다. 미국체육사를 고찰해보면

> 보디빌딩이란 말이 탄생하기 전 중량운동이 초창기 YMCA 체육관에 널리 확산되었다는 것을 확인할 수 있다. 그것은 Windship의 제자들이 초창기 미국 YMCA 체육진흥운동의 실천적 지도자들이었던 까닭이었다. 대표적인 인물이 미국 YMCA 체육진흥운동의 초석을 다진 Roberts였으며, 보디빌딩이란 용어의 탄생도 이러한 인맥과 연결되어 있었던 것으로 나타난다(이가람, 2013: 36).

이상에서 보는 바와 같이 보디빌딩이란 용어가 나타나기 전에 인류는 몸에 대한 미적 추구와 힘의 과시를 위한 다양한 신체단련 또는 신체육성 문화를 구축해 왔다. 여기서 신체육성 문화란 근력의 증진과 신체미관의 발달을 꾀하기 위한 훈련을 의미한다. 오늘날과 같은 보디빌딩 문화가 탄생하기 이전까지 웨이트리프팅과 관련된 신체육성 문화도 고대부터 현대에 이르기까지 끊임없는 문화적 진화과정을 거쳐 왔던 것이다.

특히 미국에서 보디빌딩이 급속히 발전된 이유는 미국 전역의 부(富)에 대한 탐욕, 부패, 신체적 약화, 악화된 건강 문제 등 미국 젊은이들이 정신적·도덕적 타락을 치유하기 위한 건전하고 강인한 심신의 광범위하고도 절실한 시대적 요청이었다. 따라서 많은 교육자나 정치가, 종교인들은 한결 같이 미국인들이 기품 있는 품격을 유지하고 게임에 대한 관점의 수정을 위한 청교도의 유산을 재검토할 것을 요구하였다(이가람, 2013).

보디빌딩 체계의 확산배경이 강건한 기독교주의 운동이었다는 근거는 이 분야의 선행연구를 통해 명백히 확인할 수 있다. 강건한 기독교주의는 미국 복음주의 교파의 기독교 부흥운동과 연계되었는데 그 부흥가들이 YMCA 활동에 참여했기 때문이다(하남길, 2005). 이러한 연구를 통해 보디빌딩이 강건한 기독교주의 운동의 틀 속에 있었던 것임을 알 수 있다.

이상과 같이 보디빌딩은 단순한 신체육성, 혹은 근육단련 이상의 교육적 가치를 기반으로 전인적 인간상을 구현하는 목적으로 근대에 정착하게 되었다. 이는 르네상스와 종교개혁을 통하여 형성된 전인적인 인간상을 구현하려는 인본주의 사상과 강건한 기독교정신을 배경으로 하는 수련적이고 절제된 교육사상, 특히 신체단련을 통하여 인간의 지고지순한 정신세계를 구현하려는 노력의 표출이자 문화적 결정체인 것이다. 따라서 이 저서에서 지칭하는 '보디빌딩하는 몸'은 이러한 사상적 배경 아래 단순히 몸 관리의 차원을 넘어 전인지향적이고, 수행지향적이며, 종교지향적인 속성을 갖고 있는 것으로 전제하여 그에 대한 논의를 진행하려 한다.

보디빌딩하는 몸의 의미

1) 전인적 인간상의 구현

보디빌딩은 몸에 대한 수련과 단련활동을 계획적으로 수행하여 몸을 강인하고 조화롭게 가꾸어 정제되고 균형 잡힌 신체상을 추구한다는 점에서 교육적으로 의미가 있다. 자아실현과 인간학적 가치의 추구를 보디빌딩의 특징으로 들 수 있는 것이다. 다시 말하면 보디빌딩은 그 자체로 전인적 인간상을 구현하는 몸 공부의 중요한 특성과 연관된다.

고요한(2000)은 몸을 공부한다, 몸에 대한 공부를 한다는 의미는 일반적으로 알고 있는 개념, 즉 몸을 학습한다는 의미 이상의 중요한 무엇인가가 함축되어 있다고 하였다. 즉 공부(工夫)의 본질은 '몸으로서 무엇인가를 단련함'이고, '무엇인가'는 지적인 것이 될 수도 있고 기능적인 것이 될 수도 있으며 몸 자체가 될 수도 있다는 것이다. 또한 그는 주자학의 중요한 개념으로 사용되고 있는 공부는 <近思錄>에 자주 등장하는데, 여기서 공부란 광의로 '학문하는 법(切問而近思)', 협의로는 '몸에 익숙하게 함, 몸을 단련함, 몸과 마음을 일치시킴'등의 의미로 사용되고 있다는 점을 지적한다. 공부로서의 근사(近思)는 '몸에 끌어당기어 생각한다.'는 의미라는 것이다.

또한 생각은 지식에 선행하는 것이지만 지식은 항상 몸에 배어 있어야 하는 것을 목적으로 하며, 이는 내 몸을 벗어난 곳에 목적을 두지 않는 것을 이른다는 점도 중요한 의미가 있다. 여기서 '내 몸'이란 타자론적 의미의 내 몸이며, 내 몸을 어떻게 만들어 나가는가 하는 것이 공부의 출발이고 그것을 지향하는 것이 진실 된 학문이다. 즉 학문으로 장식하고 도(道)를 먼 곳에서 구하고 지식을 축적하는 것은 공부가 아니라는 것을 가리킨다. 결국 공부란 '몸에 대하여, 몸을 위하여, 몸을 통한' 학문의 탐구를 의미하는 것이다(고요한, 2000). 이와 같은 맥락에서 볼 때 공부란 내 몸에 대한 의미 있는 탐구를 통하여 사물과 외부에 대한 이해를 도모하는 첫 단초이다.

몸 교육과 관련하여 보디빌딩은 그 중심적 지위를 점유하고 있다. 즉 보디빌딩의 몸 교육적 의미는 자아인식과 자아실현이라고 하는 가치론적이고도 실존적인 문제를 논의할 수 있게 한다. 단순한 신체단련을 넘어 몸의 교육이상을 실현한다는 의미를 내포함으로써 몸 단련의 가치체계를 재정립해 나가는 계기가 되는 것이다. 또한 보디빌딩은 바른 몸가짐을 체득케 하고, 이는 올바른 정신의 형성과 일치하거나 관여하게 된다. 보디빌딩을 통하여 조화로운 몸체의 형성이 이루어질 때 전인교육과 연결될 가능성을 내포하게 된다. 보디빌딩하는 몸으로서의 인간은 엄격한 질서와 인내심을 갖고 신체활동을 수행하며 긴장된 정신세계를 기반으로 해야 한다는 점에서 그러하다.

또한 보디빌딩은 인간으로 하여금 자기 신체내부구조를 명확하게 인식하게 한다. 이러한 점이 보디빌딩을 몸 교육이라고 보는 근거이다. 왜냐하면 보디빌딩이라고 하는 몸 단련을 통하여 인간은 자기 몸의 모든 부분이 내적으로 상호작용함을 명확하게 느끼기 때문이다. 보디빌딩하는 몸의 지각을 바탕으로 몸의 지각과 몸에 대한 교육적 고려 및 보육이 도출되는 것이다. 몸에 대한 생생한 관심이 야기된다는 의미이다. 그러한 점에서 보디빌딩은 몸에 대한 인식을 토대로 인간의 정신적 성숙과 세상에 대한 인지능력을 일깨워 주는 신체활동이다. 즉 보디빌딩의 전인적 이상을 실현하려는 인간학적 패러다임은 인간의 삶과 유리된 결과로 나타난 소외현상을 극복하고 사회적 인간 활동으로서의 이상을 구현하는데 일조할 수 있는 가능성을 갖고 있다고 할 수 있다. 따라서 과학적 합리주의에 입각한 보디빌딩의 신체관을 극복하기 위해서는 근육질 몸매단련과 관련한 기존의 지식과 기능중심으로부터 탈피하여 새로운 인식으로 전환해야 한다. 사회적 인간 활동의 의미에서 신체활동으로서의 보디빌딩이 삶과 어떠한 연관 속을 갖고 있는가에 대한 문제에 관심을 가져야 한다는 의미이다. 그리고 보디빌딩 교육은 분절되어 있는 지식과 기능을 단순히 전달하고 훈련하는 방식으로부터 벗어나, 사회적 활동으로서의 본질적인 의미를 명백히 하고, 궁극적으로는 덕(德)을 지향하는 수련임을 이해할 수 있도록 해야 한다.

보디빌딩은 인간과 실존적 앎에 초점을 둔 스포츠로서 개인적 의미와 자신의 독특한 실존적 의미를 발견할 기회를 제공하며 개인적 체험을 마련하는 원천으로 작용한다. 보디빌딩에 참여하는 인간은 세계와 그 관계 속에서 함께 행동적으로 활동함으로써 자신을 자각하게 된다. 여기에서 그는 자아, 자유, 의미, 인간성, 걱정, 죽음 등과 같은 교육에 있어서 제도적으로 외면되어 왔던 단속적 형식이라 할 수 있는 실존적 존재의 의미를 인식하게 된다. 이러한 측면에서 보디빌딩은 스포츠로서의 인간과 삶 사이를 연결하는 이상의 것이며, 이는 세계에서 삶을 영위하는 인간의 실존적 양상을 알게 되는데 있어서 강력한 힘이 될 수 있다.

보디빌딩의 전인적 인간상에 대한 해석은 기독교의 신체관에서도 찾아 볼 수 있다. 차건수(2003)는 하느님은 몸의 완전함, 즉 흠이 없는 건강한 몸을 보여주기를 원하고 있으며, 이는 스포츠를 통하여 몸을 완전하게 관리함으로써 건강하고 행복한 삶을 영위하는 것이 하느님의 뜻임을 밝히고 있다. 그리고 차건수와 강진홍(2001)은「성경에 나타난 건강의 의미와 건강교육의 방향에 관한 연구」에서 성서의 건강론은 인간이 하느님의 형상을 지닌 몸적 존재로서 본래성의 회복에 기초를 두고 있다고 보았다. 건강이란 인체의 구성요소인 몸, 정신, 영(靈)이 조화를 이루는 생동감 넘치는 삶인 동시에 인간과 자연, 인간과 인간, 인간과 과학간의 화해와 평화를 이루는 것이며, 최종적으로 하느님과의 전인적인 관계로서 선(善), 미(美), 그리고 의(義)를 부정하는 세력에 대항하여 도전할 수 있는 상태라는 것이다. 윤준호(2000) 역시 몸은 영혼이 표현되는 형태지만, 영혼의 일부가 아니라 영혼을 대신할 수 있는 형태로서, 영(靈)과 육(肉)은 서로 속해 있고 서로 의존하며 공존하기 때문에 신체활동을 통하여 전인교육이 가능하다고 주장하였다. 인간은 모든 관계성 속에서 움직임을 통하여 건설적인 삶, 즉 도덕적 삶을 영위해 가는 존재인 것이다(차건수, 2003). 따라서 보디빌딩과 같은 인간의 몸 움직임, 즉 신체단련은 신의 선물인 몸을 정제시키는 행위로서 인간을 전인적 존재로 갈고 닦는 수련이다.

"아름답지 못한 것은 생명력이 없으며.... 건강에 무익하고 객관적 규율에 위배되는 신체운동은 체육에 포함될 수 없다"는 말처럼, 체육은 건강과 심미의 교육이며, 체육미는 주로 신체운동을 통해 생겨나는 건강미다. 건강 그 자체가 모두 미로 표현될 수 있는 것은 아니지만, 광의의 의미에서 볼 때 미적인 것은 건강하다고 볼 수 있다. 건전한 심신과 아름다운 감정은 인간의 전인적인 발전에 필수적인 것이며, 이는 체육에서 추구하는 주요한 목표가 된다(민영숙 역, 1992; 하남길 외, 1996). 따라서 보디빌딩하는 인간의 행위는 신체미를 가꾸고 미를 추구하는 전인으로의 진지한 모습으로 비추어질 수 있으며, 체육이 추구하는 인간교육의 숭고한 목적과 맥을 같이 하게 된다.

학교체육에 있어서 보디빌딩은 인간으로 하여금 신체움직임의 체험이라는 기회를 제공하여 자신의 가능성과 한계에 대한 현실인식을 인식하는 계기가 되어야 한다. 즉 자기이해, 자아도전, 자아실현의 토대가 되어야 하는 것이다. 그러므로 보디빌딩은 다양한 체험활동이 중요한 것이 된다. 보디빌딩이라는 움직임의 경험활동을 이론적으로 익히는 것이 아니라 직접 참여함으로써 살아있는 자신의 움직임을 체험하게 해야 한다. 보디빌딩은 인간의 지력(智力)에 의해서 이루어지는 것이 아니라 이성과 감성, 주관과 객관, 지각과 사고로 양분되어 있는 '인간적 본성을 통일시켜 주는 체험적 앎의 통로'이다.

이상의 논의를 종합하면, 전인적 인간상의 구현이라는 차원에서 보디빌딩은 몸에 대한 가치관을 정립하고, 자신과 세계에 대한 긍정적인 안목을 형성할 수 있는 삶과 연관된 실천력을 배양할 수 있도록 계획된다. 전인교육은 교사와 학생의 전인성이 조화를 이루며, 상호교감과 소통, 상호존중과 배려 하에서 생성되는데 보디빌딩은 그러한 상호간의 필요조건과 요인들을 교감하며 공유할 수 있는 기반이 된다. 보디빌딩하는 몸을 통한 전일성(全一性)은 정신과 몸, 인간과 환경, 나와 타자간의 올바른 관계맺음이요, 이를 통한 깨달음의 달성인 것이다. 보디빌딩을 통하여 전인교육을 추구할 수 있다는 근거는 보디빌딩이 몸의 전체성을 추구하고 있다는 점에서 찾을 수 있다. 또한 보디빌딩의 전인적 인간상을 구현하기 위해서는 보디빌딩하는 몸에 함축된 형식을 통하여 삶 속의 모든 현상들을 의미대상으로 파악할 수 있게 하고, 종교적 경건함을 발현시켜 경건하고 겸양된 것으로 격상시켜야 한다. 따라서 보디빌딩하는 몸에 있어서 정신과 몸의 올바른 관계맺음은 전인교육의 궁극적 목표이며, 보디빌딩을 통한 단련은 몸 교육으로부터 시작된다.

2) 수행적 인간상의 구현

보디빌딩은 몸 살림 운동이어야 한다. 이는 몸의 권리를 되찾자는 것이며 스스로의 깨달음을 의미한다. 따라서 보디빌딩에서의 몸 살림 운동은 자신의 몸과 마음, 의식을 살리는 수련운동이 되었을 때 이상적인 형태가 된다. 여기서 말하는 보디빌더의 몸 살림 운동은 자신의 몸과 마음에서 시작되며 자신의 몸 자체가 가장 소중한 인격적 체험가치라는 것을 인식하고 이러한 과정을 통하여 자신이 삶의 주체임을 터득해 나가는 과정이다. 스스로의 주체성을 경험하면서 내면의 모습과 외면의 모습을 동시에 성찰하면서 수련하는 모습이야말로 살아있는 인간으로서의 희열을 경험할 수 있는 가장 가치 있는 모습이다. 결국 보디빌더의 몸 살림은 잃어버린 몸의 권리를 회복하여 몸을 통한 주체적인 삶과 자기다움을 살리는 스스로의 깨침이며, 몸 수련(修鍊)으로 규정될 수 있어야 한다(최순태, 김동규, 2014).

수행(修行)이란 순수한 우리말로 몸 닦기라고 할 수 있다. 그런데 몸을 닦는 행위는 몸에만 한정된 것이 아니라 궁극적으로 인성을 함양하는 것에도 직결되어 있다. 수행과 관련하여 최의창(2010)은 운동자체를 통해서도 가능하다고 주장하고 있다. 그는"현대생활 속에서 자기를 찾기 위해서 할 수 있는 자기수련의 활동으로서 운동은 최적격이라고 할 수 있다"고 하였다. 그 가능근거는 운동을 하면서 마음자세를 잡는 것에서 찾고 있다. 그래서 그는"신체의 수련과 정신의 수양을 통하여 영혼의 수행이 이루어짐으로써 자아의 발견이 완성될 수 있으며 이것이 자기수행으로서의 운동수행"이라고 강조한다. 또한 이학준(2012)은「수행으로서 체육학 글쓰기」라는 논문에서 운동을 통해서 수행이 가능하다는 구체적인 근거를 '고통의 창조적 승화', '자아의 발견', '마음의 성숙'에서 찾았는데 이를 종합하여 간추리면 다음과 같다.

먼저, 고통의 창조적 승화이다. 운동선수 혹은 운동을 하는 사람에게 넘어서야 하는 것 중 하나가 바로 고통의 순간이다. 일종의 사점(dead point, 죽을 것 같은 고통스러운 순간)이라고 하는 죽음의 순간을 넘어서야 운동하기 좋은 상태에 도달하게 된다. 고통을 극복하지 못하면 다음 고통으로 인한 부담감을 가질 수 있다. 고통은 완성된 동작을 향한 과정이라는 인식과 고통을 넘어서려는 의지가 함께 한다. 순간의 고통을 미래의 모습과 창조적인 행위로 승화시킬 수 있는 순간이다. 고통의 단계를 넘어서지 않고서는 발전이 없다. 꾸준한 연습과 노력의 과정에서 고통을 극복하고 한 단계 성숙한 과정으로 나갈 수 있다. 다음은 '자아의 발견'으로서 우리는 운동하는 과정에서 고통과 싸우게 된다. 그 싸움에서 참된 자아를 만나게 되고 그 동안 망각하고 있던 자아를 발견하게 된다.

신체훈련의 어려운 고통과정에서 강인한 정신력뿐만 아니라 나는 누구인가를 분명하게 인식하여 참된 나를 찾아 갈 수 있다. 바로 '마음의 성숙'이다. 운동은 몸으로 하기 때문에 정신 혹은 마음과 아무런 관련이 없는 것처럼 여겨지지만 몸과 마음은 불가분의 관계이기 때문에 몸 수행과 마음 수행은 별개가 아니라 함께 수행해야 한다. 몸으로 하는 공부의 최종 목적은 마음의 성숙(인성)을 함양하는 것이다. 몸 공부만 한다고 몸의 기능에만 중점을 두고 운동을 하게 되면 기능향상은 가능하지만 마음의 성숙과는 거리를 두게 된다.

스포츠 활동을 비롯한 활발한 신체활동은 수행적 자기관리의 과정이 반드시 수반되어지는데 보디빌딩은 그러한 정제되고 절제된 수행체제와 맥락이 유사하다. 보디빌더들이 인식하는 핵심가치는 자신의 실천이 만들어낸 몸과 수행성의 변화이다. 실천을 통해 변화를 만들어내는 것 자체, 즉 지속적인 자기 (재)창조의 과정이 그들에게는 더 중요한 것이다. 따라서 보디빌딩은 '수행적 자기관리'의 실천으로서 의미가 있다. 보디빌딩은 남성적 육체미의 상징이라기보다는 자기수양, 극기, 수련의 가치가 엿보이는 자기관리 기술의 성격이 강하다. 동시에 이 관리는 외부로부터 주어지는 틀이 아니라 본인의 자발적 노력에 의해 적극적으로 구성된다는 점에서 수행적이다(이소은, 2012).

이러한 맥락에서 인간은 보디빌딩에 참여함으로써 자신과 몸에 대한 배려를 하게 되어 자신을 돌볼게 되며, 자신의 현실적인 삶에 몰두하게 된다. 보디빌딩은 현실세계에 직접 나타나는 가시적이고 구체적인 삶의 기술을 통해 자신을 점진적으로 변형시켜가는 수양과정이라고 볼 수 있다. 따라서 보디빌딩에 참여하는 개인은 자기인식과 자기배려를 토대로 자기변형의 과정을 통해 스스로 진실과 만나며 이 지점에서 주체는 능동적인 존재로 전환한다. 보디빌딩하는 자신과의 관계를 통해 스스로에 대해 완전한 통제력을 행사하고, 모든 활동의 근본목적을 자신 속에서 찾음으로써 주체는 비로소 '자기로의 전환'을 이뤄낼 수 있는 것이다. 결국 보디빌딩은 수행적 자기관리의 단계를 거쳐 자아 혹은 자아정체성 추구로서의 의미를 지닌다(최순태, 김동규, 2014).

보디빌딩의 수행적 자기관리의 덕목은 근대 초기 종교개혁의 이념적 토대가 된 프로테스탄트 정신에서 찾을 수 있다. 프로테스탄트 윤리의 본질을 반영하는 중심개념으로서 세속적 금욕주의가 있다. 금욕주의는 인간의 신체적 욕구나 욕망을 이성이나 의지로 억제하고 금함으로써 도덕이나 종교상의 이상을 성취하려는 사상이나 태도를 의미하는 것으로서 보디빌딩은 이러한 프로테스탄트의 금욕주의적 본질을 반영하고 있다. 즉 보디빌더들은 과식으로 인한 비만, 과체중, 나태함, 물질적 욕망 등을 철저한 이성적 의지로 억제하며 부단한 신체단련 체계를 통하여 균형 잡히고 조화로운 인체미를 가꾸어 나가려는 정신을 일깨운다. 합리주의적 사고방식을 통하여 비이성적 신념과 행동의 집착을 버리고 과학화, 유용함, 효율성의 가치를 추구하게 됨으로써 보다 논리적인 행동양식을 통하여 자신의 몸과 마음을 정제시켜나가는 것이다. 또한 보디빌더들은 뚜렷한 목표의식을 가지고 보다 진보된 자신의 상을 구축해 나가며 그들 스스로 개인의 행동을 정당화시켜 나간다. 과거 프로테스탄트의 목표지향은 항상 그들이 무엇을 하고, 왜 그것을 하는지에 대한 자각을 하도록 하였으며, 개인은 진보적 세상을 위해 노력하는 중요한 역할자로서 신의 의지를 실현하는 도구로 여겼다(송주은, 임수원, 2000).

이러한 태도 및 신념은 인간정신을 구현하려는 철저한 목적성이 없다면 실현될 수 없는 것으로서 보디빌딩으로부터 비춰지는 프로테스탄트 정신은 이성적이고, 교육적이며, 고결한 인간존중사상을 추구하는 이념이라고 볼 수 있다. 프로테스탄트 정신은 기본이념이 하느님의 형상을 닮고 하느님의 의지를 실현하려는 것으로서 종교개혁과 르네상스 정신에서 유래된 무한한 인간중심적 사상을 내포하고 있기 때문이다. 따라서 프로테스탄트의 청교도들의 개인적 목표로서 지향한 철저한 자기훈련과 자기승인 등을 통한 강인하고 독립적이며 자생적인 삶의 모습들은 보디빌더들에게도 계승되어 자기통제, 자아실현, 자기훈련 등의 실천철학을 구축하여 실행하고 있다. 보디빌더들의 자기조절, 자기충족, 자아통제의 독립적이고 추진력 있는 신체단련의 과정은 자신과 자신이 속해있는 집단에 대한 성취욕구를 강하게 유발시킴으로써 경쟁적이고 다변화된 사회에서도 자기의 역량을 지속적으로 발휘해 나아가는 노력의 결실을 거둘 수 있게 한다.

보디빌더들은 매일매일 정해진 일련의 몸 수련 과정을 반복적으로 수행해야 하고 가시적인 성과를 꾸준히 창출해내고 있으며 몸의 미세한 변화마저도 탐지해낼 수 있을 만큼 철저한 수행을 실천해 가고 있다. 매사 최선의 노력으로 자신을 철저히 통제하는 숨 막히는 신체단련 과정은 수행 그 자체라고 할 수 있다. 결국 보디빌더의 수행적 자기관리라는 수련의 의미는 엄격하고도 통제된 자신의 생활을 통하여 몸을 가꾸고 정신적인 절제까지도 동원되는 정제활동인 것이다. 다시 말하면 보디빌딩은 신체적인 안정과 통제, 그리고 절제되고 계획된 수련과 정신적인 절제와 금욕을 동시에 추구하는 신체활동이다.

한편, 동양의 수련에서는 조신(調身), 조심(調心), 조식(調息)을 중요시한다. 수련에서의 기본적인 가치는 내적으로 안정되어 있는가, 생각을 잘 하고 있는가, 숨을 깊게 쉬고 있는가, 생기가 있는가, 몸이 균형이 있고 감각이 살아있는가를 확인하고 이를 살려주는 것이다. 움직임을 통해 마음을 이완하거나, 기(氣)를 순환시키고, 단전호흡을 통해 마음을 내리고 기를 모은다. 마음으로 감정을 조절하고 몸을 조절하고 호흡을 조절하는 것, 이러한 과정들은 심신을 균형 잡히게 하며 내적인 충만을 준다. 수련에서 주체를 강조한 이유는 자신의 몸이 수련의 안내자가 되며 스스로의 몸 깨침을 갖기 위해서이다. 몸에서 우러나오는 자신의 상과 마음, 감각을 접하고 누구에 의한 깨침이 아니라 스스로에 의한 깨침을 갖는 것이 자기다움과 자기믿음이며 참다운 수련이 된다(황정희, 2000). 이러한 동양적 수련의 맥락에서 보디빌딩은 생명가치로서의 몸에 대한 의미를 자각하고, 주체로서의 몸을 깨우고, 몸이 주체라는 깨침을 찾는 과정이다. 보디빌딩은 사고와 마음이 몸 밖에 혹은 몸 위에 있는 것이 아니라 몸이 곧 의식이며 마음인 것이다. 보디빌딩에서의 수련주체는 몸에 내재되어 있는 살림의식을 깨어나게 하는 나이며 주체로서의 몸이다.

보디빌딩하는 몸의 철학적 패러다임의 변화는 몸을 만들어 내는 실천적 측면에서도 목격된다. 즉 보디빌딩은 다른 경쟁적 스포츠나 게임과는 다른 차원에서 이루어지는 수련으로서 기존의 일반인식과는 달리 일종의 '고독한 순례자'의 규율된 금욕주의의 형태를 띠고 있다. 보디빌딩은 경쟁과 유희적 요소 없이 동일한 동작을 되풀이하는 성실성과 자기관리의 절대적 가치를 실험한다는 점이 내재되어 있다는 점에서 규율된 금욕주의로 이해될 수 있기도 하지만, 다른 한편으로는 자신의 내면적 쾌락주의의 형태로서도 수행될 수 있다(이소은, 2012). 이처럼 보디빌딩은 참가자들에게 정결하고 정제된 자아개념을 유지할 수 있도록 함으로써 수행적 인간상의 이념을 구현하도록 한다.

3) 종교적 인간상의 구현

인간은 전인교육이라는 가치 아래 조화로운 성장과 발달을 모색하는 노력을 경주해 왔으며, 그 내용과 형식은 문화적으로, 역사적으로 다양하게 전개되었다. 그러나 늘 전인교육은 기성세대가 성장세대에 가하는 교육을 통하여 인간의 일정한 능력을 집중적으로 발달시키기보다는 '모든'능력들의 조화로운 발달과 성장에 치중하였다(오인탁, 1984). 그리하여 지·정·의(知·情·意)의 조화로운 성장, 몸과 정신의 균형 잡힌 발달을 전인교육의 이념으로 간주하였다. 이러한 전인의 이념은 인본주의에 의하여 만개하였으나 사실상 그것은 고대 그리스에서 조화로운 인간으로서의 칼로카가티아(美善性) 개념 속에서 이미 고안되었다(고요한, 2000).

이와 관련한 근거는 고대 그리스의 체육사적 고찰을 통해서 입증될 수 있다. 즉 고대 그리스인들은 인간은 신을 모방하기 위해, 신의 생각을 알기 위해, 자신의 신앙 안에서 신 같이 되기 위해 스포츠를 해 왔다. 고대 그리스인에게 있어 인간은 신의 형상으로 인식되었으며, 신체훈련과 정신수양은 가장 존귀한 존재에 가까워지려는 그들만의 표현양식이었다(이정학, 2001). 그리고 조각가들은 신의 숭배자로서 존경을 받기 위하여 신을 완벽한 신체적 표본으로 묘사하였다. 그리고 그들은 중요한 운동경기를 종교축제의 일부분으로 생각하여 올림픽경기를 그리스 신의 왕인 제우스의 명예를 위해 개최하였다. 그리하여 제전경기에서 승리한 선수는 자신의 승리에 도움을 준 신뿐만 아니라 다른 신의 제단 위에 감사의 선물을 바쳤다(김철, 1996).

고대 그리스인들의 제전경기와 같은 활발한 신체활동을 통한 경쟁의식은 그들이 누리는 자유 가운데에서의 믿음과 정의, 자유의식, 그리고 평등과 같은 인간주의적인 가치는 물론 공공사회에서의 민주적 권리를 받아들이는 계기를 마련하였다. 그들의 관점에서 인생의 가장 중요한 가치는 자신들의 몸과 정신 안에서 인간주의적 가치를 음미하고 구현하려는 정신이었던 것이다. 이를 통하여 볼 때, 고대 그리스인들은 제전경기, 조각작품, 짐나지움에서의 공동체생활 및 신체단련 활동 등을 통하여 민주시민교육의 덕목이라 할 수 있는 숭고한 이상과 가치를 구현하고 있었다고 볼 수 있다.

종교적 관점에서 보면 몸은 영적인 작용과 활동을 위한 본질적인 통로가 되고 몸의 적합성은 영(靈)의 강화에 필연적이다. 결국 영의 적합성은 몸의 단련과 양육에 의하여 달성된다. 이와 같은 몸과 영의 관계성에 의하여 '자신의 생(生)을 위하여 설정한 목표들, 즉 자신을 알고, 사물을 지배하고, 하느님에 대한 지향함을 배우는 것'이 성취된다(이숙종, 1996). 따라서 보디빌딩에 참가하는 몸은 정신세계와 조화로운 연결고리를 형성하고 강화하여 자신의 이상과 목표를 인지해 나갈 수 있는 근간이 된다. 보디빌딩하는 몸과 정신세계의 유기적 조화와 소통은 자신이 설정한 현실세계에 대한 목표를 추구해 나가게 되고, 이는 종교적인 수행이 된다. 이러한 해석이 보디빌딩을 통한 종교적 인간형성이다.

기독교주의자에 의하면 창조주는 인간을 사실상 전인으로 창조하였고, 창조주의 지혜와 수월성에 접근할 수 있는 가장 탁월한 존재로 표현함으로써 교육에 있어서 전인의 이념만은 온전하게 수용하였다. 보디빌딩 또한 그리스시대의 조각상에서부터 완전한 인간이상을 상징적으로 표현하는 수단으로 발전되어 왔다. 즉 인간은 신체적으로 완전한 인간상을 통하여 자신들이 희구하는 종교적 신앙심을 도출하여 왔고, 이에 보디빌딩은 인체의 균형과 조화미를 갖는 종교적 신성성의 의미가 있는 것으로 간주되어 왔다. 다시 말해 보디빌딩은 신의 의지와 형상을 닮은 전인으로서의 표상으로 인식되어 온 것이다.

이처럼 인류의 역사는 종교와 밀접한 관계를 맺어 왔으며, 종교도 교육과 직·간접적으로 관련을 맺어왔다. 교육철학자 White-head는"교육의 본질은 종교적이어야 한다."고 하였다. 물론 그의 종교적 교육이란 인격의 도야이어야 한다는 의미를 내포하고 있다. 이러한 측면에서 볼 때 종교적 인간론은 체육교육에 매우 중요한 의미를 내포하고 있다. 체육학자들이 '신체문화'가 체육의 목적을 달성하는 데에 적합하지 않다고 생각하는 것은 몸을 단순히 물질이나 기계로 보는 기계론적 패러다임, 즉 진화사상에 근거하기 때문이다(김성국, 1992; 유상진, 1993). 그러나 몸은 물질이나 기계로 비춰질 것이 아니라 창조적인 관점으로 접근되어야 한다는 주장이 있다. '신체훈련은 인간기능과 수행에 관련된 움직임뿐만 아니라 내면적 움직임을 포함하고 있는 것이다. 이러한 점에 비추어 보아 스포츠 활동은 종교적 측면에서 중요한 교육적 수단이며, 보디빌딩 또한 신체미의 발달과 자아성취를 위한 훈련으로서 교육적 가치가 있다고 볼 수 있다.

전인교육은 몸의 온전함과 높은 종교심으로부터 출발한다. 따라서 교육의 궁극적 목적은 신이 우리에게 부여한 재능을 활용하여 독립적인 존재가 되도록 준비하는 것이며 인간다운 삶을 영위하는데 있다. 이러한 점에서 보디빌딩은 종교적 인간을 구현할 수 있다. 보디빌딩은 심신의 조화로운 발달과 신으로부터 받은 몸의 온전함을 추구하고 다양한 재능을 발휘하여 전인의 상태에까지 이르게 하고, 인간으로서의 아름다운 삶을 영위하도록 하는, 이른바 종교적 인간상을 구현하는 효과적인 수단이 되는 것이다.

4. 보디빌딩하는 몸의 주체성

보디빌딩하는 몸의 주체성 확보를 위한 길은 자아-타자의 경계를 허무는 것에서부터 시작하여 해체주의적 논의를 이끌어 낼 수 있을 것이다. 또한 보디빌딩하는 몸의 주체성 회복은 사회적인 측면과 자기원인의 측면에서 동시에 이루어지도록 해야 한다. 보디빌딩에 대한 사회권력과 규율로부터 참된 자유인으로서의 해방을 만끽하도록 하는 동시에 자기 스스로 그러한 외재적 가치를 지양하고, 자신의 몸을 상품화하며 근육강화제 등 약물복용을 통해 자신의 몸을 학대하는 등 비주체적 구조에서 벗어날 수 있도록 하는 깨우침이 필요하다.

'안'에 있는 몸: 자기만족

보디빌더들은 자신들이 완성한 과정의 어려움과 노력의 가치에 대해 인식을 공유하는 이들에게는 최고의 찬사를 받게 되지만, 그렇지 않은 일부에게는 그 자체가 위협적인 모습으로 보일 수 있다는 사실을 알고 있다. 결국 보디빌딩을 남성성이라는 사회적 가치가 투영된 현상 또는 수행을 통한 남성성의 획득으로만 보는 것은 한계가 있다는 것이다(최순태, 김동규, 2014). 이처럼 긍정적인 면과 함께 부정적인 평가가 공존함에도 불구하고 보디빌더들이 몸을 만드는 이유는 무엇인가? 남성성의 과잉표출이라는 부정적 시선에 대해 보디빌더들은 어떻게 대응하는가?

Kaufmann은 가치관의 변화가 격심한 오늘날, 불확실성의 세계에서 몸이 현실과 개인의 정체성에 있어서 가장 명확한 증거가 된다고 말한다. 과거에는 개인이 '몸과 정신의 엄격한 분리'에 의해서 자아를 통제하고 내면세계를 확장함으로써 자기존재를 인식하였으나, 오늘날에는 몸에 대한 즉각적인 '구체성에의 욕망'을 통해 인식하는 것으로 변화되었다(김정은 역, 1996). 이와 더불어 20세기 초반에 권력은 이른바 '엄하고 과중하며 세심하고 부단한'훈육체계들을 통하여 학교와 병원, 공장 및 가정에서 '순응하는 몸(corps docile)'을 구성하면서 복종할수록 유용해지고 유용해지는 만큼 복종하는 몸이 권력에 의해 만들어지는 것이라는 인식을 가지게 되었다(오생근 역, 2007).

이러한 점에서 몸 프로젝트는 건강하기 위해서는 비만해서는 안 되므로 오히려 과도한 몸매를 요구하기에 이르는 결과를 초래하였다. 즉 '말라야 아름답다'가 몸 담론의 역사에서 가장 주요한 명제를 낳게 된 것이다. 특히 여자의 몸매는 시대와 문화에 따라 다르며, 다양한 방식으로 문화적 강박관념과 선입견들을 반영한다. 마른 몸에 대한 강박은 20세기 말 여성들에게 유행병이 되다시피 한 신경성 거식증을 유발하였다. 이처럼 '날씬함의 압제'에 시달리는 것은 몸에 가해지는 사회적 훈육의 한 형태로서 특히 여성성의 통제에 이용되어 온 가부장제의 준거규범이었다(고경화 역, 2001). 여성은 남성의 시선을 내면화함으로써 자신의 몸을 통제하는데 익숙해진 결과였던 것이다. 물론 페미니스트 진영 일각에서는 마른 몸에 대한 강박을 다르게 해석하는 시도도 있다. 특히 Bordo는 1960년대 여성의 마른 몸의 이상화는 여성들에게는 자유를 상징할 수 있다고 지적하였다. 즉 1960년대에 여성들은 가슴이나 히프 등의 굴곡을 최소화한 마른 몸을 통해 가정에서 길들여지고 재생산을 담당하는 여성의 성역할의 굴레로부터 벗어나 자유를 얻으려고 하였다는 것이다(박오복 역, 1993).

그러나 2000년대로 들어서면서 양상은 크게 바뀌었다. 마른 것만으로는 아름답지 않으며 말랐으되 관능적인 몸이 새롭게 조명받기 시작하여 사지와 허리는 군더더기 없이 가늘고 날렵하면서 가슴과 엉덩이 등 성적인 부위는 풍성한 볼륨을 자랑하는 몸매가 강조되었다. 이처럼 여성의 몸이 보다 관능적으로 변화하고 있다는 주장은 2000년대의 첫 10년 패션의 또 다른 현상인 스키니 패션(skinny fashion)의 인기를 간과한다는 지적도 나올 수 있다. 그러나 스키니 패션의 대척점에 서 있는 것은 여성성이라기보다 피트니스와 보디빌딩을 통해 획득한 근육질의 남성적인 몸이다.

1980~1990년대의 여성파워와 과시적인 파워슈트 바람은 남성과 동등하게 사회적 지위를 획득하는 것에 대한 열망의 산물이며, 바로 그 이유로 여성의 몸은 남성을 닮아야 한다는 강박관념의 증거로도 읽을 수 있다. 반면 스키니 패션은 남성적인 근육질 몸에 대한 거부감에서 출발해 삶에 대한 초연한 태도를 보여주기 위한 전략이자 여자의 부드러움, 유연함, 관능성을 회복하기 위한 시도로 볼 수 있다. 스키니 패션의 이러한 전복성, 여성주의적 함의는 '거식증을 유발한다'는 단순한 비판대신 보다 세밀한 연구와 분석의 필요성을 제기한다.

속옷의 겉옷화 스타일은 여성의 몸이 갖는 관능성을 표현하는데 가장 적절한 아이템이다. 전 세기 말의 겉옷화 현상이 금기에 도전한다는 과다한 자의식을 요구했다면, 오늘날의 속옷 스타일 아이템들은 여성이 자기 몸을 유희적으로 즐기고 정치적으로 이용할 수 있는 가능성을 보여준다(이성희, 2008). 즉 오늘날 진짜 저항하는 여성의 몸은 여성의 성적 대상화(objectification)와 싸우는 것이 아니며 오히려 성적 대상화를 적극적으로 이용한다. 성 차이의 구조물이라는 고정된 개념에 도전하고, 여성의 몸을 다양한 목소리의 다양한 정체성의 흐름 속에서 재구축할 수 있는 에로틱한 정치학을 사용하는 몸이다(박오복 역, 1993).

이상의 내용을 종합하여 보면 결국 몸 프로젝트로서의 보디빌딩은 사회적 권력에 의해 생성된 산물로서 인간의 순수의지와 주체성이 와해된 채 엄하고 과중하며 세심하게 기획된 사회문화적 결정체로 인식할 수 있다. 소위 몸 프로젝트라고 불리는 보디빌딩이 인간 개개인의 자발적 의지와 창의적 노력으로 수행되는 활동이지만 우리가 인정하고 의식하지 못하는 사이에 사회적 권력과 왜곡된 담론으로 인해 생성되고 지속적으로 수행된다는 사실은 우리의 신체문화 전반에 커다란 딜레마이며 부정적 요소로 작용하고 있다는 사실을 깨우쳐야 한다. 몸 프로젝트로서의 보디빌딩이 가시적, 비가시적 권력체계와 담론으로 인하여 '순응하는 몸'의 형태를 지향한다는 사실은 인정하기 어렵지만 전혀 부정할 수도 없는 것이 사실이다.

보디빌딩에 대한 욕망을 자극하는 사회적 권력과 규범은 대중매체이다. 대중매체는 비만, 허약체질 등 비생산적인 몸들을 '정상화의 메커니즘(normalizing mechanism)'을 통하여 보디빌딩에 대한 참여욕망을 심각하게 부채질 하고 있다. 이렇듯 현대인들은 대중매체가 암암리에 부여하는 정상의 기준을 수용하고, 그 기준에 따라 자발적으로 자신을 감시하고 훈육해가는 정상화의 과정을 수행하고 있다. 이에 대해 박선이(2001. 6. 7.)은 다음과 같이 논평한다.

> 20세기 이후 몸에 대한 인식은 인식대상에서 인식주체로 변화되었고 상실되었던 몸은 제자리를 찾게 되었지만 몸에 대한 인위적 조작은 다시 한 번 몸의 상실과 학대, 몸의 빈곤을 초래하게 되었다. 인간의 무한한 욕망으로 인한 몸이야말로 지각이 살아있는 현장이며, 철학의 출발점이 의식이 아니라 몸이라는 주장이 등장했지만 정신과 몸의 이분법이 사라진 상황에서 몸은 더욱 거센 권력다툼의 현장이 되고 있다. 현대 물질문명에서 몸을 둘러싼 소유와 통제의 싸움은 성적 욕망과 매력 같은 것을 생산해 내는 자본주의 사회의 여러 장치들(미모산업과 대중문화, 미디어) 덕에 더욱 치열해지고 있다.

이처럼 몸에 대한 투자는 인간의 무한한 욕망에 기인하며 이는 몸의 주체성을 억압하는 것, 즉 몸의 비주체화에 대한 결정적 요인으로 작용하게 되었다. 몸에 대한 욕망은 몸은 하나의 규격화된 상품으로서 왜곡된 이미지의 신체상을 좇게 하여 인간의 주체성과 고유성, 개별성, 그리고 개성을 찬탈해 갔다. 건강과 아름다움의 기준은 천편일률적이다. 인간의 몸에는 마치 공업품 표준규격이라도 되듯이 거의 동일하고 엄격한 기준이 세워졌다. 이는 개성이 들어설 여지가 없고 교체가 가능하도록 틀에 박힌 똑같은 몸만을 가질 것을 요구하는 것과 같다. 본래의 자연적인 자기 몸을 갖는 것, 그러한 고유성과 정체성, 그리고 개성이 정상적인 규범에서 벗어나는 행태로 인식되기에 이르렀다. 이러한 현상은 근대적 인식의 전형이라고 해도 과언이 아닐 것이다. 미디어는 몸의 표준을 제시하고 이것에 따르도록 유도한다.

보디빌딩은 이러한 맥락에서 교착점에 위치한다. 보디빌더의 근육질 몸이 다소 부자연스럽고 과도한 몸이라 하더라도 보디빌더의 이상향은 지극히 개인적인 만족에 머물기 때문에 근대성의 그늘로부터 탈피를 시도한다. 즉 보편적인 의미에서의 몸과 보디빌더의 몸은 보디빌더 사회의 또 다른 가치관을 창출하면서 새로운 미의 기준을 창출해내고 있는 것이다. 이러한 차이들에 대해 이소은(2012)은 남성 보디빌더의 몸만들기에 있어서 '실천'에 주목한다. 즉 담론과 실천이 충돌하는 지점에서 몸이 어떻게 구성되는지를 구체적으로 파악하기 위해 보디빌딩을 몸 프로젝트로 간주하는 기존의 관점을 따르면서도 프로젝트의 결과로서 형성되는 보디빌더의 정체성을 개념화하기보다는 수행의 구체적인 양상과 의미에 보다 집중하고자 한 것이다.

이와 같은 관점은 보디빌딩에 대한 가부장적 관점을 생산의 윤리와 관련지어 생각해 볼 수 있다. 제1차 세계대전 이전의 생산윤리는 근면, 절도, 신중, 절약의 미덕을 강조한 데 비해 오늘날의 소비윤리는 욕망의 확장, 쾌락적인 라이프 스타일, 현재의 욕망에 대한 즉각적인 만족을 조장하고 있다. 아름다운 몸이 공공연하게 성적인 매력, 과시, 향락주의와 관련됨에 따라 개인에게 외모의 중요성은 더욱 더 강조되고 있는 것이다.

이렇게 볼 때 보디빌딩에 대한 이상실현은 몸에 대한 인간의 무한하고도 무절제한 욕망에서 기인한다고 볼 수 있다. 보디빌딩을 통하여 자신의 강건함과 아름다움을 추구하게 되는데 이때에 사회적으로 규격화된 몸을 가꾸고 단련하게 됨으로써 신의 형상을 닮은 이상적인 몸을 형상화하거나, 좀 더 절제된 금욕주의적인 자세로 몸을 수련해 옴으로써 종교적이거나 자아정체성을 추구하는 과정으로서의 가치가 존재하였다. 하지만 오늘날 보디빌딩하는 몸은 그러한 주체성과 개별성, 그리고 수련적인 의미가 크게 퇴조하기에 이르렀다는 것이다. 보디빌딩하는 몸이 이러한 세속적인 미를 추구하거나, 상업화되고 개성화된 허상적 존재를 모방하고 현대 의학기술이 동원된 복사품처럼 동일한 규격화된 몸을 만들어 낸다면 보디빌딩은 인간을 그저 인간욕망의 배출구로서만 기능하게 할 뿐 인간의 주체성은 그 어디에도 존재할 수가 없다.

특히 "보디빌더들이 성취한 근육의 질과 크기는 자연스러운 남성과 여성의 몸으로 인정되어 온 관념들에 어긋나기 때문에(Shilling, 1993 / 1999: 26)"보디빌딩은 몸이 프로젝트라는 것을 잘 보여준다. 크고 특징이 뚜렷한 몸을 만들어내는 것은 자신이 누구이며 어떤 인물인가를 강력히 선언하는 행위나 다름없다는 점에서(Fussell, 1991) 보디빌딩을 몸을 통한 정체성 형성의 과정으로 이해할 수도 있을 것이다.

그러나 몸이 Shilling의 말처럼 기존의 관념들에 어긋나는 것인지, 아니면 또 다른 규범에 부합하는 것인지에 대해서는 보다 신중할 필요가 있다. 이는 보디빌딩의 주체가 남성인 경우가 많다는 점에 기인하는 것인데"근육과 정력, 체력, 그리고 강철 같은 몸"을 지향하는 경향이 높기 때문이다(Posch, 1999: 257). 보디빌딩과 관련된 연구들이 남성의 몸과 욕망, 그리고 남성성의 헤게모니가 상호 작동하는 지점으로 파악하는 것도 이와 무관하지 않다. 특히 권력의 역학관계에 의한 소수자로서 여성 보디빌더들은 스스로의 정체성을 규정하는 문제에 관해서도 이중고에 시달릴 수밖에 없다. 근대 이후, 이전의 고정되고 일관된 그리고 안정적이라 생각됐던 정체성이 시대의 불확실성과 문화적 경계의 모호함으로 인해 위기를 맞게 된 것이다.

그러나 여성은 근대 이전에도 명확한 사회적 정체성을 확보하지 못했기 때문에 개인적 정체성은 물론 사회적 정체성을 획득하기 위해 악전고투해야만 한다. 정체성은 본질적으로 개인이나 사회적, 문화적, 인종적, 민족적 소속감을 나타내주는 지표지만 문제는 항상 평가적이라는 것이다. 남성 중심적 자본주의 사회에서 여성의 정체성은 상대적으로 낮게 평가된다. 여성의 사회적 노동가치는 언제나 폄하되기 쉬우며, 여성에게 강요되는 남성을 위한 보조적인 역할 혹은 타자 지향적인 노동형태는 개인적 정체성을 기획하는 것마저 모호하게 만들고 말았다(김명혜, 2002).

다양한 여성 정체성의 실천과정은 그 강도와 수위에 상관없이 출발은 동일한 지점에서 시작되는데 그 시발이 바로 '몸'이다. 몸은 단순히 우리가 '소유'하고 있는 물질적 실체일 뿐만 아니라 행위체계이거나 실천양식이며, 몸이 일상생활의 상호작용들 속에 습관적으로 끌어들여지는 것은 일관된 자아정체감을 유지하는 과정의 본질적 일부이기 때문이다. 따라서 여성의 몸 관리행위는 그들의 정체성 형성 과정에 직·간접적인 영향력을 발휘하고 있다고 볼 수 있다(황유지, 이상훈, 2007).

국내외를 막론하고 몸 담론의 중심에 여성의 몸 문제가 자리 잡고 있고, 특히 후기 자본주의 소비사회에서 많은 여성들은 몸만들기 경쟁에 뛰어들고 있다. 그러나 몸의 이상형은 인간의 무한한 욕망으로 인하여 틀에 박혀 있지만, 수시로 변화하여 만족하기가 불가능할 정도이다. 결국 인간은 보디빌딩하는 몸으로부터 주관적 만족과 행복, 그리고 쾌락을 추구하면서도 한편으로는 더 높은 욕망으로 인하여 몸으로부터 소외되고 극단적으로 자아분열로까지 치닫기도 한다(홍성민, 2011). 물론 몸만들기로서의 보디빌딩은 여성의 정체성을 고양하고 성적 해방이라는 상징을 통하여 자연적 본능 그 자체로 긍정적인 의미도 내포한다. 그러나 여성의 인격을 부정하고 성적인 측면만을 드러냄으로써 자본주의 사회의 남성주의적 욕망에 굴복하고 하나의 소비재로 전락하는 결과를 초래할 수도 있다.

1990년대 이후 기존의 근육질 몸은 남성성이라는 시각에서 탈피하여 여성 보디빌더의 몸이 남성성의 속성이 변화하는 시점에서 철저한 이상성의 추구인지는 좀 더 숙고해야 할 필요성이 있지만, 자본주의 사회의 체육과 신체문화에 관한 한 남성중심적 욕망에 종속되는 경향 또한 논의의 대상이 아닐 수 없다. 결국 인간의 무한한 미적 욕망으로 인하여 보디빌딩하는 여성의 성 해방이나 성적 쾌락은 또 다른 새로운 성 정체감의 상실과 복종의 유형이 될 수 있다.

이러한 점에서 볼 때 보디빌딩하는 몸은 인식이 이루어지는 주체요, 세계와의 대화의 장이라고 할 수 있다. 그러나 보디빌딩은 다양한 기구들을 동원한 과학화된 프로그램에 의하여 근육질의 몸매를 가꾸기 위해서 다듬어지고 훈련되어지고 조작되어진 잣대로만 파악하고 그 결과를 칭송하곤 한다. 즉 몸을 통하여 얻어진 현상이나 결과에만 주목함으로써 신체활동의 과정자체를 경시하는 우를 범하는 경우가 허다한 것이다. 다시 말하면, 보디빌딩을 신체훈련에 의한 과학주의적 산물로만 파악하고 심동적, 정의적 가치에 대한 인식을 철저히 배제하거나 이를 비과학적이라고 무시함으로써 보디빌딩의 핵심내용이라 할 수 있는 체육적 앎보다는 그 결과를 통해 얻어진 객관적·계량적·명제적 지식을 중시하게 된 것이다.

우리는 보디빌딩하는 몸에 대한 주체성의 정초라는 엄중한 과제에 직면해 있다. 그것은 보디빌딩하는 몸의 범람 혹은 몸의 반란으로 표현될 정도로 상업화 내지 세속화된 것에 기인하거나 혹은 보디빌딩의 몸이 기술혁명과 디지털 문명의 도래로 가상의 공간에서 철저히 외면되는 탈육체화 경향에서 유래되는 것이다. 보디빌딩하는 몸은 유연한 실존적 대상과 실체로서 존재하기보다는 무한한 조작과 변모의 대상으로 인식되고 있으며, 기능적 효용성을 위한 기계적 도구이며, 상업적, 의학적, 성적 대상으로 그 위상이 추락하게 되어 인간의 소외현상이 발생하고 있다.

따라서 보디빌딩하는 몸에 대한 주체성을 회복하는 일이 급선무인데 이에 대한 구체적 방향성은 보디빌딩에 대한 실존적 패러다임의 모색에서 찾을 수 있다. 보디빌딩은 몸과 마음의 완전한 통일로 이루어지는 것으로서 자아의 발견과 자신의 주체성을 확보하는 것을 목표로 수행되어야 한다. 보디빌딩의 행위는 세계와의 대화이고, 그 대화의 주체가 바로 몸이라는 인식을 가질 때, 자아의 발견이라는 목표를 달성할 수가 있다. 따라서 보디빌딩하는 몸에 대한 인식주체성의 변화는 결국 인간의 새로운 권리회복이요, 몸을 통한 의사소통의 새로운 가능성이 열리게 되는 것이다.

우리는 몸으로, 살로 존재한다. 하나의 존재자인 살로서의 몸은 관념이 아니라 구체적 현실인 것이다. 몸은 인간이 가지고 있는 무엇이 아니라 인간 자신임을 강조한다. 이를 보다 구체화시킨 M. Merlou-Ponty는 "지각은 개념에 선행한다."라고 주장한다. 지각된 세계가 언제나 모든 지식과 행동의 기반인 이유는 몸이 지각의 '생생한 토양'이기 때문이다. 살아가는 몸은 대상들 속의 한 가지 대상으로 치부할 수만은 없다. 몸은 타성적인 것이 아니라 느끼는 주체이기 때문이다. 우리는 우리의 몸이다. 혹은 우리는 몸으로 실존한다. 실존적 주체인 몸은 세계에 대답하기 전에 먼저 세계를 지어낼 수 있다. 이러한 몸의 주체적 인식은 결국 스포츠하는 몸의 주체성을 가져다 줄 수 있을 뿐 아니라 스포츠의 단조로운 이미지를 넘어서 자유롭고, 창조적이고, 의미 있는 동작경험을 통해 자신의 존재를 발견할 수 있는 장으로 거듭날 수 있을 것이다(권욱동, 2002: 136).

보디빌딩에서 몸의 지위를, 혹은 몸의 주체성을 상실하는 것은 몸의 학대를 의미한다. 자신의 몸 상실을 회복하고 나아가 주체로서의 몸의 지위를 확보하는 길은 보디빌딩하는 몸이 객관적 대상으로서의 몸이 아니라 인식주체, 주체성의 향유, 그리고 도덕주체와 심미주체로 그 지위를 확보하는 것이다. 이러한 몸의 지위확보는 보디빌딩을 통해서 가능할 뿐 아니라 참된 의미의 몸 수련이요, 자아수련으로서 기존의 운동하는 몸에 대한 기계적이고 수동적인 대상으로서의 몸에서 벗어나는 것이다.

인간의 몸은 단순한 고기 덩어리, 동물적인 몸, 육체로 치부되는 그러한 몸과 물질적, 질료적 차원에서는 동일하지만 인식주제, 주체성 향유, 도덕주체, 심미주체로서의 몸이라는 점에서 그 차이점을 찾을 수 있다.

이는 M. Scheler가 그의 저서 『우주에서 인간의 지위』에서 인간은 인격을 갖춘 윤리적 실체이기 때문에 이 지상에 존재하는 여타의 다른 동물보다도 고귀하고 귀중하다고 한 말과 상통한다. 이제 Platon이나 R. Descartes의 생각하던 몸, 즉 천하고 영혼의 감옥이며 보잘 것 없는 그런 몸이 아니라 인격이 포함되어 있는 실체로서의 몸의 지위를 확보해야 할 것이다. 하지만 문제는 몸의 대한 지나친 관심의 증폭은 또 다른 위험을 가져올 수 있다는 점이다. 따라서 몸에 대한 지나친 몸 예찬론에 대한 위험성을 경계하고 이를 몸의 지위를 고양시키는 길이라고 왜곡하지는 말아야 한다. 몸의 지위를 회복하는 길은 몸을 생물적으로 파악하기보다는 인격과 실천하는 실체로 파악하는데서 시작된다. 이런 의미에서 진정한 스포츠의 길은 몸의 지위를 찾는 길이다. 이는 인간의 지위를 높이는 길이며 나아가 인간을 위한 스포츠의 길이기도 하다(이학준, 2003: 134-135).

'밖'에 있는 몸: 타자의 시선

후기 근대사회에서 몸은 자아정체성이나 신체자본과 같은 상징가치의 담지체로 부상하고 있다. 개인의 몸, 정확히 말하자면 몸의 표면은 그 사람의 내적 기질과 태도의 재현물로 인식되고 개인의 정체성은 자신의 몸 치수와 형태에 부여된 사회적 가치들과 연결된다(Shilling, 1999). 몸이 곧 자아로 통용되는 현상은 정신과 몸을 이분화하고 정신적 특성만을 인간됨의 유일한 조건으로 간주하면서 몸과 체현(體現)을 주변화 시켰던 근대성으로부터의 이탈을 의미한다. Shilling의 주장에 의하면, 서구사회에서 이러한 변화는 종교적 힘이 쇠퇴하면서 이루어졌다. 개인들에게 존재론적, 실존론적 확실성을 구성하고 지탱해 주었던 종교적 힘이 쇠퇴함에 따라, 개인들은 자신을 초월한 의미구조로부터 명확한 세계관이나 자아정체성을 더 이상 제공받지 못한다. 이러한 상황에서 신뢰할만한 자아감을 구성할 수 있는 토대로 개인들은 자신의 몸에 주목하게 된다.

이와 같은 모습은 특히 서구에서 상당히 오랫동안 구축되어 온 지식과 가치체계에 기반을 둔다. Dutton은 기원전 그리스 시대로까지 거슬러 올라가 이 체계의 기원을 탐색하는데, 그에 따르면 '완벽함의 은유로서의 근육질 몸'은 기원전 그리스 시대의 신과 영웅의 몸 이미지에서 비롯된다(Dutton, 1995: 21). 이러한 가치가 이탈리아 르네상스 시기 서구유럽으로 전환되고, 이후 계속해서 예술적 관습을 형성하면서 근육질 몸은 남성적 권력과, 미적·성적인 쾌락의 상징으로 발전해 왔다. 그리스 조각이 현대사회에서 예술의 지위를 차지하고 있음을 감안 할 때, 조각과 같은 몸을 만든다는 것은 자신의 몸을 예술과 같은 몸, 예술로서의 몸으로 만들려는 노력이라고 할 수 있다. 예술이 특정한 이상을 물질적으로 표현하는 행위인 것처럼, 보디빌딩은 더 크고 단단한 근육을 통해 남성성이라는 이상을 몸이라는 물질로 가시화한다(이소은, 2012: 142).

보디빌딩을 남성성의 이상을 추구하는 행위로 보는 시각은 보디빌더가 사회에서 이상적이라 규정하는 가치와 담론을 부지불식간에 받아들이고 있음을 전제한다. 보디빌딩은 사회적으로 규정된 바람직한 남성성의 이해와 구현을 위한 규율이자 실천(disciplinary practices)인 셈이다(Aycock, 1992). 때문에 이러한 시각은 보디빌더의 실천에 관심을 가지더라도, 수행의 주체인 몸을 헤게모니적 남성성이라는 담론권력이 작용하는 대상으로 바라보는 사회구성주의적 접근에 사로잡힐 가능성이 크다(이소은. 2012 : 142-143 재인용).

더 큰 문제는 남성성의 맥락에서 보디빌딩을 바라보는 시각이 '근육질 몸=남성적'이라는 시각을 너무 당연하게 전제한다는 점이다. 이는 두 가지 측면에서 비판할 수 있는데, 첫째는 보디빌더들이 추구하는 근육질 몸이 더 이상 헤게모니적 남성성의 특징이 아닐 수 있다는 점이다. 이는 한국사회의 맥락에서 더욱 그러하다. 임인숙(2005), 박승민(2007), 백선기, 김남일(2006) 등에 따르면, 1990년대 이후 한국 사회의 지배적 남성성은 크게 변화하고 있다. 박승민(2007)의 연구결과를 보면, 1970년대 이후 광고에 꾸준히 등장해 온 전형적인 남성상(강한 근육질, 야성적이고 도전적, 공적 영역에서의 성취)은 1990년대 후반 이후 변화하여 여성성이 가미되고 근육질이 적당하며 부드러운 남성의 이미지가 증가한다. 헤게모니적 남성성이 여전히 유효한지, 아니면 소멸하는지에 대해서는 이견이 존재하나, 이러한 분석결과는 헤게모니적 남성성에 균열이 발생하고 있으며 그 양상이 몸, 근육을 통해 드러나고 있음을 보여준다. 이는 보디빌딩을 이상적인 남성성의 추구로만 파악할 수 없으며 심미적, 실천적 차원에서 새롭게 접근해야 함을 시사한다. 남성성의 속성이 변화하는 상황에서 근육질 몸을 만드는 것은 철지난 이상성의 추구인가, 아니면 지배적인 상황에 반하여 개별적으로 다른 가치를 추구하는 것인가 하는 남성성의 틀을 벗어난 새로운 분석이 필요하다(이소은, 2012: 143).

한편 현대여성의 몸은 아직도 가부장적 담론에서 벗어나지 못하고 있다. 자신감 있고 자유로우며 힘 있는 여성 몸의 이미지와 여성의 대상화(Objectification)를 통해 요구되는 상징체계를 통해 여성의 신체미는 경제적, 정치적, 성적으로 여성을 종속시키는 권력의 그물조직 속에서 혼재되고 있다. 여성의 권력적 지위가 외모에 의해 결정되는 현실과 매력적인 외모를 가꾸는 것이 가장 중요한 일로 강요되는 상황에서 그러한 선택이 과연 진정한 선택이냐는 비판이 제기되었다. 예를 들면 1940년 이후 오늘날까지 성형수술을 선택한 여성들에 대한 조사에서 Goodman은 여성의 몸에 대한 자기만족도는 대중매체를 통해서 이상화된 이미지에 비추어 평가된다는 것을 시사했다. 또한 미국사학자 Brumberg는 '몸 프로젝트'라는 연구에서 19세기 말과 20세기를 통하여 젊은 여성의 몸에 가해지는 대중매체의 압력과 여성의 경험을 추적한 바, 20세기가 진행되는 동안 외모를 가꾸는 것에 대한 압력이 더욱 심화되어 왔다고 주장하였다. 19세기 동안에는 생식기관을 가진 '해부학적 구조가 여성의 운명'이었던 데 비하여, 20세기에는 외모가 여성의 '운명'이 되어가고 있는 것이다(김소영, 양숙희, 2000).

Giddens(1991) 역시 전통적인 의미체계를 약화시킨 후기 근대로의 변화가 몸에 대한 관심을 증폭시켰다고 지적한다. 전통사회에서 개인의 정체성은 사회적 지위의 재생산에 그들의 몸을 연결하는 의식을 통해서 자동적으로 주어지는 것이었다. 그러나 후기 근대에서 의미 있고 신뢰할 만한 자아정체감은 개인들이 특정한 몸 관리 양식을 하나의 생활양식으로 채택하면서 형성된다(임인숙, 2002: 재인용).

우리는 주체로서 느끼고 경험하는 몸을 통하여 사물을 총체적으로 인식한다. 주체적 몸을 통해서 자신을 알고 신을 알며 이웃과 소통할 수 있다. 이러한 맥락에서 몸에 대한 담론은 인간을 만물의 척도로 삼고 자연을 수단시하는 인간중심적 사고, 정신과 몸을 이분법적으로 구별하고 육체성을 무시하는 인간론 등을 철저히 비판한다(강남희, 2000). 몸을 매개로 하는 몸의 정치학은 지배와 억압, 통제와 차단을 넘어서 생명회복 운동으로 전개된다. 그리고 이는 인간문제에만 메이지 않고 생태계, 자연, 더 나아가 세상으로 확장된다(박보준, 2008). 현대사회의 성장제일주의, 물질만능주의 등의 이데올로기가 자연과 인간을 자원으로 치부하며 몸을 소외시키고 있는 것이다.

보디빌딩은 단순히 신체활동의 기계적인 반복활동이 아니라 철저히 주체적 존재로서의 자기 몸에 관한 인식을 토대로 수련적 의미의 자아통제, 인내, 대화, 깨달음, 각성, 위기, 소통과 대화, 긴장 등 인간의 정신적 성숙과 세상에 대한 인지적 능력 등을 필수적으로 요구하고 있다. 보디빌딩은 몸을 통하여 정신세계를 일깨우고 강화하며 자신과 타인과의 소통경로를 형성하여 외부세계와의 유기적 관계를 통하여 참다운 자아인식과 자아실현의 기회를 체득할 수 있는 수단인 것이다.

그렇다면 이 시대 몸의 욕망은 무엇일까? 굳이 J. Baudrillard의 말을 빌리지 않더라도, 이 사회가 이미지의 소비시장이라는 점은 자명하다. 따라서 몸의 욕망 역시 이미지를 향한 욕망, 즉 외모의 욕망으로 포섭되고 용해된다. 성욕은 성 상품화와 더불어 외모지상주의로 수렴되는 것은 당연하거니와, 식욕도 외모의 욕망 안으로 거두어지고 있다. 그래서 먹고 마시는 일마저 어떤 외모가 되는가에 따라 가부가 결정되고, 외모를 위해서라면 '음식을 끊는'비장한 지조마저 당연해진다. 한 마디로 말해 루키즘(lookism)은 이 시대의 절대이념이 된 것이다(홍성민, 2011).

자기 몸을 아름답게 꾸미고자 하는 것은 자연적이고 자율적인 욕망인가, 아니면 역사적 사회적 조건들이 부과한 비자발적이고 타율적인 욕망인가? 이 점에 대해 Foucault의 입장은 뚜렷하다. 그는 몸이란 사회의 권력과 담론에 의해 구성된 것이며, 몸의 욕망은 그 구성의 산물이라고 주장하고 있다. Foucault에게 있어 몸은 권력과 지식이 작동하는 지점으로서 존재할 뿐 자연적이고 생물적인 몸은 자취를 찾아볼 수 없다. 몸은 담론에 의해서 의미가 부여되는 것일 뿐 아니라 전적으로 담론에 의하여 구성되는 것이다. 몸은 생물적 실체가 아니라, 무한정 변화할 수 있고 고도로 불안정한 사회적 구성물인 것이다(임인숙 역, 2011).

Foucault가 말하는 사회적 구성물로서의 몸이란 어떤 것인가? 이를 파악하기 위해서는 Foucault가 제시하는 몸의 역사를 살펴보아야 한다. 그 내용을 간추리면 이러하다. 과거 시대 군주는 신체형(身體刑)을 통해 권력을 상징화하였고, 그로써 백성들을 공포에 몰아넣고 통제할 수 있었다. 그리고 백성들은 죽음의 공포 때문에 스스로를 규제하였다. 이 시대의 몸은, 군주의 입장에서 보자면 권력행사의 대상이었고 백성의 입장에서 보면 권력에 저당 잡힌 담보물이었다. 요컨대 몸은 권력의 행사와 순응을 이루어주는 매개체였던 것이다(박정자 역, 1998).

Foucault의 담론에 따르면, 몸을 둘러싼 다양한 논의들은 역사적으로 권력의 주체와 행사방식에 따라 달라졌다. 즉 그리스 철학사에서 몸이 정신의 무덤이라고 파악된 것은 형이상학적 세계관에 근거를 두고 있으며, 중세 기독교문화에서 몸이 원죄의 장소이며 특히 여성의 몸 혹은 욕망이 죄악의 근원으로 치부된 것 등은 가부장제의 승인 위에 뿌리 내린 교권의 행사를 보여준다(이성희, 2009). 따라서 몸은 역사적·윤리적·합리적 명목

하에 억압받거나 통제된 대상이었다. Foucault는 18세기를 몸을 지배하려는 권력의 요구가 새로운 단계에 접어들게 된 시대라고 하였으며, 몸은 여러 가지 훈련과 속박을 받으면서 다양한 형태로 확산된 권력의 형태와 조직의 요구에 길들여졌다고 하였다. 즉 사회는 이러한 규율의 메커니즘을 토대로 질서를 이루고 가동되며, "규율은 복종하고 훈련된 몸들을 만들어낸다."고 하였다(오생근 역, 2007).

그러나 자본주의가 들어서면서 백성을 통제하는 양식이 바뀌게 된다. 노동력, 그것도 잉여 노동력이 필요한 자본주의 시대에 권력은 '백성을 살려주는' 생체권력(bio power)으로 변신했다. 즉 자본주의의 권력은 노동력을 확보하기 위해 국민의 출생과 사망, 건강수준 등을 조절하고 통제하게 되었고, 개인의 몸은 노동력의 수단으로 국가권력에 의해 관리되었던 것이다(박정자 역, 1998).

보디빌딩하는 몸이 오랫동안 사회 내에 존속해 왔던 사회적 권력과 제도로부터 해방되도록 하는 것은 인간 본연의 자유와 존엄성 보장에 대한 단초가 될 수 있다. 즉 그 사회의 권력과 제도가 보디빌딩하는 몸을 강제하고 구속 또는 억압하는 것이 아니고, 단지 우리가 거기에 순응하고 길들여졌을지라도 인간이 사회적 존재로 규정됨으로써 파생될 수 있는 장애를 극복하는 방법은 참다운 자유적 이성주체로서 보이지 않는 권력과 제도, 규율로부터 해방되는 데서 찾을 수 있다. 이러한 판단은 Foucault의 권력에 대한 생각을 다시 한 번 정리함으로써 그 정당성을 찾을 수 있다. 그에 의하면 권력이란 특정한 기관이나 개인이 소유할 수 있는 것이 아니라 사회적 네트워크 속에서 자연스럽게 발생하는 것으로서 사회집단들 사이에서 발생하는 일종의 사회적 현상과도 같은 것이다. 따라서 사전적 의미의 조직적 구속력이나 강제성이 없는 사회구성원 다수에 의한 동의와 순응 하에 형성된 현상이라 해도 무방하다는 것이다.

권력은 개인을 억압하고 구속하여 권력에 복종시키는 것이 아니라 몸의 유순함과 유용성을 증가시키기 위해 다양한 기술, 즉 규제, 연습, 훈련,

시간사용, 평가, 시험, 기록 등을 사용하여 몸을 길들이고 특정한 목적에 맞도록 만들어낸다(양운덕, 1997). 학교에서는 교육과정을 통해 학생들을 훈육하고 지식과 능력을 생산하고, 스스로 질서를 지켜 나가도록 하여 '외부적 강제 없는 지배', '강제적 통제 없는 통제'를 실현한다. 이와 같이 근대의 규율 및 권력은 억압과 금지라는 부정적인 것이 아니라 개인을 특정한 능력과 특성, 지식을 가진 주체로 생산하는데 있다(이진경, 2002).

그러나 보다 구체적인 실천의 문제로 들어가서 인간의 몸에 있어서 주체성 문제와 관련시켜 보면 다소 경계하고 극복해야 할 문제점이 발생한다고 보았다. Foucault는 그의 저서『감시와 처벌』에서 몸의 훈련은 규율을 통제함으로 가능하다. 즉 '규율'을 통해 몸의 면밀한 통제를 가능하게 하고 체력의 지속적인 복종을 확보하며, 체력에 순종-효용의 관계를 강제할 수 있다고 하였다. 한편으로 몸을 '소질'과 '능력'으로 만들고 그 힘을 증대시키는 한편 에너지와 그것으로 생길 수 있는 위력을 역전시켜 엄한 복종관계를 만든다(오생근 역, 2007)는 것이다.

Foucault가 주장하는 사회적 권력과 규율에 관한 개념은 운동선수 집단에서는 어떠한 특수하고도 상이한 신체문화적 가치를 생성할 수 있으며, 그것은 신체훈련의 특이성에 기인한다고 보여 진다. 운동선수 집단은 승리와 단합, 그리고 인내력과 질서유지를 위한 강제와 구속이 적절한 수준에서 필요하고 그러한 전통이 오랫동안 행사되어져 왔다. 따라서 운동선수 집단 내에서 어느 누구도 이러한 감독이나 코치, 선배선수의 권력이나 규율을 부정하거나 해방되기를 희망하기보다는 어쩌면 보다 더 강력히 그러한 체제를 희망하거나 스스로 녹아져 가고 있다고 볼 수도 있다. 그러한 것을 오히려 자신이 살아남기 위한 전략으로 받아들이며 동화되는 것이다.

여기에서 보디빌딩하는 인간의 몸이 스스로 주체적으로 단련한 노력의 산물일지라도 경쟁이라는 제도와 의무감에 구속되고 결과주의에 사로잡히게 되면 그 순간 보디빌딩하는 몸은 운동하는 몸이 아니며, 세상과 소통하는 몸도 아니며, 오직 생산주체로서 사회적 생성물을 획득하기 위한 기계적 수단에 불과함으로써 Marx가 언급한 일종의 '소외'와 일맥상통한다고 할 수 있다. Marx 소외론의 관점에서 학생선수의 문제를 바라보고자 하는 이유는 그의 소외개념이 학원 엘리트스포츠 시스템의 학생선수가 겪는 위기적 상황을 설명하는데 있어서 유용한 분석틀이기 때문이다. 오늘날의 엘리트 스포츠는 전문화, 직업화되면서 자본축적을 위한 수단이 되었다. 엘리트선수를 양성하는 학원스포츠는 마치 공장에서 생산성을 추구하는 것 같이 효율적인 방식으로 경기력을 추구하게 되었고, 그 반작용으로서 학원스포츠의 본질적 가치인 창조적 인간활동이라는 스포츠의 가치와 전인적 인격형성이란 교육적 가치가 모두 억압받게 되었다. 이와 같은 상황에서 자본주의 생산체제에 기인한 인간본질의 왜곡을 소외라는 개념을 통해 설명한 Marx 소외론의 도식은 학생선수가 겪는 고뇌를 탐색할 수 있는 분석틀로서 유용한 역할을 한다(한승백, 2014).

운동선수의 몸은 본질적으로 자신의 것이지만 자신의 자연적 욕망보다는 승리의 결과로 수반되는 외적인 보상에 종속되어 몸이 자신에게 적대적으로 대립하는 경우 '몸으로부터의 소외'가 발생했다고 볼 수 있다(한태룡 외, 2010: 59). 따라서 보디빌딩 선수들이 대외경기에 참가할 때 외적 보상을 지향하기 위하여 지나친 체중조절 및 식이요법 등으로 신체적 고통을 감내하는 것은 대표적인 '몸으로부터의 소외'현상으로 볼 수 있다. 특히 보디빌딩은 다른 구기스포츠나 팀 스포츠 혹은 자연스포츠 등과는 달리 철저히 몸을 담보로 경쟁활동에 참여하는 스포츠이다. 따라서 몸을 단련하고 통제하며 이용하는 과정에서 파생될 수 있는 몸으로부터의 소외문제를 적절하게 극복해 나가야 한다. 자발적 욕망과 사회적 욕망의 굴레에서 벗어나서 주체성과 존엄성을 세워 나가는 이른바 실존적 몸의 위상을 가꾸어 나가야 하며, 이러한 점에서 보디빌딩이라는 종목은 몸 철학의 시작이며 지향점이 될 수 있다. 여기에서 보디빌딩에 대한 사회적 권력과 규율로부터의 해방은 몸으로부터의 소외현상을 어떻게 극복하느냐가 그 해결방안의 단초가 아닐 수 없다.

최근 들어 보디빌딩과 같은 운동선수들의 체중조절과 식이요법과 같은 문제를 운동선수들의 몸 담론에 대한 저항성 등의 주제로 많이 거론하고 있다. 이러한 연구가 지니는 특징을 생체 의학적 연구와 비교하여 남상우와 이창섭(2005: 288)은 다음과 같이 세 가지로 요약하였다. 첫째는 체중감량을 실천하는 선수들은 단순하게 물을 빨아들이는 스펀지처럼 수동적인 존재가 아닌 자기 자신을 스스로 주체화시키며 저항하는 능동적인 존재로서 바라본다는 점이고, 둘째로 선수들의 체중조절 실천에 가해지는 압력을 일종의 권력개념으로 해석하였는데, 그 권력의 특징은 굉장히 미시적이면서 일상생활에 두루 편재되어 있어 선수들 스스로 인식하지 못하는 것으로 봤다는 점이다. 그리고 마지막으로 그들의 실천적 행위를 관찰하는 체계, 소위 말하는 규율적인 시선이 전(全)방위적으로 작용하면서 전파되고, 변형되며, 궁극적으로는 자신이 자기 스스로를 규제하는 일종의 자기감시의 역할까지도 한다는 점을 밝혔다.

따라서 보디빌딩에 있어서 이러한 인간소외 현상을 극복하기 위해서는 먼저 그들의 운동수행 과정에 대한 실질적인 참여관찰이 필수적으로 요구된다. 특히 남성 보디빌딩 선수에 대한 질적 연구가 더욱 활성화될 필요가 있다. 남성 보디빌딩 선수가 행하는 운동의 준비과정은 여성선수들보다 더욱 규격화되어가고 또한 세밀하게 조정된 생활양식, 규칙적인 심폐훈련, 그리고 체중조절 등이 포함된 훈련체계를 엄격하게 따르기 위해 노력하기 때문이다. 그것도 다소 무비판적으로 말이다. 왜냐하면 스포츠 분야에 있어 남자선수들을 바라보는 사회적 시선이 승리나 '오로지 일인자'등의 이데올로기만을 강조하기 때문이다. 이 때문에 남자선수들의 신체적 준비과정의 담론은 바람직한 결과를 보여주는 동시에 분석에 따라서는 선수들의 순응에 의해 나타나는 규율권력을 보여주게 된다(남상우, 이창섭, 2005: 291). 이는 보디빌딩 선수들의 실존적 삶을 방해하는 사회적 규율권력이 지속적으로 존재한다는 것을 보여주는 예이며, 결국 보디빌딩에 대한 인간학적 과제는 사회적 권력과 규율 혹은 그와 관련된 담론으로부터 파생되는 몸으로부터의 소외를 극복하는 것에서 그 해답을 찾을 수 있다. 사회적으로 구성된 몸으로서 몸으로부터의 소외를 극복하는 일이 몸에 대한 철학적 사유와 담론의 핵심과제라는 것이다.

'안과 밖'의 상호작용 아래의 몸: 신체자본

보디빌딩은 주체성이라는 관점에서 자기만족을 위한 안으로부터의 요구되는 주체성, 그리고 타인의 시선에 충족되려는 밖으로부터의 주체성 모두를 요구해야 한다. 이 둘의 주체성은 의미 있는 접점을 요구하는 것이 사실이다. 이를테면 신체자본으로서의 몸, 자기만족적이면서 타인의 기준을 수반하는 그런 상태의 몸을 요구하기도 하는 것이다. 그러나 이러한 몸의 상태가 어떻게 가능한가? 타인의 시선과 지기만족의 기분은 보편적일 수 있는가? 이러한 문제에서 안과 밖의 접점은 몸을 자본화한 맥락에서 나타날 수 있다. 우리는 신체자본에 대해 상징적인 의미로 이해하고 있다. 앞선 논의에서 지적한 바와 같이 보디빌딩의 신자유주의적 자본경향은 실천분야에서 나타난다. 실천적으로 인정받을 수 있는 보디빌더의 다양한 특성 중 특히 운동중독은 신체자본을 충족시키려는 욕망과 관련하여 발전적인 시각을 제공해 준다.

이러한 연구경향은 보디빌더들이 생각하는 운동중독의 의미 및 시각, 중독경험과 양상을 구체화하거나(이상호, 김영환, 곽성현, 2007), 어떤 경우에 보디빌딩에 중독될 가능성이 높은지를 파악하는 경우(나윤길, 표내숙, 2010)들로 드러난다. 이들 연구는 보디빌더들의 실천에 주목하되, 그것에 투영된 윤리나 사회적 가치가 아니라 구체적인 양상을 파악한다는 점에서 의의가 있다. 하지만 '중독'이라는 표현에서 보듯 특정한 실천양식에 대해 가치평가를 전제한다는 점에서는 한계가 있다. 중독이라는 용어에서 제기되는 문제를 차치하더라도, 이들 연구는 앞서 다른 연구들처럼 보디빌더들의 실천 '결과'에만 과도하게 집중한다는 문제가 있다는 것이다. 이소은(2012: 146-147)은 "보디빌더들이 중독으로 가게 되는 이유가 무엇인지, 중독되는 과정에서 가치 및 실천체계에 어떤 변화가 일어나는지, 보디빌딩이라는 몸만들기의 어떤 요인이 보디빌더를 중독수준으로까지 몰아가는지 제대로 설명하지 못하는 것"이라고 지적한다. 그리하여 그는 보디빌딩을 '수행적 자기관리'의 실천으로서 새롭게 이해할 것을 제안하고 있다. 구체적인 실천을 들여다보면 보디빌딩은 남성적 육체미의 상징이라기보다는 자기수양, 극기, 수련의 가치가 많이 엿보이는 자기관리 기술의 성격이 강하고, 동시에 이 관리는 외부로부터 주어지는 틀이 아니라 본인의 자발적 노력에 의해 적극적으로 구성된다는 점에서 수행적이라는 것이다. 이러한 점에서 보디빌딩은 Foucault(1984; 1988; 1997; 2001)가 이야기하는 '자기 테크놀로지(the technologies of the self)'와 맞닿아 있다. 자기 테크놀로지란 "개인이 자기 자신의 수단을 이용하거나, 타인의 도움을 받아 자기 자신의 몸과 영혼·사고·행위·존재방법을 일련의 작전을 통해 효과적으로 조정할 수 있도록"하는 장치로서, 개인은 자기 테크놀로지를 통해 주체로 구성된다. 이는 '자기배려'와 '자기인식'의 과정으로 나누어 살펴볼 수 있다. 자기배려란 "자기 자신에 대한 배려이고, 자기 자신을 돌보는 행위이며, 자기 자신에 몰두하는 행위(Foucault, 1988: 36)"로서 구체적인 삶의 기술을 통해 자신을 점진적으로 변형시켜가는 수양과정이다. 여기서 자기인식은 자기내면의 성찰과정을 의미한다. 개인은 자기인식과 자기배려를 토대로 자기변형 과정을 통해 스스로 진실과 만나며 이 지점에서 주체는 능동적인 존재로 전환된다. Descartes의 코기토적 주체가 스스로에게 공들이는 수련 및 자기에 의한 자기 자신의 점진적 변화 없이 오직 인식만을 토대로 진실에 접근하는 주체라면, Foucault는 주체가 '몸'을 장으로 자기 자신과 관계를 맺고 청취, 독서, 글쓰기, 자기통제, 의식점검 등 '실존의 테크닉'을 훈련함으로써 스스로를 구축하는 과정을 강조한다. 자기 자신과의 관계를 통해 스스로에 대해 완전한 통제력을 행사하고, 모든 활동의 근본목적을 자신 속에서 찾음으로써 주체는 비로소 '자기로의 전환'을 이뤄낼 수 있다는 것이다(이소은, 2012: 164-165).

이러한 자기로의 전환은 보디빌더의 실천과정을 통해 드러난다. 보디빌더로의 입문은 대체로 외부의 시선이라 하더라도 운동을 지속하는 과정에서 운동자체의 의미, 즉 높은 퍼포먼스(performance)를 지향하게 되며, 이를 통해 부수적으로 만들어지는 몸에 대해 관심을 갖게 된다는 것이다. 이소은(2012: 166)은 이에 대해 보디빌더는 언제나 변화를 만들어내는 과정을 통해 정체성을 만들어 간다고 말한다. 즉 이 과정은"훈련을 통해 자신을 구축하고 외부세계와 자기 몸의 관계를 구축하는 과정, 즉 '자기배려'와 '자기인식'의 과정"인 것이다. 이러한 과정은 내면과 외부의 시선 모두를 충족하기 위한 동기와 실천을 설명하면서 보디빌더의 정체성 문제를 설명하려는 시도이다. 하지만 이런 과정은 사회적 가치망 속에서의 의미변화를 수용하지 못하는 한계가 있다. 몸에 대한 상품화와 자본주의적 논리는 몸의 신체자본화를 위한 중요한 요인으로 설명될 수 있는 가능성을 가진다.

자본의 자유로운 흐름이 가장 우선시되는 신자유주의는 노동시장의 변화뿐만 아니라 시장의 규모와 성격 자체에도 커다란 변화를 초래하고 있다. 시장은 과거에 상품이라고 생각되지 않았던 물질적, 비물질적 가치들을 재빠르게 시장경제의 회로 속으로 흡수하면서 그 경계를 무한하게 확장시키고 있는 것이다. 이러한 맥락에서 교육이나 돌봄같이 사회의 재생산에 필요한 공공재부터 생명, 아름다움, 행복, 자기 계발, 치유와 같은 비물질적인 가치까지 투자와 매매가 가능한 상품이 되고 있다(김현미, 2010). 자본의 논리가 침투할 수 있는 스펙트럼의 확장은 인간사고의 전환을 가져오고 있으며 몸과 관련해서도 깊이 있는 사고를 요하게 된 것이다. 이에 대해 Gordon(1991)은"신자유주의가 개인의 동의를 획득하는 문화적 논리는 개인의 자유와 행복을 가장 중요한 가치로 내세우는 것이며, 이때 개인은 시장에서 '자유롭게'상품을 구입할 소비자로 호명된다. 이로 인해 개인을 '기업가적인 자아'로 구성하면서 기술, 역량, 기질을 계발하여야 한다는 신자유주의적인 언설은 고용의 준비에만 한정되지 않고 개인의 삶 자체에도 역할을 수행하게 된다(홍성민 역, 1991)."고 하였다. 이는 몸의 상품화가 신자유주의라는 경제체계 안에서 개인의 선택을 통해 가치로 자리매김할 수 있고, 이를 근거로 상품화 기획이 가능하다는 것을 의미하는 것이다.

또한 Rose(1998)는 신자유주의적인 경제체제와 문화 속에서 개인의 주체성이 형성되는 방식을 Foucault의 통치성 개념을 통해 설명하고 있는데, 통치성은 감시와 훈육 등 기존의 근대 권력개념을 확장한 것으로서 지배의 테크놀로지와 자기의 테크놀로지가 만나는 접점에서 형성되는 주체화의 양식을 의미한다(Foucault, 1994). 권력의 효과인 주체화는 규제의 테크놀로지가 일방적으로 지배의 대상으로 주체를 생산하는 것이 아니라, 주체가 자기에 대한 인식을 포함하여 스스로를 지배하는 자기의 테크놀로지와 결합하여 이루어진다. 신자유주의적 통치성은 자유, 행복 등 비물질적 가치들을 통해 개인의 정서를 조작하면서 권력을 행사하고 대중의 '동의'를 구축하는 특성을 지닌다는 것이다(권수현, 2010; 태희원, 2012a).

더 나은 몸을 통해 더 나은 자아를 획득할 수 있고 그 자체가 삶의 능력으로 환원될 수 있음을 강조하는 신자유주의적 통치성은 현대사회에서 의학의 성격변화에 의해 지지되며 그 실행력을 확보한다. 의학이 관할하는 범주는 더 이상 정상성과 질병의 구분에 있지 않으며, 나이 듦의 문제, 재생산, 생명에의 위협, 삶 자체의 최적화(optimization)에 이르기까지 확장되고 있기 때문이다(Jarrin, 2006). 그 핵심은 모든 삶에 의료행위가 개입되도록 하며 자유롭고 향상된 자아를 표현하는 것으로서의 몸 인식을 강화하는 것이다(태희원, 2012a 재인용). 이와 같은 몸 인식의 과정은 유기체적 인간의 사회적이고 문화적인 의미투영을 통해 가능하게 되었다. 인간은 고대로부터 당대의 적합한 미적 가치를 표현하기 위해 인체를 장식하고 변형해왔고, 특히 20세기 후반 소비자본주의 사회에서 현대인들의 '몸'은 '육체자본'으로 설정되기도 하고, 미디어는 이상적인 몸의 조건을 내세워 여성들을 획일화되고 규격화된 몸을 만들도록 유도하고 있으며, 여성들은 과학기술과 혼합된 이상적인 몸을 만들고 있다는 점을 통해 자본화되는 결과를 초래하였다(김지연, 2007: 31).

절약, 자제, 노동과 근면을 강조했던 경쟁자본주의가 쇠퇴한 20세기 후반부터 현대인들은 여가를 즐기고 열심히 소비하라는 권유를 받고 있다. 특히 자신의 몸에 시간과 금전을 투자하라고 설득하는 광고들이 몸 관리 산업들로부터 줄기차게 쏟아지고 있다. 이런 광고들에서 몸은 철저히 '육체자본'으로 설정되어 있다(임인숙. 2002: 185). 영화배우가 아니더라도 언제 어느 때나 이런 카메라의 시선을 통과할 수 있는 외모를 원하는 개인들은 각종 몸 관리 산업들의 유혹을 받기 쉽다. 날씬해지고 싶은 욕망을 가진 사람들에게 다이어트 식품을 복용해라, 헬스센터에 들러 운동을 해라, 비만/체형관리실의 태닝시스템을 이용해라, 성형외과에서 지방흡입술을 받으라고 몸 관리 산업들은 경쟁적으로 외친다. 또한 이런 산업들은 자신들의 공간과 전문가를 직접 방문하지 않는 사람들에게까지 각종 매체를 통해 몸 관리에 관한 수많은 정보를 제공한다. 이러한 과정에는 보다 과학적이고 체계적인 지식과 기술을 동원해 소비자들이 원하는 몸을 만들어 줄 수 있다고 선전하는 이른바 '몸 전문가'들이 등장한다. 다이어트 상담가나 피부관리사 등 몸 관리에 관련된 수많은 신종직업이 출현하고 있다(임인숙, 2002: 186). 특히 케이블TV와 종편채널의 등장 등으로 미디어가 다양화됨에 따라 소비자들의 몸에 대한 관심을 충족시키기 위해 몸에 대한 담론이 범람하고 있다.

이러한 범람은 보디빌딩을 통해 건강을 회복하고, 외모의 변화를 경험함으로써 자아정체성의 변화를 경험할 수 있다는 담론 또한 생성하게 된다. 건강과 외모는 자신감과 직결되고 이를 통해 공동체 내에서 자신의 자아정체성을 새로이 발견하게 되는 것이다. 또한 시대와 계급에 따라 요구되는 신체성은 다르게 나타나기 마련인데, 이러한 신체성은 성향체계 혹은 가치체계를 내면화 하는 과정에서 생긴다(김정효, 2012). 즉 보디빌딩을 통해 만들어진 몸은 철저한 자기관리의 반증이며, 근육질의 단단한 몸은 좀 더 세련된 신분의 표출이 되는 것이다(White & Gillett, 1994; Wacquant, 1995). 이러한 것들은 자아정체성의 형성과 직결되면서 보디빌딩하는 몸의 정체성 문제해결의 단초가 될 수 있을 것이다.

5. 보디빌딩하는 몸의 주체성에 대한 새로운 시선

보디빌딩하는 몸의 주체성 확보를 위한 길은 자아-타자의 경계를 허무는 것에서부터 시작하여 해체주의적 논의를 이끌어 낼 수 있을 것이다. 또한 보디빌딩하는 몸의 주체성 회복은 사회적인 측면과 자기원인의 측면에서 동시에 이루어지도록 해야 한다. 보디빌딩에 대한 사회권력과 규율로부터 참된 자유인으로서의 해방을 만끽하도록 하는 동시에 자기 스스로 그러한 외재적 가치를 지양하고, 자신의 몸을 상품화하며 근육강화제 등 약물복용을 통해 자신의 몸을 학대하는 등 비주체적 구조에서 벗어날 수 있도록 하는 깨우침이 필요하다.

타자지향적 주체로의 회귀

"주체성의 계보학은 주체의 기원을 철학적으로 접근하는 담론이다. 계보학의 출발점은 주체성이 무엇인가라는 질문에 답변하는 것 뿐 아니라, 주체라는 개념이 어떻게 타자와 세계와의 관계에서 구성되고 적용되어야 하는지에 근거한다(전희천, 2014: 143)."이와 같은 말은 주체성을 논할 때 집중해야 하는 관점을 설명해 주고 있다. 주체성 자체에 대한 탐구는 물론 주체와 타자의 관계 속에서 주체성에 대한 관계상의 정립이 가능하다는 의미이다. 주체성에 대한 관계정립의 출발은 Descartes 이후 서양철학을 지배한 주체성의 이념을 비판하고 이웃과 더불어 세계 안에 살아가는 인간존재의 의미를 다시 새롭게 규정하는 일이다. 전통적인 주체성 이념을 비판하거나 거부한다는 점에서 현대철학 대부분의 흐름은 반데카르트적 경향을 띠고 있다는 점이 이러한 철학적 전통을 반증한다. Descartes는 지식의 확실성을 확보하기 위해 모든 것을 의심할 수 있더라도 그 자체로 확실하고 명증적인 불변의 Archimedes의 관점을 요구하였고, 잘 알려져 있듯이 그는 그것을 사유하는 자아에서 찾았다. Descartes는 나의 사유와 존재의 명증성을 통해 다른 존재의 명증성이 확보될 수 있다고 믿었던 것이다(강영안, 1990).

Descartes는 방법적 회의를 통해 코기토의 명제를 세울 수 있었고 이에 따라 사유의 영역과 물질의 영역을 분리하는데 성공한다. Newton으로 대표되는 근대의 물리학자들은 이렇게 사유의 영역에서 분리된 물질의 법칙들을 수학적으로 정식화하고 이를 이용해 물질적 현상을 일관성 있게 '설명'할 수 있게 되었고, 세계는 수학적 법칙에 따라 움직이는 거대한 기계로 인식되기 시작했다(강신익, 2006). 서양의 형이상학 전통에서 Descartes철학이 지닌 역사적 의의는 세계의 인식 가능성을 신적 지성에 두었던 중세의 초월철학(존재론)을 자아론적 초월철학으로 바꾸어 사물 및 자아존재를 자아의 사유를 통해 규정하는 '자아론적 존재론'의 길을 열어 준 것에 다름 아닐 것이다. Descartes는 끊임없이 비판되기는 했지만 그 근본정신은 이성론자들과 I. Kant를 통해 계승되었고, E. Husserl에 이르러 자아 혹은 주체의 절대성은 더욱 강조되었다(강영안, 1990).

Husserl 이후, 특히 1960년대 이후 현대철학이 매우 강하게 반데카르트적인 경향을 띠게 된 것은 현대철학의 목표가 데카르트적 근대성을 극복하는 것에 치중되었기 때문이다. 근대성은 인간을 자연 및 동물과 분리함으로써 인간의 주체성을 확립하고, 이러한 주체성은 인간 주변의 사물을 수단화하는데 합리성을 부여한 것이다. 인간의 사회적 관계는 관리의 대상이 되었으며, 관리는 일련의 환원을 통해 수렴 가능한 사물로 정리되었다. 이에 대해 강신익(2006: 56)은 "우리가 누리고 있는 풍요로운 생활과 물질을 중심으로 한 찬란한 과학문명은 상당부분 이러한 환원적·기계적 세계관에 빚지고 있다. 그러나 이러한 세계관은 우리가 일상적으로 경험하는 수많은 현상들을 설명할 수 없다."고 하였다.

이와 같은 철학적 경향은 근대 사상가들에게 큰 짐을 지워주게 된다. 이는 20세기 후반의 지배적인 철학적 경향이 근대적 합리성의 일반화가 낳은 여러 문제에 대한 반성으로 특징지어진 것과 연관된다. Husserl과 M. Heidegger의 현상학과 해석학, H. Arendt와 프랑크푸르트학파의 정치사회철학, 현대 프랑스철학 등은 모두 합리성과 객관성을 문제 삼고 있다고 할 수 있다(서용순, 2014: 324). 이러한 객관성은 동일성의 확보라는 철학적 과제를 낳았으며, 객관성에 위배된다고 판단되는 모든 것들은 배제되어 갔다. 하지만 이와 같은 철학적 기획은 괄목할 만한 성과를 내지 못했다. 이는 실증주의, 과학주의의 만연으로 드러났으며, 사물의 총체성에 대한 인식은 결여되어 갔다. 동일성을 확보한다는 것은 진리체계에 근접한다는 매력적인 시도였으나 다양성과 차이는 결코 획일화될 수 없는 것이었다. 모두가 동일하다는 것은 배타적인 세계관, 즉 타인을 인정하지 않는 것으로서 우리가 실패한 비인간성의 전형으로 드러난 것이다. 동일성으로 인한 결과는 또 다른 철학적 반성으로 이어졌다. 그것은 동일성에 대한 거부감의 표현이며, 그 동안 견고하게 발전해 온 동일성의 철학을 해체하는 작업이기도 하였다. 이에 대해 서용순(2014: 326-327)은 다음과 같이 말한다.

> 존재가 동일자의 논리로 포섭할 수 없는 이질적인 다수(multiple)를 포함한다면, 그 존재는 결코 단일한 속성의 주체로 환원될 수 없다. 그렇기 때문에, 철학적 시스템의 중심에 놓인 주체는 다시 사유되어야 할 대상이 된다. 현대 프랑스철학은 이러한 형이상학적 주체를 기각하고, '다른 주체'의 가능성을 타진한다. 이때 지배적인 경향은 그 주체의 가능성을 동일자와 다른 것으로서의 '타자'에서 구하는 것이다. 근대철학이 어떤 보편적인 주체를 추구했다면, 프랑스 현대철학은 그것과 다른 '비-보편'으로서의 타자에 주목하여, 바

로 그 지점에서 '다른 주체'의 가능성을 찾고자 하는 것이다. 이 '다른 주체'에 대한 사유 중 우리가 집중하는 지점은 그 사유가 포함하고 있는 '정치적 주체성'이다. 이전의 정치적 주체가 보편의 실현을 위한 주체, 하나의 세계를 위한 주체였다면, '다른 주체'는 그 '보편'과 '하나의 세계'에 균열을 가하고 새로운 가능성을 보여주는 주체라 할 수 있다.

타자에 대한 사유는 새로운 가능성들을 열어낸다. 그것은 동일자의 논리, 완전성의 논리에 균열을 가함으로써 타자를 중심으로 전개되는 새로운 주체성의 수립으로 나아간다. 이러한 타자의 사유를 가장 독창적인 방식으로 전개하는 철학자가 바로 리투아니아 유대인 출신의 프랑스 철학자인 Lévinas이다(서용순, 2014: 328). 그는 현상학과 탈현대적 사고와 관련해서 Husserl과 Heidegger의 현상학을 비판적으로 계승하면서 이를 발전시키고 있다. 그에게 있어 현상학은 인간의 존재를 해명하는 길이기도 했지만 극복해야 할 난제이기도 했다. 그는 이를 통해 주체성을 재정립하려 했으며, '타자를 위한 존재', '대리' 혹은 타자를 위한 '볼모'로 표현하고 주체는 존재를 규정하고 의미를 부여하는 주인이 아니라 오히려 타자를 위해 짐을 지는 주체, 즉 책임적 주체라는 것을 강조하는 것이다(강영안, 1990).

이와 관련하여 그는 타자에 대해 자기성의 주체가 타자의 얼굴을 대면할 때 타자를 자기화하고 타자에 대한 책임을 부여받게 된다고 하였다. 이는 윤리적인 책임을 의미하는 것이며, 얼굴은 존재 그대로의 모습을 말한다. 또 그는 그러한 무저항의 얼굴이야말로 윤리를 가능하게 하는 타자의 힘이라고 했다. 이는 형이상학적 주체를 지배했던 자기중심성을 타파하고 책임을 요구하는 새로운 윤리적 동인이다. 주체가 자기중심성을 탈피한다는 것은 주체가 수동적으로 이해된다는 것을 의미한다. 수동적인 관계는 피할 수 없는 윤리적 명령으로 이어져 의무로서의 책임이 부과되는 것이다. Lévinas는 이런 점에서 자유보다는 책임의 중요성을 강조한다. 책임의 주체는 무한한 책임을 요구받게 되고, 타인의 책임까지 도맡게 되면서 형성되는 주체이다(서용순, 2014). Lévinas는 인간을 전체의 한 부분으로 보는 철학, 인간의 인격 위에 자연, 신, 혹은 '존재'를 우위에 두는 철학에 대하여 인간의 존엄성과 책임의 이름으로 대항한다(강영안, 1990).

이에 대해 Derrida는 「폭력과 형이상학(Violence et métaphisyque)」에서 Lévinas가 동일성의 철학적 전통을 벗어나지 못하고 여전히 그 전제 하에서 논의를 하고 있다고 비판한다. 즉 Lévinas의 주체성 비판은 기존의 철학적 언어들을 벗어나지 못한다는 것이다.

오늘날의 세계는 '경계의 탈구축(deconstruction)'이라는 말로 틀이 지어질 수 있다. 이 말은 오늘날의 세계에 대한 직접적인 묘사이다. 우리가 deconstruction이라는 Derrida의 용어에 대해 흔히 애용되는 '해체'대신 '탈구축'이라고 번역한 것은 후자의 지칭이 현실의 변전, 다시 말해 경계지움이라는 구체적인 현실의 변전을 더 잘 묘사하고 있기 때문이다(서용순, 주형일, 2009: 98).

그리하여 Derrida는"해결되지 않는 것, 실행 불가능한 것, 비정상적이고 정상화할 수 없는 것으로 항상 남아있는 것"을 지향하며, 이것이야말로 다른 존재의 (불)가능성을 사유하게 하는 결정적인 것이라는 것이다(서용순, 2014). 이들의 철학은 다음과 같이 집약된다.

> Lévinas의 철학은 '윤리적 전회'라고 부르기에 충분한 일대 전환을 제안한다. 그의 철학이 새로운 주체성을 제안하는 것은 바로 그러한 윤리적 전회를 통해서이며, 그런 점에서 그의 주체는 윤리로 환원되는 주체라고 말해도 과언은 아닐 것이다. 반면, Derrida의 형이상학 비판이 제안하는 주체성은 더 넓고 모호하다. Derrida의 철학이 보여주는 윤리와 정치의 가능성은 사실상 그러한 모호한 주체성으로부터 나온다. 양자의 차이는 바로 그 지점에 있다. 우리는 그 대비를 윤리가 구성해내는 주체성과 윤리를 구성하는 주체성 사이의 대비라고 말할 수 있을 것이다. 이런 두 사람의 차이는 각자의 윤리적·

정치적 담론의 차이를 구성하게 된다. 타자에 대한 서로 다른 사유는 윤리와 정치의 접합이 만들어내는 양자의 차이를 설명한다(서용순, 2014: 332-333).

이처럼 Lévinas의 철학이 주체를 바깥으로 가져와 책임성을 강화한 윤리적 전회를 의미하는 것이라면, Derrida의 비판은 현상학과 존재론의 철학적 담론 안에 해체주의적 요소를 드러낸 것이다. 이는 Hegel의 변증법적 욕망이 목적인을 지향하는 의도적 요소를 내포하면서 끊임없이 자기에게로의 반사적 회귀성 때문에 주체의 전체성이라기보다는 무한성으로 해석되어야 한다는 의미를 낳는다. 이것이 Derrida에게서는 다름 아닌 해체의 요소이다(전희천, 2014).

근대성의 문화가 인간계몽과 해방에 강력한 동인으로 작용한 것은 사실이다. 하지만 그와 동시에 인간존재를 에워싼 근원으로부터의 이탈과 자연으로부터의 소외, 나아가서 통제수단의 강화라는 부정적인 결과를 가져왔음을 부인할 수 없다. 이러한 인식은 근대성의 문화를 벗어나려는 탈근대적 혹은 탈현대적 사고가 출현한 배경이라 할 수 있다(강영안, 1990: 244).

따라서 현대 철학자들 가운데 Husserl을 제외한 Heidegger, Ponty, Lévinas 등과 같은 현상학자들이나 Gadamer, Ricoeur 등의 해석학자, 그리고 Popper와 Polanvi 등의 과학철학자들은 각기 다른 방식으로 자아중심적 철학, 즉 근대적 주체성에 대해 비판을 가하게 되었으며, 앞선 설명과 같이 Foucault나 Derrida와 같은 구조주의자들은 '주체의 탈중심화' 혹은 전통 형이상학의 '해체'를 통해 근대성의 기획을 폭로하려고 한 것이다. 그들의 논점은 첫째로 자아 혹은 주체는 세계의 근원이나 최종적인 근거가 아니라는 것이다. 자아는 근원적이기보다 파생적이다. 자아는 세계 이전에, 언어 이전에 존재하는 초월적인 존재가 아니라 타자와 언어를 통해 형성된 구성물이다. 이런 관점은 일찍이 사회경제적 관계가 의식을 규정한다고 본 Marx나, 힘에의 의지를 자아 본체화의 근원으로 본 Nietzsche, 그리고 무의식을 의식적인 자아를 지배하는 근원적인 힘으로 본 Freud의 관점을 물려받은 것이다. 둘째로 자아가 근원적 존재가 아니라 파생적 존재라는 것은 자아가 의미의 주인이 아니라는 뜻이다. 자아는 '자기 집에서 주인이 아니다'라는 말의 의미는 말하는 사람의 의도나 그가 부여한 의미에 의해 결정되는 것이 아니라 말 자체가 지닌 힘의 관계에 의해 생성된다고 본다. 셋째로 말은 말하는 자아에 의해 규정되는 것이 아닐 뿐더러 현실을 표시하고 지칭하는 단순한 기호체계가 아니라고 그들은 생각한다. 말이란 어떤 것을 금지하고 허용하며, 어떤 것을 수용하고 배제하는 '수용과 배제의 체계'이다. 말은 사회를 구성하는 권력관계를 잘 표현하고 실현하는 수단이다. 여기서 말하는 주체는 권력관계의 구조물 속에 갇혀 있는 수인에 불과하다(강영안, 1990: 244-245).

이러한 주체성의 논의들은 보디빌딩하는 몸이 추상적인 몸이 아니라 감각적 경험을 통해 인간의 존재를 설명하고 현실의 자기존재를 몸의 감각적 지각에 결부시킬 수 있다는 점에 주목한다. 보디빌딩을 통하여 몸에 대한 가치를 인식시키고 삶의 의미를 깨닫게 하는 기회를 제공하는 한편, 인간존재의 실체가 보디빌딩하는 몸을 통하여 그 존재의미를 인식하도록 한다는 것이다. 스포츠현장에서 몸은 스포츠 하는 인간이 존재(being in the sport field or world) 가능한 주요한 자아이다. 따라서 스포츠는 근대에서 탈근대로 돌입하면서 나타나는 하나의 현상으로서 인간의 주체성을 재해석할 수 있는 가능성을 제시한다. 왜냐하면 인간은 스포츠행위를 통하여 자아의 존재를 탐색하는 과정을 수행하기 때문이다. 즉 타자와의 경쟁관계의 체험과정 속에서 많은 타자들 - 스포츠 상황의 관계들 - 가운데 자기의 존재를 확인할 수 있으며. 이러한 과정에서 주체성의 개념이 형성된다. 인간은 스포츠에 의해 주체적 존재로서 자신을 구별할 수 있는 지성을 갖추게 되는 것이다(김영갑, 2005: 39).

그리하여 보디빌딩하는 몸은 그저 살과 뼈로 이루어진 살덩어리가 아니라 내면의 정신이 육화되어 밖으로 내비치는 몸으로 파악되어야 한다. 주체로서의 보디빌딩하는 몸은 살아 움직이면서 내면의 감정과 느낌을 토해내는 전인격적 '몸성'으로 이해되어야 한다. 따라서 보디빌딩하는 인간의 실존적 의미는 타자 혹은 외부세계와의 끊임없는 소통과 상호작용의 주체인 몸을 통하여 존재해야 하는 것이다. 이처럼 상호작용의 주체인 몸은 필수적으로 '몸의 미학화'를 요청한다. 즉 상호주의적 조건 속에서 살아갈 수밖에 없는 인간은 자신의 몸을 최소한 의사소통에 장애가 없을 만큼 미적으로 도야할 필요가 있는데 여기에서 신체미학이라는 개념이 생겨난다. 문제는 도구적 합리성이 지배하는 소비자본주의 시대의 신체미학은 모든 인간을 동일성의 노예로 전락시킨다는 것이다.

영상매체의 발달과 정보의 편재화는 '미(美)'의 획일화를 요구하며 이 기준에 부합되지 않은 것은 비정상적, 비효율적인 것으로 치부한다. 문화와 문화 간에, 사람과 사람 간에 너무나 많은 균일성과 획일성이 확산되고 있으며, 보디빌딩하는 몸도 이 균일화된 미의 개념으로 주조되고 있는 것이다. 보디빌딩하는 사회의 모든 사람들이 모두 엇비슷한 몸매로 만들어진다는 것은 끔찍한 일이다. 자기의 고유성을 버리고 타자와 같아지는 것은 보디빌딩하는 인간은 몸을 추악하게 하는 것으로 비추어질 수 있다. 보디빌딩에서 자기만의 개성 있는 몸을 가꾸는 것이 중요하다.

개성은 그 자체로 존립하고 타자와 공유하지 않는 고유한 것을 의미한다. 개성은 세계 안에서 나의 위상을 규정하고 나로 하여금 본래적 나가 되게 만드는 것이다. 개성은 나의 본질을 형성한다. 그런 점에서 개성은 유일한 것이며, 타자와 교환되거나 동일성으로 환원될 수 없다(최신한 역, 2002). 이러한 의미에서 보디빌딩에서 개성 있는 몸 수련은 인간의 실존적 측면을 신장시키는데 있어서 간과해서는 안 될 필수적인 요소이다. 그러면 보디빌딩하는 몸이 자본주의의 물신성에서 벗어난 신체미학을 어떻게 추구할 것인가? 그리고 이 사회가 몰고 가는 획일성에서 벗어난 보디빌딩의 미적 자율성은 가능한가? 여기에서 공포감과 섬뜩함을 유발하는 '추'를 테마로 삼는 '추의 미학'은 동일성에 저항하는 실천으로서 의미를 지닌다.

현대예술에서 자주 등장하는 '추'의 모티브는 이렇게 보편적 평균화와 억압적 동일화가 진행되는 체제의 이면에 간직된 부조리와 소외감에서 배태된다. '추'는 단순한 미학적 범주를 넘어 지배관계와 억압관계를 부정하고 고발하는 실천철학적 범주이다. 획일적인 미의 형식에서 벗어나 차이와 개별성을 회복하는 일이야말로 예술의 기능이라고 여긴다(이승환, 2005: 286). 여기에서 보디빌딩에 있어서 '추'라는 개념은 비정상적이거나 보기 역겹다거나 혹은 변태적인 몸의 형상화를 의미하는 것이 아니라 보디빌딩하는 몸 담론에 있어서 사회적 통념에 비추어 볼 때 미의 개념에서 한발 물러 선, 상대적인 미의 기준, 그리고 가부장적 권위와 체면에서 탈피하여 자기만의 자유분방한 개성과 창의성 및 독특한 색채를 갖는 것을 의미하는 실존적 개념이다.

한편, 지금까지 우리의 지식체계와 인식체계에서 일반화되고 보편화된 개념으로 수용되어온 미학에 대한 관점도 새로운 수정의 틀을 요구한다. 적어도 이 저서에서 언급한 '추의 미학'이 등장한 이후 미학이 과연 인간 삶의 가치와 본능, 그리고 인간적 의미실현에 얼마나 깊고 넓은 위안을 지속적으로 가져다 줄 수 있을 것인가에 대한 논의가 있어야 한다. 그것은 미학이 인간의 자아실현과 자기만족, 특히 스포츠에 대한 인문학적 사색의 지평을 크게 신장시켜 온 것은 틀림없지만, 그것이 일면 개인적, 주관적 입장에 치우쳐 사회문화적인 면에서 소위 '추'라고 규정되어진 것을 얼마나 많이 제한하고 배척해 왔는가를 생각해 볼 때, 인간소외의 또 다른 역효과를 초래하지 않았는가를 깊게 성찰해 볼 시점이 아닌가 한다.

미적 지각만을 주제로 삼아 온 종래의 미학은 이제 '감지'나 '감성'까지도 문제로 삼는 포괄적 학문으로 변모할 필요가 있다. 즉 에스테틱(aesthetic)이라는 개념은 좁은 의미의 미학에서 탈피하여 보다 원의에 가깝고 포괄적 범주인 '감성학'으로 확장될 필요가 있다(이선, 2008: 259). 살이 지니는 미적 형태에 대한 인지뿐만 아니라 몸의 감각까지도 관심의 대상으로 삼는 '감성학'은 자연스럽게 윤리적 인 문제의식으로 연결되기 때문이다. 미적 시선은 선이나 색깔 그리고 형태나 소리 등에 내재한 비례와 조화에서 아름다움을 지적하는 능력을 말하지만, 감성적 지각은 '전체'라는 지평에서 직접적이고 분산되어 있는 지각의 내용을 통합적으로 평가한다. 따라서 감성적 지각은 미적 지각이 지닌 한계를 넘어 윤리적 지각으로 상승될 수 있는 포괄적인 몸의 능력이다. 인간을 부분(이미지)으로 파악하려는 미적 지각의 능력은 인간을 전체(몸)로 감지하려는 미·윤리학으로 재정립될 필요가 있다(이승환, 2005: 296).

보디빌딩하는 몸에 대한 타자의 시선에 당사자는 사회적 부담을 느끼며, 자기의 가꾸어진 몸매를 어떻게 드러낼 것인가에만 집중할 것이 아니라 보디빌딩을 통하여 단련된 몸매를 바라보는 그 시선을 어떻게 도야시킬 것인가에 대한 생각도 해야 할 것이다. 즉 바라다 보이는 '대상'인 자기를 변모시키는 몸에 대한 미적 치장에만 열중 할 것이 아니라, 바라다보는 '시선'을 고양시키는 방안도 고려해 볼 만하다는 뜻이다. 미학을 '감성학'으로 확장하는 일은 이런 전략을 위한 이론적 토대가 된다. 즉 주체가 지닌 미적 지각의 능력을 대상의 감정과 느낌까지도 감지할 수 있는 감성적 능력으로 고양시킴으로써 관상학적 도상이나 표피적 이미지에만 머무르는 '미학적 시선'은 상대방의 몸에 새겨진 느낌과 감정에 공감하는 '감성적 시선'으로 바뀌게 될 것이다(이승환, 2005: 297). 이러한 점에서 보디빌딩하는 몸은 결국 자기 자신의 참된 정신 하에서 세상과 소통하고 조화를 이루며, 이것이 참된 공부로 이어질 수 있는 인간학적 가치를 구현하기 위하여 감성적 차원에서 수용되어져야 한다. 이는 보디빌딩이 인간과 세상 '전체'의 유기적 신체문화의 하나로 정립될 수 있는 단초가 된다.

자아-타자의 경계 허물기

자연선택을 중심으로 하는 다윈주의 진화생물학은 잠시 라마르크(J. Lamarck)주의의 득세에 따른 위축의 시기를 거치기도 했지만, 유전학과의 결합, DNA의 구조발견, 그리고 인간유전체 계획의 완성으로 움직일 수 없는 진리로 굳어지는 중이다. 주류 생물학의 대표인 R. Dawkins도 인정하듯이 "과학의 가장 중요한 기여는 오래된 이론이나 사실을 바라보는 새로운 방식을 발견하는 것"이다. C. R. Darwin 탄생 200주년 행사의 표어도 '사물을 달리 보자(see things differently)'였다. 20세기 물리학의 혁명을 이끈 A. Einstein도 "우리의 사고방식이 야기한 문제는 그것을 초래한 사고방식으로는 결코 해결할 수 없다."고 역설한 바 있다. 우리는 19~20세기의 진화생물학이 생명을 보는 새로운 시각을 도입하여 크게 성공을 거두었으나, 직간접적으로 인종차별, 성차별, 사회적 소수자와 약자에 대한 억압, 그리고 신자유주의 경제체계 도입에 기여했음을 알고 있다(강신익, 2009).

후기 구조주의자들의 주체성 논의에서 핵심적인 주체성 회복의 길은 해체로 집약된다. 근대적 주체성이 근대의 계몽에 의해 서구사회를 지배하게 되면서 근대인들은 주체성에 대한 자아성찰의 기회를 얻었으나 실존적인 의미의 주체는 상실되는 결과를 초래하게 되었다. 보디빌딩하는 몸의 주체성도 몸의 근육발달에 대한 일련의 표준과 지향점의 획일화를 가져오면서 정해진 목표에 도달하기 위한 자아의 주체성이 강조되었다고 볼 수 있다. 하지만 논의된 바와 같이 보디빌딩하는 몸의 정해진 목표가 아닌 타자의 윤리, 즉 실존적인 주체성의 확보를 통해 보다 자기계발적 의미의 주체성을 확보할 수 있는 길이 열리게 되었다고 할 수 있다.

그러나 이러한 타자지향적 주체성의 논리는 Derrida가 지적한 바와 같이 Lévinas가 놓치고 있었던 부분, 즉 전통적인 형이상학적 논의의 틀 안에서 이루어질 수밖에 없으므로 주체성 회복의 길을 여전히 근대성 안에 가두어 놓은 결과를 초래하고 있다고 볼 수 있다. 따라서 보디빌딩하는 몸의 새로운 주체성 확보를 위한 길은 자아-타자의 경계를 허무는 것에서부터 시작하여 해체주의적 논의를 이끌어 내는 것이다. 이러한 논의가 가능한 시점은 바로 산업혁명을 통한 건강에 대한 인식의 변화와 더불어 관리 차원에서의 노화예방과 깊은 관련을 가진다. 보다 건강하고자 하는 인간의 욕구는 건강이라는 다소 소극적인 지향점을 가지기도 했지만, 오히려 적극적인 노화의 극복이라는 화두를 통해 궁극적으로 죽음의 해체에 도전하고 있는 양상이다.

생물학적으로 나이가 들어가면서 나타나는 몸의 변화는 자연스러운 것이다. 하지만 변형 가능한 몸과 나이라는 관점에서 본다면 나이에 따른 몸의 징후는 관리를 통해 제거할 수 있고 미연에 방지해야 하는 대상이다. 즉 노화징후인 주름, 거칠고 탄력 없는 피부, 검버섯, 기미 등은 관리 가능한 현상이므로 노화가 나타난 몸과 얼굴은 게으르며 자기계발에 뒤처진 개인의 자화상인 셈이다. 이러한 외부의 몸은 내부 몸의 젊음에 대한 배신(Turner, 1995)이므로 개인들은 물리적 매력에 대해 관심이 많지 하더라도 스스로를 최선으로 만들어야 하며, 나이 듦의 상태를 수용하는 것을 거부해야 한다(Featherstone, 1982; 김송희, 2013: 87-88 재인용).

산업혁명이 시작되자 기후나 지리보다 더 강력한 인공환경이 만들어지면서 사람들의 건강이 급격히 악화된다. 인공적인 사회환경이 자연환경을 압도하는 건강의 결정요인으로 떠오른 것이다(강신익, 2010). 우리가 살고 있는 사회는 산업혁명을 기점으로 하여 자연적인 공동사회에서 인위적인 이익사회로 변하여 왔다. 이러한 현대의 이익사회에서는 이익추구를 목표로 산업의 효율화, 합리화, 기계화, 집단화, 획일화를 추진하고, 정치, 경제, 교육을 하나의 체제로 결합한다. 그 결과 생산력이 증대되어 인간생활은 편리하고 안락해졌지만 인간의 개성적 자유가 말살되어가고, 자율적 판단능력과 반성적 이성능력은 마비되어 갔다(임춘식, 1990).

그리하여 현대인에게 있어 몸의 문제는 주체로서의 몸을 인식하지 못하고, 몸 위에 군림하는 형이상학적 사고, 사회권력, 가부장적 문화, 몸을 대상화한 의료체제, 사회적 이상미(理想美), 비주체적인 생활 등에 의해 '몸살림'이란 총체적 문제의 해결주체로서 몸의 각성이 대두되었다. 몸은 스스로 사고하고, 성장하고, 치유하고, 살리는 삶의 주체이며 살림의 장이다. 몸 살림은 몸의 생명가치를 자각하고, 내 몸의 주체회복으로서 '몸을 통한 자발적·상호 관계적 주체 속에서 자기다움을 살리는 삶'을 의미한다(황정희, 2002). 이러한 적극적인 인식들은 건강의 확보라는 보다 소극적인 프로젝트로부터 시작되었다고 할 수 있다.

1970년대 미국 R. Nixon 행정부가 엄청난 예산을 쏟아 부으며 야심차게 추진했던 암과의 전쟁 프로젝트는 암의 발병기 전에 관한 지식의 폭과 깊이를 크게 확장시켜 주기는 했어도 대체로 암 '정복'의 목표를 달성하는 데는 크게 미치지 못한 걸로 평가받았다. 그 이유는 암이 어떻게 발생하는지에 대한 미시적 기전에 치중하여 암이 도대체 왜 발생하는지에 대한 거시적 시야를 놓쳤기 때문이다. 지금도 많은 사람들이 노화를 질병으로 여겨 정복하고 퇴치할 수 있다고 믿는 것 역시 그런 사유양식에서 오래 살고 싶다는 우리의 원초적 본능과 욕망이 겹쳐진 결과인 것이다(강신익, 2010: 37).

이렇게 건강의 확보를 기축으로 한 몸 살림은 결국 죽음의 극복이라는 의료적 지향점을 가지고 있었으나 살아있는 동안의 건강, 그리고 살아있는 동안의 미적 제고 등에 관심을 가지면서 몸을 바라보는 또 하나의 관점을 낳게 되었다. 그것은 몸을 만들어내는 주체의 행위에 주목하는 것이다. 이에 대해 이소은(2012: 138-139)은 "사회구성주의적 관점이 몸을 둘러싼 권력의 작용에 너무 치중하여 권력에 저항하거나 권력의 작동을 변형시키는 모습을 포착하지 못하는 한계를 극복하는 동시에, 프로젝트로서의 몸이 몸 프로젝트의 결과로서 구성되는 자아정체성에 과도하게 집중하여 프로젝트 행위자체를 간과하는 경향을 보완한다."고 하였다.

사회과학에서도 실천의 맥락에서 몸을 분석하는 경우를 찾을 수 있는데, 즉 '날씬한 몸'이 일정한 시간 동안의 노력에 대한 산물이자 성취로서 주어진다는데 주목하면서 다이어트 행위에 부여하는 노력과 과정, 시간 투자로부터 주체의 능동성과 자율성, 자기극복의 가치를 제안하는 것이다(김수정, 2002). 이는 다이어트한 몸과 성형수술한 몸 사이에 위계적 이항대립이 존재하며 꾸준한 노력과 실천으로 만들어진 몸 자체와는 다른, 독립적인 평가의 대상이 되고 있음을 보여준다(이소은, 2012: 139).

나아가 실천에 주목하는 관점은 무의식적인 행위나 실수까지 포함하여 몸을 문화화 하는 지점과 과정에 대해 구체적으로 연구할 것을 주장하는 것이다. 이에 대해 Downey(2010)는 Bourdieu(1990)의 아비투스(Habitus) 개념을 '체화된 지식(embodied knowledge)'개념으로 전환하면서 비일관적이고 비체계적이며 때로는 단편적인, 변화하는 것으로서의 몸의 경험과 움직임을 보고 제안한다. 그는 Bourdieu의 아비투스 개념이 신체에 각인되는 사회적 구조를 이야기함으로써 몸과 마음의 이분법을 극복했지만 유기적이거나 심리적인 과정의 측면을 배제하여 몸을 여전히 추상적인 단계에 머무르게 만든다고 비판하면서, 추상화되고 집합적인 차원에서 일어나는 체화가 아니라 개개인의 몸에 각기 다른 방식으로 각인되는 움직임과 지식을 보아야 한다고 하였다(이소은, 2012 재인용).

이와 같은 적극적인 행위와 관련된 몸의 프로젝트들은 사회구성적인 시각에서 몸의 의미를 제고하는 것이다. 이러한 현대의 제고들은 최근 경제적인 부유함을 바탕으로 몸 관리의 새로운 적극적인 계층들을 포착하고, 그들에게 더욱 노력할 것을 요구하게 되는데, 그것은 바로 노화와 관련된 자기계발의 양식들이다. 이제는 나이가 든다는 것은 피할 수 없는 숙명이 아니라 변형 가능한 대상으로 간주되고 있는 것이다. 일찍이 Butler(1975)는 몸은 나이의 부정할 수 없는 징후라고 했지만, 근대문화와 후기구조주의 관점에서 보자면 '나이 든 몸'은 문화에 의해 구성되거나 문화 내에서 구성된다(Twigg, 2004). 문화비평가 Gulette(1997)은 '몸에 의해서가 아니라 문화에 의해서 나이 든다.'며, 나이는 생물학적 현상이지만 문화는 나이와 나이 듦의 개념을 스며들게 한다고 주장한다. 사회노년학도 노화의 육체적 징후는 개인의 진정한 정체성을 가리는 '가면(mask)'역할을 하고 있어 그 뒤에 숨어있는 젊은 자아(youthful self)를 보기 어렵게 한다(Featerstone & Hepworth, 1988)며 노년의 사회 구성적 측면을 강조하고 있다(김송희, 2013: 82-83 재인용).

이러한 관점에서 볼 때 우리는 스스로 나이가 들어야 하고, 건강에 취약해져야 한다고 여기던 생애주기에 대한 순응을 넘어서는 결과를 가져오게 되었으며, 이는 곧 노동시장에서 정년제와 연공제를 무너뜨린 신자유주의 지배체제에서 나이는 도드라지지 않는 비가시적(invisible) 형태로 바꾸어 갔다. 언뜻 보면 '나이파괴'는 연령차별주의를 넘어서서 나이 통합적 사회로 전진한다는 긍정적 측면을 암시한다. 하지만 나이와 상관없는 '능력'이 특별한 경쟁력으로 인정받으면서 나이증가에 따른 존중, 우대분위기는 줄어든 대신 나이는 관리의 대상이자 자기계발의 대상으로 탈바꿈되었다. '나이는 숫자에 불과하다', 혹은 '나이가 아닙니다. 능력입니다'와 같은 슬로건에서 제시하는 기준은 '능력'계발을 위한 시간관리와 몸 관리, 그리고 시간과 몸의 자본화로 이어진다(전희경, 2012). 이에 대해 김송희(2013: 84-85)는 다음과 같이 말한다.

> 한국사회에서 나이 듦에 대한 인식의 변화는 서구사회보다 극적이다. 세계에서 가장 빠른 속도로 진입한 고령화 사회와 신자유주의 일상의 가속화 속에서 유교적 덕목의 퇴색과 더불어 노년의 지위는 하락했으며, 고령화 사회가 젊은이들의 부양책임을 가중시킨다는 경제적 분석은 세대갈등으로 이어지고 있다. 한국사회에서 나이 듦은 축복이 아니라 재앙이며 결코 대면하고 싶지 않은 불편함이다. 따라서 개인들은 늙어가는 과정을 은폐하는 과정, 즉 객관적 나이의 범주에 포함되지 않도록 개인 스스로 '나이 프로젝트'를 수행하는 현상들이 나타나고 있다. 이제 개인들은 '나이'가 갖는 기준과 의미가 재구성되고 있는 가운데 스스로 나이를 관리하고 통제해야 하는 상황에 놓이게 된 것이다. '나이 들어가는 몸'도 문제지만 더욱 심각한 상황은 외견상 '나이 들어 보이는 몸'이다. 이는 각각의 개인을 자신의 몸과 나이를 제대로 관리하지 못한 게으른 주체로 이미지화시키며 동시에 능력과 자기계발의 부재로 상징화된다. 젊고 건강한 몸은 받들어지고 우상화되는 반면, 늙고 쇠퇴한 몸은 버려지고 부정된다. 실제 나이보다 어려 보이는 외모는 경쟁력 있는 가치요인으로 평가받지만, 실제 나이 또는 실제 나이보다 들어 보이는 외모는 관리에 실패한 징후로 읽히고 있는 것이다.

몸 프로젝트는 사회적인 맥락에서보다는 보다 더 자아성찰적인 과정으로서 자기 자신에 대한, 그리고 개인의 자아정체성에 관한 메시지를 투사하는 수단으로서 몸이 갖는 중요성을 강조하고자 하는 각성과 노력의 과정이다. 이와 같은 프로젝트는 현대인들이 어떻게 자신의 몸에 점점 더 비중을 두고 있는가를 보여주는 예들이다. 사람들은 자신의 몸에 투자함으로써 자아표현의 수단을 갖게 되고 멋진 기분을 느낄 수 있으며 자신의 몸에 대한 지배력을 강화할 수 있는 방법을 갖게 된다. 젊고 잘 가꾸어진 육감적인 몸에 전례 없이 가치를 두는 시대에 자아를 상징하는 것은 바로 몸의 외적 영역, 즉 표면이다. 이와 관련하여 몸에 대한 B. Spinoza의 정의는 다음과 같다.

> 몸은 변용을 가하고 변용당할 수 있는 능력이 있다. 변용을 수용할 수 없고 다른 개체나 외부를 변용시킬 수 없는 존재는 생명체가 아니다. 몸은 단순히 형태나 기능도 아니고 실체나 주체도 아니다. 그것은 하나의 양태이다. 이제 우리는 몸의 개체성에 대한 전통적인 관념을 수정해야 한다. 흔히 우리는 몸의 개체성을 실체나 주체와 동일시한다. 그리고 실체나 주체로서의 몸과 외부세계와의 경계를 절대시하고, 바로 그 경계에 의해 몸의 개체성이 유지된다고 생각한다. 그러나 생물학적으로 말하더라도 인간의 몸은 외부와의 끊임없는 교환을 통해 유지되는 개방된 체계이다. 사실 내부란 선택된 외부에 불과하고, 외부란 배출된 내부에 불과하다.

따라서 안과 밖의 절대적인 구분은 무의미하며, 그 경계는 잠정적이고 유동적이다. Ponty의 말처럼 "몸은 단순히 하나의 사물이 아니라 환경에 대한 관계"인 것이다. 몸은 고정된 형태가 아니며 무한히 작은 비정형적 요소들 사이에서 일어나는 빠름과 느림의 관계, 변용되고 변용시키는 익명의 힘들 사이에서 성립되는 역학적 관계이다. 그리고 이 모든 것들은 내재적인 장에서 이루어진다. 몸은 객체가 아니므로 주체도 될 수 없다. 몸은 단순히 외재적 실재를 반영하는 매체가 아니며, 자신의 실재를 외부에 부과하는 주체도 아니다. 몸은 이러한 이원적 구도에서 벗어나 있다. 몸은 내재적 장에서 일어나는 역학적 관계의 표현이며, 이 역학적 관계가 몸의 본질, 즉 몸의 개체성을 이룬다. 요컨대 몸이란 고정된 실체가 아니라 무한히 가변적인 존재의 양태가 되는 것이다. 이 양태를 유지시켜주는 방향으로 작용하는 모든 사태는 이 양태에 대해 좋은 것이고, 이 양태를 해체시켜 새로운 관계의 양태로 이행하게끔 만드는 사태는 이 양태에 대해 나쁜 것이다. 따라서 절대적인 선악은 존재하지 않으며 현존하는 양태와의 관계에서 좋은 것과 나쁜 것만이 존재할 뿐이다. 이처럼 양태의 관점에서 좋은 것과 나쁜 것의 관계를 파악하는 것이 바로 그의 윤리학이다(여인석, 1998: 185-186).

한편, 현대사회에서 몸의 표현은 개인의 취향과 습성에 따라 다양하게 차별화되는 경향을 띠게 된다. 중세시대의 신분제도나 근대 초기의 훈육제도 등이 몸을 일정한 사회적 목표에 따라 유(類)적으로 표준화하는데 있었다면, 오늘날의 몸은 개인의 차별화된 개성을 강조하기 때문에 거꾸로 그러한 사회적 목표로부터의 이탈과 유기적 존재의 해체를 알리는 하나의 예증으로 보이기도 한다. 또한 그것은 자신의 신분유지나 교양습득을 위한 수단으로 쓰이기보다는 '몸 그 자체만을 위한'다른 차원의 목적을 지니는 것으로 인정된다(김종숙, 2000).

이러한 맥락으로 볼 때 몸이 사회적 목표로부터 이탈되어 순수한 자신만을 위한 주체적인 활동이어야 한다는 생각에 많은 사람들이 동의하고 있다. 그것이 보장되지 않는 몸의 활동은 억압이고 구속이며, 새로운 형태의 반인권적 활동으로 비추어질 수 있기 때문이다. 조원규(2001)는 몸을 특정한 사회적 규범에 따라 통제하고 관리하는 것은 억압적인 근대사회의 낡은 전통일 뿐이라고 주장한다. 이제 우리는 다양하게 몸을 즐겨야 한다는 권유를 받고 있다. 이는 몸이 단순한 생산으로부터 자유로운 상태가 되었음을 의미하는 것이 아니라, 소비능력에서의 차이를 보여주는 중요한 기호로서 작용함을 의미하는 것이다. 현대인들에게 몸은 가장 중요한 소비의 대상이며, 노동으로 혹사되는 존재가 아닌 배려의 대상이다. 따라서 몸을 즐겁게 하기 위한, 또한 아름답게 하기 위한 몸 프로젝트는 현대인들의 핵심과제로 등장하고 있다(임재구, 이재구, 2009).

현대사회에서 몸이 욕망과 해방의 언어로 재발견되고 예찬되면서 몸은 더 이상 구속과 억압의 대상이 아닌 해방과 쾌락의 상징으로 제시된다. 합리주의의 전통 하에서는 몸이 담론의 한 대상일 뿐 본질적으로 언어가 아닌 것처럼 간주되었다(김소영, 양숙희, 2002: 43). 이제 몸은 하나의 기호로서 작동하며 사회문화적 실천의 주된 표현양식이 된 것이다. 따라서 우리는 보디빌딩하는 몸을 통하여 개인의 자아정체성을 고양시키고 주체적 존재로서의 의미로 완성시켜 나가야 한다. 몸의 주체성을 인식하기 위해서 의식적으로 보디빌딩하는 몸을 주체성이라는 측면에서 관리하고 유지하며 적극적으로 관심을 쏟아야만 한다. 또한 보디빌딩하는 몸을 자아정체성에 관한 메시지를 투사하는 사회적 상징으로 인정해야 한다. 이러한 접근이 보디빌딩을 통한 몸의 주체성을 회복하는 핵심이며 실천과제를 실현하는 단초인 것이다.

신체자본의 획득에서 체험으로 전환

소비사회(consumer society)의 몸 관리를 상정하는 '몸 프로젝트'개념은 왜 개인들이 몸을 적극적으로 가꾸고 관리해야 하는 대상으로 볼 수밖에 없는가에 대한 유용한 통찰력을 제공한다. 소비문화 산업에서 몸은 시각적 이미지를 중시하는 메스미디어를 통해 왜곡된 이미지로 재현되면서 소비상품이 되었다(이수안, 2008). 따라서 개인들은 몸이 개인적 자산이자 동시에 자아정체성에 관한 메시지를 투사하는 사회적 상징으로서 얼마나 중요한지를 인정하고 의식적으로 몸을 관리하고 유지해야 한다(Shilling, 2003).

개인이 스스로를 관리하고 자기를 계발하도록 만드는 신자유주의 체제의 이행은 몸이 프로젝트임을 명확하게 드러나게 했고 프로젝트 수행 방식도 정교해졌다. Foucault의 통치성 개념을 빌려 개인의 주체성이 형성되는 방식을 설명하는 신자유주의적 통치성의 핵심은 개인의 자발성과 동의를 획득하면서 권력을 행사한다는 점이다(Lenke, 2002). 이러한 관점에서 볼 때 개인들은 적극적인 몸 관리가 경쟁력 있는 주체로 탈바꿈할 수 있는 방식이라는 점에 동의를 표하면서 자발적으로 자신의 몸을 통제하고 계발하게 된다. 한국사회에서 신자유주의적 질서는 다양한 측면에서 개인의 능력과 책임을 강조하였고 '외모와 몸'의 중요성은 한층 강화되었다.

미디어를 통해 소개되는 관리양식들은 몸과 나이에 대해 새로운 규범과 의미를 생성하고 있다. 무엇보다 몸과 나이는 개인이 관심을 기울이고 노력하면 변형되거나 심지어는 개조할 수 있는 관리대상이 된다는 것이다(김송희, 2013: 87). 이에 대해 조주현(2009)은 신자유주의 체제에서 외모와 몸은 관리대상에서 나아가 스스로 경쟁력 있는 자아로 구성하기 위한 변모의 대상이며, 한국사회의 노동시장과 복지 시스템은 '새로운 몸 프로젝트'의 실천을 강조한다고 지적하였다.

따라서 보디빌딩하는 몸은 신자유주의적 주체화로 자리매김하며, 이를 소비하는 신자유주의 시대의 주체들은 자기계발을 위한 선택이자 소비로 의미화하면서 개인화된 방식으로 실천해 나가야 한다는 것이다. 이러한 개인화는 특히 여성들에게 있어서 선택적 자유를 누리는 개별화되고 합리적인 소비자로 위치한다(태희원, 2012: 164). 합리화는 신체의 주체성에 대한 근대적인 주체성을 탈피하고자 하는 일련의 개별화와 연관된다. 근대적 주체성이 신체에 대한 관리화를 의미하는 것이라면 이를 해체하고자 하는 합리화의 기제는 각기 다른 주체성의 확보를 의미하는 것, 즉 체험의 중요성을 강조하는 것이다.

이러한 점에서 현상학에서 말하는 몸, 특히 Ponty가 이해하는 몸은 객관적인 몸과 구별되는 고유한 의미에서의 몸이었다. 예를 들어 Descartes는 몸을 물리적 영역, 또는 대상과 같은 것으로서 정신을 담는 용기나, 감각을 전달하는 기계적 장치로서만 의미를 부여하였다. 우리가 주목하는 몸은 이와 같은 객관적인 몸이 아니라 Ponty에 의해 새롭게 해석되거나 회복되어야 할 '고유한'몸인 것이다. Ponty에 의하면 근대적 몸은 우리 삶을 드러내지 못한다. 우리의 삶을 드러내지 못하는 몸은 더 이상 몸이라 말할 수 없다. Ponty에 따르면 '고유한 몸'은 정신과 구별되는 것이 아니며, 세계와의 지향적 관계 속에서 드러난다. 우리는 '몸'의 고유성을 회복하기 위해 시공간성과의 관계를 살펴볼 것이며, 이때에 비로소 현대를 사는 우리가 삶의 구체적 공간에서 어떻게 자신을 소외시키지 않고, 삶의 구체성을 실현할 수 있는지 확인할 수 있다(심귀연, 2014: 479-480).

나를 둘러싸고 있는 외부 세계는 나와 완전히 분리되어 있는 것이라고 볼 수 없다. 왜냐하면 나는 순수정신이 아니라 몸을 가지고 있는 존재, 다시 말해 물질로 구현된 정신, '육화된(incarnated)'정신이기 때문이다. 이 말이 마치 정신이 진정한 주체이고 몸이 정신에 비해 부차적인 것, 혹은 정신을 가두고 있는 물질이라는 뜻으로 이해되어서는 곤란하다. Ponty가 말하는 육화된 정신으로서의 몸이란 몸과 정신의 이분법적 구도를 탈피한 몸이다. 몸은 이미 정신인 것이며, 정신은 이미 몸인, 이 둘은 애매하게 교차되어 있는 통일된 하나의 실체인 것이다. 그가 몸을 이러한 시각으로 바라보는 데에는 모든 선입견을 괄호치고 사태 그 자체로 돌아가라는 Husserl 현상학의 입장이 내포되어 있다. Ponty가 직면한 '사태 그 자체'는 내가 순수의식으로 체험하는 의식대상으로서의 세계가 아니라 내가 의식하기 이전에 이미 존재하는 몸으로 맞부딪치는 세계이다. 몸으로 맞부딪치는 세계는 의식 이전의(preconscious) 세계로서 나는 내 몸으로 세계를 체험한다. 그 체험은 인식작용이 아니라 지각작용 속에서 본질을 드러낸다. 나는 무엇인가를 파악하고 알기 전에 이미 몸으로 느끼는 것이다. 그런데 지각함이란 지각하는 주체와 지각되는 대상의 분리가 쉽지 않은 체험이다. Ponty는 무엇인가를 만지는(touch) 체험에 대해 이렇게 말한다(김융희, 2009: 163).

내 몸은 내게 이중적 감각들을 제공해 주는 능력으로 인지된다. 내가 나의 오른손을 만질 때 하나의 대상으로서의 내 오른손 역시 느낄 수 있는 능력을 갖고 있다는 이상한 속성을 갖고 있다. 내가 두 손을 한 번에 누를 때 하나가 나란히 놓여 있는 두 대상들을 지각하는 것처럼 한꺼번에 두 개의 감각을 느끼는 문제가 아니라, 두 손이 '만지는' 존재와 '만져지는' 존재의 역할을 번갈아 하는 애매한 조직의 문제인 것이다.

내가 무엇인가를 만진다는 것은 이미 중복된(double) 체험이다. 나는 무엇인가를 만지는 동시에 내가 만지는 그것으로부터 만져지고 있다. 내가 만진다는 것을 지각한다는 것은 내가 만지고 있는 그것의 지각대상으로서의 내 만짐을 지각하는 일이다. 이것은 단순히 지각주체와 지각대상으로 분리된 두 개의 실재 간의 상호관계의 문제로 정리될 수 있는 문제가 아니다. 우리가 지각주체와 지각대상을 분명히 구분하려고 시도하는 순간 그것은 서로가 상대편을 비추고 있는 두 개의 거울처럼 만지는 주체와 만져지는 대상이 서로 위치 바꿈 해가면서 무한히 소급해 들어가기 때문에 결국에는 그 구분은 한없이 애매해지고 만다. 내가 무엇인가를 본다는 것 역시 그러하다. 나는 분명히 내 앞에 있는 사과를 보고 있고, 그때 사과는 단지 내 앞에 보이는 대상인 것 같지만 그렇게 간단하게 정리되지 않는 면이 있다. 내가 무엇인가를 보고 있다는 것은 단순히 눈을 그리로 향하고 있는 것이 아니라 그것의 '있음'을 지각하면서 보는 것이다. 내가 눈으로 바라보고 있는 그 사과의 있음을 지각한다는 것은 내가 그 사과와 대면해 있음을 지각하는 것이고 그 속에서 나는 사과의 편에서 보아서는 사과의 대상으로 있음을 지각하는 것이기도 하다. 나는 사과를 '보는(voyan)' 존재이기도 하지만 그 보고 있음을 지각하는 존재, 다시 말해 '보이고 있는(visible)' 존재이기도 하다는 것이다. 내가 누군가를 보고 있을 때 나는 그 누군가의 편에서는 보이고 있는 존재이다. 그런데 내가 그 누군가를 본다(voir)는 것은 보고 있는 주체와 보이고 있는 객체로 분리되기 애매한 상태로 능동태와 수동태 간의 무한한 교환의 체계 속에 빠져 있는 것이다. 이 때문에 시각은 나르시시즘적인 교환을 내포하고 있

> 다. 또한 몸의 지각체험에는 그 몸이 살아가고 있는 세계의 지평이 스며들어 가 있다. 그리고 그 지평은 이미 내 몸이 하는 행동의 구조 속에 새겨져 있다. 예컨대 내 몸의 행동은 이미 몸이 뻗쳐 체험하고 있는 대상에 적응되어 있다. 내가 사과를 만지기 위해 뻗는 손과 내 손의 움직임은 내가 의자를 만질 때와 다르며, 보는 방식 역시 거리와 공간, 그리고 그 물질적 촉감 등 다양하나 요소들을 이미 감안한 상태에서 이루어진다. 지각대상의 특수성을 무시한 순수하게 객관적인 시선이나 행동은 이미 불가능한 것이다. 이미 세계 속에 존재하고 있는 내 몸이 그 속에서 살아온 과정을 내면화하고 있기 때문이다. 내가 몸으로 지각하는 세계는 그런 의미에서 내 몸의 연장체이다. 또 나는 몸으로 이루어진 세계의 일부분을 차지하고 있는 하나의 지점과도 같다 (김융희, 2009: 164).

이처럼 Ponty는 자신을 중심으로 하는 몸의 지각체험에 대해 계열화의 질서를 추구한다. 이와 같은 계열화는 공간성을 시간성으로 설명한다. 즉 거리는 공간이자 시간이라는 것이다. 이 때 거리는 깊이로 이해되기도 한다. Ponty는 근대인들은 이 깊이를 볼 수 없다고 했다. 그 이유는 그들은 삶의 깊이에 대한 이해가 없다는 것인데, 그것은 수량화와 관련 있는 것이다. 그들이 취하는 수량화는 삶의 깊이를 없애고, 추상된 관념만을 남기기 때문에 근원적인 체험이 없다. 근원적인 체험이 실존적이라는 것은 바로 이러한 이유 때문이다(심귀연, 2014).

> 사람들이 피험자에게 망막의 상을 정립상으로 고쳐 세우는 안경을 끼도록 한다면, 처음에는 모든 것이 비실재적이고 거꾸로인 것으로 보이며, 다음 날에는 피험자 자신의 몸이 거꾸로 된 느낌을 가지는 것 외에는 정상적 지각으로 되돌아오기 시작한다. 일주일 동안 계속된 두 번째 실험에서 대상들은 우선 거꾸로인 것으로 보이나 처음처럼 그렇게 비실재적인지는 않다. 이튿날에 그 광경은 더 이상 거꾸로이지 않으나 몸이 비정상적 위치에 있다고 느

낀다. 3일째에서 7일째까지 몸은 점진적으로 바로 서고 결국 정상적 위치에 있는 것으로 보인다.

Ponty는 M. Wertheimer의 거울 방 실험을 통해서 시간에 따라 늘 새롭게 공간성이 구축되므로 공간성은 시간성을 함축한다는 점을 보이려고 하였다. 특히 Ponty는 몸의 공간성을 이해하기 위해서 '운동'을 분석하고 있다. 그는 운동을 한다는 것은 시간과 장소만으로는 설명되지 않는다고 말한다. 몸과 몸의 운동성은 표상되어진 공간의 어느 특정한 지점에 몸을 옮겨다 놓는 것으로 이해되어서는 안 되기 때문이다. 운동은 몸의 움직임에서 시작하고, 몸을 움직이는 것은 이미지를, 이미지는 실질적인 운동으로 교환된다. 그리하여 우리는 그림이나 사진을 통해서 인간의 운동에 능동성과 신체적 주체성이 결부되어 있음을 알 수 있다(심귀연, 2014).

이미 앞서 몸이 우리에게 어떤 의미를 갖는지를 현상학적 관점에서 살펴보았다. 이때 몸은 객관적임 몸이 아니라 고유한 몸으로서 시공간성의 주체성으로 나타난다. 우리에게 나타나고 보이는 것은 시간과 공간에 거주하는 몸이다. 거주한다는 것은 사물적 대상과 같을 수 없음을 말하는 것이다. 단적으로 몸은 눈에 보이는 정신이다. 그래서 Ponty는 이 몸을 '세계-에로-존재'로서의 신체적 주체라고 말하며, 신체도식을 통해서 몸이 어떻게 시공간성으로서의 주체로서 자신을 드러내는지 보여주고 있다(심귀연, 2014).

이러한 맥락에서 보디빌딩은 몸 단련, 몸 관리, 몸 살림 운동의 총체적 개념이며 의미로서 고대사회로부터 현대에 이르기까지 건강한 몸을 갖춘 체육인의 상징이자 일반대중의 이상으로 인식될 수 있다. 또한 보디빌딩은 가부장적 전통사회에서 바른 몸가짐을 강조하는 교육, 특히 전인교육의 수단이고 현대사회에서 개인의 실존적 의미와 정체성을 회복하고자 하는 몸 살림 운동의 전형이다(최순태, 김동규, 2014).

보디빌딩에 참여하는 몸은 스스로 욕망하지 못한다. 왜냐하면 그것은 이미 사회적으로 구성된 몸이기 때문이다. 보디빌딩의 몸은 사회적으로 길들여져 있고 사회적 담론으로서 수행되기 때문에, 그리고 대항의 근거지로 삼아야 할 몸이 이미 그 권력의 질서의 산물이기 때문에 대항하려 하여도 그 밖으로 벗어날 수가 없다. 그렇다면 어떻게 해야 하는가? 보디빌딩이 사회적 권력과 규율, 그리고 담론에서 비롯되기 때문에 보디빌딩하는 몸을 망각하고 그 몸을 해체하는 것이다. 몸을 해체한다는 것은 사회적 몸을 폐기한다는 것을 뜻한다. 이는 담론과 권력의 구속으로부터 몸이 완전히 해방하는 길이다(홍성민, 2011: 286).

사회적 지배의 틀에서 벗어나 자기 생명을 배려하고 보존하는 것, 사회적 몸을 망각하고 자연생명의 몸을 보존하는 것, 이것을 莊子는 가장 가치 있는 삶의 기술이라고 강조한다. 이러한 생각은 Foucault의 '자기 테크놀로지'를 떠올리게 한다. 권력의 테크놀로지가 개인의 행위를 규정하고 개인을 특정한 목적이나 지배에 종속시켜 주체의 객체화를 꾀하는 기술이라면, 자기 테크놀로지는 '자기, 즉 나의 정체성을 세워주는 토대'를 확인하고 그것을 배려하고 관리하는 기술을 의미한다(이희원 역, 1997: 36). 자기 테크놀로지는 권력규범의 훈육과 통제에서 벗어나 자신을 마주 대하고 자기 삶을 아름다운 작품처럼 만들어나가는 자기수양의 과정이다. Foucault는 이를 '실존의 미학'이라고 불렀다(심세광 역, 2007: 25).

따라서 보디빌딩하는 몸은 현실적으로 어려운 문제이긴 하지만 외부로부터 어떠한 통제나 구속, 혹은 간섭도 받지 않고 자연의 이치에 따라 보존되어야 한다. 보디빌딩에서 실존의 미학을 추구하기 위해서는 지도자로부터의 압박 또는 상위입상이나 사회적 위상과 명예심과 같은 사회적 통제나 잣대로부터 탈피하여 자유롭고 자율적이며 창의적인 자신만의 자연생명을 이어가는 삶의 기술을 발휘하여야 한다. 몸 철학의 시작이며 도달점인 보디빌딩의 몸에 대한 담론에서 실존의 미학은 권력과 관습이 만들어낸 사회성과 역사성의 짐을 모두 벗어버리고 자기 자신을 극복하고 자기를 배려하는 삶의 테크닉을 스스로 체득하는 것이 중요하다.

한편, 보디빌딩에 있어서 사회권력 및 규율로부터의 해방은 체중조절의 문제 외에도 보디빌딩 지도자와 선수간의 갈등, 즉 착취문제에 있다. 마르크스주의적 관점에서 본다면 보디빌딩 지도자는 전형적인 부르주아 집단이며, 선수는 프롤레타리아 집단이라 비유할 수 있다. 그리하여 보디빌딩 지도자는 선수관리의 전반적인 문제에서 선수 신체의 자유, 창조적 자발성 등을 제거해 버림으로써 구속적이며 억압적 기능을 수행하게 된다. 보디빌딩 지도자와 선수 사이의 갈등문제는 학교스포츠에서 빈번히 발생한다. 학교운동부를 지배하는 주류문화는 업적지상주의가 만연하고 있다. 이는 오로지 자신의 몸에 대한 우월성을 드러내고자 하는 자기과시의 욕구와 그것을 대회에서의 입상을 통해 공으로 입증하기 위하여 자신의 실존적 주체성과 존엄성을 마땅히 희생할 수 있다는 사고에서 비롯되는 것이다. 보디빌딩 선수들은 학생이 아닌 운동만을 하는 기계로 간주되고 있으며, 과학적 기계장치와 식단 및 체중조절을 통해 규격화된 인간으로 재생되어진다는 인식을 고취하게 되는데 이는 결국 보디빌딩 선수의 노동의욕을 고취하여 노동력을 착취하기 위한 수단과 방법이라고 할 수 있다.

이처럼 보디빌딩 세계에서도 선수와 감독의 관계가 수직적으로 이루어져 발생하는 스포츠에 의한 인간소외 현상을 조속히 극복하고자 하는 장치가 필요하다. 따라서 보디빌딩 세계에서 지도자와 선수 간에 존재하는 이성적인 것과 비이성적인 것, 정상적인 것과 비정상적인 것의 구분이 얼마나 자의적이며, 그것이 지식과 지배적인 정치권력과의 연계에 의해서 수행된 것인가를 밝혀냄으로써 감시하는 범시각적인 권력으로부터 인간의 존엄성을 회복하는 방법을 찾는 것이 중요하다. 이에 대해 황정희(2002: 56)는 몸과 권력의 관계에 대해 다음과 같이 말한다.

> 최근 몸과 권력의 문제는 시대에 따라 권력의 기호가 바뀌게 된다. 중앙집권적인 정치에 의한 권력이 개인의 인권을 탄압하여 몸의 자율성을 억압했던

> 것에서, 사람들의 욕망을 자극하여 자신 스스로 자신의 몸을 억압하는 비주체의 문제가 등장한다. 스스로 자신을 억압하는 비주체의 문제는 가부장적인 문화와 사회구조의 문제인 만큼 심각한 것으로서 자신의 몸을 억압하고 군림하는 또 다른 권력관계가 나타난다. 권력화 된 개인과 집단이 개인의 몸을 억압하는 문화가 결국 자신의 몸을 억압하는 스스로의 문제로 이어져 온 것이다. 결국 몸과 권력의 문제는 외부에서 자신에게 가해지는 사회적 측면과 자신의 몸에 가하는 자기원인의 측면을 갖는다. 그리고 이 둘은 개인적인 것이 사회적인 것으로, 사회적인 것이 개인적인 것으로 나타난다. 그러므로 주체로서의 몸을 존중하는 사회개혁과 자기 깨침은 함께 진행되어야 할 내용으로 이 사회의 시대정신이다.

따라서 보디빌딩하는 몸의 주체성 회복은 사회적인 측면과 자기원인의 양 측면에서 이루어지도록 해야 한다. 보디빌딩에 대한 사회 권력과 규율로부터 참된 자유인으로서의 해방을 만끽하도록 하는 동시에 자신의 몸을 상품화하여 근육강화제 등의 복용에 의해 몸을 학대하는 비주체적인 구조로부터 벗어나는 깨침이 필요하다. 이는 결과를 기축으로 한 보디빌딩이 아닌 체험을 중심으로 한 자기만족을 의미하는 것으로서 과정으로부터 일어나는 현상학적, 실존적 체험의 의미가 강조되어야 함을 지적하는 것이다. 보디빌딩이라고 하는 움직임의 경험활동을 이론적인 접근보다는 직접 참여함으로써 주체로 하여금 살아있는 자신의 움직임을 체험하게 하고 이를 강화 내지 승화시켜야 한다.

6. 맺는말

현대사회에서 몸은 우리 생활의 광범위한 영역에서 다양한 지적 논의를 통해 새로운 관심사이자 중요한 연구주제로 떠오르고 있다. 이는 거대 기술이성에 기초한 문명이 자행하고 있는 삶의 퇴행적 현장을 목도하면서 인간의 본질규명과 철학적 가치실현을 위해 몸이 21세기의 대안적 담론을 형성해야 하는 긴급한 요청이라고 할 수 있다. 이러한 몸에 관한 담론 중 보디빌딩은 단순히 몸 단련을 통하여 사회적인 미의 인식과 척도에 부합하기 위한 것이기도 하지만, 사회적 동물로서의 인간자신의 자아성찰적인 과정으로서 자신의 주체성과 정체성의 실현을 위한 새로운 몸의 전략이라고 할 수 있다. 따라서 보디빌딩을 통한 몸 만들기는 몸 프로젝트의 관점에서 논의가 가능한 현상이라고 볼 수 있다.

이 저서는 보디빌딩이 가지는 몸 철학적 가치와 의미를 규명하고, 몸살림 운동의 프로젝트로서 수행되고 있는 보디빌딩이 인간의 주체를 찾는데 기여하고 있다는 것을 보이기 위해 몸의 철학적 담론과 보디빌딩의 발전과정을 고찰하고, 보디빌딩하는 몸의 의미와 주체성 문제를 다루고자 하였다. 보디빌딩하는 몸은 전인적, 수행적, 종교적 인간상을 구현하는데 그 목적이 있으며, 목적달성을 위한 과정에는 몸의 안과 밖에 자기만족과 타자의 시선, 그리고 신체자본 등과 같은 개념이 자리하고 있음을 확인하였다.

구체적으로 살펴보면 먼저, 보디빌딩하는 몸이 갖는 의미로서 전인적 인간상의 구현이다. 즉 보디빌딩은 그 자체가 전인적 인간상을 구현하는 몸 공부의 중요한 한 축을 형성하게 된다. 몸 수련으로서의 보디빌딩은 인간을 가장 인간답게 함으로써 인간 그 이상의 인간상을 구현할 수 있는 데까지 그 의미가 높아질 수 있다. 보디빌딩하는 몸을 통하여 휴머니즘적 전인에 이르러 신체적 활동을 통한 생산성과 가능성을 확인함으로써 인류의 행복을 겨냥하는 것이야말로 전인적 인간상의 표상이 될 수 있는 것이다.

보디빌딩에 참여하는 개인은 자기인식과 자기배려를 토대로 자기변형의 과정을 통해 스스로 진실과 만나며 이 지점에서 주체는 능동적인 존재로 전환된다. 보디빌딩하는 자기 자신과의 관계를 통해 스스로에 대해 완전한 통제력을 행사하고, 모든 활동의 근본목적을 자신 속에서 찾음으로써 주체는 비로소 '자기로의 전환'을 이루어낼 수 있는 것이다. 결국 보디빌딩은 수행적 자기관리의 의미를 지니며 올바른 몸과 정신을 정제시키고 인내하며 금욕적인 통제와 수행의 가치를 실현해 나간다.

또한 보디빌딩은 종교적 인간을 구현한다. 보디빌딩은 심신의 조화로운 발달과 신으로부터 받은 몸의 온전함을 추구하며 다양한 재능을 발휘하여 전인의 상태에까지 이르게 하고 인간으로서의 아름다운 삶을 영위하도록 하는, 이른바 종교적 인간상을 구현하는 효과적인 수단인 것이다.

보디빌딩하는 몸이 갖는 심층적인 의의에도 불구하고 이러한 가치가 실현되는데 장애가 되는 요인이 사회문화적으로 지속적으로 발견되고 있다. 사회 권력과 왜곡된 담론, 몸에 대한 인간의 무한하고도 무절제한 욕망들이 만연함으로써 보디빌딩을 통한 인간의 통합적 완성이 저해되고 있는 것이다. 이는 보디빌딩하는 몸의 주체성 문제로 나타나며 자기만족적이고, 타자의 시선에 의존적이며, 그리고 신체자본에 몰입하는 비주체적 양상으로 이어지게 된다. 따라서 보디빌딩하는 몸의 새로운 주체성을 정초하기 위해 다음의 세 과제를 제시하고자 한다.

첫째, 보디빌딩하는 몸의 주체가 타자지향적이어야 한다. 자기만족적 의미에 충족된 나머지 사회와의 조화를 경시하는 보디빌더들의 문화적 개선을 통한 주체성의 회복이다. 이는 타자지향적 주체로의 회귀를 요구하는 보다 실천적인 과제이기도 하다.

둘째, 보디빌딩하는 자아와 타자간의 경계를 허물어야 한다. 미디어 등 다양한 몸 프로젝트 담론들은 몸의 표준화를 기획하고 이 틀 안으로 편입되도록 강요한다. 보디빌딩하는 몸은 이러한 점에 대해 주체적인 태도를 가질 수 있도록 자아-타자의 경계허물기를 해야 한다. 이 경계허물기는 보디빌딩을 통해 만들어지는 몸 프로젝트가 자기만족적이면서도 타자의 시선을 지향하는 절충적인 성격의 주체성이기를 요구한다.

셋째, 보디빌딩하는 몸의 새로운 주체성 문제는 신체자본의 획득에서 체험으로의 전환이다. 보디빌딩하는 몸은 자신의 건강을 위한 몸을 지향하기도 하지만 미를 지향하는 의미 또한 간과하기 어렵다. 이는 신체자본이라는 몸 프로젝트로의 강화를 요구하기도 한다. 신체자본에 대한 사회의 시선은 몸의 주체성을 훼손하는 한 요인일 수도 있을 것이다. 따라서 보디빌더들은 신체자본을 획득하는 것이 아니라 체험할 수 있는 하나의 삶의 지향점에 대한 인식의 전환이 필요하다.

보디빌딩하는 몸을 통하여 우리는 몸을 개인의 자아정체성을 고양시키고 주체적 존재로서의 의미로 완성시켜 나가야 한다. 몸의 주체성을 인식하기 위해서 의식적으로 보디빌딩하는 몸을 주체성이라는 측면에서 관리하고 유지하며, 적극적으로 관심을 쏟아야만 한다. 또한 보디빌딩하는 몸을 자아정체성에 관한 메시지를 투사하는 사회적 상징으로서 인정해야 한다. 이것이 보디빌딩을 통한 몸의 주체성을 회복하는 과제이며 단초이다. 이러한 점에서 보디빌딩하는 몸은 결국 자기 자신의 참된 정신하에서 세상과 소통하고 조화를 이루며 이것이 주체적인 가치를 구현하기 위하여 감성적 차원에서 수용되어야 한다. 이는 보디빌딩이 인간과 세상 '전체'의 유기적 신체문화의 하나로 정립될 수 있는 근간이 될 것이다.

참고문헌

강남희(2000). 몸에 대한 담론과 그 신학적 의미: 푸코(M. Foucault)와 맥패그(S. Mcfague)를 중심으로. 미간행 석사학위논문. 장로회 신학대학원.

강신익(2006). 질병·건강·치유의 역사와 철학. 의철학연구, 1, 17-39.

강신익(2008). 의학의 세 차원-자연의학, 사회의학 그리고 인문의학. 의철학연구, 6, 55-79.

강신익(2010a). 노화의 과학과 나이 듦의 철학. 의철학연구, 10, 29-60.

강신익(2010b). 의(醫), 몸의 문제풀이. 의철학연구, 9, 3-18.

강영안(1990). 레비나스 철학에서 주체성과 타자: 후설의 자아론적 철학에 대한 레비나스의 대응. 철학과 현상학 연구, 4, 243-263.

고경하 외 역(2001). 여성의 몸 어떻게 읽을 것인가? 성의 상품화, 그리고 저항의 가능성. 서울: 한울.

고영득(2009). 보디빌딩의 변화에 대한 고찰. 미간행 석사학위논문. 조선대학교 대학원.

고요한(2000). 몸에 대한 교육인간학적 연구. 미간행 박사학위논문. 연세대학교 대학원.

권수현(2010). 신자유주의 경제 이론과 문화논리. 서울: 이후.

권욱동(2002). 스포츠를 통한 몸의 주체성 회복. 한국체육철학회지, 10(1), 133-150.

권인숙(2009). 군대 섹슈얼리티 분석: 성욕, 남성성, 동성애 등을 중심으로. 경제와 사회, 82, 38-65.

김동규(2013). 세계 체육사. 경북: 영남대학교 출판사.

김명혜(2002). 백화점 문화센터와 소비문화시대의 주부 정체성. 한국방송학보, 16(2), 7-40.

김성국(1992). 체육의 미학적 패러다임에 관한 연구. 미간행 박사학위논문. 성균관대학교 대학원.

김소영, 양숙희(2002). 패션 커뮤니케이션 매체와 이상적 신체미. -신체미를 중심으로-. 한국복식학회지, 52(8), 41-54.

김송희(2013). 동안 권하는 사회-미디어가 재현하는 몸과 나이, 그리고 젠더. 미디어, 젠더&문화, 27, 77-115.

김수정(2002). 외모 가꾸기를 통해 본 여성주의적 주체형성 과정에 관한 연구. 미간행 석사학위논문. 한양대학교 대학원 여성학 협동과정.

김영갑(2005). 주체성의 표현형식: 몸, 도덕, 그리고 스포츠. 한국체육철학회지, 13(1), 35-44.

김영환(2002). 체육철학. 서울: 연세대학교 출판부.

김옥준, 김영주(2007). 이상적인 인체미에 따른 복식과 머리형태에 대한 고찰. 한국 패션뷰티학회지, 5(1), 78-86.

김옥태(2004). 청교도의 여가에 대한 공과. 한국체육철학회지, 12(1), 1-23.

김융희(2009). 메를로 퐁티의 몸 철학과 현대미술의 의미. 한국고등직업교육학회논문집, 10(2), 161-171.

김은혜(2005). 몸을 잃은 여성의 정체성과 몸 신학을 지향하며 : 몸에 대한 현대 페미니즘 담론과 여성 신학의 대화. 한국 기독교 윤리학회. 페미니즘과 기독교 윤리. 서울: 예영커뮤니케이션.

김재만(1983). 교육사조사. 서울: 교육과학사.

김정명(1989). 체육과 과학주의. 체육연구소보, 23, 6-9.

김정은 역 / J. C. Kaufmann (1996). 여자의 육체. 남자의 시선: 토플리스의 사회학. 서울: 한국경제신문사.

김정효(2012). 스포츠 실천의 아비투스에 대한 고찰. 한국체육철학회지, 20(1), 1-16.

김종숙(2000). 현대사회의 몸 정체성과 몸 프로젝트. 온지논총, 6, 113-201.

김지연(2007). 인체를 변형시키는 인체장식에 관한 연구. 디자인지식저널, 4, 29-39.

김철(1996). 스포츠문화사. 전북: 원광대학교 출판국.

나영일(1983). 마틴 루터의 기독교 교육이념에 따른 신체관 연구. 미간행 석사학위논문. 서울대학교 대학원.

남상우, 이창섭(2005). 운동선수의 체중조절 실천과 규율권력, 그리고 감시기제의 작동방식. 한국스포츠사회학회지, 18(2), 287-309.

노양진(2004). 몸의 철학적 담론. 철학연구, 27, 31-58.

문은미(2002). 노동자원으로서의 섹슈얼리티 연구: 이십대 행사도우미를 중심으로. 여성연구논총, 3, 213-238.

민석홍(1993). 서양사 개론. 서울: 삼영사.

민영숙 역 / 胡小明 (1992). 체육미학. 서울: 동문선.

민주식 역 / 사사키 겡이치 (1995). 미학사전. 서울: 현대미학사.

박만준, 이준호 공역 / G. L. Dickens (1989). 그리스인의 이상과 현실 : 서양철학의 뿌리. 서울: 서광사.

박범수(1996). 그리스의 인체미. 한국미학회지, 12(1), 101-127.

박보준(2008). 사회문화적 몸 담론에 대한 목회적 대안. 미간행 석사학위논문. 장로회 신학대학원.

박선이(2001. 6. 7.). 변화하는 몸(1) 내 몸은 나의 것이 아니다. 조선일보 19면.

박승민(2007). 화장하는 남성 이미지의 사회적 형성: 남성화장품 광고를 중심으로. 사회연구, 14, 125-156.

박오복 역(1993). 참을 수 없는 몸의 무거움. 서울: 또 하나의 문화.

박정자 역 / M. Foucault(1998). 사회를 보호해야 한다. 서울: 동문선.

박정자 역 / M. Foucault(2001). 비정상인들. 서울: 동문선.

배승현(1988). 한국 인체조각 비례의 해부학적 고찰. 미간행 석사학위논문. 홍익대학교 대학원.

백선기, 김남일(2006). 한국 대중가요의 '남성성'변화 추이와 이데올로기적 의

미 변천연구: 김건모 노래가사를 중심으로. 한국방송학회 2006 봄철 정기학술대회.
서용순(2014). 데리다와 레비나스의 반형이상학적 주체이론에서의 정치적 주체성. 사회와 철학, 28, 323-346.
서용순, 주형일(2009). 탈경계의 주체성과 이방인의 문제. 영남대학교 인문과학연구소 학술대회 논문집, 83-102.
송은주, 임수원(2000). 프로테스탄트 윤리와 여가의 관계. 한국레저스포츠학회지, 4(1), 102-117.
송희영(2011). 현대 '남성성'의 창조: 광고에 나타난 '남성의 몸'. 카프카연구, 25, 329-349.
심귀연(2014). 메를로-퐁티에 있어서 시공간성과 주체성 그리고 신체. 철학논총, 76, 477-497.
심세광 역 / M. Foucault (2007). 주체의 해석학. 서울: 동문선.
안유정(2005). 인체조각의 Deformation에 관한 연구. 미간행 석사학위논문. 고려대학교 대학원.
안재현(2000). 인체 조형 표현의 변형에 관한 연구. 미간행 석사학위논문. 중앙대학원 대학원.
안정옥(2008). 속도 경제의 부상과 근대적 주체성: 인간학의 모델, 존재론적 차이와 시민 주체. 사회와 역사, 79, 5-51.
양운덕(1997). Foucault의 권력계보학. 경제와 사회, 35, 106-142.
양해림(2000). 메를로-퐁티의 몸의 문화현상학. 철학과 현상학 연구, 14, 107-136.
여인석(1998). 스피노자와 이제마에 있어 몸의 윤리적 의미에 관한 고찰. 의사학, 7(2), 178-198.
오생근 역 / M. Foucault (2007). 감시와 처벌. 서울: 나남.
오승현(2013). 인문적 체육교육론 정당화 방식의 비판적 분석. 한국스포츠교육학회지. 20(2), 25-49.
오인탁(1984). 기독교 교육. 서울: 종로서적.

오인탁, 정혜영 공역 / O. F. Bollnow (1988). 교육의 인간학. 서울: 학지사.
오정석(1994). 체육적 앎에 관한 연구. 미간행 박사학위논문. 서울대학교 대학원.
유상진(1993). 체육학 패러다임과 그 전환의 의미. 미간행 석사학위논문. 서울대학교 대학원.
윤준호(2000). 기독교 신체관의 성서적 고찰. 미간행 석사학위논문. 국민대학교 대학원.
윤태일(2004). 여성의 날씬한 몸에 관한 미디어 담론 분석. 한국언론학보, 48(4), 43-50.
이가람(2013). 보디빌딩의 출현과정과 확산 배경에 관한 일고. 한국체육학회지, 52(6), 27-40.
이나영(2009). 급진주의 페미니즘과 섹슈얼리티: 역사와 정치학의 이론화. 경제와 사회, 82, 10-37.
이상호, 김영환, 곽성현(2007). 보디빌딩 참가자의 운동중독에 관한 질적 분석. 한국체육학회지, 46(4), 259-270.
이선(2008). 감성학으로서 에스테틱. 동서철학연구, 47, 245-269.
이성희(2009). 패션과 신체담론 연구. -2000년대 속옷의 겉옷화를 중심으로-. 미간행 박사학위논문. 이화여자대학교 대학원.
이소은(2012). "Evolve or Die!" 수행적 자기관리로서 보디빌딩. 언론과 사회, 20(1), 312-177
이소희(2008). 몸 정치학 : "날씬한 몸" 만들기의 수행성과 주체성의 역학. 젠더와 사회, 7(2), 126-153.
이수자(2006). 문화 연구와 페미니스트 문화이론: 몸, 섹슈얼리티, 주체 논의의 계보학적 이해. 문화와 사회, 1, 55-89.
이숙정(1992). 교육의 단속적 형식들의 의미에 관한 연구. 미간행 석사학위논문. 연세대학교 대학원.
이숙종(1996). 코메니우스의 교육사상. 서울: 교육과학사.
이승건(2007). 미학적 관점에서 본 고대 서양의 신체문화. 미간행 박사학위논문. 한국체육대학교 대학원.
이승환(2004). 후기근대적 신체-주체의 부박함에 대하여. 인문연구, 47, 영남인문과학연구소.
이승환(2005). 자본주의 신체미학과 자아정체성: '미적 실존'에서 '감성적 실존'으로. 철학연구, 36, 271-303.
이영자(2006). 소비 자본주의 사회와 여성의 정체성. 환경과 생명, 28, 73-85.
이영환(1978). 서양 미술사. 서울: 경림출판사.
이을상(2010). 몸의 생의학적 의미와 생명정치. 철학논총, 62, 335-358.
이임선, 조쟁규(2006). 금욕주의가 체육에 주는 의미 고찰. 교육철학, 30, 115-143.
이정학(2001). 스포츠사를 통해 본 스포츠의 종교적 의식행위에 관한 연구. 한국체육철학회지, 9(1), 73-87.
이진경(2002). 철학의 외부. 서울: 그린비.
이철범 역 H. W. Van Loon / (2012). 예술의 역사. 서울: 동서문화사.
이학준(2003). 몸의 지위. 한국체육철학회지, 11(1), 123-137.
이학준(2008). 영화로 배우는 스포츠문화사. 서울: 북스힐.
이학준(2012). 수행으로서 체육학 글쓰기. 스포츠인류학회, 7(1), 55-69.
이희원 역 / M. Foucault (1997). 자기의 테크놀로지. 서울 : 동문선.
임인숙 역 / C. Shilling (2011). 몸의 사회학. 서울: 나남.
임인숙(2004). 다이어트의 사회문화적 환경: 여대생의 외모차별 경험과 대중매체의 몸 이미지 수용도를 중심으로. 한국사회학, 38(2), 165-187.
임인숙, 김민주(2012). 한국 다이어트 서바이벌 프로의 비만 낙인 재생산: '빅토리'와 '다이더트워'를 중심으로. 한국여성학, 28(4), 1-38.
임재구, 이재구(2009). 몸 프로젝트를 통한 여가스포츠 참여자들의 몸 담론에 관한 연구. 한국체육학회지, 48(4), 13-23.
임종수, 박세현(2013). 『선데이서울』에 나타난 여성, 섹슈얼리티 그리고 1970년대. 한국문학연구, 44, 91-136.

임춘식(1990). 현대사회와 인간소외. 한남대학교 출판부.
장용규(1997). 서구의 합리주의적 교육관에 따른 체육의 한계와 새로운 방향 탐색. 미간행 박사학위논문. 서울대학교 대학원.
전경숙(1995). 인체미 이상형에 따른 패션 일러스트레이션의 변화. 미간행 석사학위 논문. 효성여자대학교 대학원.
전선정, 안현경, 이귀영, 문윤경(2002). 미용미학과 미용문화사. 서울: 청구문화사.
전희천(2014). 주체성의 계보학: 헤겔, 훗설, 하이데거, 데리다. 신학연구, 64, 141-174.
정은아, 손승영(2010). 패션모델의 노동경험: '몸 프로젝트' 및 '프로정신'을 내세 운 요구와 수용. 한국여성학, 26(3), 1-30.
정응근(1990). 메를로 뽕띠의 인식주체적 신체가 갖는 체육적 의의. 미간행 박사학위논문. 서울대학교 대학원.
정응근(1996). 21세기 체육학의 전망과 과제. 1995학년도 예체능 연구소 정기 학술발표회 논문집. 명지대학교 예체능연구소.
정일준 역 / S. Best (1995). 탈현대의 사회이론: 탈현대의 비판적 질의. 서울: 현대 미학사.
정주원(2006). 몸의 소비문화적 의미와 현상에 대한 고찰. 소비문화연구, 9(1), 83-101.
조원규(2001). 몸의 숭배와 광기. 서울: 여성신문사.
조쟁규(1999). 기독교 철학의 신체사상에 관한 연구. 한국체육학회지, 38, 84-96.
조쟁규(2000). 종교개혁기의 신체사상에 관한 연구. 한국체육철학회지, 8, 211-218.
조주현(2009). 벌거벗은 생명(신자유주의 시대의 생명정치와 페미니즘). 서울: 또하나의문화.
차건수(2003). 전인으로서의 신체: 건강과 신체미에 대한 기독교 인간론적 이해. 미간행 박사학위논문. 경상대학교 대학원.
차건수, 강진홍(1999). 바울의 신체관에서 보여지는 인간이해. 경상대학교 사범대학 과학교육연구소보, 19, 157-167.
차건수, 강진홍(2001). 성경에 나타난 건강의 의미와 건강교육의 방향에 관한 연구. 한국체육학회지, 40(2), 99-109.
차건수, 강진홍, 김정완(2000). 바울의 서신에 나타난 몸적 존재의 의미. 제38회 한국체육학회 학술발표회 논문집, 81-87.
최순태, 김동규(2014). 몸 프로젝트로서의 보디빌딩의 주체성 담론. 한국체육철학회지, 22(1), 31-50.
최신한 역 / F. Schleiermacher (2002). 종교론: 종교를 멸시하는 교양인을 위한 강연. 기독교서회.
최의창(2010a). 인문적 체육교육과 하나로 수업. 서울: 레인보우북스.
최의창(2010b). 스포츠맨십은 가르칠 수 있는가? 체육수업에서의 정의적 영역 지도의 어려움과 가능성. 한국스포츠교육학회지, 17(1), 1-24.
최의창(2010c). 가지 않는 길: 인문적으로 체육보기. 서울: 레인보우북스.
태희원(2012a). '즉각적인 몸 변형'기술로서의 미용성형과 몸 관리의 정서. 젠더와 문화, 5(2), 79-111.
태희원(2012b). 신자유주의적 통치성과 자기계발로서의 미용성형 소비. 페미니즘 연구, 12(1), 157-191.
하남길(2005). 미국 스포츠 교육의 촉진 맥락(1): 강건한 기독교주의 사조와 스포츠교육의 결속과정. 체육사학회지, 44(6), 75-86.
하남길, 김상권, 정소봉, 박종철(1996). 움직임 교육과학과 스포츠. 건양대학교 출판부.
한승백(2014). 공부하는 학생선수 소외에 관한 Marx적 분석. 한국체육학회지, 53(2), 79-91.
한태룡, 박보현, 한승백, 탁민혁(2010). 스포츠사회학. 서울: 레인보우 북스.
한혜경(2012). 의료와 미디어 산업의 노년 담론에 대한 비판적 고찰: 젊음의 연장이 아닌 노년의 복원. 인문사회과학연구, 13(1), 59-85.
홍성민 역 / C. Gordon(1991). 권력과 지식. 경기: 나남.
홍성민(2011). 질주하는 몸의 욕망과 자아의 재귀. - 루키즘의 욕망과 동양의 신체 미학. 고려대학교 철학연구소. 철학연구, 44, 268-300.
황유지, 이상훈(2007). 육체 관리행위와 여성 정체성.- 스포츠센터 여성 이용자에 대한 참여관찰을 중심으로-. 언론과학연구, 7(3), 404-433.
황정미(2001). 여성의 몸, 몸의 문화정치학. 한국여성학, 17(2), 181-184.
황정현(2000). 여성의 몸 살림 운동. 성신여대 추계학술대회 논문집.
황정희(2002). 주체로서의 몸 살리기. 미간행 석사학위논문. 명지대학교 대학원.
Rose, N. (1998). Inventing our selves: psychology, power, and personhood. New York: Cambridge University Press.
Twigg, J. (2004). The Body, gender, and age: Feminist insights in social gerontology. Journal of aging Studies, 18, 59-73.
Wacquant, L. (1995). Review article: Why men desire muscles. Body & Society, 1(1), 163-179.
White, P., & Gillett, J. (1994). Reading the Muscular body: a critical decoding of advertisements in Flex magazine. Sociology of Sport Journal, 11(1), 18-39.

* 위 내용은 최순태(2015)의 박사학위논문 「보디빌딩하는 몸의 의미와 주체성 정초」를 수정 보완한 것임.

제2장 도가사상의 신체관과 현대 스포츠문화 비판

1. 개관

춘추전국(BC 8세기~BC 3세기)은 제자백가(諸子百家)가 활동했던 다양성과 차이를 상징하는 혼란의 시대였다. 정치적으로는 봉건제도가 와해되고, 경제적으로는 정전(井田)제도가 파괴되기 시작했으며, 군사적으로는 진(秦)나라가 망하고 여러 나라가 서로 난립하여 각국 간의 교전이 빈번하였다. 이러한 정치·경제·사회의 획기적인 변화에 따라 기존의 질서는 불합리한 것으로 여겨져 무너졌으며, 국가 간 경쟁으로 인한 전화(戰禍)와 도덕의 붕괴, 사상의 분란 및 정치적인 암흑상황이 심각하여 새로운 질서의 출현을 요구하는 혼란한 시기였다. 즉 전쟁과 학살, 정복과 피정복의 악순환에 빠져 백성의 생명과 재산은 침해받고 인간성 상실이라는 상황을 초래한 시대였던 것이다. 따라서 이 시기에는 인간의 자기 존재에 대한 자각과 적절한 제도의 확립 및 윤리행위 등에 대한 새로운 사고의 필요성이 요청되었다.

이러한 사태에 대한 해결방법으로서 목전의 고통을 제거할 뿐 아니라, 그러한 상황의 근원으로서 사회문화 자체를 비판적으로 검토하여 본래 상태로 되돌리는 '반박귀진(反樸歸眞)'을 주장한 도가(道家)의 출현을 요구하게 되었다. 도가사상은 당시 사회혼란의 원인을 '인위(人爲)'에 있다고 진단하고, 오직 '무위(無爲)'로서 이를 해결해야 한다고 보았다. 특히 인간 삶의 전 구조를 혼란의 위기로 파악하면서 인간과 만물의 근원적 본질에 물음을 던지고 인간의 생명과 생존문제, 그리고 인간의 실천문제에 관심을 두었다. 따라서 무위이치(無爲而治), 자연주의 사상이 평가 받기 시작하여 무위 소박(素朴)의 도가사상이 탄생하게 되었다.

도가의 논리체계는 道와 만물, 그리고 인간과 자연의 무위관계로 구성되어 있으며, 그 체계는 사회구조 내에서 일어나는 갈등과 모순, 그리고 충돌을 해소하려는 목적에서 출발하고 있다. 도가는 자연이 만물의 존재원리라면 무위는 삶의 실천원리라고 말한다. 이러한 도가사상은 당시의 역사적 현실에 대한 반성에서 출발하여 새로운 인간과 자연, 그리고 사회의 사고의식과 실천규범의 체계를 구상해 왔다. 그러므로 도가사상은 현대문명의 위기를 극복할 대안으로 많은 주목을 받고 있다. 현대사회는 개발논리가 앞서는 물질지상의 시대라는 점에서 자연에 대한 순응이라는 가치를 간과하기 쉽다. 오늘날 끊임없는 자본주의의 이윤확대와 성장추구로 인한 과잉생산으로 인해 생태계의 파괴가 야기되고 있으며, 환경의 재앙(災殃)과 에너지의 위기는 인류생존을 위협하기에 충분하다(이성범, 구윤서 역, 2001). 인간의 소유욕이 발동함으로써 자연의 착취현상이 심각해지고 있는 상황에서 우주만물의 소중함을 일깨우는 가치관의 정립은 무엇보다 중요한 과제인 것이다.

현대사회의 이러한 시대적 추세에 즈음하여 스포츠 또한 신기록의 수립을 위한 과잉경쟁과 승리에 대한 강압으로 치닫고 있으며, 이로 인하여 도핑, 폭력 등의 비인간적인 훈련방법들이 발생하고 있다. 현대스포츠는 스포츠맨십에 입각한 페어플레이 정신이 강조되면서도, 한편에서는 승부조작, 편파판정, 스포츠도박 등 각종 문제들이 존재하고 있는 것이다. 스포츠가 애초에 추구하였던 놀이, 페어플레이, 즐거움과 같은 가치의 체현을 찾기가 쉽지 않다. 이러한 과잉현상의 초래로부터 염려되는 점은 긍정성의 과잉자체가 폭력이라는 점이다. 면역(免疫)학적 타자가 아닌 시스템 자체에 내재하는 심리적 경색인 것이다(김주연, 2013). 내면적이며 본질적인 가치추구가 아닌 외재적 가치에 의해 스포츠 세계가 결정되고 있다.

그러한 맥락에서 현대스포츠는 스포츠문화가 지향하는 물질주의와 승리지상주의로부터 벗어나 스포츠애호주의로 돌아갈 필요가 있다. 인위적인 조작보다는 스포츠 참여자 개개인이 자연스러운 경지에 이르도록 하는 접근이 견지되어야 하는 것이다. 이에 도가의 무위자연 사상이 대두될 수 있다. 다시 말해 무위의 스포츠반(反)문화에로의 변화를 시작해야 하며, 이것이 도가사상이 현대 스포츠문화에 주는 교훈이라고 하겠다(이학준, 2008).

도가에서의 '身'은 형체를 갖춘 몸을 의미하며, 身體[2]는 유형적인 형체뿐만 아니라, 생명을 담고 있는 그릇으로서 대기를 호흡하며 음식을 소화하고, 반성적 사고를 수행하는 무형적 기능을 갖추고 있다. 따라서 身은 유형적 형태와 무형적 기능이 하나로 조화된 생명체이며, 도가사상에서 의미하는 身이란 몸이라고 하는 생물학적 개체인 동시에 소우주인 철학적 존재인 것이다. 그러므로 인간에 있어서 身이란 다른 생물과 달리 문화적 생명을 간직하고 있어서 철학, 윤리, 예술 등의 총체적인 개념, 역사성을 지닌 존재를 의미한다. 도가사상에서 몸에 대한 개념은 신심일원론(身心一元論)적 입장이라 할 수 있으며, 몸-정신의 문제는 단순한 이론적인 성찰로만 가능한 것이 아니고, 생명을 유지하는 전제조건으로 하여 정신과 몸의 합일을 실제적이고 체험적인 경험을 바탕으로 수행하는 것이다(여인성, 2001).

스포츠는 또한 문화를 전파하는 파수꾼 역할을 수행하고 있다. 강신익(2007: 97)은 "문화는 몸들의 활동을 통해 형성되고 몸들은 문화를 통해 세

2. 도가사상에서 말하는 '身體'는 몸과 마음, 몸과 정신이 합일된 일체적 개념이며, 몸과 마음, 몸과 정신이 공존하여 생명을 유지한다는 의미가 포함되어 있다.

상을 느끼며 세상과 교류한다. 따라서 사람들이 어떤 문화 속에서 몸을 이해하는 방식은 그들이 어떤 방식으로 세상을 바라보는가에 달려있다."고 하였다. 그러므로 스포츠는 문화와 이데올로기의 속박을 받지 않고, 직접적으로 자연을 체험할 기회를 가져야 한다. 그러나 오늘날의 스포츠 참여자들은 현대사회의 가치관과 이데올로기를 무의식적으로 받아들이고 있어 스포츠활동의 직접적인 체험을 통해 획득되는 본질에 대한 인식이 필요하다. 인간의 몸은 그 본래의 의미를 상실한 채 소비의 주체이자 대상으로 전락하고, 몸에 대한 모든 상태가 긍정적이건 부정적이건 간에 타자의 관점으로 자기 몸을 재구성하는 추세가 이어지고 있다. 이와 동시에 "소비 자본주의시대 대중매체의 공모(共謀)가 더해지면서 몸의 탈주체화(홍성민, 2011: 297)"라는 현상은 더욱 심화되고 있다. 이는 인간의 본성과 몸의 존중감, 자존감 등 몸의 주체성을 상실하는 원인으로 작용하고 있다. 그러나 동양적 가치와 윤리덕목을 어떻게 현대스포츠에 구체적으로 접목할 것인지에 대한 문제는 아직 정리되었다고 보기 어렵다.

따라서 이 저서는 도가사상이 강조하는 인간의 자연적 본성의 추구라는 관점에서 현대 스포츠문화에 내재된 문제점들에 탐색하고 그 대안을 찾아보려고 한다. 스포츠 과잉현상과 승리지상주의의 반작용이자 성찰로서 자연, 무위, 소요(逍遙)의 요소를 기반으로 하는 도가사상을 통한 반성적 논의를 전개하고, 이는 현대스포츠에서 발생하고 있는 도덕적, 교육적, 생태적, 윤리적 문제를 해결할 수 있는 단초가 될 것이다.

우선 도가가 말하는 신체관의 철학적 근거를 제시해주는 道, 자연, 무위, 氣, 逍遙遊 등의 개념을 탐색하는 것이 첫 번째 과제이다. 이러한 논의의 바탕위에서 도가사상에 내재된 생명유지 신체관, 자연무위적 신체관, 기화론적 신체관을 분석해 보려고 한다. 이와 함께 도가사상이 주장하는 인위적인 문화에 대한 반성적, 비판적 관점을 통하여 현대 스포츠문화의 한계를 지적하고 이를 극복할 수 있는 대안을 찾아보려고 한다.

2. 도가사상

도가사상을 대표하는 것으로서 道, 자연과 무위(無爲), 氣, 소요유(小搖遊) 등을 제시할 수 있다. 그 중에서 道는 도가사상의 중심개념이기도 하며, 생명의 근원, 운동·변화규칙의 핵심이기도 하다. 자연은 道의 근원이며, 다른 것에 의지하지 않는 자기 그대로의 활동이며 인위적 행위가 제거된 자연상태를 의미한다. 결국 인위에서 벗어나는 것을 나타낸다. 무위는 사회의 획일적이고 고착화된 가치관에서 벗어나 어떤 선입관이나 고정관념에 얽매이지 않고, 세상을 새로운 눈으로 바라보는 자유정신이 있어야 진정으로 인간과 상통한다고 할 수 있는 것이다. 氣는 고대 동양철학의 핵심으로서 동양의 역사, 종교, 문화에 끼친 영향이 실로 지대하다. 마지막으로 소요유는 정신의 遊이자 개체에 내재된 정신의 운동이기 때문에, 그것은 현실의 遊가 아니라 허무의 遊이다. 이러한 다섯 가지 요소들이 조화를 이루는 것이 도가사상이며, 도가사상의 발현은 현대의 다양한 문제를 해결하기 위한 방법 중 하나로 부족함이 없다고 볼 수 있다.

道

道는 도가사상[3]의 중심개념으로서, 도가사상은 기본적으로 道라는 개념으로부터 시작된다. 老子의『道德經』은 81장으로 구성되어 있는데 道라는

---

3. 도가(道家)란 기원전 221년 先秦시기 秦나라에 의한 통일국가 이전의 시기로서 老子 · 莊子학설의 중심이 된 철학유파를 지칭한다. 도가학설은 道家 혹은 노장(老莊)철학으로 부르기도 한다. 이 저서에서는 편의상 '장주(莊周)'의 이름은 '莊子'로 표기하였고, 내편(內篇)은 莊子 본인의 저작이지만, 후학에 의해 형성된 저작 외편(外篇)과 잡편(雜篇)을 포함하여『莊子』로 통칭하였다.

글자는 총 37장에서 73차례 출현하고,『莊子』에서 道의 개념은 306회 언급되었다. 老子와 莊子 모두 道를 숭상한다는 이유로 후세대는 그들을 도가(道家)라고 부른다. 老子와 莊子는 道를 실재적인 것으로뿐만 아니라 천지만물의 근원으로 인식한다(최진석 역, 1997). 老子의 道에는 본체론과 우주론의 의미가 비교적 강하고, 莊子의 道에 대한 논의는 기본적으로 두 가지 형태로 구별된다. 하나는 우리가 살아가는 우주만물의 시원문제로서 본체론과 우주론적인 道를 말하고, 다른 하나는 최고의 인식에 도달한 정신상태를 의미하는 경계적(境界的)인 의미의 道가 있다.

본체론적인 道는 만물의 존재근거로서 세계의 근원이다(최진석 역, 1997). 이는 천지만물의 근본을 무형무상(無形無相)의 것으로 귀결시키는 중국 고대철학가들의 일반적인 관념체계이다. 천지만물의 생성, 존재, 변화, 발전은 다른 것에 의하여 존재근거를 갖는 것이 아니라 그 자체가 만물의 최종근거가 된다는 것이다. 우주론적인 道는 만물과 관계를 맺고 있으면서 만물 속에 감추어진 존재라고 할 수 있다. 그리고 도가사상에는 인간삶의 모범으로서의 道를 제시했으며, 道를 객관적 실재로 파악하고 세계의 근원으로 인식하였다. 이제부터 道가 어떻게 존재하며, 道가 어떻게 만물을 생성·변화시켜 가는가 하는 등의 다양한 의미를 알아보고자 한다.

1) 생명근원으로서의 道

老子는 '道란 무엇이다'라고 말하지 않았을 뿐만 아니라, 심지어 '道를 말하게 되면 진정한 道가 아니다.'라고 하여 道를 언어로 규정할 수 없다고까지 하였다.

> 道가 말해질 수 있으면 진정한 道가 아니고 이름이 개념화될 수 있으면 진정한 이름이 아니다. 無는 이 세계의 시작을 가리키고 有는 모든 만물을 통칭하여 가리킨다.[4 5]

道가 무엇인지를 한마디로 규정하기가 쉽지 않으며, 실제로 道에 대한 많은 견해들이 있어 왔다. 馮友蘭(1992)은 老子가 道를 추구한 근본적인 원인이 자연의 관찰로부터 비롯된 것이라고 봄으로써, 老子의 정치나 인생은 형이상학적 道에서부터 온 것이라고 파악하였다. 陳鼓應은 馮友蘭과 마찬가지로 형이상학적 道는 점점 하락하고 실제생활에 침투되어 인간 행위의 지표를 일으켜 인류의 생활방식과 처세법을 이루었다고 하였다(최진석 역, 1997). 또 方東美는 우주는 만물을 포괄하는 생명의 약동이다. 위대한 道는 참으로 보편적으로 흐르고 있는 생명이며, 광대하고 오묘하게 쉬지 않고 계속 새로운 것을 창조하고 있다고 하였다(정인재 역, 1992)

道를 생명적인 것으로 본 사람은 熊十力[6]과 方東美가 있지만, 이들은 어찌하여 도가가 생명적인 것이 되는지에 대한 구체적인 설명은 제시하지 못하였다. 熊十力은 道를 확연히 생명이라고까지는 말하지 않고 단지 無라는 정신과 有라는 형체의 혼합으로만 인식하였다. 그러나 현대학자들은 道를 생명의 의미로 해석하고 있다. 李霞(2004)는『道德經』에서 道라는 말이 73차례 언급되는데, 대부분 생명의 근원과 관련된 의미를 가지고 있다고 하였다. 道는 '自然之道, 生命之道'로 표현되며, 이는 생명의 道가 도가철학의 본질이며 생명을 중심으로 한 철학체계로 이루어짐을 의미한다는 것이다. 그리하여 도가철학의 본질은 생명철학이라고 할 수 있고, 도가철학의 근본은 道, 자연을 추앙하는 생명의식이라고 볼 수 있다.

김경수(2010)는 생명력을 가진 정기(精氣)들로 구성된 道로부터 생겨난

---

4. 『道德經』1章 "道, 可道, 非常道也. 名可名, 非常名. 無, 名天地之始. 有, 名萬物之母."
5. 이 저서에서 老子의『道德經』과 관련된 내용은 최진석(2001)의『노자의 목소리로 듣는 도덕경』을 참고하고 인용하였다.
6. 陰은 곧 一이며, 陽은 곧 二이다. 沖和는 三이다. 陽은 정신이 되며, 陰은 형이 된다. 陰陽이 和하여 만물이 생겨난다. 形體와 정신은 필경 다르지 않기에 곧 有無도 다른 것이 아니다. 이는 같은 同體이기 때문이다(熊十力, 2007: 167, 181).

일체만물은 생명을 통한 유기체적 관계를 이룬다고 주장하였다. 그는 道에 의해서 생겨난 생명사상의 특징을 '변화에 대한 강조', '자발적인 질서와 조화', '환경에 대한 주체적이고 능동적인 적응', '개별성의 강조'등으로 묘사하고 있다. 그리고 嚴靈峰(2008)은 老子와 莊子는 대도(大道)가 함양하고 있는 생명은 서로 부합해 존재하며 모두 평등한 것이었다고 주장하였다. 도가가 우주의 존재원리로 이해하고 있는 道의 궁극적인 기능은 끊임없는 생성과정에 있다. 즉 生이다. 천지만물의 존재근거인 道는 무한한 생명력을 지니고 있는 것이다. 老子는 이러한 道의 그침 없는 생성의 기능을 일러 곡신(谷神)[7]또는 현빈(玄牝)이라고 하였다.

> 계곡의 神은 죽지 않는다. 이를 일러 미묘한 모성이라 한다. 암컷의 갈라진 틈, 이를 일러 천지의 근원이라고 한다.[8]

곡신의 곡은 虛를 비유한 것이다. 神은 변화불측한 작용을 뜻한다. 속이 빈 풀무가 끝없이 바람을 일으키듯 곡신은 무한한 생명력을 가지고 지속적으로 변화하는 과정인 것이다. 따라서 老子의 道는 우주만물의 생성과정에 있어서 생명의 근원이 된다. 老子는 道를 통하여 천지만물의 생성근원을 표현하였고, 천지만물의 생성과 운동 또한 道의 무한한 창조력의 표현이라고 하였다.

> 道는 一을 내고, 一은 二를 살리며, 二는 三을 기르고, 三은 만물을 이룬다.[9]

---

7. 곡신(谷神)이란 골짜기의 빈곳, 현묘(玄妙)한 道를 비유한 말이다. 谷은 虛로서 사람의 정신이 빈(牝)데서 나왔으므로 늘 존재하여 없어지지 않는다.
8. 『道德經』6章 "谷神不死, 是謂玄牝. 玄牝之門, 是謂天地根."
9. 『道德經』42章 "道生一, 一生二 , 二生三 , 三生萬物."

위에서 말한 一, 二, 三은 道가 만물을 생성하는 과정을 묘사하는 것이다. 여기서一, 二, 三이 구체적으로 무엇을 의미하는가에 관해서는 많은 이견이 있지만, 이것들의 의미를 전혀 알지 못한다 하더라도 이 인용문에서의 道와 만물사이의 상생관계는 자명하다. 그것은 곧 道는 만물을 낳는다는 것이다.

> 道란 德이 공경하는 것이고, 생명이란 德이 빛나는 모습이다. 본성이란 생명의 바탕이다.[10][11]

생명이란 것은 德의 빛이다. 性은 생의 바탕이다. 道의 작용은 바로 德의 양태를 빌어 인간생명에 나타난 것이다. 이러한 德은 인간의 본성인데 천지만물 공통의 본성인 道와 본질적으로 같은 것이다. 따라서 性은 성질·성향·성능 등을 가리키는 개념으로 생명을 지닌 사물들에게만 쓸 수 있는 것으로서, 이를 닦아 德에로 돌아간다면 道를 체득하게 된다. 그러므로 德을 회복한다는 것은 道를 체득하는 것과 다를 것이 없다.

> 태초에는 無만 있었고 존재하는 것이란 아무 것도 없었으며 이름조차 없었다. 一이 여기서 생겨나 一은 있었으나 아직 형체는 없었다. 이윽고 만물이 一을 얻어서 생겨났는데 그것을 德이라 한다. 아직 형체가 정해지지 않은 상태 속에서 구분이 있기는 하지만 그러나 틈바구니는 없는 것, 이것을 命이라 한다. 움직여서 만물을 낳는데 物이 이루어져 결이 나타나는 것, 이것을 형체라고 한다. 이 형체가 정신을 보유해서 각각 고유한 법칙성을 가지게 되는데 이것을 性이라 한다.[12]

---

10. 『莊子』「庚桑楚」"道者, 德之欽也, 生者, 德之光也, 性者, 生之質也."
11. 이 저서에서 莊子의 저서와 관련된 내용은 안병주 등(2001, 2004, 2005, 2006)의 역주(譯註) 『莊子 1』, 『莊子 2』, 『莊子 3』, 『莊子 4』를 참고하고 인용하였다.

여기에서의 德은 우주만물이 생명을 지니게 되는 근원적 작용의 개념으로 사용되고 있다. 태초의 상태로부터 사물이 생성되는 과정을 서술하고 있다. 존재하는 것이 아무것도 없는 상태로부터 '하나'가 생겨나지만 아직 형체는 갖추고 있지 않다. 이 '하나'는 사물이 생성되는 고유한 원리인 道를 의미하는 것이며, 아직 有는 아니다. 만물은 이 道의 법칙으로서의 '하나'를 얻어서 형체가 생겨나는데 그것이 德이며, 德이라는 것은 德의 작용성에 근거를 두고 갖가지 사물의 형상이 존재하게 되었다는 것을 뜻한다. 또한 형상은 신묘한 작용을 지니고 고유한 법칙을 구비하게 되는데, 이것이 사물의 본성인 德이다.

이강수(2005: 267)는"德에는 생성기능이 있다. 생성기능이란 어떤 사물의 德이 그 사물로 하여금 生을 시작하도록 하고, 성장하도록 하며, 성숙하도록 함을 뜻한다. 어떤 사물의 德은 그 사물로서의 개체성을 충분히 발휘하도록 하며, 그 生을 신장시키고 완성하도록 한다."라고 하였다. 이는 德이 생명의 본질이며 작용임을 의미하는 것이다.

> 道는 낳고 德은 기른다. 만물이 모양을 갖추고 기물은 이루어진다. 그래서 만물은 道를 높게 대하고 德을 고귀하게 대한다. 道는 높고 德은 고귀하지만, 만물에 군림을 하지 않고 항상 저절로 되어 가게 놔둔다.[13]

道는 만물을 낳고 德은 만물을 기른다. 만물은 다양한 형태로 나타나고 환경이 각 사물들을 성장케 한다. 그러므로 만물은 道를 숭상하고 德을 귀

---

12. 『莊子』「天地」"泰初有無, 無有無名, 一之所起, 有一而未形, 物得以生謂之德. 未形者有分且然無間謂之命. 留動而生物, 物成生理謂之形. 形體保神各有儀則謂之性."
13. 『道德經』51章 "道生之 , 德畜之 , 物形之 , 势成之. 是以萬物莫不尊道 , 而贵德. 道之尊 , 德之贵, 夫莫之命而常自然."

하게 여긴다. 道가 숭상되고 德이 진귀한 것은 간섭하지 않고 자연스러움에 맡기기 때문이다. 여기에서 우리는 무한한 생명력을 지닌 道와 그의 속성을 지닌 德과의 상관성을 가늠할 수 있게 된다. 만물을 끊임없이 생성케 하면서 성장 발전하도록 하는 것을 道와 德이라고 보는 것이다. 그러므로 이 세상에 존재하는 모든 것들은 道와 德의 범위를 벗어날 수 없다. 따라서 만물은 道에 의하여 생겨나며, 발전 또한 德에 의해서 유지되는 것이다. 만물은 道의 작용으로 낳게 되고, 만물을 기르는 것은 德의 작용이다. 만물이 생성하고 발전되어 가는 것은 道와 德의 상호작용으로부터 이루어진다.

우주생성의 원리로부터 인간생명의 생성과 본성을 밝힘으로써 이어지는 道와 德의 추구는 바로 도가 양생(養生)의 궁극적인 목표이다. 양생이란 도가적 의미에서 생명을 지키고 가꾼다는 것인데, 세상 사람들이 흔히 생각하는 것처럼 형의 보존, 즉 몸의 안위를 지키는 것만을 뜻하는 것은 아니다. 도가가 몸을 보양하는 것 역시 生을 지키는 하나의 조건으로서 생명을 지키는데 매우 중요한 일인 것은 부정하지 않았다. 그러나 결코 그것이 생명을 지키고 키우는 일의 전부가 아님을 강조하고 있다.

> 형체를 길러 보전하기 위해서는 반드시 물질을 먼저 마련하지 않을 수 없지만 물질이 넉넉함에도 형체가 길러지지 않는 경우가 있다. 생명을 보전하기 위해서는 반드시 형체를 먼저 유지하지 않으면 안 되지만 형체는 유지하고 있으면서도 목숨을 잃는 경우가 있다.[14]

형체를 키우는 데는 반드시 物로서 우선해야 하지만, 物에 남음이 있어도 형체를 키우지 못한 자가 있다. 삶에도 반드시 형체를 떠나지 않음

---

14. 『莊子』「達生」"養形必先之以物, 物有餘而形不養者有之矣; 有生必先無離形, 形不離而生亡者有之矣."

이 있어야 하지만 형체를 떠나지 않아도 삶을 잃은 자가 있다. 이는 생명을 지키고 가꾼다 함은 道로부터 생명의 본래 모습을 회복함을 의미한다. 여기서 말하는 생명이란 비단 정신적인 의미의 생명뿐만 아니라, 몸과 밀접한 관계에 있는 성품과 기질, 그리고 사회적 의미의 생명까지 망라하는 총체적인 인간의 몸과 삶을 뜻한다고 보아야 할 것이다. 여기에서 문제는 회복하고 보존해야 할 생명의 내용이다. 따라서 도가에 있어서 천지만물의 근원자로서의 道와 德은 만물에 있어 그 본성에 부합되는 것이며 생명에 관한 행위 또는 규범이 되는 것이다. 만물과 생명의 활동은 道와 동일하고 道에 내재한 자연규칙에 지배되고 道의 원리에 따라 운동하고 변화한다.

2) 운동·변화 규칙으로서의 道

老子는 운동·변화의 과정을 無와 有로써 설명하여 '유무상생(有無相生)'이라고 하였다. 無는 '존재의 없음'이란 뜻이 아니라 '한정됨이 없음'이란 뜻이다. 無와 有는 순환적 기능이다. 無가 有를 창조하고 다시 有가 無로 변화생성을 끊임없이 반복 작용한다. 道가 無이기 때문에 무한한 작용이 생겨날 수 있었다. 태초의 道는 無라는 이름도 有라는 이름도 없었으며 그냥 '하나'로만 있었다. 실제로 有無는 서로 상이한 속성을 가지고 있다. 道는 무규정적으로 있기에 道 자체를 無라고 칭할 수 있으며, 자연계는 규정화에 의해 생겨났으므로 자연계 자체를 有라고 칭할 수 있다.

> 有와 無는 서로 살게 해 주고 어려움과 쉬움은 서로 이뤄주며 길고 짧음은 서로 비교하고 높음과 낮음은 서로 기울며, 陰과 性은 서로 조화를 이루고 앞과 뒤는 서로 따르니 이것이 세계의 항상 그러한 모습이다.[15]

老子는 이러한 '有無 대립물의 상생'에 대한 예로, 有와 無는 서로 있어서 생겨나고, 어려움과 쉬움은 서로 있어서 이루어지는 것이며, 길고 짧은 것은 서로 있어서 모양을 갖추는 것이고, 높음과 낮음은 서로 있어서 기울기를 비교할 수 있는 것이며, 음과 소리는 서로 있어서 어우러지는 것이고, 앞과 뒤는 서로 있어서 따르는 것이라고 하였다. 이러한 상호 대립적인 것들은 규정된 모습으로 있는 것이 아니라, 시공간의 변화에 따라 끊임없이 상호 전환·대립·운동·변화한다. 莊子는 이와 유사한 주장을 하였다.

> 무릇 만물은 매한가지인데 자기가 아름답다고 여기는 것을 신기하다 하고 자기가 싫어하는 것은 냄새나고 썩었다고 하지만, 냄새나고 썩은 것이 다시 신기한 것으로 바뀌고 신기한 것이 다시 냄새나고 썩은 것으로 바뀐다. 그 때문에 '천하를 통틀어 一氣일 뿐이다.[16]

세상 사람들이 아름답다고 하는 것을 신기함이라 하고 醜하다고 하는 것을 썩어 냄새가 난다고들 하지만 썩어 냄새나는 것은 다시 化하여 신기함이 되고 신기함은 다시 化하여 썩어 냄새나는 것이 된다. 莊子는 이러한 화합·전환의 과정은 '하나'라고 하여 '하나'를 바로 만물의 법칙인 道로 보고 있다. 따라서 『道德經』40장에 언급되는 만물의 '有無상생'을 결론으로 도출할 수 있다. "만물은 有에서 살고 有는 無에서 산다."[17] 이러한 '有無상생'이 우주만물의 운동·변화에 있어서의 필연적인 규범이 되고 만물이 발전·생성하도록 하는 기본적인 추진력이라고 보았다.

이처럼 여러 현상들을 통하여 道의 또 하나의 운동법칙이 반복·순환하는 원리임을 미루어 짐작해 알 수 있다. 즉 모든 것의 극치에 가서는 다시

---

15. 『道德經』2章 "有無相生, 難易相成, 長短相形, 高下相傾, 音聲相和, 前後相隨. 恒也."
16. 『莊子』「知北遊」"故万物一也.是其所美者为神奇，其所恶者为臭腐. 臭腐复化为神奇，神奇复化为臭
17. 『道德經』40章 "天下萬物生於有, 有生於無."

되돌아오는 순환운동을 반복한다는 것이다. 따라서 모든 상태는 번성하면 시들고, 강하면 약해지기 마련이므로 사람들은 자신이 처한 여러 상황에서 발생하는 대립, 갈등, 투쟁에서 벗어나 너그럽고, 공평하며, 담담한 큰마음으로 살아가는 것이 道에 따르는 삶의 규범인 것이다. 이러한 운동·변화의 법칙이나 원리를 지닌 道는 우리에게 어떻게 인식·체득될 수 있을 것인지를 다음과 같이 老子와 莊子의 논의에서 찾을 수 있다.

老子는 道로서의 규칙은 무위(無爲), 유약(柔弱), 부쟁(不爭), 처하(處下), 그리고 이만물(利萬物) 등의 객관적인 특성(조민환, 2003)을 강조하였지만, 莊子의 道에는 주체의 정신이 상승하여 인간이 도달해야 하는 최고의 경지이고, 인생에서 추구해야 할 최고의 경지가 바로 道의 경지라는 점을 강조하였다. 老子가 강조하는 천지자연의 道로서 무위란 행위의 이전 준비단계나 행위과정에서 뿐만 아니라, 행위가 완료된 이후 그 결과 공적에 대해서까지 철두철미하게 시종일관 주관의 집착이나 의도적인 사심을 완전히 배제하는 것이다. 이것이 바로 '부쟁(不爭)'이라는 개념이다.

> 天地의 道는 이롭게 해 주면서 해를 끼치고 않고, 인간의 道는 일을 하면서도 그것을 고려하지 않는다.[18]

천지자연의 道는 만물을 이롭게 하면서 해치지 않고, 성인의 道는 무심하게 행하면서 사람들과 다투지 않는다고 하였다. 즉 만물을 낳으면서도 소유하지 않고, 功을 행하고서도 뽐내지 않으며, 만물을 발전시키면서도 통제하지 않는 이른바 '현덕(玄德)'이야말로 천지자연의 道인 '부쟁지덕(不爭之德)'이다.

18. 『道德經』81章 "天之道, 利而不害, 聖人之道, 爲而不爭."

老子는 근원적 존재인 無는 '유약(幼弱)'을 통해 자신의 작용을 드러낸다고 하여 '유약'이 바로 자연무위의 구체적인 모습이라고 말한다. 그래서 老子는 無의 궁극적 작용원리인 '유약'을 영아(嬰兒)에 비유하게 되었다. 이러한 '유약'이 道의 궁극적 작용, 즉 자연에 맡기어 만물의 존재가 온전해지고 본성을 회복하는 무위의 상태임을 말하고 있다(조현규, 2006). 그러므로 '유약'이 인간에게 실현되면 강함을 이긴다고 하였다. 강함은 자연의 본성이 아니기 때문이다. 따라서 현실 속에서 만물이 그 본성을 실현하도록 하는 '유약'의 태도야말로 인간행위의 규범인 것이다. 즉 '유약'은 道 자신의 자연적, 근원적 모습으로서 인간사회에 있어서 적극적으로 실행해야 할 道의 구체적인 실천규범이다.

> 가장 훌륭한 德은 물과 같다. 물은 만물을 이롭게만 하지 다투지는 않고, 주로 사람들이 싫어하는 곳에 처한다. 그러므로 道에 가깝다.[19]

道가 만물을 낳고 길러주며 안정시켜 주고 이루게 하듯이, 인간 최고의 善은 물(水)과 같다. 물의 선함은 만물을 이롭게 하면서도(水善利萬物) 다투지 않고(不爭), 자신을 높은 곳에 머물게 하려고 하지 않으므로 시냇물이 강이나 바다로 흘러가는 것처럼 낮은 곳에 머문다고 하여 인간이 구체적으로 어떻게 행위를 해야 하는지 물에 비유하여 말하고 있다(조현규, 2006). 이러한 물의 '부쟁', '처하', 그리고 '이만물'이라는 특징이 바로 인간의 궁극적 존재의 모습이며 사람들로 하여금 세상에 겸허한 자세로 임하게 하는 것이다. 따라서 老子가 말한 道로서의 규범은 '무위', '유약', '부쟁', '처하', 그리고 '이만물'은 인간이 실천해야 할 구체적인 방법이며, 이것

---

19. 『道德經』8章 "上善若水, 水善利萬物而不爭, 處衆人之所惡, 故幾於道."

이 인간과 만물을 자생(自生), 자화(自化), 자균(自均), 자정(自定)할 수 있도록 하는 것이다.

莊子는 위에 논의된 道의 함의를 계승하고, 無와 有는 道가 천지만물을 생성할 때 무형(無形)에서 유형(有形)으로 바뀌어 가는 활동과정을 가리킨다. 천지 속에 모든 만물은 하나의 시초로서 無 → 하나(一) → 德 → 命 → 形 → 性의 순서로 道에 따라 성립된다는 것이다.

> "천지는 나와 나란히 生하고 만물은 나와 하나이다."[20]

만물이 하나로 통한다고 보는 것은 바로 莊子의 제물(齊物)원리로 해석된다. 제물이란 만물이 소통과 평등함을 주장하는 것이다. 이는 사물의 본성은 평등하다는 입장에서 출발하여 인간의 자아중심적 사유가 초래하는 제한된 국면에서 벗어나고자 하는 의미이다. 천지만물과 '나'는 객관과 주체의 대립관계가 아닌 주객일체적인 천지와 같이 생존하고, 만물과 일체가 된다는 '주객일체'의 우주관이다. 이 제물론은 만물의 자연적인 통합성을 중시해야 하고, 天·人·物의 조화로운 동일체로 소통하면서 병존함(최진석 역, 1990)을 강조하였다.

따라서 도가에 있어 道는 근원적 존재와 만물, 그리고 인간생명, 몸에 적용되는 실천원리이다. 즉 생명근원으로서의 道의 관점에서 몸은 생성과 완성의 과정에 생명과 함께 이루어지는 것이다. 운동·변화 규범으로서의 道의 관점에서 몸은 자연적으로 생성하고, 유무상생, 순환·변화적 법칙에 따라 자생, 자화, 자균, 자정 등의 원리를 준수해야 한다. 즉 몸의 운동양식은 바로 인간이 마땅히 행동해야 할 행위규범이 되는 것이다.

---

20. 『莊子』「齊物論」"天地與我幷生, 萬物與我爲一."

自然과 無爲

1) 自然

도가사상을 자연철학이라고 하는데 이는 자연개념의 중요성을 의미한다고 볼 수가 있다. 인간은 天과 地 사이에 살며 天과 地는 道에 근원한다. 道는 우주만물 가운데 가장 높고 근본적인 것이며, 道의 특징은 '자연'이라는 근거에 있다.

> 사람은 땅을 본받고 땅은 하늘을 본받으며 하늘은 道를 본받고 道는 스스로 그러함을 본받는다.[21]

사람은 地를 본받고 地는 天을 본받으며 天은 道를 본받고 道는 자연을 본받는다. 道는 우주의 근원이자 최고의 근거라 할 수 있으며, 자연은 우주의 근원과 근거가 되는 가치 또는 원칙이다. 이 때 자연이란 자연과학의 대상이나 존재론적인 실체가 아니라 道의 본질적인 성향을 묘사한 일종의 형용사로서 '스스로 그러한'또는 '자연스러운'이란 뜻을 지닌다.『道德經』에서 자연이라는 말은 17장, 23장, 25장, 51장, 64장 등에서 5회 언급되고 있다.

> 功이 이루어지고 일이 마무리되어도, 백성들은 모두 '우리는 원래부터 이랬어'라고 하는구나.[22]

> 말이 없는 것이 자연스러운 것이다. 그러므로 광풍은 아침 한나절을 불지 못

21. 『道德經』25章 "人法地, 地法天, 天法道, 道法自然."
22. 道德經』17章 "功成事遂, 百姓皆爲我自然"

하고, 폭우는 하루 종일 내리지 못한다. 누가 이렇게 하는가? 천지자연이다. 천지자연도 그렇게 오래 지속할 수가 없는데, 하물며 사람이 하는 일임에랴! 道의 실현에 종사하는 자는 道와 같아지고, 德의 실현에 종사하는 자는 德과 같아 지며, 道를 상실한 체 일에 열중하는 자는 그 상실된 것과 같아진다.[23]

道는 높고 德은 고귀하지만, 만물에 군림을 하지 않고 항상 저절로 되어 가게 놔둔다.[24]

배우지 않는 태도를 배워 대중들의 잘못을 구제한다. 이렇게 함으로써 만물이 자연스럽게 발전하도록 도와주며, 함부로 자신의 의도를 개입시키는 有爲적 행위를 하지 않는다.[25]

嚴靈峰은 '道法自然'에서 자연은 우주의 궁극경계에 있어서의 원시상태를 가리키는 것으로서 '본래 그러한 것'혹은 '자연계 전체'의 뜻으로서 영문의 'the nature'에 해당하고, '希言自然'과 '百姓皆爲我自然'에서의 자연은 '逍遙自在'의 뜻으로서 영문의 'nature'에 상당하며, '輔萬物之自然'에서의 자연은 '스스로 그러하다', '만물은 스스로 자라나고 번성한다.'는 뜻으로서 영문의 'spontaneous development'혹은 'self-transformation'과 같은 뜻이라고 하였다(이순영, 2007, 재인용). 따라서『道德經』의 어느 경우에도 서양언어의 명사적 개념으로 칭하는 자연이 아니라, 아무런 작위(作爲)를 가하지 않고 천지만물의 순응하는 자연적 상태를 가리킨다고 하였다.

23. 『道德經』23章 "希言自然, 故飄風不終朝, 驟雨不終日, 孰爲此者. 天地, 天地尙不能久, 而況於人乎. 故從事於道者, 道者同於道, 德者同於德, 失者同於失."

24. 『道德經』51章 "道之尊 , 德之贵 , 夫莫之命而常自然."

25. 『道德經』64章 "學不學, 復衆人之所過. 以輔萬物之自然, 而不敢爲."

『道德經』에서도 '자연'을 종종 '영아(嬰兒)', '박(樸)', '무명(無名)', '적자(赤子, 갓난 아이)'등의 단어로 묘사한다. 또한 자연이 갖는 기본적인 의미를 다음과 같이 밝히고 있다.

> 천하의 계곡이 되면 언제나 德이 떠나질 않아, 영아의 단계로 되돌아간다.[26]

> 道는 항상 이름이 없다. 질박하고 비록 미약하지만, 이 세상 아무 것도 그것을 신하로 부릴 수 없다. 통치자가 그것을 지킬 수 있으며 만물은 스스로 모여들어 복종할 것이다.[27]

> 德을 두텁게 함장하고 있는 사람은 갓난애에 비견된다.[28]

여기서 樸의 의미는 순박(淳朴), 소박(素朴)함인데, 인간의 꾸밈없는 본연의 상태를 의미한다. 즉 인간본성의 질박(質朴)함과 순박함은 선천적인 것이다. 老子는 자연은 주로 질박한 면모로 나타나지만, 사물은 그것의 운행과정 중 '慾'등의 출현으로 인해 자연의 진실함과 순박한 성격에서 벗어나게 된다고 하였다. 따라서 '反者道之動'의 근본 또한 세인들에게 어떠한 일을 하듯 사물에 존재하는 자연법칙을 따를 것을 훈계하는 것이다. 즉 道와 자연의 法, 貴, 順 등의 상응관계를 재차 강조하고 있다.

莊子는 老子가 제기한 자연개념의 의미를 이어받지만, 자연이라는 말을 그대로 무비판적으로 사용하지 않는다. 5,000여 글자에 불과한『道德經』에 나타나는 자연이라는 말의 비중에 비교해본다면 莊子는 인색하다

---

26. 『道德經』28章 "爲天下谿, 常德不離，复歸于嬰兒."
27. 『道德經』32章 "道常無名，樸, 雖小，天下莫能臣. 侯王若能守之，万物将自賓."
28. 『道德經』55章 "含德之厚，比之赤子."

싶을 만큼 자연이라는 말을 아낀다. 예를 들어,『莊子』의 내편에는 자연이라는 단어가 나타나는 곳은 단 두 군데뿐이다.

> 이것은 내가 말하는 감정이 아니다. 내가 감정이 없다고 말한 것은 말하자면 사람이 좋아하고 싫어하는 감정을 가지고 안으로 자신을 해치고 않고, 항상 자연의 道를 따라 무리하게 삶을 연장시키려 하지 않는 것이다.[29]

> 그대가 마음을 담담한 곳에 노닐고, 氣를 적막한 곳에 부합시켜서, 물의 자연을 따라 사사로운 욕심을 용납하지 아니하면 천하는 다스려질 것이다.[30]

여기서 莊子가 서술한 '자연'의 개념은『道德經』에서 유래되었다. '좋고 싫고 하는 감정으로 자신을 속상하게 하지 않고 언제나 자연에 따르면서 생명에 쓸데없는 것을 덧붙이지 않는다.'고 할 때의 자연이 자기 내부에서 발견되는 자연이라면, '마음을 담박한 세계에서 노닐게 하고 기운을 적막한 세계에 합하게 하여 사물의 자연스러운 성향에 따라 사심을 개입시키지 않는다.'할 때의 자연은 내가 느끼고 반응하여 적용해나가는, 즉 인간이라는 유기체가 경험하는 만물의 총체로서의 자연이다. '常自然', '順物自然', '游心於淡', '無容私', '不益生'등 것들은 바로『莊子』에서 보여준 자연이다.

郭象은「大宗師」편에 대한 주석에서 '天, 自然之爲也.'라고 하면서『莊子』에 나타나는 天은 거의 대부분 자연으로 바꾸어 주석했다고 하였다. 그래서『莊子』에 무수히 나타나는 天의 개념이 자연을 가리키고 莊子철학의

---

29. 『莊子』「德充符」"是非吾所谓情也,吾所谓无情者，言人之不以好恶内伤其身，常因自然而不益生也."

30. 『莊子』「應帝王」"汝游心於淡，合气於漠，順物自然而無容私焉，而天下治焉."

주요 개념인 소요(逍遙)와 생명력 역시자연이라는 말의 의미를 인간이라는 유기체의 차원에서 되새겨본 표현이라고 할 수 있다(박소정, 2007).

> 자연이 운행하는 이치를 알고 사람이 해야 할 바를 아는 사람은 지극한 존재이다. 자연이 운행하는 이치를 아는 사람은 자연의 道를 따라 살고, 사람이 해야 할 바를 아는 사람은 자기의 지식으로 알고 있는 것을 가지고 자기의 지식으로 알지 못하는 것을 길러서 천수를 다 마쳐 중도에 요철하지 않으니 이런 사람은 知가 성대한 사람이다.[31]

여기서 天이 바로 자연이라는 것이다. 莊子는 자연의 영역에 속하는 것과 인간의 영역에 속하는 것이 있음을 전제하고 이 양자를 분명히 구분할 것을 강조하고 있으며, 뒷부분에서 자연과 인간이 서로 대립적임을 시사한다. '자연의 작용'이란 인간의 삶과 죽음이나 춘하추동 등 사계의 운행과 같은 자연적 필연성을 가리킨다. 현실적으로 인간의 모든 유위(有爲)·작위(作爲)적 행위는 비자연적 혹은 반(反)자연적인 것이며, 그것들이 자연을 파괴한다는 의미에서 그는 인간과 자연을 대립적으로 파악한다. 즉 자연과 인간 사이의 모순을 '천도(天道)-무위(無爲)'와 '인도(人道)-인위(人爲)'에서 포괄한다. 따라서 그는 인간적인 유위로 자연적인 무위를 파괴하지 말라고 경고한다. 다음 내용은 그의 생각을 가장 잘 반영한 것이다.

> 옛날 바닷새가 노나라 국도의 교외에 날아와 머물러 있었는데 노나라 제후는 맞이하여 묘당에서 酒宴을 베풀고, 九韶를 연주하여 음악으로 삼고, 太牢의 음식을 갖추어서 요리상을 차렸는데, 새는 마침내 눈이 어찔어찔해지고

---

31. 『莊子』「大宗師」"知天之所爲，知人之所爲者，至矣. 知天之所爲者，天而生也. 知人之所爲者, 以其知之所知, 以養其知之所不知, 終其天年而不中道夭者, 是知之盛也."

> 두려워하고 슬퍼하여 감히 한 점의 고기도 먹지 못하고 감히 한 잔의 술도 마시지 못하다가 사흘 만에 죽고 말았다.[32]

莊子는 이러한 우언(寓言)을 통해 인간이 자연을 훼멸시키는 폭력적 사례를 '새의 봉양'에 비유하여 설명하고 있다. 이는 인간중심적 세계관을 통해 자연을 대하는 방식이 노나라 제후가 바닷새를 대하는 방식과 다를 바가 없음을 의미한다. 자연사물은 각자 자신의 존재원리에 의지하여 살아가기 때문에 인간의 주관적 생각으로 이를 재단해서는 안 된다는 뜻이다. 인간의 방식으로 새를 기르는 것이 불가능하기 때문이다. 따라서 새를 기르는 방법은 인위이며, 이는 자연을 훼손시켜서는 안 되고 고의적으로 생명을 손상시켜서도 안 된다는 것을 의미한다. 인간은 자연적 본성을 지키면서 자연의 원칙을 따라야 한다는 것이다. 그럼에도 인간은 자신의 방식으로 자연을 대상화함으로써 자연의 질서와 생태계를 파괴하고 있다.

지금까지 살펴본 자연의 의미를 되새겨보면, 도가가 말하는 자연은 '스스로 그러하다'는 뜻으로서 만물의 근원지인 道의 양상을 말하며, 이는 자존자재(自存自在)하는 사물의 본래 상태를 형용한 것이다. 그러나 자연은 궁극적 존재의 무주재성(無主宰性)을 의미할 뿐만 아니라, 다른 것에 의지하지 않는 자기 그대로의 활동이며 인위적 행위가 제거된 자연상태를 의미한다. 인간은 자연상태에 이르도록 하고, 만물이 자생자화(自生自化)하도록 하면서 자연의 질서에 순응해야 한다. 즉 인위를 버리고 스스로 그러한 자연의 이치에 맡길 때 일을 이룰 수 있다는 것으로서 이것이 인간의 참모습이다. 도가사상에서 이러한 과도한 인위에 대한 부정이 바로 무위이다.

---

32. 『莊子』「至樂」"昔者海鸟止於鲁郊，鲁侯御而觞之於庙，奏九韶以为乐，具太牢以为膳. 鸟乃眩视忧悲, 不敢食一脔，不敢饮一杯，三日而死."

2) 無爲

老子는 道를 따르고 지키는 것을 德이라고 하였다. 따라서 德은 道처럼 '무위(無爲)'여야만 한다. 무위는 道의 개념과 더불어 老子사상의 정초를 이루는 개념이다. 그가 말하는 무위란 아무 것도 행하지 않음이 아니라 거짓되고 가식된 일체의 행위로부터 벗어나는 행위를 말한다.

老子가 무위를 파악한 동기는 그 당시 정치적 상황과 연관이 있다. 유의(有爲)란 원래 통치자에 대해서 일침을 가하기 위한 것이며, 통치자가 자기 욕구를 충족시키기 위해서 마음대로 강제행위를 한다는 의미이다. 당시 老子가 목도한 유위에 의한 정치적 피해는 너무도 컸음을 알 수 있다. 통치자가 사욕을 위하여 백성을 억압함이 극에 달하면 그 억압이 오히려 반작용을 일으키기 때문이다.

老子가『道德經』을 저술한 최대의 동기와 목적은 무위사상을 발휘하고자 함에 있으며, 나아가 老子의 무위사상에서 기인된 것이라고 볼 수 있다. 무위는『道德經』전편에 두루 나온다는 측면에서 老子는 무위를 강조하고 있음을 알 수 있다.

> 聖人은 다음과 같이 말한다. 내가 無爲하면 백성들은 저절로 교화되고, 내가 고요함을 좋아하면 백성들은 저절로 올바르게 되며, 내가 일거리를 만들지 않으면 백성들은 저절로 부유해지고, 내가 無慾하면 백성들은 저절로 質朴해진다.[33]

성인이 무위하면 백성들이 자연히 화육(化育)되고, 성인이 고요함을 좋아하면 백성들이 자연히 올바르게 되고, 성인이 일을 한다고 떠들썩거리지 않으면 백성들은 자연히 풍족하게 되고, 성인이 아무런 욕심이 없으면 백

33. 『道德經』57章 "聖人云, 我無爲而民自化, 我好靜而民自正, 我無事而民自富, 我無慾而民自樸."

성들이 자연히 순박(淳朴)하게 된다는 뜻이다. 여기에서 밝혀진 호정(好靜), 무사(無事), 무욕(無慾)은 바로 무위사상의 실질적 내용을 나타내는 것이다.

호정(好靜)은 통치자의 소란스런 행동에 대하여 일침을 가한 것이고, 무사(無事)는 통치자의 번거로운 법령과 가혹한 정치에 대하여 일침을 가한 것이며, 무욕(無慾)은 통치자의 사사로운 의욕(意慾) 발산에 대하여 비판한 것이라고 볼 수 있다. 만약 통치자가 '무위이치(無爲而治)'를 한다면 백성들 스스로 화육하게 되고, 자기발전과 자기완성을 이루어 모두 평안하고 부유하게 되어 사회와 인간은 안정과 조화를 이루게 된다는 것이다.

> 道는 항상 無爲하지만 이루어지지 않음이 없다. 통치자가 만일 이치를 지킬 수 있다면 만물은 저절로 교화될 것이다.[34]

이는 백성들이 성인에 의해 변화되는 것이 아니라, '저절로' 혹은 '자발적으로' 변화됨을 의미한다. 여기서의 무위는 '저절로 그러함에 따르다'란 뜻이다. 老子의 목적은 '無不爲'에 있으며, 무위는 '無不爲'를 실현하기 위한 수단 내지 방법이다. '無爲而無不爲'는 무위의 태도로 세상사를 처리하면 사회가 안정되지 않음이 없다는 의미와 상통하는 것이다. 그러한 면에서 老子는 결코 인간의 노력을 반대하는 것이 아니라, 자의(恣意)적인 유위와 인위를 제거해야 한다는 사상의 소유자이다.

위의 논의에 의하면, 老子는 자신의 무위사상을 처세(處世)적 차원으로까지 확대시켜 自然無爲라고 하였고, 莊子는 老子의 무위사상을 계승하면서도 현실을 초월한 절대무위의 차원으로 승화시킨 소요(逍遙)무위라고 할 수 있다.

---

34. 『道德經』 37章 "道常無爲以無不爲, 侯王若能守之, 萬物將自化."

> 道는 情과 信은 있지만 無爲無形하다.[35]

> 無爲로 행하는 것을 天이라 일컫고 無爲로 말하는 것을 일러 德이라 한다.[36]

> 만물은 각각 속성을 달리하나 道는 그중 어느 하나만 사사로이 사랑하지 않는지라 그 까닭에 道는 이름이 없으며, 이름이 없으므로 無爲하니 하는 일이 없으면서도 안 되는 일이 하나도 없다.[37]

> 하늘은 無爲하는지라 그로써 맑음을 유지하고, 땅은 無爲하는지라 그 때문에 편안하다. 그 때문에 하늘과 땅, 이 둘의 無爲가 서로 합쳐야만 비로소 만물이 모두 생성 변화하여 황홀한 가운데 어디서부터 생성되어 나오는지 알 수 없으며, 황홀한 가운데 모습이 보이지 않는다. 만물이 무성하게 퍼져 나가는 것이 모두 無爲로부터 번식한다. 그 때문에 말하기를, 天地는 無爲함으로써 무슨 일이든 해낸다고 한다. 그런데 사람은 그 누가 無爲할 수 있을 것인가.[38]

'道는 유정(有情) 유신(有身)하여 無爲無形하다.'하고, '무위로써 행위하는 것을 天이라고 한다. 무위로써 말하는 것은 德'이라고 하였다. 또한 '허정(虛靜), 염담(恬淡), 적막(寂寞) 그리고 무위는 천지의 기준이고 德의 극치(極致)이다. 그러므로 제왕과 성인은 그러한 경지에 머문다. 거기에 머물면 텅 비게 되고, 텅 비면 가득 차고, 가득 차면 이치가 생긴다. 텅 비면 고요해지

35. 『莊子』「大宗師」"夫道, 有情有信, 無爲無形."

36. 『莊子』「天地」"無爲爲之之謂天, 無爲言之之謂德."

37. 『莊子』「則陽」"萬物殊理, 道不私, 故無名. 無名故無爲, 無爲而無不爲."

38. 『莊子』「至樂」"天無爲以之淸, 地無爲以之寧, 故兩無爲相合, 萬物皆化. 芒乎忽乎, 而無從出乎! 忽乎芒乎, 而無有象乎! 萬物職職, 皆從無爲殖. 故曰: "天地無爲也而無不爲也, 人也孰能得無爲哉!"

고, 고요해지면 올바로 움직이게 되고, 올바로 움직이면 모든 일이 제대로 되게 된다. 또한 고요하면 무위하고 무위하면 제각기 일을 맡고 그 책임을 지게 된다.'고 하며, 하늘은 무위하여 맑고, 땅은 무위하여 편안하다. 그러므로 이 두 무위가 서로 합하니 만물이 변화한다. 아득하고 아련하여 그 근원이 없는가? 아득하고 아련하여 형체가 없는가? 만물은 번성하게 자라니 모두 무위로부터 번성한 것이다. 그러므로 말하기를 '천지는 무위하면서 無不爲하다. 사람은 누가 능히 무위할 수 있는가?'라고 하였다.

따라서 德의 상태를 회복하는 방법으로 무위가 있다. 여기서 무위란 어떠한 인위도 배제된 채 자연에 순응하여 그 순수성을 계속 유지하는 것을 의미한다. 결국 莊子는 무위를 인간본성을 회복하기 위한 방법으로 삼았다. 이러한 무위를 통해 인간 본성을 회복하여 진정한 자유를 얻게 된다. 진정한 자유는 정신적 자유이며 이는 명리를 초월하고, 옳고 그름에서 벗어나 생과 죽음까지도 초월한 자유이다. 시비(是非)의 분별(分別)과 감정(感情)을 초월하여 자신의 운명(運命)을 인식하고 道에 접근하려는 것이다. 중국의 전국시대와 같은 현실사회의 무정함과 비통함에 대한 인간의 슬프고 극한적인 상황을 초월하여 올바른 인간본연의 모습을 되찾음으로 인해서 자연적인 삶을 구현하려고 하는 것이다.

> 天地自然은 커다란 아름다움을 지니고 있으면서도 그것을 말로 표현하지 않으며, 사계절은 밝은 법칙을 가지고 있으면서도 따지지 아니하며, 만물은 이루어 진 이치를 가지고 있으면서도 말하지 않는다. 성인은 天地의 아름다움에 근원하여 만물의 이치에 통달한 사람이다. 이 때문에 至人은 無爲하고 大聖은 작위하지 않는다 하니 天地自然을 살펴보았음을 말한 것이다.[39]

---

39. 『莊子』「知北遊」"天地有大美而不言, 四時有明法而不議, 萬物有成理而不說. 聖人者, 原天地之美而達萬物之理, 是故至人無爲, 大聖不作, 觀於天地之谓也."

지인(至人)은 무위하고 대성인은 작위(作爲)가 없으며 천지(天地)를 달관한다는 뜻이다. 여기서는 천지의 올바른 모습이란 자연에 드러난 '대미(大美)', '명법(明法)', '성리(性理)'의 모습이며, 이러한 자연의 모습을 이해하고 통달한 사람은 오직 지인과 성인뿐이라고 말한다. 왜냐하면 그들만이 '무위'하며, '작위'가 없기 때문이라는 것이다. 다시 말하면 무위하고 작위가 없어야 천지의 모습을 올바로 볼 수 있기 때문이다. 주지하다시피 무위는 인위에 대비되는 개념으로서 글자 그대로 '아무것도 하지 않는다.'는 뜻이 아니라, 인간사회의 인위적인 가치판단, 즉 법, 규범, 제도 등에 의하지 않고 언제나 균형과 조화의 질서를 유지하고 있는 자연의 섭리에 일치한다는 뜻이다(한흥섭, 1999). 즉 무위란 가식이 없고 소박하면서도 형평을 유지하여 어느 한군데로 치우치지 않게 하는 것이다. 따라서 이러한 행위가 가능하게 되는 것은 자기중심적인 협애한 욕망이나 지식에서 비롯된 모든 선입견이 해소된 상태를 의미하며, 바로 그런 상태에 이른 사람을 성인이나 지인이라고 한다.

따라서 莊子가 이성적으로 생각한 인간의 본질적 특성은 내적으로 무위의 정신상태로서, 자기를 주장하지 않고 외면적인 자연의 운동변화나 현상에 대해 순응하고 현실세계의 인위적인 가치관에서 해방되어 정신적으로 무한히 자유로운 것을 의미한다. 특히 현실사회의 획일적이고 고착화된 가치관에서 벗어나 어떤 선입관이나 고정관념에 얽매이지 않고 세상을 새로운 눈으로 바라보는 자유정신이 있어야 진정으로 인간과 상통한다고 할 수 있는 것이다. 결론적으로 老子의 무위는 '자연무위(自然無爲)'라 할 수 있고, 莊子는 '소요무위(逍遙無爲)'라고 할 수 있다.

氣

氣는 고대 동양철학의 핵심으로서 동양의 역사, 종교, 문화에 끼친 영향이 실로 지대하다. 그것이 잘 계승·발전되었더라면 오늘날의 역사와 문명은 많이 달라졌을 것이다. 氣란 세상의 모든 현상이나 보이지 않는 세계를 이루는 근본인자인 동시에, 사물이 각자의 고요한 형상과 성질대로 이루어지고 변화되어 가도록 하는 근본적인 힘이다. 그 힘에는 만물이 생성되어 소멸되기까지, 생명활동의 근본적인 법칙 자체가 포함되어 있는 까닭에, 氣는 생명의 정보를 가졌다고 한다(이명수, 강대봉, 문성록, 2003). 물론 중국사상에 있어 氣라는 개념을 도가사상만의 전유물(專有物)이라고 할 수는 없지만, 氣를 음양(陰陽)개념을 통하여 우주생성론을 말하는 최초의 철학자가 바로 老子다.

> 氣를 집중시켜 몸을 부드럽게 하기를 영아처럼 할 수 있는가?[40]

> 만물은 陰을 진 채 陽을 품고 있는데, 두 氣가 서로 만나 조화를 이룬 것이다.[41]

> 生을 이롭게 하려고 덧붙이는 것을 괴이하다 하고 마음이기를 부리는 것을 굳세다고 한다. 사물은 기세등등하면 바로 늙어 가는데 그것은 道를 따르는 모습이 아니기 때문이다. 道를 따르지 않으면 일찍 끝나 버린다.[42]

위의 인용문을 통해보면, 老子는 '陰'과 '陽'이라는 두 범주로 우주만물을 인식하였고, 이 세계는 음기(陰氣)와 양기(陽氣)로 이루어졌다고 본다. 음기와 양기가 조화롭게 얽혀있는 가운데 자체의 운동을 행한다. 이러한 음기와 양기가 올바로 조화되었을 때, 인간생명체의 원기는 균형을 이루어

---

40. 『道德經』10章 "專氣致柔, 能嬰兒乎?"
41. 『道德經』42章 "萬物負陰而抱陽, 沖氣以爲和."
42. 『道德經』55章 "益生日祥，心使气日强. 物壮则老，谓之不道，不道早已."

사람을 포함한 만물은 자신의 본성에 따라 자연적으로 생성된다.

莊子의 저서에서 나타나는 道의 연원은 老子로 거슬러 올라갈 수 있다. 老子에게 있어서 道는 개체가 도달할 수 있는 최고경계이자 숨어서 모든 것을 드러내는 자연의 원리이다. 莊子는 老子의 道와 자연에 대한 이러한 생각을 받아들인 것이라고 할 수 있다. 老子에게 道는 만물을 생성하는 자연의 원리이며, 그 과정은 '道生一, 一生二 , 二生三 , 三生万物'로 표현된다. 그러나 道와 만물은 생성과 기원의 관계, 혹은 미분화된 상태와 분화된 것의 관계는 차등의 관계가 아니다. 老子는 '있는 것도 같고 없는 것도 같은'道의 속성을 '황홀(恍惚)'이라고 표현했는데, 이 황홀한 道는 종종 '하나'로도 표현되며 이 하나의 의미는 미분화된 道가 낳은 하나의 氣를 의미한다.

莊子에게 만물은 자연의 道가 낳은 하나의 氣가 생성해 낸 세계의 사태들이다. 莊子의「知北遊」편에는 '하나의 氣'의 개념을 중심으로 기화론(氣化論)적 측면을 구체적으로 드러내고 있다. 氣를 통한 '化'의 양상을 말하는 莊子의 관점을 살펴보도록 하자.

> 사람의 삶은 氣가 모인 것이니 모이면 태어나고 흩어지면 죽게 되어 만약 삶과 죽음이 같은 무리임을 안다면 내 또 무엇을 근심하겠는가. 무릇 만물은 매한가지인데 자기가 아름답다고 여기는 것을 신기하다 하고 자기가 싫어하는 것은 냄새나고 썩었다고 하지만 냄새나고 썩은 것이 다시 신기한 것으로 바뀌고 신기한 것이 다시 냄새나고 썩은 것으로 바뀐다. 그 때문에 천지는 한 가지 氣로서 통달되는 것이라고 말하는 것이다. 그러므로 성인은 그 때문에 하나를 중시한다.[43]

---

43. 『莊子』「知北遊」"人之生, 氣之聚也; 聚則爲生, 散则爲死. 若死生爲徒, 吾又何患! 故萬物一也, 是其所美者爲神奇, 其所惡者爲臭腐; 臭腐復化为神奇, 神奇复化为臭腐. 故曰 '通天下一气耳', 圣人故贵一."

우리가 삶과 죽음으로 여기는 것은 따로 실체가 있는 것이 아니라 氣의 형태, 즉 모이고 흩어지는 것에 따라 생겨난 양태의 차이일 뿐이다. 만물은 하나의 氣가 따로 모여 이루어졌다가 다시 흩어지는 것의 반복을 통해 생성된다. 그러므로 莊子에게 존재하는 것은 生과 死가 아니라 하나의 氣이다. 하나의 氣가 만물이 되어갈 때, 취산(聚散)의 양상이 드러나는데 이것은 바로 음양의 상태이다. 음양개념은 음기와 양기의 두 가지 실체적 양상의 복합체를 의미하는 것이 아니라, 하나의 氣가 변화할 때"연속적인 변이운동을 포착하기 위한 상대적 개념(김경희, 2006: 145)"이며 독립적으로 존재하는 두 실체가 아니다.

그러므로 음양개념은 음기와 양기로 나뉘어서 각각의 본질을 규정할 수 있는 개념이 아니라고 할 수 있다. 莊子는 하나의 氣의 변화를 음양개념으로 보는 것 외에 육기(六氣)로도 포착하고 있는데 '육기'를 음과 양을 포함한 바람(風), 비(雨), 어둠(晦), 밝음(明)으로 보고 있다. 이상적 인간상인 지인, 성인을 묘사하는 '육기의 변화를 몬다.'는 구절은 자연현상과 생사의 변화를 氣의 조화로움으로 바라보는 莊子의 관점을 잘 보여준다고 할 수 있다.

氣의 여러 양태, '음양'혹은 '육기'는 모두 어떤 가치기준에 의해서 차등할 수 있는 성질의 것이 아니다. 그러므로 여기에서 양기가 음기보다, 혹은 음기가 양기보다 가치 있다는 평가는 성립하지 않는다. 밝음과 어둠의 관계 역시 마찬가지다. 차등 없는 하나의 氣가 낳은(생성) 만물 역시 그 기준이 氣의 조화와 부조화일 뿐 차등관계가 될 수 없다. 氣가 조화된 만물 안에 道는 편재해 있다. 道의 '스스로 그러한'생성 안에서 모든 사물은 서로에게 위기와 기회가 되어 가면서 변화한다. 이렇게 사물들이 교차하며 상호 전환하는 생성을 莊子는 '물화(物化)'라고 한다.

「齊物論」편에 나타나는 莊子의 가장 유명한 우화(寓話) 중 하나인 '장주의 나비꿈 우화'는 사물들의 상호 전환의 무차별성을 꿈이라는 변화의 매개를 통해 드러내고 있다.

> 옛날에 莊周가 꿈에 나비가 되었다. 펄럭펄럭 경쾌하게 잘도 날아다니는 나비였는데 스스로 유쾌하고 뜻에 만족스러웠는지라 자기가 莊周인 것을 알지 못했다. 얼마 있다가 화들짝하고 꿈에서 깨어 보니 갑자기 莊周가 되어 있었다. 알지 못하겠다. 莊周의 꿈에 나비가 된 것인지, 나비가 꿈에 莊周가 된 것인지 알 수 없었다. 세속의 입장에서 보면 莊周와 나비는 분명한 구별이 있으니 이처럼 莊周가 나비가 되고 나비가 莊周가 되는 것, 이것을 물화(物化)라고 한다.[44]

여기서 주의할 점은 사물들의 氣가 조화되고 차등 없는 道와 하나가 되는 소통을 이룬다고 해서, 莊周와 나비가 같다는 것을 의미하지 않는다는 것이다. 莊子에게 개체의 독립성은 현실적이다. '내가 너다'라는 것이 '나'와 '너'라는 개체가 같다는 것을 의미하지 않는 것은 분명하다. 개개의 모든 사물들과 현상들은 다른 사물들이나 현상들로부터 구별되는 특징들을 가지며, 그 특징들에 의해 바로 그 사물로서, 그 현상으로서 규정된다는 것이다. 따라서 이러한 구분에 대한 관심은 '어떠한 구분도 한정하지 않고 변화 한다'는데 중점을 두고 있다.

개체는 道에서 생겨나서 다양한 사물들의 세계를 이루다가 소멸해서 다시 하나의 氣라는 상태로 복귀한다. 莊子의 氣化論은 道(道: 一氣)에서 상호 작용력인 정신으로, 구체화된 형체로, 개별만물로, 다시 道로 순환하는 구조를 이룬다. 요컨대, 일기(一氣), 음양의 氣, 육기(六氣)는 모두 氣의 여러 양태를 설명한 것인데 여기에서 氣가 이러저러한 양태를 나타낸다는 것은 氣가 조화를 이루는 방식에서 최소한의 요소를 보여주는 것이지, 실재로서의 의미를 지니는 것이 아니다. 一氣는 氣의 무정형적 통합의 상태

---

44. 『莊子』「齊物論」"昔者莊周夢爲胡蝶, 栩栩然胡蝶也, 自喩適志與! 不知周也. 俄然覺, 則蘧蘧然周也. 不知周之夢爲胡蝶與 , 胡蝶之夢爲周與? 周與胡蝶 , 則必有分矣. 此之謂物化."

를 설명하는 것이며, 음양과 六氣가 조화로울 때 자발적으로 운동 변화하는 성질이 있다. 세계의 변화양상은 氣의 취산, 즉 氣가 모이고 흩어지는 양태인데, 이러한 양상의 조화로운 것이 자연의 道이며, 氣의 조화에 복귀하는 것이 인간생명의 본성이다.

생명체가 氣를 싣는 형체를 가지고 있다고 할 때 생명체 안에서 氣의 조화로운 작용은 생명체의 호흡(呼吸)으로 나타난다. 호흡은 개체가 전일(全一)한 몸을 바탕으로 생명활동을 하고 있다는 것을 드러내는 중요한 행위이다. 정신과 몸은 전일한 몸이 氣의 양상들을 조화롭게 하는 데에서 양생의 능력을 가지게 되는데, 이것은 생명개체가 호흡을 얼마나 조화롭게 운용하는가에 달려있는 것이다. 道를 체득함에 있어서 생성이 이루어질 때 몸은 생명의 담지자가 된다. 생명개체에게 氣의 작용은 '숨 쉬고 있음'으로 나타난다. 숨을 쉬고 있다는 것은 개체가 생명이라는 본성을 보존하고 있다는 표시가 되고, 이때 氣의 조화는 생명의 힘을 생성해 내는 동시에 생명을 유지시키는 힘이기도 한다.

氣의 조화는 개체를 생성에 참여하게 하고 변화의 자연을 받아들이게 한다. 그러므로 숨 쉬고 있음의 작용이 끝나더라도, 생성 자체는 끊임없이 또 다른 생성을 불러일으킨다. 이러한 氣의 조화 안에서 육기(六氣)의 조화는 일기(一氣)의 생명 안에서 큰 소통을 체험하게 한다. 氣의 운동변화의 조화를 통해 체험은 직접적인 깨달음이 되며, 氣의 조화를 통해서 인식적 이해 그 이상의 앎과 대통(大通)이 이루어진다. 氣는 개체와 道를 직접적으로 연결하는 공통적 바탕에서 존재하기 때문에 氣를 키우는 방법은 도화(道化), 덕화(德化)라고 한다(박원재, 2004). 왜냐하면 莊子는 化를 天, 즉 道의 본질로 삼고 있다. 그리고 이 化가 천지자연의 본질이라고 할 때, 이러한 천지자연의 道로부터 분화된 德도 化라 할 수 있고, 德은 인간의 생명 속에 구체화된 정신이므로 당연히 化라는 해석이다.

'무엇을 일러 德이 밖으로 드러나지 않는다고 합니까?' 仲尼가 말했다. '평평한 것으로는 정지하고 있는 물이 가장 성대합니다. 그것이 기준이 될 수 있으니, 안에서 잘 보전되고, 밖으로 波動하지 않기 때문입니다. 德이란 완전한 평정을 닦은 것입니다. 德이 밖으로 드러나지 않는 사람은 다른 사람들이 떠날 수 없습니다(안병주, 전호근, 2001: 235).'[45]

이 구절에서 莊子는 孔子와의 가상 대화를 통해 德化에 대해 설명하고 있다. 이는 외형에 동요하지 않는 조화의 태도를 강조하여 안에서 잘 보전되고, 밖으로 동요하지 않는다는 내재된 道와의 조화는 氣의 대통을 바탕으로 하는 것으로서 이것이 바로 德化라는 것이다. 德化를 실현하는 방법으로는 무기(無己), 망아(忘我), 상아(喪我), 좌망(坐忘), 심재(心齋) 등이 있다.

이상 氣와 더불어 莊子의 '기화(氣化)'에 대해 살펴보았다. 세계의 모든 현상들이 '聚와 散'을 반복하는 것은 바로 氣운동의 결과이다. 그러므로 莊子에게 있어서 세계는 氣의 취산(모이고 흩어지는)이라는 하나의 운동방식으로부터 연출되는 결과이다. 이러한 점에서 莊子의 기화론은 만물의 생명은 모두 가지런하고 동일하게 만드는 원리라고 추론할 수 있다. 氣의 취산과정은 인간의 의지로는 전이시킬 수 없다. 또한 일체 모든 것이 氣의 취산과정에 의해 자연스럽게 변화하므로 생사득실(生死得失)도 없다. 만물은 氣의 변화에 의해 생성되는 것이므로 인간을 비롯한 만물의 생명은 자연법칙에 따라야 한다는 순천(順天)의 근거가 되고, 도화(道化)와 덕화(德化)를 통하여 이러한 점을 깨닫는다면 정신은 만물의 변화 위로 초월하여 자유를 얻게 된다.

45. 『莊子』「德充符」"何謂德不形? 曰 : 平者 , 水停之盛也. 其可以爲法也, 內保之而外不蕩也. 德者, 成和之脩也. 德不形者, 物不能離也."

逍遙遊

『莊子』에서 소요유(逍遙遊)는 소요(逍遙)와 유(遊)로 각각 따로 쓰인다. 소요는『莊子』에서 36차례, 遊는 100차례 이상 높은 빈도로 사용되었다. 실제로 莊子는 소요와 遊를 긴밀하게 연결시키고 있으며, 遊는 소요의 遊이며, 소요는 遊의 소요이다. 遊는 늘 소요를 함축하고 있는데, 오직 遊의 과정 중에서만 소요를 얻을 수 있다. 소요유에 대한 해석은 매우 많기 때문에 역대학자들이 소요유에 대한 분석도 다양하다.

> 그 아래에서 유유자적하면서 낮잠이라도 자는 것이 좋지 않겠는가.[46]

> 無爲하는 일에 소요하다.[47]
> 소요의 언덕에서 노닐다.[48]

> 아무 것도 일삼지 않는 일에 소요한다고 한다.[49]

郭慶藩은 소요유를 『莊子』의 제일 앞에 둔 것은 道를 터득한 선비라면 지덕(至德)이 명민하고 또한 하는 것이 모두 적절하여 사물을 만나서 소요하기 때문이라고 했다. 그는 소요를 통해 사물과 어울리게 된다고 주장하였다. 陳鼓應은 소요유의 주지(主旨)는 개인이 공리, 명예, 이익, 봉록, 권력, 세력, 신분, 지위 등의 속박을 철저하게 파괴하고, 정신활동은 여유가

46. 『莊子』「逍遙遊」"逍遙乎寢臥其下."
47. 『莊子』「大宗師」"逍遙乎無為之業."
48. 『莊子』「達生」 "逍遙乎無事之業."
49. 『莊子』「達生」 "逍遙乎無事之業."

있고 자유로우며, 얽매이지도 엮이지도 않는 경지에 이르는 것이다. 莊子가 주장하는 소요에 대한 해석은 다양하나, 근본적인 내용은 하나로 모이게 된다. 왜냐하면 소요에는 모두 자유자재(自由自在)라고 하는 의미를 내포하고 있기 때문이다(신정근, 강효석, 김선창 역, 2013, 재인용).

소요유는 유희의 遊를 포함하고 있다. 遊의 字를 보면, 許愼의『說文解字』에 '游'자와 통용되고 있다. 즉"游 , 旌旗之流也…… , 古文游字"(湯可敬, 2004 : 923)라고 하여 '깃 폭이 바람에 펄럭이듯이 자유롭다'는 뜻이다.『廣雅』釋詁三에서는"遊, 戱也"라고 하였다(권덕주 역, 2000). 이는 곧 유희(遊戱)의 遊라는 의미이다.

「秋水」편에 莊子와 惠子가 호수의 징검다리 위에서 나눈 대화를 살펴보자.

> 莊子가 惠子와 함께 호수의 돌다리 위에서 노닐고 있었는데 莊子가 말했다."피라미가 나와서 한가로이 놀고 있으니 이것이 바로 물고기의 즐거움이일세"惠子가 말했다. "자네는 물고기가 아닌데 어떻게 물고기의 즐거움을 알 수 있겠는가?"莊子 :"자네는 내가 아닌데 어떻게 내가 물고기의 즐거움을 알지 못하는지 알 수 있겠는가?"惠子 : "내가 자네가 아니기 때문에 참으로 자네를 알지 못하거니와, 그것처럼 자네도 당연히 물고기가 아닌지라 자네가 물고기의 즐거움을 알지 못하는 것이 틀림없네."莊子 : "다시 처음으로 돌아가 보세. 자네가 나를 보고 '자네가 어떻게 물고기의 즐거움을 알겠느냐'고 말한 것은, 이미 내가 그것을 알고 있음을 알고서 나에게 물어온 것일세. 나는 그것을 호숫가에서 알았지.[50]

50.『莊子』「秋水」"莊子與惠子遊於濠梁之上. 莊子曰, "鯈魚出遊從容, 是魚之樂也." 惠子曰, "子非魚, 安知魚之樂?" 莊子曰, "子非我 安知我不知魚之樂?" 惠子曰, "我非子, 固不知子矣. 子固非魚也, 子之不知魚之樂, 全矣." 莊子曰, "請循其本. 子曰 '汝安知魚樂', 云者, 旣已知吾知之而問我, 我知之濠上也."

위의 내용은 莊子와 惠子가 한가하게 거닐면서 나눈 이야기로서 이 대화에는 遊의 전제조건이 내재되어 있다. 물고기의 즐거움을 莊子는 이해하고 있는 반면, 惠子는 이해할 수 없는데 그 이유는 무엇일까? 상식적으로 莊子도 물고기의 즐거움을 알 수가 없다. 현실적으로 사람과 물고기는 서로 감정을 교류할 수 없기 때문이다. 莊子가 물고기의 즐거움을 안 까닭에는 전제조건이 있다. 그것은 바로 遊이다. 遊의 과정 중에 莊子의 심경은 이미 현실의 속박을 벗어나 순수한 자연의 상태로 들어선 것이다. 이때 莊子의 심경이 마치 물고기가 물속에서 노는 것과 같아서 사람과 물고기는 이미 같은 환경 속에 처해 있는 것이 된다. 그러한 면에서 사람이 물고기와 서로 소통할 수 있다는 것이다. 인간과 물고기가 자연과 소통할 수 있음은 심신일체(心身一體)의 몸이기 때문이다.

莊子는 물고기의 즐거움을 알 수 있었기 때문에 지락(至樂)과 천락(天樂)의 심미 경계를 체험할 수 있다고 하였다. 정신의 해방과 자유가 절정에 이르면 遊의 즐거움 속에서 인간의 몸은 물속의 물고기처럼 자유롭고 한가롭게 노닐 수 있는 상태가 되어 유쾌하고 편안하게 스스로 만족할 수 있게 되는 것이다. 즉 인간의 몸과 정신이 완전한 자유에 이르고, 최고의 아름다움을 체험하게 되면 '逍遙遊'하여 '遊'를 통해 현실에서 깨닫지 못한 쾌락을 얻고, 몸과 정신이 '즐거움'의 상태에 도달하게 된다. 소요유에는 정신과 몸의 상태를 표현하고 있는데, 이는 몸의 '유락(遊樂)'과 몸의 '유희(遊戲)'이다.

莊子의 소요유는 속박성과 목적성, 그리고 공리성의 추구를 배제하는 것으로서 시간과 공간, 그리고 현실을 초월한 자유로운 인간의 몸 상태이다. 특히 遊와 逍遙가 서로 연결되어 逍遙遊가 되어 자유라는 주제를 더욱 두드러지게 했으며, 그 안에 유희의 의미를 지니게 되었다. 인간의 몸은 이러한 '逍遙와 遊'의 상태를 진행할 수 있는 매개체가 되며, '유형(遊形)', '유심(遊心)' '유물(遊物)'등이 그 구체적인 표현이다.

나는 만물의 근원에서 유심한다.[51]

堅白論이나 同異論 따위에 유심한다.[52]

그대가 담담한 곳에 유심하고, 氣를 적막한 곳에 부합시켜서, 物의 자연을 따라 사사로운 욕심을 용납하지 아니하면 천하는 다스려질 것이다.[53]

사물의 자연스러움을 타고 마음을 자유롭게 노닐게 해서 어쩔 수 없음에 맡겨서 마음속의 본성을 기른다.[54]

이 같은 사람은 또한 이목(耳目) 등의 감각기관이 마땅하다고 여기는 것을 초월하여, 마음을 德의 융화 속에서 노닐게 한다.[55]

위의 구절에는 莊子의 逍遙遊의 遊가 정신의 자유로운 노닐기라는 것을 잘 설명하고 있다. 정신의 자유로운 노닐기는 莊子의 말로 '유심(遊心)'이고, 遊心은 사람의 형체 안에서 노닐 수도, 사람의 형체 밖에서 노닐 수도 있다. 또 외부의 물질세계를 정신의 깊은 곳으로 내화(內化)시킬 수도, 내부의 정신세계를 사회로 외화(外化)시킬 수도 있다. 즉 세계는 정신이 그 안에 자유롭게 드나드는 것에 의해 소요의 경계로 바뀌게 된다.

遊는 정신과 道의 일치이고 주체와 객체의 융합이며 사람과 자연의 소

51. 『莊子』「田子方」"吾游心於物之初."
52. 『莊子』「駢拇」"游心於堅伯同異之間."
53. 『莊子』「應帝王」"汝游心於淡, 合氣於漠, 順物自然而無容私焉, 而天下治矣."
54. 『莊子』「人間世」"且夫乘物以游心，託不得以養中，至矣."
55. 『莊子』「德充符」"夫若然者，且不知耳目之所宜，而游心於乎德之和."

통이다. 이 때문에 遊心은 사람의 생명리듬 중에 심층심리와 잠재의식의 활동을 집중적으로 표현하고 있는데, 이는 자유정신의 최고표현이다. 바로 소요유가 심령의 遊이기 때문에 목적이 없고 아득하게 한계도 없고 제약도 없이 무궁하게 노닐 수 있다. 또한 정신이 특별히 가진 적극성과 능동성으로 객관현실에 대한 초월을 실현할 수 있다. 바로 이러한 특징에 의해 유희의 과정은 속박으로부터 벗어난 오락성을 내재하고 있으며, 莊子의 소요유도 이러한 유희의 특징을 갖추고 있다.

莊子의 道는 최고로 아름다우며 우주에서 가장 기묘한 경계로 어떤 것도 억지로 하지 않지만 제대로 되지 않는 것이 없는 영원한 존재이다. 사람들이 만약 이런 최고의 아름다움을 이해하려고 한다면 '道를 체득하고' '道를 이해하여'신성한 道의 경지 속으로 들어서야 하고, 순수한 자유의 영혼으로 '道'의 위대한 변화와 유행을 깨닫고, '道'의 신기한 힘을 체험하여 '천지와 정신적으로 서로 소통하는 것'을 실현해야만 한다. 이것이 바로 유심이고 소요유라는 정신의 자유로운 노닐기이다.

소요유가 정신의 遊이자 개체에 내재된 정신의 운동이기 때문에, 그것은 현실의 遊가 아니라 허무의 遊로 규정되었다. 우화를 통해서 莊子의 정신자유에 대한 상상이라는 것을 알 수 있다. 이러한 莊子의 상상은 아주 기발하고 탁월하며 화려하여 어디에 비할 데가 없고 아름다우며 자유와 해방의 느낌으로 가득 차 있어서 예술상상이나 심미상상의 특징과 비슷하다. 이 때문에 상상을 특징으로 하는 소요유는 자연스럽게 예술과 심미로 통하게 된다.

莊子는 道란 곧 자연의 道이므로 이로부터 '道를 체득하고' '道를 이해하는'소요유가 되려면 반드시 자연의 '遊'처럼 노닐어야 한다고 했다. 老子와 莊子는 자연이라고 하는데 사실 모두 자유의 의미를 담고 있다. 莊子는 老子와 마찬가지로 자연이라는 것을 인위와 상대되는 무위를 언급하고 있다. 따라서 자연의 경계가 곧 무위의 경계이며, 무위는 '사물을 저절로 그러함에 따라가는 것', 즉 소요유의 공허한 마음이다. 자연무위는 道

의 근본적 특징이며 자유정신의 근본적인 특징이다. 자연과 사람이 한 몸으로 융합되고 아무런 장애 없이 원활하게 소통하여 無도 자연에 따라 그렇게 될 뿐 어떠한 의지나 목적이 끼어들 수 없다. 이것이 바로 소요유라는 절대적인 자유의 자연경계이다.

莊子는 道의 본성이 무위이므로 인생도 마땅히 무위를 이루어야 한다고 생각하였다. 道의 체득에서 말하면 무위의 합목적성과 심미는 일치한다. 인격의 자기완전과 인생가치의 실현은 심미과정이다. 道의 체득, 道의 깨달음, 道의 통달을 통해 생명의 곤경과 현실에 대한 초월을 실현하는데, 그 과정의 실질은 심미적 초월이다. 이 초월을 통해 사람의 정신을 승화시킬 수 있고 사람의 인성을 해방시킬 수 있는데, 이는 莊子미학의 인생의미를 제대로 구현한 것이다.

이러한 점에서 莊子는 현실초월이 아닌 현실에 살면서 진정으로 만족하고 즐거워하며 편안해 할 수 있는 것이 무엇인가에 대해 보다 근원적인 질문을 던지고 있다. 이에 莊子는 세속을 떠난 형은(形隱)적 은사보다는 세속에 살면서 세속의 외물로부터 자유로운 심은(心隱)적 은사를 말한다. 그 심은적 은사의 삶은 소요정신을 기본으로 하면서 道의 체득을 통한 양신(養神), 양심(養心), 존생(存生), 장생(長生) 등을 꾀한다. 나아가 소요유를 통하여 지미지락(至美至樂)을 얻고, 유세(遊世)하는 지인(至人)의 자유로운 삶을 살고자 하는 삶의 문화라고 할 수 있다.

3. 도가사상에 근거한 신체관

스포츠는 신체를 매개로 하는 활동이기에 도가사상을 통한 신체관을 제시할 필요가 있을 것이다. 도가사상의 신체관으로는 생명유지 신체관, 자연무위적 신체관, 기화론적 신체관이 있다. 생명유지 신체관은 道를 중심으로 하고 있는데, 스포츠를 통해 움직이고 살아있는 몸은 그 움직임뿐만 아니라 지각, 감성, 지성 등 다양한 요소들에까지 작용한다. 결국 몸이 생명 그 자체라는 것이다. 자연무위적 신체관은 무위(無爲)를 중심으로 하고 있는데, 자연의 근거로서 제시하는 몸의 실천방법이 바로 무위이며, 만물을 생장시키는 근본적인 원리로서의 무위자연은 본연의 몸을 지키는 삶의 태도이다. 기화론적 신체관은 氣를 중심으로 하고 있으며, 氣는 인간의 생명력과 창조력의 근원이 되는 것이다. 이러한 氣는 몸의 조화와 소통의 매개체로서 몸과 만물의 친화관계를 형성하게 된다. 이처럼 도가사상의 3가지 신체관을 통해 스포츠를 하기 위한 몸을 구성하고 준비할 필요가 있을 것이다.

스포츠가 몸을 매개로 이루어지는 것이라면, 몸이 무엇인지에 대한 의미를 규정하는 것이 올바른 순서일 것이다. 몸의 의미는 신체관을 규정하고 스포츠에서 심신관계를 이해하는 선결조건이기 때문이다. 몸에 대한 인식은 고대 그리스의 Platon을 필두로 근대의 Descartes에 이르기까지 심신이원론적 사고를 기반으로 해서 인간을 이해해 왔다. 그들은 신에 의존하는 유한적 실체로서의 정신과 몸의 이원론을 수립하였으나, 근대에 들어 물질과 정신을 나누어 생각하지 않는 관점이 신과학운동을 하는 과학자들을 중심으로 제기되었다.

동양에 있어서의 몸은 정신과 함께 인간의 궁극적인 목적을 이루고자 하는 일원론적인 관점으로 주장되어 왔다(유승종, 2001). 인간의 몸과 정신이 전혀 관계가 없다면, 몸의 수련을 통한 궁극적인 목적달성은 이루어질 수 없는 것이다. 따라서 동양에서의 心과 身의 관계는 정신수련과 몸의 단련이 불가분의 관계에 있음을 전제하고 있다. 고동영(1995: 22)은 "동양의 한자

문화권에서 身과 體는 '몸'이란 뜻으로 사용된다. 그러나 그 이면에 내포된 뜻은 차이가 있다. 몸이란 육체와 정신이 한데 어우러진 유기체라면,

體는 가시적이고 생리적인 몸이며, 身은 신분이나 인격 등이 포함된 몸을 말한다."고 하였다. 다시 말해 體가 그릇이라면, 身은 그릇과 그릇에 담겨져 있는 정신적인 무형(無形)의 가치까지도 포함한다고 할 수 있다. 이와 관련하여 여인성(2001: 7~8)은 김용옥의 글을 인용하여 '몸'을 설명하고 있다.

> 인간의 모든 진리는 인간의 몸이라는 생물학적 조건 속에 구현되어 있다는 점을 氣철학의 제일원리로 표방한다. 이는 서양의 전통적인 카르테시안적 이원론에 대한 반론으로서 '자신의 몸 발견'을 氣철학의 핵심사상으로 삼고 있음을 나타내는 것이다. 즉 사람의 몸은 사유하는 실체와 분리된 몸이 아니라 심신의 통일체인 것이다. 그리고 그러한 몸은 일종의 氣의 집합으로 정의할 수 있다.

또한 이진수(1999: 12)는 우리의 몸은 서양의 몸에 대한 담론과는 다르다고 하면서 "한국어의 몸은 숨(호흡)의 주체가 되는 그러면서도 숨과 하나가 된 몸이다. 숨을 호흡이나 생리학적 현상으로 보는 서양식 사고법으로서는 감히 상상도 못하는 그런 몸이다."라고 역설하면서 "동양의 몸은 경험을 바탕으로 하여 논리적으로 쉽게 추종할 계통적인 신념이 아니라 삶 속에 그대로 녹아 있는 것이다."라고 하였다.

몸의 활동을 중심으로 이루어지는 스포츠에 있어서 몸에 대한 본질적 규명은 스포츠의 방향성이나 質을 결정하는 중요한 요소이다. 따라서 그동안 스포츠에는 몸을 좀 더 포괄적으로, 그리고 스포츠가 지속적인 성장의 길잡이가 될 수 있기를 희망하면서 발전해 온 것이 사실이다. 그럼에도 불구하고 아직 체육학 내의 몸에 대한 정의나 그 목표점이 모호한 것은 체육학이 많은 영역으로부터 도출되는 결과들을 포괄할 만한 통합적인 메카니즘의 부재 때문에 정통적인 학문으로서의 자리 잡음이 늦어지는 이유에서일 것이다. 또한 문제민(2004: 3)은 "체육은 몸의 활동으로 이루어지는 단순한 구조가 아니라 모든 것을 담고 있으며, 몸에 관련되는 지식, 정보, 기억, 성격 등 인간의 근본적인 성향과 관련이 있다. 결국 몸

안에서 이루어지는 모든 것의 바탕이 되는 궁극적인 '體'와 이러한 성향의 발현결과로 나타나는 표현적인 '體'의 이중구조로 이루어져 있음을 이해해야만 한다."고 하였다. 동양사상을 통한 본연적인 몸으로의 회귀가 절실하다고 볼 수 있다.

동양에서는 儒·佛·道 사상을 통해 몸에 대한 담론들이 이루어져 왔다. 도가사상은 유가나 불가에 비해 몸에 대한 담론의 사례들을 많이 찾아볼 수 있지만, 연구결과물들을 보면 사실 깊이 있게 스포츠적인 접근이 이루어진 것은 아니다(김이수, 2008). 다만 서양의 이성적인 몸의 주장을 수용한 결과로써 나타나고 있는 인간성상실, 생명경시 등의 문제들에 대한 하나의 대안을 도가사상에서 찾을 수 있다는 것이다(이학준, 2012). 따라서 이 장에서는 위에서 논의된 도가사상의 핵심인 道, 자연과 無爲, 氣의 개념 등을 바탕으로 도가사상에 근거한 신체관에 대해 살펴보고자 한다.

생명유지 신체관 : 道

도가의 道에 대한 해석으로서 인간 몸의 행위, 특히 스포츠행위를 철학적으로 해석할 수 있다. 스포츠활동은 몸의 움직임을 통하여 이루어지고 몸은 다양한 운동기술을 습득하는 과정을 겪는다. 道의 본질이기에 몸 또한 몸의 본질이 자기초월을 통해 새로운 몸의 의미를 창조해 가는 길을 모색할 수 있다. 道는 사람의 감각으로서는 인지할 수 없는 형이상학적 실체로서 천지(天地) 이전에 생성되어 우주만물을 창조하였다. 道는 형상을 초월한 실체로서 우주생성의 기능을 갖추고 있고, 道는 사람이 살면서 道를 지키고 몸을 수련할 때 마땅히 준수해야 하는 법칙이다.

그렇다면 도가사상에서 몸의 의미는 무엇인가? 우선 도가사상에 있어 몸의 의미를 규명해 보면, 일반적으로 고전(古典)에서 身과 體는 따로 쓴 것이었다. 老子는 身에 대해"名과 身, 어느 것이 가까운가? 身과 貨, 어느 것이 소중한가?"[56] 라고 물었다. 즉 명예와 몸을 비교할 때 과연 어느 것이 우리에게 더욱 친숙하고 절실한 것인가를 물었다. 이는 물질이나 명예보다 몸이 인간에게 있어 무엇보다 존귀하다는 것을 지칭하는 것이라고 볼 수 있다. 몸은 분명히 사회나 세상에 살아있는 인간의 몸, 생명체를 포함한다. 身은 살아있는 생명체이기 때문에 身이 없는 생명은 참 생명이 아니고, 물질이나 명예보다 생명의 존재가 더 중요한데, 身이 없는 실체는 무엇도 할 수 없기 때문이다. 따라서 身은 단순한 몸일 뿐만 아니라 생명의 의미를 내포하는 정신이기도 한다.

도가가 말한 身에 대한 박원재(1996)의 견해는 의미가 있다. 身은 일차적으로 몸을 가리키는 형체와 동일한 의미영역을 가진다. 身은 몸 혹은 몸으로부터 비롯되는 감각욕망의 주체라는 성격을 지닌다. 身의 전체적인 의미는 그보다 정신과 몸을 포괄하는 생명의 전 영역에 그대로 대응된다고 보는 것이 더 올바른 이해다. 이는 자아가 身이며, 자아에 내재된 다양한 요소들은 身이 표출하고 있는 요소들과 상응한다는 것이다. 따라서 이는 도가의 몸에 대한 인식이 정신·신체적 통일체로서의 자아인 몸을 항상 운동하는 과정적 존재로 여긴다는 의미이다.

인간은 몸을 지니고 있는 한 몸에 부여된 생명과 관계하며 살아가는 존재이다. 인간의 삶은 바로 생명을 유지하는 지속적인 과정이다. 그것은 정신·신체적인 몸을 적극적으로 다스리는 자발적인 행위이며, 자발적인 행위에 근거한 몸은 우주 속에서 변화한다. 우주의 변화과정은 道의 운동과정이며 道가 바로 운동의 법칙이다. 따라서 몸의 운동과 변화과정은 道에 따라가고 또한 道의 법칙에 근거한다. 다시 말하면, 인간 몸의 모든 행동은 생명을 전제조건으로 수행되며 道에 내재한 이법에 따른다.

---

56. 『道德經』44章"名與身孰親，身與貨孰多？"

도가사상에 의하면, 道는 천지우주보다 먼저 생성된 것이다. 몸은 하나의 소우주로서 대우주인 천지세계의 축소판이기 때문에 자연적인 상태로 존재하는 몸은 만물과 함께 감통(感通)하며, 천지간에서 인간과 우주는 상부상조하며 공존한다. 여기서 천지는 그 자체보다 인간사회와 사회질서를 해명해 주는 관념으로 더욱 중요하다. 인간사회나 천지가 道를 따라 행하는 것은 바로 '도법자연(道法自然)'이라는 규칙에 의해서이다. 이는 자연적 질서를 인간 자신의 삶의 가치와 원천으로 적극적으로 활용해야 하기 때문이다.

莊子는 道는 객관적인 사물 안에 각각 존재하면서도 독특한 사물의 본성은 전체적으로 자연적 질서를 이루고 있다고 보았다. 그러한 면에서 김상래(2001)는 만물이 다양하게 서로 차이가 있으면서 동시에 서로 하나로 연결되어 있는 자연법칙에 근거해 있다고 하였다. 즉 莊子에 의하면 모든 만물에 존재하는 자연스러운 본성은 道의 세계이며 이 세계에 있는 모든 사물은 절대적으로 평등한 것이다. 그리고 모든 사물들은 절대적으로 자유롭고 행복한 생명력을 지니게 된다. 그리하여 莊子는 스스로 행복하고 자유로운 삶을 살아갈 수 있도록 우리들에게 道를 전해주고 있다. 莊子의 道에는 여러 가지 의미가 있다. 그 중에 몇몇 의미가 우리 몸과 관련이 있다.

> 형체를 길러 보전하기 위해서는 반드시 물질을 먼저 마련하지 않을 수 없지만 물질이 넉넉함에도 형체가 길러지지 않는 경우가 있다. 생명을 보전하기 위해서는 반드시 형체를 먼저 유지하지 않으면 안 되지만 형체는 유지하고 있으면서도 목숨을 잃는 경우가 있다.[57]

莊子의 위 진술은 생명을 유지하려면 반드시 형체를 떠나지 않도록 해

57. 『莊子』「達生」"養形必先之以物, 物有餘而形不養者有之矣. 有生必先無離形, 形不離而生亡者有之矣."

야 하는데 형체를 떠나지 않아도 생명이 사라지는 경우가 있다는 의미이다. 이는 물질의 영향이 지나치면 비록 사람의 목숨이 붙어 있고 형체가 움직인다고 하더라도 정신의 참다움은 사라지며, 소박함은 흩어지게 된다는 것이다. 따라서 인간은 단순히 '形을 기르는 것'만으로 생명을 지킬 수 없으므로 물질적 영향의 한도에 유의하여 '지족(知足)', '지지(知止)', '포박(抱朴)', '수진(守眞)', 즉 물질추구에 대한 과도한 욕심을 버리고 스스로 만족하며 실제적인 삶 속에서 천성을 지키고 순박한 생활을 해야 한다.

또한 莊子는 인간 삶의 향상은 생명, 몸, 정신의 조화와 통합을 목표로 하여 적절한 수신(修身)을 실천함으로써 가능하게 된다고 하였다. 생명과 형체, 형체와 정신의 통일을 강조하면서 形과 정신의 수양을 동시에 중시한 것이다. 莊子는 수신의 방법으로서 양기(養氣), 양형(養形), 양심(養心)의 이론을 제시하였다. 莊子는 전체적인 생명활동은 양형(養形)과 양신(養神)을 함께 해야 하고, 이상적인 삶은 정신과 몸이 한쪽으로 치우치지 않고 균형을 이루어야 한다고 인식한 것이다.

> 무릇 밝은 것은 어두운 것에서 생기고 형체가 있는 것은 형체가 없는 것에서 생긴다. 정신은 道에서 생기고 형체는 본래 정기(精氣)에서 생긴다. 만물은 형체를 갖추고 생성한다.[58]

형체가 있어 볼 수 있는 것은 감지할 수 없는 '무형(無形)'에서 생겨나고 精과 神은道에서 생겨난다. 형체는 이러한 精에 生하게 되어 만물은 바로 그 形이라는 본체에 상생(相生)한다. 이렇게 보면 道는 분명히 개념적인 것이 아니고, 형체를 구성하는 기본적인 특성이라고 해석할 수 있다. 만물

58. 『莊子』「知北遊」"夫昭昭生於冥冥, 有伦生於無形, 精神生於道 , 形本生於精 , 而萬物以形相生."

은 이 기본적인 특성을 먼저 구비해야 유형적(有形的)인 어떤 것으로 형성될 수 있다. 유형적인 것에는 모두 그 자신의 기원이 있으며 이는 道에 따라 서로 상생한다. 그래서 만물의 모든 활동은 道를 벗어나지 못한다.

이러한 원리에 기반하여 몸에 관해 설명하면, 모든 몸의 활동은 각자에게 갖추어져 있는 특성에 따라 형성하고 발전한다. 이것이 바로 道이다. 그리고 인간의 몸은 그 자체의 본성에 따라 드러나고 행동하며 그 자체의 원인에 따라 형성한다. 이러한 道의 특징은 다음과 같이 설명된다.

> 하늘의 道는 끊임없이 운행하여 한때라도 정체(停滯)하는 법이 없다. 그래서 만물이 이루어진다. 제왕의 道는 끊임없이 운행하여 한때라도 정체하는 법이 없다. 천하가 모두 귀복(歸復)한다. 성인의 道는 끊임없이 운행하여 한때라도 정체하는 법이 없다. 그래서 사람들이 모두 복종한다. 천도(天道)를 분명히 알며 성인의 道에 정통하며 나아가 제왕의 德을 여섯 가지 방향과 네 가지 차례대로 속속들이 알고 있는 사람은 그 자신의 행위가 그저 고요할 따름이다.[59]

위에서 말하는 道는 자연법칙을 가리킨다. 자연의 법칙에 밝고 성인의 道에 통달하고 제왕의 德에 통달하는 것에서 가장 중요한 것은 바로 자위(自爲), 즉 '저절로 되어 가는'것이다. 莊子는 '천도(天道)'에 대한 해석을 통해 道의 운행을 묘사했지만 사실은 만물의 자발성을 밝히려고 하였다. 道는 만물의 운동변화의 법칙을 가리키고, 만물의 변화를 자명(自明), 자통(自通), 자덕(自德), 자위(自爲), 자생(自生) 등의 특징을 통하여 강조하고 있다. 이는 '유정유신(有情有信), 무위무형(無爲無形)'에 해당하는 道와 서로 통한다. 道가 만물을 생겨나게 하고 길러내지만 道와 만물의 관계는 주종관계나

59. 『莊子』「天道」 "天道运而無所積，故萬物成帝道運而無所積，故天下歸. 圣道運而無所積，故海內服. 明於天，通於聖，六通四辟於帝王之德者，其自爲也, 昧然無不静者矣."

창조주와 피조물의 관계가 아니라, 서로 명령하거나 간섭할 수 없는 대등한 관계이며 평등하고 동일한 관계이다. 만물이나 인간의 몸, 그리고 모든 생명은 본래 스스로 생장하는 것이기 때문이다.

세상의 어떤 것도 생명과 바꿀 수는 없다. 인간의 생명은 道로부터 받은 가장 소중한 것이다. 그 자체에는 '귀천' '군자', '소인'의 구별이 없다. 도가에서는 차별 없는 자연적인 사회에서만 자유로울 수 있고, 타고난 생명을 마음껏 향유할 수 있는 것이다. 그러므로 현대에 와서 몸의 반(反)생명적인 현상들, 즉 마약, 알콜중독, 자살, 성폭력, 가정폭력, 낙태 등은 몸을 죽이고 혹사하거나 생명을 무시하는 반생명적인 모습이다. 생명의 존엄성은 도가사상에서 그 답을 찾을 수 있다.

따라서 생명유지 신체관의 입장에서 보면, 인간의 생명은 道로부터 생겨나고 만물 속에 내재한 道의 조화원칙에 따라 유지된다. 즉 생명을 유지하는 과정에서 만물에게 주어진 생명과 몸의 관계는 자명한 것이다. 이처럼 살아있는 몸의 운동·변화는 도법(道法)에 따라야 하며, 평등, 무욕, 자연, 자유 등은 바로 그 도법의 특징에 속하면서 추구해야 한다. 또한 생명을 지닌 인간의 몸은 운동과정을 통하여 道의 생명력을 표현할 수 있다. 몸을 함양한다고 해서 생명을 벗어날 수는 없다. 하나하나의 생명이 지닌 몸은 자기만의 목적을 자신 안에 지니고 있으며, 또한 그 목적 안에는 스스로 운동·변화할 수 있는 '자명', '자통', '자덕', '자위', '자생'의 힘이 숨겨져 있다. 그러므로 스포츠활동을 통해 움직이고 살아있는 몸은 움직임뿐만 아니라 감각적 지각작용과 감성·지성이 함께 작용한다. 이는 바로 몸의 생명 그 자체이다.

자연무위적 신체관: 無爲

道가 만물을 생겨나게 하고 길러내지만 道와 만물의 관계는 주종관계나 창조주와 피조물의 관계가 아니라, 서로 명령하거나 간섭할 수 없는 평등한 관계이다. 왜냐하면 만물의 전개란 '자연'이기 때문이다. 道는 만물의 생성을 목적으로 하고, 생성은 자연에 속한다. 道는 만물을 생성하는 과정과 그 후에도, 그러한 작용이 결코 정지함이 없고 만물 속에 깃들어 만물의 자연적 본성을 형성하는 것이다.

이처럼 도가에서는 몸을 자연과 서로 상응한다고 보고, 있는 그대로의 자유로움을 추구하며 이를 해치지 않기 위해 道를 닦고, 몸을 바르게 하며, 몸과 정신을 하나로 한다. 그리고 '내가 있음으로 너가 있고, 너가 있음으로 내가 있음의 관계맺음을 중요시'(정은주, 2011)하여 자연의 순리에 맞추어 끊임없이 움직이는 우주는 바로 몸과 일체적이다.

인간의 몸은 세계와는 어떤 관계가 있는가? 우주 속에 있는 몸의 각 부분은 만물들과 연관시켜 하나의 관점에서 바라보면 몸이 곧 자연이다. 자연은 곧 우주이며, 우주는 몸임을 나타내며, 이것을 몸의 자연적 본성으로 보았다. 이렇게 도가에서는 인간의 몸을 우주의 축소판인 소(小)우주로 보고 끊임없이 순환, 소통하여 회복시키고자 하였으며, 몸이 자연과 다르지 않으므로 몸이 곧 자연이며, 자연이 곧 몸인 본성이라고 하였다.

자연은 이치에 맞게 순환하고 소통하므로 자연처럼 몸에도 질서와 이치가 있다. 자연과 몸의 조화가 무너졌을 때 질서는 무너지게 된다. 몸의 자연적 본성을 회복하는 것이 자연의 질서이자 이치이고, 또 몸의 질서이며 이치이다. 따라서 도가사상은 자연의 질서에 순응하고 따름으로써 우주의 궁극적인 가치를 몸으로 구현하려는 이상을 지니고 있다. 이는 '도법자연'에서 그 답을 찾을 수 있다. 도법자연에서의 자연은 일반적으로 사용하는 자연계 의미로서의 자연과는 구별되어야 한다. 도가가 말하는 자연은 바로 자유자재이고 스스로 그러하고, 아무데도 의거하는 바 없는 정신의 독립을 의미한다. 정신이 독립해야 비로소 자연이라고 생각할 수 있기 때문이다. 즉 자연은 독립을 의미하는 정신적인 자유를 의미하며 수행을 통하여 도달하는 최고의 경지이다.

위에서 살펴본 바, 도가의 자연을 중심으로 한 신체관은 몸과 자연은 서로 상응하고 몸을 통해 天과 地, 즉 우주의 자연성을 구현하며, 이를 다시 자연으로 순환시키는 관점을 말하고 있다. 다시 말해 자연적 몸, 신체적 자연에서의 몸을 자연의 일부, 자연 그 자체임을 인정하는 시각으로 보고 있다. 여기에서 자연과 함께 하는 일체의 몸이란 자연의 이치처럼 몸의 생성, 변화, 소멸을 반복하는 순환성 속에서 자연성을 회복하는 것이다. 이처럼 도가에서 말하고 있는 천인일체(天人一體)의 몸은 우리가 지향해야할 몸의 질서라고 할 수 있다.

따라서 도가사상에서는 자연의 질서를 통한 우주의 궁극적 가치를 몸으로 구현하려는 이상을 지니고 있다. 자연의 질서를 따르고 자연을 실현한다는 것은 바로 무위를 실현하는 것이다. 인간은 무위한 자연 속에서 삶을 영위하고 있다. 자연무위를 실현하기 위해서 老子는 우선 무욕(無慾)을 강조한다. 老子는"不慾以靜, 天下將自定."이라고 하였다. 여기서 부욕(不慾)은 '무욕(無慾)'을 의미한다. 인간들이 사욕(私慾)으로 가득 차면 허위의식과 조작을 일으키게 되고, 무한경쟁과 투쟁으로 인해 인간의 삶은 불안과 고통으로 전락하게 됨은 자명한 사실이다.

그렇다면 무위의 실천이란 단순히 아무 것도 '하지 않는'실천인가? 무위에서 '위(爲)'는 특정행위가 아니라 일반적인 행위 그 자체를 가리킨다. 행위를 하지 않음도 일종의 행위일 수 있으니 무위란 절대적인 공무(空無)로서의 무위가 아니다. 무위는 어떤 종류의 행위들이 가지고 있는 특정한 성격을 부정하는 말이며 그 특정한 성격의 제거, 즉 무위를 행위의 원칙으로 삼는다. 몸의 자연성을 회복하기 위해서 무위의 자세를 요구하는 이유도 여기에서 확인할 수 있다. 도가는 자연의 근거로서 제시하는 실천방법이 무위이고, 무위자연은 본연의 몸을 지키는 삶의 태도이다. 또한 무위자연은 道가 만물을 생장시키는 근본원리이기도 하다.

莊子에 따르면 '道는 유정(有情), 유신(有信)하여 無爲無形하다.'道는 자연이고 무위하다. '무위로써 행위한다'는 말에서 무위는 행위의 근절이 아니라 행위의 원칙임을 알 수 있다. 무위를 원칙으로 삼아 행위하여 무위이무불위(無爲而無不爲), 즉 무위하지만 하지 못함이 없다는 말이 가능하다. 道의 작위는 무형이다. 형체가 없다는 것은 존재가 드러나지 않는다는 말이다. 드러난다는 것은 분리된다는 의미이다. 일차의 상태에서는 무엇도 두드러지게 드러나 보일 수 없다. 드러나면 인식될 수 있다. 그리하여 道는 자타(自他)가 분리되지 않고 드러나지 않으며 지각되지도 않는다. 무형이고, 무형이므로 무위라고 한다. 무위는 또 텅 비거나 고요한 작위이며 사사롭지 않은 작위이다. 비어있음이나 고요함이나 사사롭지 않음은 모두 道의 무위가 자아의 유목적성(有目的性)을 버린 행위임을 의미한다. 타자가 없으니 자기가 없는 것은 당연한 일이다. 그래서 道에는 행위라는 말보다 작용이라는 말이 더 적절한 표현이다. 道는 무엇을 하고자 하지 않으며 하지도 않고 다만 스스로 본래 그러할 뿐이다.

도가는 필연적으로 道에 순응하는 소극적인 삶에서 출발하여 절대적인 자유의 경지인 소요(逍遙)하는 인간에 궁극적인 목표를 두고 있다. 소요유(逍遙遊)는 莊子사상에 있어 최고의 이성(理性)이다. 소요란 행동의 자유이다. 방임적이고 구속받음이 없으니 절대자유인 것이다. 그러나 인간의 인위적인 행동과 문화제도와 규범들은 인간본성을 해치고 道로부터 멀어지게 하여 사회가 극도로 혼란해지고 실존하는 인간이 어려운 상황에 처하게 되어 본성을 잃게 한다. 이러한 점을 고려한 莊子는 사회적 계약이나 위험으로부터 벗어나 현실적인 위기상태로부터 구속 없는 이상적인 자유세계를 소요유의 세계로 보았다.

따라서 무위로써 실천하는 몸, 즉 소요유라는 자유의 실현을 위해서 莊子는 사물과 나의 몸을 모두 잊어버림으로써 물아양망(物我兩忘)의 절대적인 정신의 자유, 소요유가 실현된다고 하였다. 물아양망으로부터 벗어난 지혜는 버리고, 모든 갈등과 대립을 넘어선 대도(大道)와 하나가 되는 것이다.

사지백체(四肢百體)를 다 버리고, 이목(耳目)의 감각작용을 물리치고 몸을

> 떠나고 지각작용을 없애서 대통(大通)의 세계와 같아졌을 때, 이것을 좌망(坐忘)이라고 한다.[60]

> 氣라고 하는 것은 마음을 비워서 사물을 기다리는 것이다. 道는 오직 마음을 비우는 곳에 응집된다. 마음을 비우는 것이 마음을 재계(齋戒)하는 것이다.[61]

좌망(坐忘)[62]은 몸을 잊어버리고 귀나 눈의 작용을 없애며 형체를 벗어난 지혜를 버려 모든 갈등과 대립을 넘어선 '대도(大道)'와 하나가 되는 것을 의미한다. 심재(心齋)는 귀로 들은 말에 매이는 것과 정신에 부합하는 것만 듣는 것을 극복하여 허심(虛心)의 氣로 듣는 수련을 한 후, 그 결과를 '자아의 없음', 즉 무아(無我), 망아(忘我)라는 경지에 도달할 수 있는 몸의 실천을 의미한다. 莊子는 인간의 삶을 향상시키기 위해서는 몸, 정신, 생명의 조화와 통합을 목표로 하여 심재, 좌망, 무아, 망아 등의 방법을 통해 참다운 사람, 인간완성의 길에 도달해야 한다고 하였다. 莊子의 심재, 좌망 등의 방법을 스포츠활동에 적용할 경우, 몸의 단련과 함께 정신수양을 실천하는 스포츠가 되어야 한다는 주장이 된다. 왜냐하면 莊子가 말하는 심재, 좌망의 방법은 인간존재의 본질보다 살아 있는 태도가 더 중요한 의미를 갖기 때문이다.

현실적으로 인간은 자신의 의지와 무관하게 끊임없이 타자와 대면해야 한다. 그리하여 스포츠활동도 타자와의 경쟁을 통해 명예, 이익, 승리 등의 결과를 얻으려 할 수밖에 없다. 이러한 경우 인간은 타자와의 부딪

---

60. 『莊子』「大宗師」 "墮肢体, 黜聰明, 離形去知, 同於大道. 此謂坐忘."
61. 『莊子』「人世間」 "氣也者, 虛而待物者也. 唯道集虛, 虛者心齋也."
62. 심재(心齋)·좌망(坐忘): 莊子가 제창한 수양법
    심신일체(心身一體)의 경지에서 마음의 더러움을 씻고 온갖 것을 잊음으로써 허(虛)의 상태에서 道와 일체가 되는 것

치는 관계에서 자연스러움과 자유로움을 찾아야 하는데, 그렇지 못한 제한된 상황은 많은 문제를 야기시킨다. 그러므로 이러한 한계를 극복하기 위해서는 심재와 좌망의 의미에 함유되어 있는 자연과 인간의 합일이라고 하는 대통(大通)원리에 기반 하여 의사소통을 강조하고, 이익과 명예를 추구하는 차원으로부터 벗어난 몸의 활동을 추구해야 한다, 또한 莊子가 언급한 성인, 진인, 달인 지인, 신인의 의미 속에서 몸과 정신의 조화를 바탕으로 스포츠의 참된 의미를 찾는 길을 모색해야 할 것이다.

따라서 자연무위적 신체관의 입장에서 인간의 몸은 자연과 함께 일체(一體)가 되고 자연의 이치와 같이 몸의 생성, 변화의 순환과정에서 자연성을 지니게 된다. 즉 자연적 몸, 몸적 자연이라 함은 몸은 자연의 일부, 자연 그 자체임을 인정하여 몸의 자연성을 회복해야 한다는 의미이다. 그리고 몸의 자연성을 회복하기 위해서는 자연의 질서를 따르는 무위적 원칙을 준수해야 한다. 즉 자연의 근거로서 제시하는 몸의 실천방법이 바로 무위이며, 만물을 생장시키는 근본적인 원리로서의 무위자연은 본연의 몸을 지키는 삶의 태도이다. 이러한 삶은 몸, 정신, 생명을 조화와 통합을 목표로 한 자연스럽고 자유로운 몸의 함양이 된다.

기화론적 신체관: 氣

老子는『道德經』에서 氣를 천지만물의 충기(沖氣), 음양이기(陰陽二氣), 사람의 혈기(血氣), 기력(氣力)으로 보았다. 그리고 莊子는 일기(一氣), 천기(天氣), 지기(地氣), 육기(六氣) 등의 용어에서 알 수 있듯이 氣는 자연이라는 구체적인 대상과 사람의 몸 및 의식의 구체적인 작용과 연결되어 있다고 보았다. 氣는 인간에게만 국한되지 않고 자연의 모든 현상과 사물의 구체적인 작용까지 관련되어 있다는 것이다. 그리하여 천지만물은 모두 氣의 작용으로 생성변화하고, 만물의 본질은 氣로 이루어져 있다. 氣의 작용은 불멸하여 氣가 변하여 만물이 되고, 만물은 다시 氣로 돌아오는 영원한 운동과 순환이 지속된다. 즉 우주만물은 氣의 음양 상호작용으로 인해 운동변화의 원동력을 가지게 되는 것이다.

莊子는 만물이 氣이므로 천지는 일기(一氣)로 통하는 것으로 보았다. 시간과 공간이 氣이고, 또한 시간과 공간 안에서 생성하는 모든 존재가 氣이다. 생멸하는 모든 개체는 천지의 氣를 받아서 이루어진 氣 덩어리들이다(심재권, 2008). 생명체인 인간도 예외가 아니다.

> 천지 사이에 형체를 의탁하고 음양에게 氣를 받은 존재이다.[63]

천기(天氣)는 양기(陽氣)이고 지기(地氣)는 음기(陰氣)이다. 모든 사물은 양기와 음기를 동시에 받아 생성되었다. 이는 모든 생명체는 천지로부터 형체를 얻고 음양으로부터 氣를 받았다는 의미이다. 우주를 뜻하는 천지와 우주를 구성하는 음양은 莊子사상에 있어서 인간의 존재를 철학적으로 바라보는 큰 틀이다.

> 천지라고 하는 것은 형체가 있는 것 가운데 제일 큰 것이고, 음양이라는 것은 氣 가운데서 제일 큰 것이다.[64]

이렇듯 만약 음기와 양기가 어그러진다면 그 개체에 병이 발생할 수 있다. 즉 '음양지기유진(陰陽之氣有診)'은 음양의 氣로 진단할 수 있다. 예를 들어 '氣가 막힌다. 氣가 찬다.'라는 말이 있다. 당연히 잘 되고 잘 이루어져야 할 일이 잘 이루어지지 않았을 때, 혹은 참으로 어이가 없을 때나 황당

---

63. 『莊子』「秋水」 "形於天地而受氣於陰陽."

64. 『莊子』「則陽」 "天地者, 形之大者也, 陰陽者, 氣之大者也."

한 상황의 일을 겪었을 때 이 말을 사용한다. 고대의학에서는 '氣가 통하면 아프지 않고, 氣가 통하지 못하면 아프다'라고 보고 이의 해결을 위해 침을 놓거나 약을 처방하여 氣를 풀어준다고 하는데, 여기에서 그 의미를 찾아볼 수 있다. 동양의학에서 氣는 몸의 경락을 통해서 흐른다고 보는 것이다. 경락은 江과 하천(河川)에 해당하는 것으로서, 강에 인위적으로 둑을 쌓아 막으면 물이 고여 더 이상 흐를 수 없게 되고 그 물은 결국 썩게 될 것이다. 이와 같은 원리에 의해 몸의 경락이 막히면 아플 수밖에 없고, 자연과 서로 소통하는 氣의 통로도 자연히 막히게 되므로 몸의 흐름을 자유롭게 하는 것이 몸을 건강하게 하고 생의(生意)를 지니게 하는 것이다. 즉 생의와 몸의 생명력은 하나의 氣로부터 비롯된 변화들인데 이것이 바로 도가의 기화론(氣化論)이다(이건환 역, 2000).

인간도 호흡을 통해 보이지 않는 '어떤 것'이 드나들며, 끊임없는 운동에 의해 삶을 유지한다. 고대 동양인들은 생명체에 드나드는 생명·에너지로서의 '어떤 것'을 氣라고 하였다. 莊子는「齊物論」편에서 "대지가 숨을 내쉬면 그것을 일러 바람이라고 한다(안병주, 전호근, 2001: 69)."[65] 라고 하였다. 바람에는 그 자체에 정해진 형상이 없다. 모습은 보이지 않지만 구름을 움직이고 비를 부른다. 그야말로 자연계 운행의 원동력이며 나무와 농작물을 자라게 하는 하늘의 에너지다. 이러한 氣의 운반체는 무엇인가? 莊子의「天地」와「至樂」편에서 그 답을 찾을 수 있다.

> 태초에는 無만 있었고 존재하는 것이란 아무 것도 없었으며 이름조차 없었다. 一이 여기서 생겨나 一은 있었으나 아직 형체는 없었다. 이윽고 만물이 이 一을 얻어서 생겨났는데 이것을 德이라 한다. 아직 형체가 정해지지 않은

---

65. 『莊子』「齊物論」"夫大塊噫氣，其名為風."

상태 속에서 구분이 있기는 하지만 그러나 틈바구니는 없는 것, 이것을 命이라고 한다. 움직여서 만물을 낳는데 物이 이루어져 理가 나타나는 것, 이것을 형체라고 한다. 이 형체가 정신을 보유해서 각각 고유한 속성을 가지게 되는데 이것을 性이라고 한다.[66]

氣가 변화하여 형체가 이루어지고 형체가 변하여 생명을 가지게 되었다.[67]

道를 확고하게 잡으면 德이 온전하게 갖추어지고, 德이 온전하게 갖추어지면 몸이 완전히 갖추어지며, 몸이 완전히 갖추어지면 정신이 온전히 갖추어지니, 정신이 완전히 갖추어지는 것이야말로 聖人의 道이다.[68]

이는 생명과 삶의 문제를 形과 氣로써 설명하고 있는 것이다. 우주의 시초에 無가 있었지만, 존재는 없었고 이름조차 없었다. 천지 속에 모든 만물은 하나의 시초로서 無→一→德→命→形→性의 순서로 道에 따라 성립된다는 것이다. 그리하여 형체가 잘 지켜지면 德을 완전하게 실현할 수 있고, 身도 지킬 수 있어 성인이 되는 길이 열린다는 의미이다. 형체보신(形體保神)의 방법을 행하여 형전신전(形全身全)의 성인이 되는 것이다.

사람의 삶은 氣가 모인 것이니 모이면 태어나고 흩어지면 죽게 되는 것이다.[69] 그 삶의 처음을 살펴보았더니 본래 삶이 없었고, 그뿐만 아니라 본래 形體도 없었으며, 형체가 없었을 뿐만 아니라 본래 氣조차 없었다. 황홀한 가운데에

---

66. 『莊子』「天地」"泰初有無, 無有無名, 一之所起, 有一而未形, 物得以生謂之德, 未形者有分且然無間謂之命, 留動而生物, 物成生理謂之形, 形體保身, 各有儀則謂之性."
67. 『莊子』「至樂」"氣變而有形, 形變而有生."
68. 莊子』「天地」"執道者德全, 德全者形全, 形全者身全. 身全者, 聖人之道也."

섞여서 변화하여 氣가 나타나고 氣가 변화하여 형체가 이루어지고 형체가 변하여 삶이 이루어졌다.[70]

氣는 생명의 바탕이며 身의 힘이다. 氣가 모여 뭉치면 우주만물, 인간의 형체, 생명이 생성되고, 氣가 흩어지면 생성된 모든 생명은 소멸하게 된다. 시초에는 본래 생명이란 게 없었다. 생명이 없었을 뿐만 아니라 형체도 없었다. 형체가 없었을 뿐만 아니라 氣도 없었다. 혼돈한 사이에 섞어 있다가 변해서 氣가 되고 氣가 변해서 형체가 있게 되고, 형체가 변해서 생명이 있게 된 것이다. 다시 말해 인간의 형체나 생명은 모두 氣가 변하여 된 것이라고 할 수 있다.

따라서 인간의 존재, 변화, 그리고 소멸은 氣의 취산(聚散)에 의한 과정이다. 심재권(2008)은 몸의 생성과정은 바로 氣의 생성과정이라고 하였다. 氣로 만들어진 몸의 생성이란 몸 행위에 창조적인 운동이 발생함을 의미한다. 氣로 질화(質化)한 것이 바로 몸인 것이다. 氣의 끊임없는 생성과정에 의해 유·무형으로 몸이 우주 속에 존재할 수 있다. 따라서 氣는 인간생명의 근원이 되고, 이는 몸의 움직임과 정신활동을 통해 내재적 생명본질의 표현과정에 참여하게 된다.

心은 神이며, 形·氣와 일체적이다. 莊子에게 있어서 마음, 즉 心은 한 가지 의미만 부여하지 않는다. 心 역시 莊子에게는 실체가 아니기 때문이다(정용선, 2009). "물이 고요하여도 오히려 이처럼 밝고 맑은데 하물며 밝고 정밀하고 신묘한 성인의 心이 고요한 경우이겠는가. 천지를 비추는 거울

69. 『莊子』「知北遊」"人之生, 氣之聚也. 聚則爲生, 散則爲死."

70. 『莊子』「至樂」"察其始而本無生, 非徒無生也而本無形, 非徒無形也而本無氣, 雜乎芒芴之間. 變而有氣, 氣變而有形, 形變而有生."

이며 만물을 비추는 거울이다(안병주, 전호근, 2004: 225)."[71] 이때 心이란 혈육(血肉)이 아닌 精이다. 心으로부터 氣를 조화하여 形에서 精을 생성하게 되는 것이 바로 정신이라고 해석하였다(徐復觀, 2001).

> 자기의 知를 가지고 자기의 마음을 터득하고, 자기의 마음을 가지고 변하지 않는 마음을 터득한 것이다.[72]

이는 지식으로써 心을 터득하고, 心에 근거하여 상심(常心)을 터득한다고 하는 것이다. 心은 知-心-常心의 과정으로서 참된 인식, 즉 '內-外'의 과정을 구체화시켜 주고 있다. 언어적 지평에서 이루어지는 인식을 넘어서는 과정이란 정신으로 전향된 수양과 체험임을 나타내고 있다. 이 과정은 인간의 주관적인 정신으로서의 몸이 형체와 행위의 주재가 되며, 形과 氣를 조화시킬 수 있는 중요한 것이다. 心을 키우려 한다면 양심(養心), 즉 심양(心養)해야 한다. 그중 한 방법이 바로 심재(心齋)이다.

> 귀로 듣지 말고 마음으로 들으며, 또 마음으로 듣지 말고 氣로 들어야 한다. 귀는 감각적인 소리를 듣는 데에 그치고 마음은 지각에서 멈추지만 氣는 마음을 비워서 사물을 기다리는 것이다. 道는 오직 마음을 비우는 곳에 응집된다. 마음을 비우는 것이 마음을 재계(齋戒)하는 것이다.[73]

이는 잡념과 욕망을 배제하는 정신수양의 과정을 의미한다. 심재는 마

---

71. 『莊子』「天道」"水靜犹明, 而況精神, 聖人之心靜乎. 天地之鑒也, 萬物之鏡也."

72. 『莊子』「德充符」"以其知得其心, 以其心得其常心."

73. 『莊子』「人世間」"無聽之以耳而聽之以心. 無聽之以心而聽之以氣. 聽止于耳, 心止于符. 氣也者, 虛而待物者也, 唯道集虛, 虛者心齋也."

음의 재계(齋戒)를 가리킨다. 심재를 통하여 비어있고, 깨끗하고, 고요하고, 순수하고, 얽매임이 없는 심경, 심미화된 심신상태에 도달하게 된다. 빈 마음의 상태에 도달하려면, 외부의 감각기관에 의지해 외물을 관찰할 수 없고, 내부기관에 의지해 외물(外物)을 생각할 수도 없으며, 다만 氣에 의지해 감응할 수 있다. 氣는 생명의 기초이자 천지만물이 지닌 생명력의 표현이기 때문이다. 심재는 氣의 감응과 氣의 배양을 통해서 영혼으로 하여금 선입견을 털어버리게 하고, 物에 정신을 집중시켜 온 마음을 기울여 道를 체득한 경지로 들어가게 한다. 결국 '심재'는 사람의 氣와 자연의 氣가 소통하는 것이다. 道를 체득한 氣는 일종의 '혼돈(混沌)'의 氣다. 이는 몸과 마음에서 나와 외물에 감응하는 것이다.

따라서 도가사상에 의하면, 몸은 氣를 기초로 하여 形과 心을 구성하게 되고, 形과 心은 氣로 구성한다는 점을 고려하면 동질적인 것이 된다. 생명존재로서의 氣는 形과 心을 소통, 조화, 융화할 수 있는 것이다. 氣는 形을 지킬 수 있고, 영혼을 교감시킬 수 있다. 즉 氣는 근본적으로 인간의 자연적 생명과 정신적 생명을 통일시킬 수 있는 핵심이다. 그래서 莊子의 입장에서 보면, 인간 몸의 이원적인 요소로서 形과 心은 기능은 다르지만 대립하는 것이 아니라, 오히려 氣를 통섭하기 때문에 形과 心을 융통하게 하는 것이다. 이에 근거하여 도가의 '形-氣-心'일체삼상(一體三相)의 몸이 구성된다.

도가는 자연계 만물의 생성·변화·소멸도 결국은 氣의 정동(精動)이라고 말한다. 인간의 정신기능을 지배하는 몸의 활동도 氣였다. 우리는 일상 속에서 생명의 궁극적 의미를 깨닫기 위해 몸을 통해 다른 존재와 氣를 교환한다(강신익, 2001). 이는 몸이 흐트러지면 자연도 영향을 받게 되고, 반대로 자연이 변화하면 몸도 변화한다고 보는 것이다. 그러므로 도가에서는 인간의 몸을 자연과 연관시켜 일체(一體)로 보고, 자연의 이치에 따른 몸의 조화와 소통을 강조하였다. 氣가 바로 이러한 몸의 조화와 소통의 매개체가 될 수 있다.

氣는 매개체로서 조화를 그 특징으로 삼는다. 이러한 조화는 氣의 생성과 변화과정에 따라 인간의 몸과 정신의 변화를 모두 포괄한다. 그것은 인간의 신체적 활동이면서, 동시에 정신의 활동으로서 몸과 정신이 일치하여 조화하게 된 결과이다. 그러므로 氣는 인간생명의 본질이 되며 인간 몸에 작용할 수 있다. 즉 道는 몸의 생성이며, 보다 정확하게 말하면, 몸의 생성과정은 바로 氣의 생성과정이라고 할 수 있다. 氣로 만들어진 몸의 생성이란 몸의 행위에 창조적인 운동이 발생한 것을 말한다.

氣의 끊임없는 생성과정에 의한 몸이 우주 속에 존재할 수 있고 존재와 발전을 위해서는 조화를 추구해야 하며, 주체성도 중시하여야 한다. 이러한 추구는 바로 몸과 만물이 친화(親和)를 이루는 관계에서 시작된다. 개별적이고 부정적인 몸의 구속에서 벗어나 자연과 함께 할 수 있으며, 자연, 사회 그리고 정신과의 일체감 및 융합을 이루기 위해서는 조화로운 몸을 가져야 되는 것이다. 이러한 조화의 방법은 도가에서 강조한 도화(道化), 덕화(德化)가 여기에 해당된다.

따라서 기화론적 관점에서 인간의 몸은 氣로 이루어져 있으므로 氣는 인간의 생명력과 창조력의 근원이 된다. 인간의 형체와 心은 모두 氣에서 생성되고 心은 氣로써 조화된 것이다. 그리하여 心은 형체에서 벗어나지 않고 형체는 바로 氣의 운반체가 된다. 이로써 形-氣-心에서 생명을 유지하게 되고 기화(氣化)를 기반으로 도가의 '形-氣-心'일체삼상(一體三相)의 기화적 몸으로 구성된다. 氣의 생성과정은 생명의 바탕이자 몸의 힘이 되고 창조적인 몸 활동을 발생시키는 과정이다. 즉 조화의 특징을 지닌 氣는 몸의 조화와 소통의 매개체로서 몸과 만물의 친화관계를 형성해 간다.

4. 도가사상을 통한 현대 스포츠문화 비판

현대의 스포츠문화는 다양한 문제를 내포하고 있다. 그 중에서도 대표적인 것이 생명의 경시, 물신주의의 만연, 여러 가지 일탈 등이 바로 그것이다. 생명의 경시는 금지약물이나 금지방법의 사용 등 도핑문제로 인한 인간의 도구화 현상이 그 대표적인 예가 될 것이다. 이와 같은 문제는 道로서 해결할 필요가 있다. 물신주의의 만연은 금전적 이익이나 승리의 추구를 위해 승부조작을 하는 등 결과지상주의적 욕망의 발현문제이다. 이러한 문제는 무위(無爲)를 통해 되돌아볼 필요가 있다. 마지막으로 여러 가지 일탈문제의 원인은 바로 학생선수들의 학습권 박탈에서 비롯되었다고도 할 수 있다. 학습권 박탈에서 빗어진 일탈문제는 소요(逍遙)를 통해 해결하고자 하였다.

문화 그 자체는 變과 動의 표현으로서 이 변동은 바로 생활의 진행 곧 진화이다. 그러므로 문화와 진화는 근본적으로 단지 하나일 뿐이어서 시시각각으로 누적되는가 하면 시시각각으로 창조되기도 한다. 과거의 문화흔적은 보존될 수 있지만 과거의 문화정신은 보존될 수 없다. 문화정신은 현대 속으로 영원히 침투되고 영원히 확장되는 것이다(朱謙之, 2002b). 도가사상에 있어서 정치, 인생과 문화에 대한 감성적 인식의 방법과 원리에 관한 탁월한 이론은 다양하여 일상의 삶 전반에 적용되는 원리로 형성되었다. 일상의 삶 전반은 곧 문화에 의해 절대적인 영향을 받는다. 우리의 삶은 문화를 떠나서 살 수 없는 존재로서 문화와의 삶이 곧 일상이다.

문화란 사실 인류의 특수한 사물인 까닭에 단지 인류만이 문화를 보유하고 있다. 그러나 문화는 활동적인 것이지 죽어 있는 것이 아니다. 따라서 일반적으로 학자들이 말할 것처럼 환경에 대응하는 '총괄적인 성과'일 뿐만 아니라, 오히려 영원한 창조와 영원한 진화를 담지한 문화사라 하겠다. 즉 인류생활은 처음부터 문화적인 생활이었고, 인류생활의 표현은 처음부터 문화사적인 표현이었다. 다시 말해 인류라는 틀 속에는 문명민족이든 야만민족이든 모두 자연스럽게 자신의 문화를 가지고 있으며, 다만 문화적 정덕(定德)만 서로 다를 뿐이다(김윤용 역, 1996). 또한 문화는 인류생활의 한 측면만을 표현하는 것이 아니라 인류생활의 다양한 측면을 표현하는 것이다. 종교, 철학, 과학, 예술 등의 영역과 함께 정치생활, 법률생활, 경제생활 및 교육생활 등을 모두 문화영역 안에 귀속시켜 연구를 진행해야 한다(朱謙之, 2002a).

급격한 사회변동의 과정에서 현대인은 보다 건강하고 인간다운 삶을 추구하기 위해 여가시간의 활용에 많은 관심과 노력을 기울이고 있으며, 자신의 건강과 자아실현을 위한 수단으로써 스포츠활동의 중요성을 인식하기 시작하였다. 근대 이후 스포츠는 여러 분야와 마찬가지로 격동과 좌절, 현대화의 과정을 겪으면서 발전해 왔다. 그러나 경제발전과 더불어 다양하게 변모하여 온 스포츠는 현재, 상업화와 직업화가 심화되어 적지 않은 사회문제를 파생시키고 있다. 특히 문화현상과 관련하여 스포츠현실에 많은 문제들이 존재하고 있다.

老子와 莊子는 자연과 문화의 상호 관련성에 주목했던 사상가였다. 더 구체적으로 말하면, 老子와 莊子는 인간이 인위적으로 발달시킨 문화가 자연의 원리를 어떻게 손상시키는가를 밝혀서 자연이 주는 문화를 누리면서도 자연의 원리를 해치지 않는 삶의 원리와 가치를 제시한 사상가라고 할 수 있다. 그리하여 도가사상의 문화적인 차원의 접근이 현대스포츠에 나타나는 문제들을 극복할 수 있는 해결책을 찾는 방안이 될 수 있다. 따라서 이 장에서는 도가사상을 바탕으로 현대스포츠의 문화적인 측면을 비판적으로 검토하고 그에 대한 대응과제를 모색해 보고자 한다.

스포츠문화와 道

1) 생명의 경시

현대의 사회풍조는 그 어느 시기보다 건강과 장수에 대한 열망이 강하다. 그로 인해 의료기술의 발달과 더불어 생명과학에 대한 관심이 증대하게 되었으며, 그 효과에 대해서도 이목이 집중되고 있다. 그럼에도 불구하고 일부에서는 생명에 대한 경시현상이 나타나고 있다. 이는 심각한 사회문제라고 보지 않을 수 없다. 오래 살아보자는 장수에 대한 욕망도 중요하지만 인위적으로 삶을 포기하는 행위에 대해서 더 이상 좌시할 수 없게 된 것이다. 특히 이 문제는 윤리교육계에서 중요하게 다루어야할 요소가 아닐 수 없다.

우리가 중시하는 '인간다운 삶'이란 생명을 유지하고 살아있어야 한다는 조건이 전제된다. 그렇다면 스스로 생명을 경시하거나 남의 생명을 위협하는 등의 문제에 대해서 어떻게 대응해야 할까? 자살과 같은 문제를 개인의 선택으로 치부하거나, 타살이나 폭행을 법적으로만 처리하게 되면 근본적이고 본질적인 문제에 대한 접근은 되지 못한다. 한국은 경제발전 국가로 세계반열에 울라와 있으나, 자살률이 OECD 국가 중 선두를 달리고 있으며, 특히 청년들의 자살률이 높다는 특징이 있다. 2009년도 통계청 자료에 의하면, 한국은 고의적 자해(자살 포함) 15,413건 중 20~24세 연령에 속한 청년이 640명으로서 20.3%를 차지하고 있다. 이는 한국의 생명문화가 낮은 수준에 있다는 것을 단적으로 보여주는 것이다(박종대, 2011, 재인용). 사회가 앞으로도 스스로의 삶을 포기하는 것을 방관한다면, 국가경제나 문화가 발전한들 어떠한 의미를 가질 수 있겠는가? 또한 타살이나 폭력사건이 빈번하다는 점까지 고려했을 때, 생명경시의 실제 상황을 직시하면서 보다 심층적인 인식과 반성이 필요하지 않을까? 이러한 현상의 근원에는 인간의 존엄성을 경시하는 인식이 내재되어 있다.

위와 같은 문제에 대한 해결방안의 하나로 제시되고 있는 스포츠도 몸의 정상적인 발육발달을 핵심적인 내용으로 다루고 있긴 하나, 현대교육에서 강조하고 있는 '중문경무(重文輕武)'의 가치관에 의해 실상은 생명존중의 실천보다는 공리화의 결과와 성과에 치중해 있는 경향이 강하다. 스포츠 자체는 몸의 활동을 통하여 건강과 체력증진, 운동기술의 숙달이라는 목표가 필연적이지만, 현대스포츠는 승리지상주의나 결과중심주의에 의한 건강부재 현상이 생명을 위협하는 상태가 되고 있는 것이다.

생명경시 현상은 실제로 엘리트스포츠 현장에서 두드러지게 나타나고 있다. 오늘날의 운동선수들은 개인적인 욕구성취에 치우쳐 명예 못지않게 금전적인 이익과 물리적인 성과 등의 목표설정이 주류를 이룬다고 볼 수 있다. 이로써 스포츠는 자아실현이라고 하는 욕구충족의 가치와 괴리가 발생하게 되었다. 성취욕구에 치우친 과도한 몸의 단련은 윤리적인 관점에서 보면 일탈이라고 보지 않을 수 없다. 스포츠를 통한 국위선양이라는 명목 아래 시행되고 있는 정치도구화 또한 사회윤리적 관점에서 보면 합당한 조치가 되지 못한다.

'보다 빠르게, 보다 높게, 보다 강하게'라는 근대올림픽 구호는 현대과학기술과 스포츠가 결합하게 되는 계기를 제공하였다. 보다 빠른 속도, 보다 높은 고도, 보다 강한 힘이라고 하는 슬로건 자체에 문제가 있다기보다는 이의 시행과정에서 우수한 경기력을 위한 도핑에 의해 스포츠현장에서 생명경시 현상이 발생하고 있는 것이다. 이는 운동선수의 건강과 생명을 위협할 뿐만 아니라, 스포츠정신에도 위배되는 일탈행위이다. 이의 방지를 위해 세계반도핑기구(WADA, World Anti-Doping Agency) 등에서 많은 조치들을 시행하고 있지만, 아직도 스포츠현장에서의 금지약물 복용은 끊이지 않고 있다. 대규모 스포츠대회가 종료되면 스포츠스타들의 금지약물 파문은 세계적인 이슈가 되고 있는 게 현실이다.

금지약물의 복용은 스포츠에서 나타나는 인간소외 현상과 더불어 대표적인 생명경시 현상이다. WADA에서 지정한 220여 종의 금지약물 및 금지방법들은 경기력 향상이나 기타 부수적인 요소에서 선수들에게 유리한 작용을 하고 있다. 하지만 그러한 방법들을 지속적으로 사용했을 경우 나타나는 부작용은 치명적인데, 가볍게는 두통에서부터 심하게는 사망에 이르기까지 다양한 결과를 초래한다(이승훈, 김동규, 2011). 한국에서는 Mario Encarnacion선수가 금지약물 복용의 후유증으로 2004년 말에 숨진 사건이 있기도 했다.

이상 스포츠에 있어 과도한 훈련으로 인한 피로유발과 금지약물의 복용에 의한 인간의 생명경시 현상을 살펴보았다. 이의 방지를 위해서는 우선 스포츠관계자들이 생명경시 풍조에 대한 인식을 새롭게 하여야 하며, 이와 함께 생명을 위협하는 상황에 대한 법적 대안을 만들어야 한다. 스포츠계의 이러한 문제해결을 위한 대안적 사유로서 도가사상의 음미가 절실한 상황이다.

2) 道로서의 스포츠문화

인간은 생명을 전제로 하여 몸의 활동을 펼친다. 생명을 벗어난 몸은 존재의미가 없는 것이다. 그러한 면에서 스포츠도 생명유기체를 벗어나서는 의미가 없다. 또한 생명유기체는 필연적으로 자연환경에 적응해야만 생존이 가능하다. 즉 환경에서 벗어난 어떤 생명체는 그 생명력을 유지할 수 없는 것이다. 왜냐하면 인간과 인간의 모든 활동은 거대한 자연의 소용돌이 속의 일부일 수밖에 없기 때문이다(조남기, 2009). 그럼에도 불구하고 자연환경 속에 사는 생명체, 즉 인간들이 환경을 황폐화시키고 있다면 생명보존에 대한 문제의 심각성은 더하게 된다. 닫힌 의식의 표징이라 할 수 있는 생명에 대한 무지와 경시 또는 모독은 왜곡된 인식에 기초한 학문적 불구의 산물로서 자연억압과 인간억압을 추동하는 원리로 작용해왔다. 오늘의 인류가 직면한 총체적인 인간실존의 위기는 바로 생명에 대한 부적절한 인식에서 파생된 것이다(최민자, 2010). 이러한 문제들을 극복하는 차원에서 도덕위기 및 생명경시를 염려하는 사람들은 과학보다 윤리적 차원에서 해결점을 찾아야 한다고 주장하고 있다.

일반적으로 도가와 관련된 체육학 연구들은 양생사상이 주류를 이루고 있다. 그러한 면에서, 도가의 양생사상과 스포츠의 근원을 찾는 연구는 도가의 생명에 대한 인식과 깊은 관련이 있다. 왜냐하면 道, 자연, 무위 등과 같은 도가의 기본사유는 인간의 身과 生에 대한 문제로부터 출발한다는 논리에 의해 형성되기 때문이다. '양생(養生)'이란 생명을 양호하게 기르는 것을 의미한다. '生'은 소(牛)의 생명을, '양(養)'은 생명을 보존하고 생명체인 소의 올바른 이용을 의미하고 있다(심재권, 2007). '양'의 문제를 해결하기 위해서는 우선 생명에 대한 의의를 올바르게 인식해야 한다. 따라서 스포츠는 생명이 지닌 본래의 생의(生意)를 근간으로 실행되어야 하는 점이 중요하며, 이를 위해서는 몸의 활동을 매개로 하여 발생할 수 있는 다음과 같은 난제들을 극복할 실천의 계기를 찾는 사명감이 전제되어야 할 것이다.

첫째, 스포츠는 생명중시를 전제로 한다.

생명의 과정이라고 하는 입장에서 보면, 몸의 활동은 시종일관 인간의 지속적인 발전을 추진시키는 기본적인 원동력이다. 생명의 존재가 몸의 활동에 의해 표현되고, 생명의 발달과정에 몸의 활동이 중요한 역할을 하는 것이다. 이와 관련하여 川村英男(1989)는『체육원리』에서 "체육은 가장 우선적으로 인간을 생명존재로 인식해야 하며, 생명이 가진 의의와 존재의 소중함을 이해해야 한다. 이는 곧 생명의 존엄성을 명확히 하는 것으로서 가장 기본적인 문제"라고 주장하였다. 또 楊韻(2011)도 "스포츠의 본질은 몸의 표현에 대한 변화에만 있는 것이 아니라, 참여과정으로부터 축적된 생명에 대한 기억과 경험이다."라고 하였다. 이러한 주장들은 몸의 활동을 매개로 하는 스포츠는 어느 교과나 활동 못지않게 생명존중사상과 깊게 관련되어 있으며, 이를 소중한 것으로 여겨 확대시켜나가야 한다는 것이다.

모든 지식과 학문은 우주의 본질인 생명에 대한 다양한 접근방식에서 나온 것이다. 가시권에서 비가시권에 이르기까지, 극대(極大)로부터 극미(極微)에 이르기까지 생명은 실재하는 까닭에 지구상의 학문분과 가운데 생명과 무관한 것은 없다. 모든 문제는 생명에 관한 문제이며 또한 거기서 파생된 것이다(최민자, 2010). 그러한 면에서 몸의 활동은 인간존재와 함께 하는 일종의 생명활동이고, 이를 주체로 하는 스포츠는 운동기술, 지식, 기능, 심리, 사회감정 등 다양한 요소의 영향에 따라 생명의 유기적 능력을 향상시키며, '동태(動態)'적인 몸의 움직임에 의해 생명의 의의와 가치를 실현시킬 수 있다.

따라서 스포츠와 생명의 관계는 본질적인 것으로서 스포츠는 생명을 유지하는 과정이라는 필요에 의해 생성된 것이며, 생명의 존재와 존속은 몸의 활동에서 벗어날 수 없게 된다. 스포츠는 몸의 활동을 통해 생명의 존재를 인지할 수 있고, 다양한 운동프로그램의 체험을 통해 생명의 존엄성, 자유성, 자발성 등 생명에 대한 윤리적 의식이 강화될 수 있는 것이다. 이러한 관점에서 보면 생명에 대한 교육은 스포츠의 새로운 과제가 될 수 있으며, 여타 학문에 있어 생명에 대한 교육의 미흡한 부분을 보완할 수 있게 된다.

도가사상은 우주의 본체라 할 수 있는 道를 핵심으로 한다. 道란 우주만물의 생성근원임과 동시에 만물의 운동과 변화를 주재하는 요소이다. 도가에서는 道로부터 물질이나 생명이 발원한다고 하였으며, 인간과 모든 인간활동 역시 道에서 출발한 것으로 보고 있다. 이는 스포츠에 있어서도 예외가 될 수 없다. 만물의 근원인 道는 만물에게 본성을 주게 되는데, 그에 따라 만물은 道에 내재된 자연이법에 지배된다. 그러므로 道의 작용에 따라 모든 스포츠의 근원은 道에 의한 것이라 할 수 있으며, 하나의 스포츠 실천원리로 볼 수 있다. 또한 앞에서 논의된 도가의 생명유지 신체관에 의하면, 인간의 생명은 道로부터 생겨나고 만물 속에 내재된 道의 조화원칙에 따라 유지된다고 하였다. 생명을 보존하고 이를 함양하기 위해서는 생명의 발달과정을 인지하는 것이 선행될 필요가 있다. 따라서 스포츠에 있어서도 생명의 존엄에 대한 인식은 반드시 선행되어야 할 과제라 할 수 있다. 특히 과도한 훈육, 도핑으로 인한 스포츠에서의 생명경시 현상에 대해 도가의 생명 중시사상은 적용될 수 있는 요소이다.

老子는 素와 樸을 인간 본래모습의 전형으로 보았다. 본래의 것에 복귀하는 것은 현존의 것을 부정함으로써 시작하려 한 것이다. 老子의 身·生은 사욕(私慾) 그 자체로 볼 때 소박하고 온전하며 아름답다. 각각의 개체

안에 내재되어 있는 고유한 몫을 존중하는 것과 같다. '고유한 몫'이란 각 개체가 지닌 존재의 의미, 삶의 목적을 의미한다. 이와 함께 도가의 생명존중 사상은 개체생명은 물론 상호간의 생명존중을 의미한다. 물질만능주의에 매몰된 인간이 자신의 욕망을 충족시키기 위해 끝없이 도전하며 건강과 생명을 상실하고, 타인의 생명에 대한 배타적인 태도는 자연적 순리를 역행하는 행위가 되는 것이다.

따라서 스포츠는 본연적 생명을 보존하고 발달을 도모하는 행위임을 전제로 해야 한다. 스포츠참여자의 자연적이고 천연의 면모를 유지하고 증대하기 위해서는 인위적이고 과도한 목표설정과 훈육방법을 자제해야 하고 생명을 위협할 수 있는 비윤리적 행위를 방지해야 한다. 인류생명의 성장은 자체의 발달법칙이 있으므로 스포츠는 생명의 특징에 근거하여 생명발달의 원칙을 준수함으로써 생명이 더 완전하고 조화로운 경지에 돌입할 수 있도록 실천해야 할 것이다. 스포츠현장에는 경기수준의 향상을 위해 무리한 방법에 의하여 나타나는 생명경시 현상은 생명의 존엄성을 훼손하는 처사로 보고 운동선수의 자연적 성장의 도모와 한층 멀어지게 되는 조치를 배제시켜야 한다.

물론 과도한 훈육이나 약물복용 등의 행위는 스포츠참여자가 건강을 해칠 수 있고 생명의 위험을 끼칠 수 있다. 왜냐하면 생명력이 없는 몸은 스포츠활동의 대상이 되지 않기 때문이다. 이는 모든 스포츠활동의 최우선적 전제로서 생명체로서의 '體'는 인간을 비롯한 천지만물의 본성을 이루는 원칙이다. 그리하여 스포츠의 제 모습을 구현하기 위해서는 인간생명의 존엄성에서부터 출발하여야 하며, 스포츠의 목표 또한 이를 근간으로 하는 것이 중요하다. 이를 위해서는 생명유기체를 절대 긍정하고 존중해야 한다. 이러한 사상에 입각할 때 스포츠계는 생명의 존재에 대한 인식을 교육내용으로 구성하여 피교육자에게 학습하는 것이 중요하다. 이를 위해서는 생명본체에 대한 인식이 선행되어야 한다.

둘째, 스포츠는 道로서 생명행위의 규범에 따라 실천해야 한다.

우리는 때때로 자기가 의도하는 목적이나 결과, 혹은 주변의 시선을 지나치게 의식하다가 일을 그르치고 만다. 스포츠에 있어서는 더욱 그러하다. 진정한 교육은 교육자의 편협된 신념과 인식으로부터 벗어나야 하고, 교육대상을 위해서는 '나'라는 관념을 버려야 한다. 교육자는 자신의 교육행위에 대한 보상이나 어떠한 평가에도 초연하며, 자아관념까지 비운 후에야 학생들의 생명본연이 보이게 된다(조현규, 2009). 이러한 교육적 태도는 스포츠에서도 동일하게 적용된다. 그리고 道로서의 인간생명의 원칙에 대한 주장은 스포츠가 당면하고 있는 인위적이고 형식적인 상황을 벗어나 참된 교육의 장으로 이끄는 데 중요하다.

도가가 주장하는 道는 만물을 생겨나게 하나 만물의 입장에서는 그 자신의 생명의 원리에 따라 생겨나고 변화하는 것이니 道는 무위한다. 또한 道는 만물을 주재하려 하지 않고 만물이 자생자화 하도록 무위하여 그들의 자연에 따른다. 자연은 궁극적 존재의 무주재성(無主宰性)을 의미할 뿐 아니라, 다른 것에 의지하지 않는 자기 그대로의 활동이다. 이러한 의미에서 결국 도가가 말한 道의 특성은 자연, 무위와 서로 통한다(조현규, 2006). 그리고 '스스로 그러하다'라는 자연은 삶에 있어 진리이자 원리가 될 수 있다. 도가에 의하면 행위 그 자체가 바로 무위이고, 이는 만물의 자생자화한 상태의 지향인 것이다. 도가는 인간의 자연성을 회복하려 했으며, 행동을 소박하고 허정한 것으로 인도하려 하였다. 여기서 말한 '爲'는 자연과 합치하는 이지(理智)행위로서 무위의 긍정적 실천인 위무위(爲無爲)는 소외의 극복이나 자유의 실현을 의미한다. 그러한 면에서, 스포츠현장에 있어서도 도가의 자연무위 사상의 틀을 기반으로 하여 인위적이고 작위적인 훈육방법을 상쇄하고, 자연적인 교수법을 지향하여 운동선수에게 자발적이고 자유로운 단련환경을 위한 道로서 무위자연적 생명활동의 방식이 요망된다.

따라서 스포츠지도자는 운동선수와 스포츠참여자에게 구체적인 교수행동을 실행하기 전의 우선적으로 고려되어야 할 사항은 무위와 자연의 태도라고 할 수 있다. 이러한 태도의 출발점은 道의 원리를 이용하는 것이다. 인간생명 본래의 모습은 '영아(嬰兒)'처럼 천연적이며 자연적이다. 스포츠현장에서 피교육자의 천연적 능력과 모습을 보존하기 위한 개인의 잠재능력과 창조력을 발휘하게 하려면 지도자가 먼저 무위와 자연의 태도를 배워야 한다. 그리하여 도가는 사람의 내적인 본성에 따른 교육을 시켜야만 참사람이 될 수 있다고 여겨 그 방법으로 인간을 무지(無知)하고 무욕(無慾)스럽게 만들어야 한다고 하였다(이순연, 2007). 비현실적이고 과도한 훈련목표의 설정은 결국 목표를 포기할 수밖에 없게 한다. 또 스포츠 지도자들이 자신의 욕망과 이해관계를 내세워 훈련을 기획하게 되면 피교육자의 입장에서 보면 무용(無用)한 것이 된다. 다시 말하면 스포츠는 자연법칙으로서의 척도와 인간법칙으로서의 道사상이 수혈된 교수행위로써 생명행위의 규범을 준수할 수 있게 한다.

셋째, 스포츠는 무궁한 탐구의 과정이며, 道를 습득하기 위한 과정이다.

이진수(2001)는 스포츠의 주체적 인격완성은 道에서 찾을 수 있다고 하였다. 또 이동건(2003)은 한국스포츠의 목적과 방법을 道사상, 즉 道에 體하기의 과정으로부터 찾아내려고 하였다. 이러한 스포츠의 道사상에 대한 연구는 도가의 道사상이 기반이 되고 있다. 도가가 주장한 道의 개념은 조화라고 하는 의미뿐만 아니라, 천지만물과 인간의 존재, 생성, 변화의 근거가 된다. 도가의 생명사상에 따르면, 道는 생명의 창조와 성장, 변화와 순환의 과정을 의미하고, 이는 우주만물의 존재와 운동의 원리라는 개념으로 해석할 수 있다. 만물이 발전하는 법칙을 道라 할 수 있고, 그러한 道는 언제나 '有'를 초월하여 無적 본체를 향한다. '無'가 '有'를 생성한다는 의미이다. 그리하여 道는 무유·유무(無有·有無)의 상호작용이며 순환적이고 끊임없이 무궁한 변화과정이라고 할 수 있다. 道에 의해 모든 만물에 편재한 우주생성의 원리로 해석된다. 이처럼 생명 또한 예외가 될 수 없으며, 만물의 발전과정도 동일하다.

따라서 현대 스포츠문화의 방향을 정립하기 위해서는 도가의 道사상으로부터 시사점을 찾을 수 있다. 스포츠는 사회적 변천과 과학기술의 발전에 따라 제반 내용들이 다양하게 형성되어 왔으므로 영원불변적인 것이 아니라, 시대와 상황에 따라 변화 적용될 수 있는 무궁한 탐구가 전제되어야 한다. 무유·유무적 상호 생성과정으로서 스포츠와 자연, 인간, 그리고 생명의 소통은 조화롭게 전환할 수 있다는 접근이 중요한 것이다. 스포츠의 진보와 전환은 道가 실행규칙으로서 방향을 인도할 수 있다.

한편, 도가는 道에 이르는 과정은 이도체도(以道体道), 즉 체득하는 것이라고 하였다. 이는 體의 과정을 설명한 것으로서 생명본체로서의 자아는 차별이나 구분 혹은 인위적인 바탕에 의거하여 평가된 조건에 의해 관찰되는 것이 아니라, 자아의 내재적인 세계를 깨달을 때 생명본래의 상태로 되돌아 갈 수 있다는 것이다. 그리하여 스포츠는 수단적 가치추구 외에 몸 활동의 체험, 내재적 가치의 추구가 무엇보다 중요한 의미를 지닌다. 스포츠는 체험의 과정을 통해 인간과 생명에 대해 소중한 인식을 갖게 한다는데 큰 의미가 있으므로 몸 활동의 체험은 인간움직임의 생명적 의의를 체험하는 과정인 것이다. 몸 활동의 체험상태는 유한적인 생명체라고 하는 인식으로부터 무한적이고 초월적인 생명체의 경지로 나아갈 수 있는 가치가 주어지게 된다.

현대사회의 문화적 차원에 볼 때 스포츠는 서적이나 TV를 통한 간접경험이 아니라, 인간 자신의 살아 있는 체험을 통하여 체득되고 이해될 수 있는 것이다(신현군, 2007). 그러므로 스포츠는 몸의 활동을 통해 문화와 이데올로기의 속박을 받지 않고 직접적으로 자연을 체험할 기회를 가져야 한다. 그러나 오늘날의 스포츠활동 참여자들은 현대사회의 영향을 받은 간접경험의 이데올로기와 가치관을 무의식적으로 인정하고 있으며, 스포츠활동의 직접적인 체험을 통해 획득되는 본질에 대한 인식을 등한시하고 있다.

과학의 발달로 인해 생명연장과 생명활동의 수준은 향상되고 있으며, 특히 몸의 활동을 통해 얻어지는 경험축적은 중요한 인자가 되고 있다. 이러한 경험의 축적이 바로 생명에 대한 체험으로 이어지게 된다. 몸과 정신의 조화, 인간과 자연의 소통, 그리고 인간과 자연의 일체감을 고양시킴으로써 인간과 자연의 대립·갈등이 해소될 수 있으며, 스포츠는 이러한 체험과정의 근간이 될 수 있다. 생명적 관점에서 스포츠의 실천적 의의는 인간, 자연, 사회, 정신 등의 영역에서 생명의 존재와 의의를 탐색하고 체현하여 이에 활력을 불어 넣도록 하는데 있다. 인류 생명개체의 활동과정에서 어떠한 방식과 과정을 거쳐야만 지속적인 진보와 발전을 실현할 수 있는가 하는 문제가 스포츠의 당면과제이자 인류사회의 추동력인 것이다.

도가의 생명사상은 생명의 존속과 발전에 대한 인위적인 구생(求生), 익생(益生), 후생(厚生), 탐생(貪生)에 반하여, 身·生의 문제를 바탕으로 '귀생(貴生)'과 '중생(重生)'에 대한 인간생명의 존재를 탐색하고 있다. 다시 말해서 자연을 중심으로 형성된 인간생명의 본성을 고찰하고, 생명존중과 보존을 위해 '무위'와 '자연'에 대한 사상을 강조하고 있다. 이에 이 저서에서는 스포츠의 관점에서 道로써 생명의 조화원칙을 주재하는 특징을 분석하려는 시도로서 '생성', '체도(體道)', 그리고 만물이 자생자화 하도록 무위하여 자연에 따른 생명의 근본원리를 구현하고자 하였다. 특히 몸의 활동을 매개로 하는 스포츠는 생명과의 관계가 자명하다. 스포츠는 생명을 유지하는 과정에 의해 생성된 것이며, 생명의 존재와 존속은 몸의 활동을 벗어나서는 논할 수 없게 된다. 이러한 맥락에서 보면, 스포츠계는 생명과 관련된 내용을 강조하고 생명에 대한 교육을 새로운 스포츠교육의 과제로 삼아야 할 것이다.

스포츠문화와 無爲

1) 물신주의의 만연

스포츠의 과학화와 상업화가 진행됨에 따라 페어플레이나 스포츠맨십 등과 같은 선수의 윤리성보다는 개인이나 집단의 이익추구를 위한 수단으로 악용되는 경향이 나타나고 있다. 이처럼 스포츠의 본질을 망각하고 방향을 상실하게 되는 것은 자본주의 영향을 받게 되면서 상업적인 목적에 의해 스포츠세계가 변화되었기 때문이다. Preston과 Szymanski(2003)는 스포츠문화에서 승부조작은 스포츠정신을 위반하는 것으로 엄격하게 금지하고 있으나, 돈을 주고라도 심판을 매수하여 상대팀을 이길 필요가 있을 때 또는 선수나 관계자들이 경기결과에 대해 베팅을 하고 금전적 이익을 얻으려 할 때 발생하고 있다고 지적하고 있다(김영갑, 2012, 재인용).

이러한 승부조작은 금전적 이익이나 승리추구와 같은 인간의 결과지상주의적 욕망과 자본주의 체계가 변화하지 않는 한 근절되기 힘든 문제이다. 스포츠문화에서 발생하는 승부조작은 수단과 방법을 가리지 않고 승리하려는 욕구에 의해서인 것이다. 이는 스포츠의 승리지상주의로부터 만연된 또 다른 폐해로서 엘리트스포츠와 프로스포츠가 존재하는 대부분의 국가에서 나타나는 공통된 현상이다. 승부조작과 같은 부정행위는 물질을 중시하는 현대인의 삶과 불가분의 관계가 있는 것인데, 이는 인간 삶의 가치를 재화충족의 정도로 평가하고, 그로써 인간에 대한 평가가 이루어지는 현대인들의 사고방식을 스포츠에서도 그대로 수용하고 있기 때문이다. 이처럼 스포츠를 통해 인간이 추구하는 가치가 물질적, 결과적인 측점에만 집중되다 보니 근본이 되는 스포츠의 본질적인 가치를 상실하는 원인이 되고 있다.

이러한 현상은 특히 프로 스포츠경기에서 발생하는 경우가 많다. 프로선수는 훈련이나 경기에의 참여가 상대적으로 자유로운 존재로 인식되고 있지만, 그 실태를 보면 선수 개개인에게 주어진 훈련일정과 경기에의 참여는 많은 제한이 따른다. 프로선수들이 자신의 의지에 따라 자유로운 의사결정을 하지 못하는 이유는 그들의 스포츠참여가 부자연스럽다는 데서 찾을 수 있다. 프로선수들은 그들의 가치가 금전으로 평가되기 때문에 구단이나 리그에서 정해진 일정에 구속되고 제한을 받을 수밖에 없는 입장에 직면해 있다. 이러한 프로선수들의 자유롭지 못한 스포츠행위는 스포츠관계자들에 의한 인위조작이나 작위로 인해 스포츠의 자발적인 참여라는 본질에 위배될 수밖에 없다. 결국 프로선수들은 자신을 상품화시킴으로써 스포츠의 이미지를 물질적 가치추구를 위한 도구로 인식하게 만드는 것이다.

이상과 같은 프로스포츠에 있어 승부조작 문제는 운동선수들과 일정한 관계에 의해서만 일어나는 것이 아니다. 원활한 경기진행을 위한 스포츠지도자나 심판이 경기과정에 자신의 역할을 다해야 할 존재임에도 불구하고 물질적 이익추구를 위해 인위적으로 승부결과를 조작하여 비윤리적 심판행위를 발생시키기도 한다. 심판은 운동선수들의 규칙준수행위에 대한 판단을 내리는 존재로서 스포츠현장에서 판정에 많은 영향을 미치므로 심판의 객관적이고 공정한 판정은 스포츠윤리에 있어서 중요한 요인 중의 하나인 것이다. 심판의 불공정한 판정과 오심, 미숙한 경기운영 등의 문제는 스포츠의 발전에 심각한 저해요인이 되며, 선수나 광중들로부터 스포츠에 대한 흥미를 감소시키는 원인이 된다(최관용, 조민선, 2000).

따라서 승부조작, 편파판정 등과 같은 부정행위는 스포츠계의 윤리차원을 넘어 사회윤리 확립의 차원에서도 매우 중요한 사안이라고 할 수 있다. 사실 경기결과는 심판과는 관계가 없는 것으로 규정하고 있는데, 금전적 이익이나 명예, 그리고 지위와 맺은 관계에 의해 사심과 사욕을 탐하고 권력남용을 일삼는 경우가 허다하다. 결국 스포츠는 물질주의로 인해 본래의 가치가 위협당하고 있는데, 스포츠계에서는 이를 비판할 수 있는 장치를 마련해야 한다. 현대스포츠는 물질주의를 배제하면 존재할 수 없는 구조적 특징을 지니고 있어, 스포츠를 통해 실현되어야 할 윤리적인 가치를 더욱 극대화시켜야 할 것이다.

문화는 단순히 주어진 자연의 변형물이 아니라 결핍된 존재로서 인간이 구체적인 역사적 장소에서 자신의 생존조건을 창출하고, 자기 자신과 세계를 규정하기 위해 만들어낸 것의 총체이다(이상엽, 2001). 스포츠와 문화가 결합된 스포츠문화 역시 몸의 활동에 따른 인간행동의 양식으로서 역사적이고 사회적인 총체로 이해된다. 이러한 관점에서 본다면 승부조작을 응시하려는 노력은 스포츠문화의 본질을 이해하기 위한 우회로라는 점에서 의미가 크다. 따라서 스포츠문화에서 선수, 지도자, 브로커 등과 관련이 깊은 승부조작, 편파판정, 경기불공평 현상은 우리 사회에 깊숙이 내재해 있는 관행과 구조분석을 통해 해결책을 강구해야 할 것이다.

2) 無爲로서의 스포츠문화

인간은 보통 현재 상태가 부족하다고 생각하고, 그 부족함을 채우려고 애를 쓴다. 그러나 老子와 莊子는 인간이 현재에 만족할 줄 모르고 더 많은 것을 얻으려고 하는 바람에 오히려 필요 이상으로 많은 것을 차지하게 되어 문제가 발생한다고 하였다. 부족함에서 오는 문제가 아니라 지나침이 문제라는 것이다. 이는 과도한 인간의 욕망을 염려한 것이라고 할 수 있다. 사실 욕망은 늘 뭔가를 필요로 하므로 인간에게 욕망이 없을 수는 없다. 일정한 욕망은 인간 삶을 유지하게 하는 원동력이므로 도가사상도 합리적인 욕망을 부정하지는 않는다. 의식주(衣食住)와 관련되는 물질적인 요소들은 인간의 정상적인 생물학적 수요이고, 공적과 명예는 인간의 보편적인 세속적 욕망이다. 문제는 인간이 생리적 수요와 세속적 욕망을 과도하게 추구한다는데 있다. 현실사회에서 인간들은 맹목적으로 물욕(物慾)을 추구하고 강조하여 정신과 형체, 정신과 몸의 조화를 깨뜨리고, 소박함과 참다움을 잃어 가고 있다. 이는 도가사상의 입장에서 수용 불가한 상황으로서 스포츠문화에 있어서도 예외가 될 수 없다.

老子와 莊子는 그들이 살았던 그 시대의 문화형태가 형식주의로 흘러 허위(虛僞)와 가식(假飾)으로 가득 찬 모습을 개탄하며 무위사상을 제시하였다. 그들은 도덕을 명목화(名目化)시키고 인간들이 아무런 실감도 못 느끼면서 외재(外在)화, 교조(敎條)화된 덕목을 추구하는 인문의 道를 비판하였다. 무위의 근본목표는 인간 삶에 대한 반성을 통하여 무위하고 자연스러운 道를 터득함으로써 만물의 한 구성요소로서 인간본연을 회복하자는 것이다. 여기서 말하는 道는 자연의 법칙에 따르는 삶을 의미하고 있다. 인간이 만든 제도와 규범은 인위에 해당하며, 이러한 인위를 탈피하여 자연에 순응하는 자세, 질서에 맞는 삶의 추구가 무위적인 삶의 철학이다. 따라서 이러한 무위의 주장은 오늘날 스포츠가 직면하고 있는 승리지상, 금전지상, 명예지상으로 발생하는 승부조작, 편파판정, 경기의 불공정 등의 여러 가지 문제를 해결하는데 시사하는 바가 크다.

오늘날의 스포츠현장은 그들이 표방하고 있는 이상과 현실의 불일치 문제와 지나친 현실주의에 빠져 비인간적인 경쟁구조가 심화되고 있다. 이와 같은 문제점은 결국 유위(有爲)와 작위(作爲)의 문제이며, 여기에서 무위를 바탕으로 참다운 스포츠인간의 길, 즉 무위를 강조한 도가사상에 주목할 필요가 있다. 도가의 무위사상은 방향성을 상실하고 혼란과 갈등에 놓여있는 스포츠현장에 다음과 같은 점을 시사하고 있다.

첫째, 현대스포츠는 운동주체인 자연적 본성을 바탕으로 참된 인간성을 회복하는 것을 목적으로 해야 한다.

현대스포츠는 인간을 위해 존재하는 것이 아니라 인간이 스포츠를 위해 존재하는 형상으로 왜곡되고 있다(이학준, 2008). 현대사회에서 스포츠활동은 치열한 경쟁의 지배로 인해 스포츠가 인간을 위해서뿐만 아니라 운동선수들의 명예는 물론 금전문제까지 결부되면서 몸의 활동을 즐거움이라고 하는 애초의 '놀이'적인 특징과는 거리가 먼 상태가 되어 버렸다. 도가사상에 의하면, 무위로 스포츠 본래의 목적을 찾을 수 있고 인간이 '영아(嬰兒)'상태로 돌아가는 것, 즉 본래의 순수한 자연상태로 들어가는 것이 道에 이르는 길이다. 道를 터득하여 무위의 경지에 이르는 스포츠를 의미하는 것이다.

운동선수들이 처음 훈련을 시작할 때는 영아와 같은 상태라고 볼 수 있다. 이들은 자연 그대로의 정신과 몸을 지닌 천진하고 순박한 상태의 인간이다. 그러나 훈육하는 과정에서 지도자들과 주변 환경의 영향을 받아 운동선수 본연의 의식에 변화가 생긴다. 특히 지도자는 운동선수를 지도하면서 도가가 말한 성인의 모습을 축구하기보다는 그렇지 않은 경우가 허다하다. 성인(聖人)은 백성들을 고요한 마음으로 자연스럽게 훈육하여 올바르게 인도하고, 욕심을 버려 백성들이 자연히 순박하게 되도록 한다. 그러므로 '호정', '무사', '무욕'이라고 하는 무위의 자세는 성인의 참모습이며, 무위의 상태에서만 인간이 자연과 일치된 소박한 스포츠실천을 기대할 수 있게 된다. 스포츠지도자뿐만 아니라 운동선수의 소박한 자세 또한 비인간적인 행위를 예방할 수 있게 한다.

무위라고 하면 '아무것도 하지 않고 그대로 놓아두는 것'이라고 생각할 수 있으나, 사실은 인간들이 객관적인 규칙에 따라 일을 하고 작위적이고 표면적인 행위를 하지 말라는 것이다. 그리하여 도가의 무위란 인간들로 하여금 욕심을 불러일으킬 만한 소지를 차단하는 것을 그 주요내용으로 한다. 도가의 이러한 무위사상을 스포츠에 적용하게 되면, 스포츠관계자들은 강제적으로 스포츠의 발전을 추진하거나 억제하기보다는 우주만물의 순리(順理)를 따르도록 해야 한다. '순리'를 거역하지 않는다는 말은 인위적인 간섭이나 변화를 가하지 말아야 한다는 의미이다.

'함이 없으면서도 못함이 없는 것'이라는 말은 무위의 스포츠원칙을 밝히는 것이다. 즉 스포츠의 내재적 규칙에 따라 인간의 본성을 유지하면서 무위이치(無爲而治)의 사상을 촉진하는 것이다. 강제적인 교화나 억지에 의한 조장을 부정하고 있다. 따라서 도가에 따른 스포츠현장은 과도한 인위적인 조작으로 발생하는 승부조작, 편파판정, 경기의 불공정 등의 현상들을 부정하면서 철저히 무위의 道를 추구하게 된다.

둘째, 스포츠는 자율성을 바탕으로 수행되어야 한다.

자율성(自律性)은 무위의 의미와 깊은 연관이 있다. 老子는『도덕경』33장에서 '자지자명(自知者明)'을 말하고 있다. 여기서 '자지(自知)'란 자연의 앎이며, '明'이란 참된 앎, 절대적인 앎이다. '자지'란 자연히 아는 것이며 동시에 자기가 자기를 아는 것이기도 하다. 자연히 안다고 할 때에는 절대자인 道의 작용에 의해서 아는 것이기 때문에 인간은 주체가 아니라 객체이다. 자기가 자기를 아는 때는 아는 자기인 인간이 주체다. 이와 같이 '자지'란 '주체적으로 아는 것'과 '자연적으로 아는 것'의 양면적 의미를 동시에 지니고 있다. '자화(自化)'도 자기가 변화하는 것과 자연히 변하는 양면의 의미가 있다. 또한 '자정(自定)', '자생(自生)', '자박(自樸)'등도 같은 맥락이다.

이와 같은 의미를 통해서 볼 때 도가가 추구하는 자율성은 스포츠현장에도 적용되어야 할 중요한 요소이다. 도가는 자율성에 관해 '무언지교(無言之敎)'를 강조하고 있다. 이는 '무언의 가르침'으로서 개별적 능력에 따라 자율적으로 학습하는 태도의 적용을 의미한다. 현대 스포츠현장에 있어 가장 큰 문제점 중의 하나는 자율성과 개성이 결여된 획일화(劃一化)이다. 운동선수의 적성, 능력, 흥미 등에 관계없이 선택권을 무시하고 선수들에게 일방적인 훈련내용과 방법을 적용하는 것이다. 이와 같은 상황 하에서는 개인의 소질과 잠재능력이 무시되고 선수들이 수동적인 상태가 되어 결과적으로 창의적이고 자율적인 인간보다는 모방적이고 일률적(一律的)인 인간이 되고 만다. 따라서 스포츠는 참여자의 요구가 존중되고 자율적인 선택이 보장되는 장이 되도록 해야 한다.

셋째, 욕망충족의 외재적 목적으로부터 벗어나 스포츠의 근본적인 가치를 깨닫도록 해야 한다.

현대사회의 스포츠는 개인차원에서 금전적 이익이나 명예를 얻기 위한 수단이거나, 사회발전이나 국가차원의 국위선양과 같은 목적으로 행해지는 경우가 허다하다. 이는 수단적 가치의 추구를 의미하는 것이다. 그리하여 오늘날의 스포츠는 외재적 목적의 추구에 의해 명목상으로만 스포츠일 뿐 실제적으로는, 특히 엘리트스포츠는 욕망충족의 수단으로 변질되고 있다. 보다 빠른, 보다 높은, 보다 강한 인간의 극한도전을 향한 질주는 물질적 욕구와 연결될 수밖에 없으며, 도가가 주장하는 천하고 낮은 것으로써 근본을 삼아야 한다는『道德經』39장[74]의 언급은 우스운 이야기가 되었다. 고귀함은 비천함을 뿌리로 하고 높음은 낮음을 기초로 하므로 엘리트는 스스로를 孤, 寡, 그리고 불곡(不穀) 등으로 낮춰 부른다. 그리하여 엘리트스포츠 현장에서 발생하고 있는 승부조작, 편파판정 등의 비도덕적이고 인위적인 현상은 바로 '비천한 것'과 '낮은 것'으로 표현되고 있는 근원적인 道를 깨우치기보다 탐욕(貪慾)과 가식(假飾)으로 가득 차 외재적인 것의 노예가 되고 있다.

따라서 이러한 문제를 극복하기 위한 한 방편으로서 도가사상을 모색해 볼 수 있다. 근본의 깨달음에 대해 도가는 '虛'와 '靜'이라고 하는 무위의 특성을 강조하였다. 虛·靜은 외부사물에 의하여 물들지 않고 어떤 사물이나 사건에 의해서도 동요하지 않는 인간의 본성을 지칭한 것이다. 즉 일체의 감각적인 것들, 소리나 빛깔 등을 비롯하여 상대적이고 주관적인 가치 등에 몸을 빼앗김이 없는 상태를 의미한다. 물질적인 이익을 갈망하는 스포츠의 근본문제는 과도한 욕망에의 집착에 기인하므로 이러한 문제들을 극복하기 위해서는 무위사상 무형(無形), 무상(無相), 무성(無聲)한 것으로 반성하고 외물(外物)적 감각에 얽매이지 않는 정신과 태도가 요구된

74.『道德經』39章 "故貴以賤為本, 高以下為基, 是以后王, 自謂孤寡不穀, 此非以賤為本邪, 非乎."

다. 즉 도가사상에 의한 스포츠는 훈련이나 교육을 통한 지적인 탐구보다는 몸과 정신수양을 통한 무위의 실천을 강조하고 있다.

老子와 莊子가 살았던 시대에도 인간사회는 탐욕과 가식에 물들어 혼란과 무질서가 만연하였다. 그들은 이러한 혼란과 무질서는 결국 인위적 조작의 소산이라고 보고 무위의 삶을 추구하였다. 그들은 유가가 주장하는 인문의 道가 아닌 자연의 道를 추구하였다. 도가가 부정한 것은 道를 일탈한 문화이다. 즉 道를 일탈한 문화는 자연이 아니다. 작위에 의해서 인간의 본성을 삐뚤어지게 하고, 인간생명을 위협하는 그러한 문화이다. 그러한 면에서 도가는 문화가 그렇듯이 스포츠 역시 무위에 부합하여 인간을 행복하고 인간다운 삶으로 안내하고 있다.

스포츠문화와 逍遙

1) 스포츠에서의 일탈

'인간성 상실의 시대', '도덕성 상실의 시대'라는 말은 현대사회를 풍자하는 대표적인 표현이다. 이러한 표현이 등장하게 된 가장 근본적인 원인은 우리사회가 산업화 과정을 거치면서 물질만능의 풍조가 자리매김하였고, 그 결과로 인간의 가치관이 혼란스럽게 된 비인간화 현상이 초래되었기 때문이다. 이와 같은 현상은 분명 위기상황이지만, 위기의 극복은 현상황을 반전시킬 수 있는 기회로 활용할 수도 있을 것이다. 이러한 면에서 스포츠 또한 바람직한 문화로 정착시키고 풍요로운 삶을 보장해줄 수 있는 길을 찾기 위해서는 기술이나 과학의 발전을 통한 방법만이 아니라, 스포츠에 내재되어 있는 스포츠맨십과 같은 도덕적이며 정신적인 가치들이 온전히 전수될 수 있도록 하는 노력이 요구된다.

사람들은 교육과 경험을 통하여 삶의 방식을 배우고 집단 및 사회에 속해 살아가고 있다. 과거시대에는 인간이 자신을 보호하고 종족을 지키기 위해 강인한 체력과 정신이 필요하였기에 스포츠는 매우 중요한 것이었다. 오늘날에 있어서도 스포츠는 국력이나 복지사회의 건설과 함께 개인의 건실한 체력과 정신배양을 주요 정책으로 설정하고 있다. 그리하여 스포츠는 시대와 문화를 막론하고 중요한 것으로 여겨 왔으며, 교육과는 불가분의 관계를 맺어 왔다. 스포츠가 교육기관인 학교로부터 생겨나고 발달되어 온 것이다. 즉 스포츠는 단계적으로 제도화된 학교라고 하는 범주 안에서 교육기능을 가지고 학생 개개인의 욕구와 사회·국가의 요구를 충족시키며 스포츠문화 유산과 전통을 유지시키고 실천해 왔다.

따라서 학교스포츠는 계획적인 몸의 활동을 통해 자발성의 인지로 연계될 뿐 아니라 선진화된 스포츠문화를 확립하는 시작이라는 점에서 매우 중요한 단계이다(김영갑, 김기홍, 2010). 그러나 최근 들어 교육현장에 있어 스포츠는 도덕성의 훼손 및 운동선수의 학습권 박탈 등과 같은 일탈행위가 만연하고 있다. 스포츠행위가 그 자체의 목적을 벗어나 수단화되거나 도구화될 때마다 필연적으로 뒤따르는 결과들이다. 그리하여 현대스포츠의 도덕적 과제로서 운동선수의 도덕성 회복과 페어플레이, 승리지상주의와 기능중심주의에서 오는 폐단 등이 늘 대두되고 있으며, 이러한 과제들은 윤리학적 연구들을 통해 빈번하게 논의되고 있다.

스포츠의 윤리적인 문제를 제기하는 이유는 스포츠를 온전하게 인간의 문화행위로 존속시키고자 함이다. 스포츠를 사회의 축소판으로 규명한 A. Guttman도 스포츠문화가 비인간적이고, 비도덕적인 경향으로 치닫는 것은 그 사회 부패성의 정도를 드러내는 것이라고 하였다(임혜옥, 김영선, 2005). 오늘날의 교육은 전문인 또는 지식인을 양성하는 것에는 전력하고 있는 반면, 인간형성에는 관심이 부족하고 성공하지도 못하고 있는 실정이다. 일선학교에서는 학자, 정치가, 사업가, 변호사, 의사 등의 전문직업인들을 지속적으로 배출하고 있으나, 이들에게 과연 도덕적으로 무장될 수 있는 교육을 시행하고 있는가 하는 물음에는 누구도 자신 있게 답을 제시하지 못하고 있는 것이다. 또한 정규교과목으로 지정된 체육수업을 통해 피교육자들이 스포츠의 내재적 가치를 성취하고 있는가 하는 물음에 대해서도 역시 의문을 가질 수밖에 없다. 누구나 이러한 질문들에 대해 뚜렷한 답을 내놓지 못하고 있는 것이다.

한국에서 실시되고 있는 스포츠교육의 현장을 보면, 스포츠는 입시위주의 교육정책에 의해 파행을 거듭하고 있는 실정이다. 교육현장에서 천편일률적인 내용으로 실행되는 스포츠교육은 학생의 창의성을 억제하고 있을 뿐만 아니라 도덕교육적 측면에서도 우려스러운 부분이 있다. 제7차 교육과정의 내용에는 과거에 언급되었던 도덕적 가치보다는 다양한 스포츠활동의 기회를 제공하고 생활스포츠 중심의 교육내용들로 가득 차 있다. 그러므로 교과안에서 강조되어야 할 도덕교육의 내용은 점차 감소하고, 오직 가르치는 사람의 개인적인 역량에 따라 교육이 맡겨져 있다고 볼 수 있다. 따라서 공동체 중심의 교육현장이라기보다는 개별중심주의적인 교육과정의 운영이 되고 있다.

또한 학생운동선수의 학습권 박탈은 한국을 비롯한 일부 국가에서도 비슷한 경향으로 나타나고 있다. 학습권의 박탈은 선수이기 전에 학생으로서 받아야 할 교육을 운동선수들이 받지 못하는 점을 말한다. 이는 운동선수 스스로의 의지가 아니라 학교나 지도자에 의해서 이루어지고 있기 때문에 '박탈'이란 표현이 적용될 수밖에 없다(이창섭, 남상우, 2008). 결국, 우수한 경기력만을 위해 운동선수들은 최소한의 교육조차 받지 못하고 학생이 아닌 운동선수로 학창시절을 보내게 된다. 바로 이러한 문제가 학교스포츠 현장에서 가장 큰 난제이며, 이는 윤리적인 문제로까지 확대 해석될 수 있다.

이처럼 현대스포츠는 세속적 특성으로 얼룩져 물질주의, 쾌락적 소비주의, 승리주의와 같은 이념들로 인해 인간들은 몸의 활동을 통해 얻어진 값진 신체화 된 체험으로서의 쾌락, 희락, 열락(이학준, 1998)을 맛보지 못하고 있다. 이러한 문제들은 실존철학적 관점에서 스포츠가 놀이에서 출발하여 자연발생적 특성으로 인간의 자유의지에 따라 행해져야 함을 간과한 것이다. 오늘날의 스포츠는 인간 자유의지에 따라 행위 함에 있어서 그 목적이 외형적 가치에 중점을 두고 있는 것이다. 다시 말해 작금에 전개되고 있는 스포츠문화는 자본주의의 전략에 따라 오락적이고 상업적 가치가 '현대적인 삶'으로 투영되어 우리의 삶을 종속하고 있는 것이다 (김영선, 장성수, 2004).

2) 逍遙로서의 스포츠문화

스포츠참여 구성원들은 일반학생을 필두로 학생선수, 실업팀선수, 프로선수 등에 이르기까지 모두 학교를 거쳐 다음 발전단계로 진출하게 된다. 그러므로 운동선수이더라도 학교생활과 교육에서 교양과 지식, 그리고 품성의 함양은 필연적인 단계이다. 학교는 운동선수를 대상으로 삶과 문화를 배양하며, 인간적이고 윤리적 행위를 습득할 수 있는 교육을 담당하는 곳인 것이다. 따라서 운동선수 또한 '선수'이기 이전에 학습권이 보장되어야 하는 '학생'의 신분임을 인식하는 것이 중요하다. 이는 학생의 기본권으로서 학생선수의 학습권을 박탈하는 조치는 사회적 부적응의 잠재력을 배양하는 것이 된다.

운동선수층에서 발생하는 폭력행위, 비도덕적 행위는 개인의 일탈행위로 보기 이전에 사회구조, 제도, 정책 등을 점검하는 접근이 우선적으로 필요하다. 그러나 스포츠계의 승부조작 등과 같은 일탈행위의 책임주체는 사회윤리적인 시각보다는 개인윤리적인 관점에 초점이 맞춰져 논의되고 있음을 자주 목격된다. 심지어 스포츠문화와 관련하여 참여주체인 학생선수들이 불법적인 일탈행위에 대한 교육을 전혀 받아본 적이 없는 경우가 대부분인 게 현실이다. 오히려 스포츠현장은 어린 선수시절부터 승부조작 등이 용인되는 문화 속에서 성장하는 경우가 많아 잘못된 가치관을 형성하게 되는 위험성이 내재되어 있다. 이와 관련하여 이태영(2012: 16)은 "어린 학생선수시절부터 체계적인 인성과 윤리교육을 학습하여 스포츠맨십과 페어플레이를 내면화시키는 스포츠윤리관을 형성시키도록 해야 할 것이다."라고 하였다. 이와 함께 프로선수에게도 '공인이라는 의식'과 학생선수들의 '롤 모델'이 된다는 점을 각인시켜 자긍심을 갖도록 하는 '직업윤리교육'을 강화해야 할 것이다(손석정, 2012). 스포츠윤리교육의 모델이 실천되지 않는다면 승부조작, 약물복용 등 비인간적 행위는 미래에도 반복적으로 재생될 수 있음은 당연한 일이다. 이는 '사회 도덕성'의 훼손과 불감증 측면에서 점검해 봐야 할 과제이다.

우리에게 남겨진 문제로는 어떻게 동전의 양면처럼 공존하고 있는 비인간적인 가치들을 약화시키고, 스포츠의 도덕적 가치들을 지속시키고 강화하는가 함에 있다. 따라서 스포츠계의 윤리교육은 인간으로서, 또 스포츠인으로서 마땅히 수행되어야 할 기본적인 과제이다. 이의 실천과 관련하여 도가의 道와 德은 기존의 가치로부터 벗어나는 새로운 대안이 될 수 있다.

첫째, 스포츠문화에서의 도덕적 수양은 道와 德을 근간으로 실천되어야 한다.

도가사상에 의하면 道는 만물의 근본이며, 德은 개별적인 사물들의 근거이다. 老子는『道德經』제51장에서 "道는 낳고 德은 기른다. 만물이 모양을 갖추고 기물(器物)은 이루어진다."[75]라고 하였다. 德은 인간의 본성이자 개별적인 사물들의 본성으로서 모두 道로부터 기원하는 것이라는 의미이다. 그리하여 德은 개별적 사물들이 그것을 가져야 그 사물이 될 수 있고, 또 生을 이룰 수 있는 개체화의 원리라고 한다면, 道는 만물로 하여금 만물이 되게끔 하고 만물의 生을 이를 수 있게끔 하는 전체의 원리라고 할 수 있다. 따라서 道가 전체라면 德은 道의 일부분이며, 道는 德의 근본이고 德은 道로부터 기원한다라고 할 수 있다. 이처럼 道와 德은 나뉘어 분별되지만 합하여서는 하나가 되므로 그 근본에 있어서는 서로 일치한다.

劉笑敢(1988)에 의하면, '道는 主가 되고 德은 種이 되어, 道는 德의 특징

75.『도덕경』51章 "道生之, 德畜之, 長之育之, 亭之毒之."

을 결정하고, 德은 道의 성질을 체현한다. 그러므로 德은 道에 의거하고, 지극한 德을 갖춘 사람은 곧 道를 얻은 사람이라고 할 수 있다. 따라서 道는 덕성(德性)수양이 목적이다.'라고 하였다. 그리고 도가는 '위학(爲學)'과 '위도(爲道)'라고 하는 두 유형의 공부방법을 제시하였는데 학문을 배우는 것에 있어서 날로 더하는 것은 '위학일익(爲學日益)'이며, 道를 닦는 것은 날마다 더는 것으로서 '위도일손(爲道日損)'이라고 하였다. 이는 도덕의 수양은 지식을 배우는 방식을 통해서는 실현될 수 없으며, 비(非)지식화의 함양을 통해 진행될 수 있다는 의미이다. 이처럼 도가사상에 있어 윤리교육은 道와 德을 체득하기 위해서는 道의 최고 수양단계인 심재(心齋)와 좌망(坐忘)을 통해 德을 쌓는 것이다. 이러한 맥락에서 스포츠윤리교육의 방법과 과정은 학문의 지식을 닦는 방법이나 조급한 과정을 통해서는 성사될 수 없는 학교생활의 전(全)과정에서 지속적으로 실천되어야 할 과제이다.

또한 德을 체득하는 심재와 좌망의 방법은 인간의 본성, 즉 참된 자아를 찾아가는 과정이다. 심재는 제사를 지낼 때 몸을 깨끗이 하는 재계와 같이 정신수양을 할 때 몸을 깨끗하게 하는 것과 같은 이치이다. 좌망은 자아, 사회, 자연 내부와 외부 등 일체를 잊어버리는 정신적 경지로서 예악(禮樂)과 인의(仁義)를 잊음으로부터 시작하여 수양을 통해 무아의 경지까지 이르는 것이다(이강수, 2005). 좌망의 수행방법은 외물에 해당하는 인의, 예악을 잊고 몸에 해당하는 손발과 몸, 감각에 해당하는 귀와 눈, 그리고 인간에게 속박을 만들어내는 자아를 버리는 과정이다. 외물에서부터 자아까지 버리는 과정에서 가장 어려운 작업은 자아를 버리는 과정일 것이다. 따라서 외물을 제거하는 일이 먼저 선행되어야 한다. 좌망은 외물과 자아를 버리면서 내·외부가 파괴되는 변화의 과정이다. 심재와 좌망의 자기수양을 거쳐 인간은 인습적인 사고와 이로 인해 고착된 관념을 버릴 수 있다. 자기 자신의 고착된 관념을 버릴 수 있을 때 道를 자각할 수 있으며 인간은 비로소 자신의 본성을 회복할 수 있다. 이는 바로 道化, 德化이자 도덕교육의 내용이 될 것이다.

인간성 함양에 해당하는 바람직한 태도, 책임감, 신념, 가치 등의 직접적인 내용은 겉으로 드러나지 않지만 자연적 본성을 회복하고 외부 세계와 적극적으로 소통하여 세계의 본질에 대한 이해를 하고자 하는 심재와 좌망의 방법에 합당할 수 있다. 이는 개인적 측면으로부터 출발하기 때문에 구체적인 내용이 없어도 현대 스포츠현장의 윤리교육에 적용될 소지가 있다. 왜냐하면 심재와 좌망은 인간적으로 행위하는 경험이나 도덕적으로 선한 감정을 느끼는 정서차원의 이념으로서 윤리적인 행위들을 통하여 완성될 수 있기 때문이다.

스포츠가 교육적 활동과 문화적 활동으로 자리 잡을 수 있었던 것은 전통적으로 전수된 도덕적 가치들이 바람직한 인간성의 목적에 부합할 수 있었기 때문일 것이다. 다시 말해서 스포츠교육활동은 전수된 도덕적 가치들을 내재하고 있는 스포츠문화에의 입문을 의미한다(최의창, 2000). 그런 점에서 스포츠문화에 포함되어 있는 도덕적 가치들은 인간교육의 거대한 목표의 핵심이 된다. 스포츠교육이 실행되었음에도 불구하고 비윤리적이고 비도덕적인 현상들이 나타나는 것은 스포츠 자체에 도덕적 가치들이 내재해 있지 않기 때문이 아니라, 그것을 어떻게 교육하느냐에 대한 방법론적인 문제로 귀결될 수 있다. 그러한 면에서 도가사상에 있어서의 도덕교육은 정서함양으로 실현될 수 있는 한 방법이 될 수 있을 것이다.

둘째, 유희와 자유를 근간으로 한 스포츠놀이문화가 구현되어야 한다.

莊子의 도가사상인 소요(逍遙)는 어떠한 조건의 제약이나 공리적 목적이 없는 정신의 자유로운 노닐기라고 할 수 있다. 자유로운 노닐기의 과정은 유희활동의 상태를 의미한다. 이러한 의미에서 莊子의 '遊'는 서양의 유희설과 서로 통하는 부분이 있다(신정근, 강효석, 김선창, 2013, 역). 그러나 서양의 '유희설'은 대부분 예술에 무게를 두고 있지만, 莊子의 '遊'는 인간문제에 중점을 두고 있어 현대스포츠와 밀접한 관련이 있다고 볼 수 있다. 유희는 인간의 과잉에너지와 스트레스를 놀이라는 형태로 나타낸 것이며, 스포츠의 근원이 바로 이러한 놀이로부터 나은 것이다(김영환, 유태균, 신현군, 권욱동, 윤미정, 2009).

J. Huizinga가 주장하는 놀이는 자유롭고 허구적이며, 일상생활의 장외에 있는 것이다. 또한 놀이는 한정된 시공간에서 이루어지고, 일정한 법칙에 따라 질서 있게 진행되는 공동체적 규범을 만든다(이정학, 2004). 현대스포츠는 이러한 자발적이고 즐거운 놀이를 바탕으로 시작하였고, 문명의 진보와 경제적 발달에 따라 조직화되고 경쟁성이 부여되었다. 그러므로 스포츠에 있어서 유희성과 경쟁성은 본질적인 요소로서 어느 한쪽에 치우침 없이 균형을 이루는 것이 바람직한 형태라고 볼 수 있다. 그러나 최근에는 유희성에 비해 경쟁적인 요소가 지나치게 부각되어 참가에 의한 즐거움보다 승패를 겨루고 결과에 집착하는 것을 쉽게 볼 수 있다. 그리하여 현대스포츠는 초기에 생성된 즐거움의 추구로부터 점차적으로 멀어지고 있다. 그 이유는 돈으로 상징되는 경제적 가치의 침투에서 찾을 수 있다.

따라서 현대사회에 있어서 스포츠는 단순히 즐거움을 추구하는 자체의 목적을 가진 것이 아니라, 어떤 것을 달성하기 위한 수단으로 전락하였다. 순수한 건강과 즐거움을 추구하는 스포츠의 본질과는 달리 경제와 정치, 권력과 재화의 영향을 받고 있는 것이다. 이러한 영향에서 탈피하지 못하면 유희성이라고 하는 스포츠본질의 목표는 실현되기 어렵다. 앞으로 스포츠실천에서 유희성을 볼 수 있을까? 현대스포츠에는 경쟁적 요인이 심하게 강화되고 있으며, 유희성은 상대적으로 점차 축소되고 있는 것이다.

스포츠란 제도화된 규칙에 따라 승패를 겨루는 경쟁적 활동으로서 승패를 겨룸에 있어 활발한 몸의 발현과 고도화된 몸의 기량이 요구되며, 즐거움이나 재미 같은 내재적 이유뿐만 아니라, 건강, 스트레스 해소, 생계유지 등과 같은 외재적인 이유도 그 참가동기가 될 수 있다(안용규, 2011). 그리하여 현대스포츠, 특히 학교 스포츠현장에는 초기에 생성된 즐거움의 추구에서 점차적으로 멀어지고 있다. 이렇듯, 일반학생과 학생선수들이 일탈행위에 봉착해 있는 현 시점에서 그 원인은 건전한 놀이문화의 부재로 규정할 수 있다. 그리하여 학생들의 건강한 성장담론을 형성할 수 있는 놀이문화를 찾고자 하는 노력은 중요한 의미가 있다.

王凱(2003: 42)는 "존재와 세계 자체가 곧 유희이다. 인간은 존재이자 세계의 일부분이다. 이 때문에 인간과 만물이 세계의 유희 안에 함께 있는 것이다."라고 하였다. 그러나 현실사회의 인간은 유희상태에 결코 도달할 수 없으며, 시종 고통과 근심을 달고 살아간다. 인간은 왜 이처럼 유희와 거리가 먼 인생을 살아갈까? 이는 인간이란 존재는 종종 목적성에 의해 규정되기 때문이다. 인간은 자신을 위해서 또는 명예를 위해서, 그리고 물질적 이익을 위해 수많은 목적을 세운다. 도가의 표현을 빌린다면 '유위(有爲)' '유루(有累, 얽매임)'이다. 본래 인간이란 존재 그 자체가 목적이며, 다른 사물은 다만 수단일 뿐이다. 그러나 인간은 진정한 목적에서 벗어나 수많은 목적을 세운다. 그 결과 진정한 목적인 인간이란 존재 자체가 오히려 수단이 되어버렸다. 이는 인간이 자신의 존재목적을 잃어버렸다는 것을 의미한다.

스포츠에 대한 논의에 있어서도 이러한 논리적 사유를 적용할 수 있다. 스포츠는 경쟁적이고 제도화된 몸의 활동이며, 몸의 즐거운 활동이라는 것 등 다양한 측면에서 논의되어 왔지만, 스포츠 원래의 의미는 광범한 놀이전체를 포함하는 장난, 위로, 유희 등을 뜻한다(김동규, 2013). 문제는 현대에 이르러 스포츠가 유희성보다 경쟁성이 더욱 강화되고 있다는데 있다.

도가사상인 莊子의 논리에 비추어 보면, 스포츠의 본질은 유희성이라고 할 수 있다. 유희는 유희자(遊戲者)라는 존재에 의해 존재하는 것이 아니라, 다만 유희자라는 존재를 통해 드러날 뿐이다. 유희는 처음부터 끝까지 유희자체이다. 유희는 무엇에 기원하지도 않고 무엇을 위하지도 않으며, 더욱이 어떤 수단을 이용할 필요도 없다. 유희는 그 자체 왕복운동을 하므로 유희의 의미는 끊임없는 순환생성이라고 할 수 있다. 유희는 유희될 뿐이다. 유희는 성공이라는 것도 없고 실패라는 것도 없다. 유희는 오직 하나만을 요구한다. 가서 놀아라! 즐겨라! 참다운 유희자는 온 몸과 정신을 유희하는 데에 쏟아 붓는다. 유희 중에는 주체적 자아나 주관적 의식이 존재하지 않으며, 유희자는 유희를 자기의 대상으로 간주할 수 없다. 유희와 자유를 추구하는 스포츠실천은 필연적으로 유희로 나아가며, 자유를 기본특징으로 하는 유희는 필연적으로 심미나 몸의 활동과 서로 관련이 있다. 따라서 건전한 문화의 구체적인 형태로서의 스포츠는 참여자의 놀이로서 다원화된 사회가치와 도덕교육을 효과적으로 전달해주는 매개체 역할을 수행할 수 있을 것이다.

5. 맺는말

도가사상은 춘추말기 격변하는 역사의 파고로부터 인간의 삶을 지탱하는 기반이 되었으며, 그로부터 인간이 어떻게 행위하며 살아야 하는가의 문제에 도달할 수 있게 인도하였다. 이의 지반은 만물을 자생자화(自生自化)하게 하는 자연의 원리이며, 과도한 인위적 욕망을 넘어 모든 사물에 내재하는 것은 道라고 인식하는 것이다. 이로써 인간을 인간답게 하고 인간적인 사회를 만드는 것은 道의 운동·변화원리인 자연에 따르는 무위(無爲)의 실천뿐이다. 그러므로 이러한 관점의 도가사상은 단순히 과거에만 머물러 있는 지혜일뿐만 아니라, 현대 문명시대에도 위기상황에 처하고 있는 인간문제를 극복할 수 있는 새로운 시각과 계기가 될 것이다.

따라서 이 저서에서는 도가사상에 나타난 道, 자연, 무위, 氣, 소요유(逍遙遊) 등의 개념을 바탕으로 그에 내재된 생명유지 신체관, 자연무위적 신체관, 기화론(氣化論)적 신체관 등을 탐색하였다. 동시에 도가사상이 강조하는 인간의 자연적 본성추구라는 관점을 통하여 현대 스포츠문화가 가지고 있는 문제점들에 대해서도 살펴보았다. 또한 자연, 무위, 소요라는 도가사상의 인위적인 문화에 대한 반성적, 비판적 관점을 통해 현대 스포츠문화의 방향을 탐색하였다. 도가사상의 道, 자연, 무위, 氣, 소요유 등에서 나타난 몸의 의미는 다음과 같다.

첫째, 생명유지 신체관의 입장에서 보면, 인간의 생명은 道로부터 생겨나고 道의 조화원칙에 따라 유지된다. 즉 생명을 지닌 인간의 몸은 운동과정에 道의 생명력을 표현할 수 있으며, 몸의 운동·변화과정은 道의 이법에 따라야 한다.

둘째, 자연무위적 신체관의 입장에서 보면, 인간의 몸은 자연적 본성을 지니고 있으므로 모든 몸의 활동은 자연성을 회복해야 하고, 자연의 질서를 따르는 무위적 원칙을 준수해야 한다.

셋째, 기화론적 관점에서 보면, 인간의 생명력과 창조력의 근원은 氣이며, 氣의 생성과정은 몸의 힘이 되고 창조적인 몸의 활동을 발생하는 과정이 된다. 즉 조화적인 특징을 지닌 氣는 몸의 조화와 소통의 매개체가 되고 몸과 만물의 친화관계를 형성해 간다.

현대문화는 우리 삶에 깊숙이 자리하고 있으며, 문화를 통해 인간다운 삶이 다양하게 형성되고 있다. 빠른 속도로 성장하고 있는 문화 가운데, 스포츠는 중요한 요소로서 정치, 경제, 사회, 문화 등 사회제반에 지대한 영향을 미치고 받는다. 현대사회의 인간은 누구나 편안한 삶, 인간다운 삶, 건강한 삶을 추구한다. 그러므로 현대인들은 사회를 벗어나서는 살 수 없고, 어느 때보다 원만한 삶에 대한 갈망과 집착을 보이고 있다. 그러나 이러한 참다운 인간의 삶을 추구하는 길은 결코 쉬운 게 아니다. 우리 사회가 과학화와 물질주의의 만연으로 인한 인간성 상실 등의 다양한 도덕적 위기에 봉착해 있기 때문이다. 이 저서에서는 현대 스포츠문화에 자연, 무위, 소요유라고 하는 도가사상을 접목하여 스포츠현장에서 나타나는 인위적인 문화에 대한 반성적, 비판적 관점을 바탕으로 현대 스포츠문화의 바른 길을 모색하고자 하였다.

첫째, 道로서의 스포츠문화이다.

현대스포츠는 신기록과 점수를 위한 과도한 몸의 훈련으로 인해 몸을 피로하게 하고, 금지약물이나 보조물의 복용으로 인간의 생명을 위협하고 있다. 약물과 보조물의 복용은 몸에 치명적인 손상을 입힐 뿐만 아니라, 심지어 인간의 생명을 담보로 하고 있다. 그러므로 스포츠관계자들은 여러 차원에서 스포츠와 생명의 중요한 의미를 인식하고, 이를 기반으로 생명을 중시하는 스포츠문화를 구축해야 한다. 따라서 이 저서에서는 스포츠문화의 관점에서 道로써 생명의 조화원칙을 주재하는 특징을 분석하려는 시도를 하였다. '생성(生成)', '체도(體道)', 그리고 만물이 자생자화 하도록 무위하여 자연에 따른 생명의 근본원리를 구현해야 한다고 주장한 것이다. 몸의 활동을 매개로 하는 스포츠는 생명과의 관계가 자명하다. 스포츠는 생명을 유지하는 과정에 의해 생성된 것이며, 생명의 존재와 존속은 몸의 활동을 벗어나서는 논할 수 없다. 이러한 맥락에서 스포츠는 생명중시를 전제로 해야 하며, 道로서의 생명행위 규범에 따른 실천이 이루어져야 한다. 그리하여 생명에 대한 교육을 새로운 스포츠교육의 과제로 제기하였다.

둘째, 무위로서의 스포츠문화이다.

스포츠는 지나친 물질주의로 인해 승부조작, 편파판정, 부정행위 등의 현상이 나타나면서 본래의 가치가 위협당하고 있다. 스포츠뿐만 아니라 일반적인 삶에서도 물질적 가치를 우선시하는 풍조로 인해 돈이면 모든 것이 해결된다는 생각이 일반화되어 있는 것이다. 스포츠에 있어서 이러한 생각들은 내면적이고 본질적인 가치를 추구하기보다는 외부에 드러난 몸에 대한 관심을 극대화하고 과도한 욕망으로 귀결된다. 그러므로 스포츠문화에서 선수, 지도자, 브로커 등과 관련이 깊은 승부조작, 편파판정, 부정행위 등의 현상은 사회를 병들게 하고 있다. 인간의 유위(有爲)와 작위(作爲)에 의해 스포츠현장이 경쟁구조에 심화된 장이 되고 있는 것이다. 이에 스포츠현장에서도 무위를 강조한 도가사상에 주목할 필요가 있다. 즉 현대스포츠는 운동주체인 자연적 본성을 바탕으로 참된 인간성을 회복해야 하며, 자율성을 바탕으로 실행되어야 한다. 또 욕망충족의 외재적 목적을 추구하는 스포츠장으로부터 벗어나 스포츠의 본질적 가치를 깨닫도록 하는 노력이 요구된다. 무위사상에 부합한 스포츠야말로 인간을 행복하고 인간다운 삶으로 나아가게 할 것이다.

셋째, 소요로서의 스포츠문화이다.

시대와 문화를 막론하고 교육에 대한 관심은 절대적이다. 그리하여 스포츠계에 있어서도 학교는 중요한 자산이며 선진화된 스포츠문화를 확립하는 매개체다. 그러나 작금의 스포츠교육현장은 도덕성, 입시, 학습권 등의 문제에서 일탈행위가 끊임없이 대두되고 있다. 이러한 문제들은 경제적 가치가 '현대적인 삶'에 깊게 투영되어 인간의 삶을 종속시키고 있기 때문이다. 따라서 자유와 놀이의 특징을 지닌 학교스포츠문화의 근간으로 도가사상의 소요를 대안으로 검토할 수 있다. 도가사상을 바탕으로 한 학교스포츠는 道와 德의 방법을 기반으로 스포츠문화에 포함되어 있는 도덕적 수양의 실천을 강조하게 된다. 경쟁성이 지나치게 개입되어 있는 현대스포츠에 있어 유희성과 자유를 근간으로 해야 함을 주장하게 되었다. 道에 의해 생명을 바탕으로 한 도가의 신체관은 향후 현대체육·스포츠의 건전한 지향점을 제시한다는 의미에서 보다 강화되어야 할 것이다.

참고문헌

『道德經』

『莊子』

강신익(2007). 몸의 역사·몸의 문화. 서울: 휴머니스트.

고동영(1995). 한국상고체육사. 서울: 한뿌리.

권덕주 역 / 徐複觀(1990). 중국예술정신. 서울: 동문선.

김경수(2010). 노자 생명사상의 현대적 담론. 서울: 문사철.

김경희(2006). 莊子의 변과 화의 철학. 미간행 박사학위논문. 이화여자대학교 대학원.

김동규(2013). 체육원리의 제 문제(증보5판). 경북: 영남대학교 출판부.

김부찬(2006). 장자의 양생사상이 지닌 체육철학적 함의. 한국체육학회지 인문 · 사회과학편, 45(3), 21-28.

김상래(2001). 데리다 해체주의와 노장 사유의 독법. 동서철학연구, 20(1), 211-232.

김영갑(2012). 한국 스포츠문화의 고민거리: 승부조작과 한국적 문화지형과의 관계성. 한국체육학회지, 20(4), 87-100.

김영갑, 김기홍(2010). 한국 스포츠문화의 현실과 과제: 학교체육. 한국체육철학회지, 18(1), 241-252.

김영선, 장성수(2004). 여가 스포츠문화의 반성적 과제. 한국체육학회지, 12(2), 145-159.

김영환, 유태균, 신현군, 권욱동, 윤미정(2009). 스포츠 · 체육철학. 서울: 연세대학교 출판부.

김윤용 역 / 크리스 젠크스 (1996). 문화란 무엇인가. 서울: 현대미학사.

김이수(2008). 한국문화 속의 몸문화. 경기: 한국학술정보.
김정효(2011). 스포츠문화의 사회철학적 기초에 대한 고찰. 한국체육철학회지, 19(1), 77-94.
김주연(2013). 사라진 낭만의 아이러니. 서울: 서강대학교 출판부.
문제민(2004). 理 · 氣의 적용을 통한 체육의 이해. 한국체육교육학회지, 8(1), 1-12.
박소정(2007). 듀이와 莊子의 '자연'개념. 철학연구, 76, 21-42.
박원재(1996). 노장의 '정신' 개념에 대하 재검토. 철학연구, 18(1), 173-196.
박원재(2004). 새로운 莊子 읽기의 명암-오늘의 동양사상. 예문동양사상연구원, 11(가을·겨울), 423-435.
박은아(2003). 몸 존중감이 주관적 안녕감에 미치는 영향에 관한 비교문화연구: 한국과 미국 여대생을 대상으로, 한국심리학회지, 22, 37-39.
박종대(2011). 자아실현의 관점에서 본 친생명교육. 생명연구, 19, 13-47.
박지민(2012). 하프-코리안 농구선수들의 문화적 갈등과 뿌리찾기. 미간행박사학위논문. 숙명여자대학교 대학원.
손석정(2012, 2월 23일). [시론] 프로스포츠 비리 근절 해법 있다. 한국일보, 33면.
신정근, 강효석, 김선창 역 / 王凱(2013). 소요유-장자의 미학. 서울: 성균관대학교 출판부.
신현군(2007). 스포츠 체험과 이해. 서울: 숙명여자대학교 출판사.
심재권(2007). 老莊의 道와 몸 기술의 생성. 한국체육철학회, 15(1), 1-13.
심재권(2008). 莊子의 氣論과 스포츠 행위. 한국체육학회지, 47(3), 29-88.
안병주, 전호근(2001). 莊子 1. 서울: 전통문화연구회.
안병주, 전호근(2004). 莊子 2. 서울: 전통문화연구회.
안병주, 전호근(2005). 莊子 3. 서울: 전통문화연구회.
안병주, 전호근, 김형석(2006). 莊子 4. 서울: 전통문화연구회.
안용규(2011). 플라톤의 몸관. 미간행박사학위논문. 고려대학교 대학원.
여인성(2001). 동양무도사상의 소매틱 교육적 의미에 관한 연구. 한국체육철학회, 9(2), 1-16.
유승종(2001). 도교의 기와 수도. 한국도교학회, 도교학연구, 17, 19-35.
이강수(2005). 노장철학이해. 서울: 예문서원.
이건환 역 / 葉朗(2000). 中國美學史大綱. 서울: 백선문화사.
이동건(2003). 한국체육사상에 관한 연구-도 체험을 중심으로. 한국체육학회지, 42(6), 91-98.
이명수, 강대봉, 문성록(2003). 기(氣)의 기본 원리와 활용 및 정신신경 면역학적 효과. 한국동서정신과학회지, 6(1), 107-117.
이상엽(2001). 인문학과 해석학: 문화인문학-인문학의 문화학적 기획. 해석학연구, 8, 117-153.
이성법, 구윤서 역 / 프리초프 카프라 (1998). 새로운 과학과 문명의 전환. 서울: 범양사.
이순영(2007). 老子의 자연사상에 입각한 인성교육. 인문과학연구, 8, 268-296.
이승훈, 김동규(2011). 도핑의 변천과 반도핑의 정당성. 한국체육철학회지, 19(1), 15-32.
이정학(2004). 사회문화적 관점에서의 놀이론. 한국체육철학회지, 12(2), 75-94.
이진수(1999). 체육에서의 몸 닦기. 서울대학교 체육연구소논집, 20(1), 11-23.
이진수(2001). 한국체육사상사. 서울: 한양대학교 출판부.
이진수(2003). 도가사상과 일본무도. 한국체육철학회지, 11(2), 191-224.
이창섭, 남상우(2008). 스포츠 사회학. 대전: 궁미디어.
이태영(2012). 도덕불감증이 낳은 프로스포츠 승부조작 사후처방 이전에 예방교육이 먼저다. 스포츠포럼 21, 54(4), 16.
이학준(1998). 스포츠에서의 삼락: 쾌락, 희락 그리고 열락. 한국체육학회지, 37(2), 9-18.
이학준(2003a). 무위의 스포츠반문화. 한국체육철학회지, 11(2), 243-253.
이학준(2003b). 학생운동선수를 생각한다. 한국체육학회지, 42(5), 61-69.
이학준(2007a). 장자의 지미지락과 스포츠의 지속적 성장. 한국체육학회지,

46(4), 17-26.
이학준(2007b). 장자의 허심과 스포츠 자세. 한국체육학회지, 46(3), 25-32.
이학준(2008a). 莊子와 하이데거 스포츠를 말하다. 서울: 북스힐도서출판사.
이학준(2008b). 장자의 조화와 스포츠의 팀워크. 한국체육학회지, 47(6), 87-95.
이학준(2012). 장자철학의 체육적 함의. 한국체육학회지-인문사회과학, 51(4), 23-31.
임병만(1998). 도가의 체육사상과 앵생술연구. 미간행 박사학위논문. 전주대학교 대학원.
임병만(2003). 노자와 장자의 양생사상. 전주대학교 예술문화연구소, 예술문화, 5, 213-224.
임수원, 이정래, 권기남, 구희곤, 이혁기, 김영식(2010). 스포츠문화의 이해. 경북: 경북대학교 출판부.
임혜옥, 김영선(2005). 도덕교육으로서 스포츠의 과제. 한국체육철학회지, 13(1), 1-10.
장달영(2012, 2월 13일). 승부조작의 근원. 학원스포츠 관행 고쳐야. 조선일보.
정은주(2011). 동양의 생태적 몸관. 모드니 예술, 5, 65-77.
정의원, 구본행(2003). 현대사회와 스포츠문화의 구성체계에 관한 고찰. 체육연구, 19-36.
정인재 역 / 方東美(1992). 中國人의 人生哲學. 서울: 探究堂.
조남기(2009). 녹색 성장과 스포츠 철학. 한국체육철학학회지, 17(4), 37-51.
조남욱(2013). 우리사회의 생명경시 풍조와 그 극복 방향. 윤리교육연구, 31, 1-22.
조민환(2003). 老子철학으로 동아시아 문화를 읽는다. 서울: 한길사.
조성균(2006). 도가사상이 중국 전통체육 양생학에 미친 영향. 한국체육학회지. 45(6), 1-11.
조현규(2006). 老子 無爲에 대하 도덕 실천론적 담론. 교육철학, 29, 159-177.
조현규(2009). 도가적 생명교육 담론-장자사상을 중심으로. 교육철학, 38,

251-280.
최관용, 조민선(2000). 유도 심판의 「판정」 요인 분석. 한국체육학회지, 39(4), 768-778.
최민자(2010). 통섭의 기술. 서울: 모시는 사람들.
최의창(2000). 체육교육의 역사적, 철학적 탐구: 현황과 과제. 한국체육학회지. 39(1), 643-658.
최진석 역 / 陈鼓应(1997). 老莊新論. 서울: 조합공동체 소나무.
최진석 역 / 리우샤오간(1990). 莊子철학. 서울: 소나무.
최진석(2001). 노자의 목소리로 듣는 도덕경. 서울: 소나무.
하송박, 김동규(2012). 노자의 생명사상과 체육. 한국체육철학회지. 20(2), 1-16.
한흥섭(1999). 莊子의 예술정신. 서울: 서광사.
홍성민(2011). 질주하는 몸의 욕망과 자아의 재귀-루키즘의 욕망과 동양의 몸미학. 고려대학교 철학연구소. 철학연구, 44. 267-302.
川村英男(1989). 体育原理. 北京: 国家体委百科全书(翻译本).
馮友蘭(1992). 中國哲學史·上, 香港: 三聯書店.
李霞(2004). 生死知慧-道家生命觀研究. 北京: 人民出版社.
劉笑敢(2010). 莊子哲學及其演变. 북경: 中国人民大學出版社.
湯可敬(2004). 許愼의 『說文解字』今譯(上), 湖南: 岳麓書社.
王凱(2003). 逍遙遊-莊子美學的現代闡述. 湖北: 武漢大學出版社.
徐複觀(2001). 中國藝術精神. 上海: 華東師範大學 出版社.
嚴靈峰(2008). 老子達解. 臺灣: 華正書局 재판.
楊韻(2011). 體育的生命衝動與意識綿延. 體育科學. 3(31), 87-92.
朱謙之(2002a). 謙之文存二集, 戰後文化展望. 福建: 福建教育出版社.
朱謙之(2002b). 文化哲學. 福建: 福建教育出版社,

*위 내용은 하송박(2013)의 박사학위논문 「도가사상의 신체관과 현대 스포츠문화의 비판」을 수정 보완한 것임.

제3장 스포츠 세계화의 비판적 지형과 뉴 패러다임

1. 개관

"세계적으로 생각하고, 지역적으로 행동하며, 개별적으로 살아가자"라는 구호가 오늘날의 생활원리를 대변하는 시대어로 각광을 받고 있다(김문조, 2009). 세계화와 정보화로 인해 사회문화현상이 급변함에 따라 이와 같은 역설적인 구호가 공감대를 형성하고 있는 것이다. 이는 세계화라는 시대적 조류에 부합하여 열린사고를 하되 자신이 속한 지역과 자신의 정체성을 지키려는 태도로 이해할 수 있다. 세계화는 정보화와 더불어 21세기 사회변동의 핵심 키워드로서 많은 학자들에 의해 주목을 받고 있는 개념이다. 이러한 세계화의 개념은 경제, 정치, 문화, 사회 등의 분야에서 다양한 형태로 부각되고 있다.

그러나 세계화는 지구화, 전지구화, 범지구화, 국제화, 다문화 등 수많은 용어와 혼용되고 있다. 또 세계 각국의 여러 학자들로부터 다양하게 정의되고 있는 현상이다. 이는 세계화가 개념혼용이 시사하고 있듯이 다면적이고 복합적인 과정이기에 개념화나 이념형의 설정이 어렵기 때문이다(윤평중, 2006; Donnelly, 1996). 세계화의 전개양상이 갈수록 다양해지고, 그 수준도 천차만별이어서 이론적 정초가 쉽지 않은 것이다.

세계화의 기원에 대해서도 다양한 시각이 있으나, 본격적으로 세계화가 논의되기 시작한 것은 1990년대부터라고 볼 수 있다(김미경, 2010). 정보통신기술의 발달은 시간과 공간의 물리적 재편을 가능하게 하였다. Harvey(1989)는 이를 '시간과 공간의 압축(time and space compression)'이라고 하였고, Giddens(1990)도 '시간과 공간의 원격화(time and space distanciation)'라고 표현하며 세계화의 개념을 단적으로 설명하였다. 세계화 현상을 학계에 정착시키는데 핵심적인 공을 세운 Robertson(1992)은 세계화를 "세계의 압축과 함께 인적 자원을 비롯한 물적 자원들이 전 지구적으로 연결되고, 전체로서의 세계라는 의식이 강화되는 현상"이라고 하였다.

이처럼 다양한 개념적 스펙트럼을 지닌 세계화는 스포츠와도 밀접한 관계를 형성하고 있다. 스포츠가 정치적 속성과 경제적 속성을 내포한 문화양식이므로 문화의 세계화 경향에 따른 스포츠의 세계화는 필연적인 것으로 인식되기 때문이다(이한규, 1999). 교통, 통신, 미디어 기술의 발달을 매개로 하여 스포츠의 세계화는 다양하게 진행되고 있는 것이다. IOC와 FIFA의 회원국이 각각 205개국과 208개국으로서 UN의 193개국을 상회한다는 점은 스포츠가 세계적으로 보편화되어 있음을 보여주는 단적인 예라고 할 수 있다.

한편 Giulianotti는 올림픽이 지닌 역사성, 경제성, 문화성, 사회성 등을 예로 들며 세계화의 흐름과 스포츠의 관계에 대해서 설명하였다. 그에 따르면 "1896년 세계적 이벤트로서의 근대올림픽에는 단 14개의 국가만이 참가했지만, 2008년에 이르러서는 204개로 증가하는 양상을 보였고, IOC는 전 세계적인 미디어 산업과 기업의 후원, 티켓 판매로 전 지구적인 수익을 내고 있다. 세계적으로 각기 다른 스포츠 유형과 기술, 유니폼과 같은 의복양식 및 자기표현의 방식이 상호작용하며, IOC와 같은 특정한 국제조직이 세계적인 이벤트를 운영하고 통제하고, 그에 대한 각종 반발과 저항이 세계 곳곳에서 동시다발적으로 일어날 뿐 아니라, 전 세계인들에게 하나의 대화주제를 제공해주는 계기가 되었다"고 한다(Giulianotti,

조성식 역, 2010: 256). 즉 스포츠라는 매개체는 세계화가 지닌 여러 가지 속성을 그대로 볼 수 있는 도구가 된다는 것이다.

세계화가 스포츠와 연관되면서 다양한 쟁점들이 발생된다. 스포츠 세계화에 대한 긍정적인 입장에서는 특정지역의 스포츠종목 또는 특정 이벤트가 기존의 국지적 성격을 넘어 세계도처에서 관련된 정보와 지식을 습득할 수 있는 관계지향적인 현상으로 전환된다고 주장한다. 또한 경기규칙, 관행 및 절차의 표준화를 가져오면서 국가, 민족, 인종간의 이해와 협조를 도모하는 역할을 수행한다고 보고 있다(김소희, 이원재, 인상우, 2011). 이는 스포츠의 세계화를 효율성(efficiency)의 측면에서 이해하고자 하는 입장이다.

반면 스포츠 세계화는 부정적인 입장에서 문화적 제국주의의 대행자로서 전 지구적 차원의 문화적 획일화 혹은 단일문화를 확산시키고, 미국과 같은 강대국의 문화자본에 의해 각국의 문화적 다양성을 파괴시키는 주범으로 지목당하기도 한다. 이는 스포츠 세계화의 비판에 대한 핵심적인 논제이기도 하다. 이러한 관점은 스포츠가 팽창주의적인 서구중심론적 우주론에 전형적인 결합물을 완벽하게 전달하는 기능을 수행할 것이라고 한 Galtung의 예상과 일치하며, 상대적으로 열악한 후진지역에 대한 세계적인 대자본의 지배가 심화될 것이란 주장도 설득력을 얻고 있다. 다시 말해 세계화를 통해 스포츠가 보다 활성화되고 경제적으로 이득을 가져다주는 도구가 되기도 하지만, 계층이나 인종 간의 불평등을 심화하는 기폭제로도 사용된다는 것이다(이창섭, 남상우, 2010).

IOC나 FIFA 등의 국제적인 조직기구는 200여 개국이 참가하는 초국적 이벤트를 운영하고 통제하며, 각 국가로부터 스폰서십과 중계권료로서 천문학적인 금액을 지불하게 만들기도 한다. 또한 스포츠선수들의 국가적 이동이 비교적 자유로워짐에 따라 발생하는 갈등은 사회적으로 큰 이슈가 되고 있다. 이러한 모든 것들이 바로 세계화로 인한 스포츠의 양상들인 것이다(김상범, 김동규, 2012). 이와 관련하여 권순용(2012: 363)은 스포츠 세계화에 대해"한 국가 및 지역의 스포츠와 관련된 특정한 활동, 이벤트, 용구, 규칙, 정책, 조직, 미디어 등이 국가 및 지역의 경계를 넘어서 세계 타 지역 또는 전 세계로 확산되는 현상"이라 정의하고 있다. 이러한 개념을 바탕으로 보면, 오늘날은 21세기 정보화 시대의 도래로 인해 스포츠 세계화는 더욱 심화되고 있는 양상이다. 즉 스포츠 세계화는 비판적인 면이 존재하기는 하나, 오늘날 지구촌 상호공존이라고 하는 맥락에서 거부할 수 없는 시대적 요청임이 분명한 것이다.

스포츠 세계화가 전 세계적으로 나타나는 공통된 현상이기에 이에 대한 학문적인 관심은 지역과 영역을 초월하여 다양하게 나타나고 있다. 스포츠 세계화는 여러 분야에서의 논쟁을 제공하고, 다양한 담론을 생산하는 흥미로운 주제인 것이다. 또한 스포츠 세계화에 대한 찬성 혹은 반대, 세계 대 지역이라는 이분법적 논쟁으로서는 한 부분을 강조하게 되면 다른 부분의 중요성을 간과하게 되는 제로섬적 딜레마를 피하기가 쉽지 않은 현상이다(김문조, 2009). 즉 시대적 숙명이라 할 수 있는 스포츠 세계화를 받아들이되 스포츠 세계화에 내재되어 있는 한계점과 표출되고 있는 문제점을 최소화 할 수 있는 새로운 패러다임이 요청되는 것이다.

따라서 이 저서는 먼저 스포츠 세계화의 맥락을 분석하였다. Dahrendorf는 사회적 갈등행위의 발생원인은 갈등이 일어난 사회의 구조적 근원으로부터 규명할 필요가 있다고 하였다. 즉 갈등의 인식근거가 되는 인간의식의 실상은 사회구조의 맥락에 대한 탐색으로부터 시작할 필요가 있다는 것이다(이해성, 2002 재인용). Chalmers도 각 개인은 이미 존재하는 사회 속에 태어나며, 개인의 자유는 사회구조에서 그가 차지하는 위치에 의해 결정되기 때문에, 인간의 자유를 이해하는 선결조건은 먼저 사회구조와 맥락을 분석하는 일이라고 지적하고 있다(조성기, 2010 재인용). 다시 말해 첨예한 논쟁의 중심에 있는 스포츠 세계화의 분석은 그의 구조와 맥락을 파악하는 일부터 시작해야 한다는 것이다.

다음으로 세계화의 전개과정인 경제적 세계화, 정치적 세계화, 문화적 세계화로 구분하여(Harvey, Rail & Thibault, 1996) 스포츠 세계화의 비판적 담론의 지형을 탐색하였다. 또한 이를 바탕으로 스포츠 세계화의 대안적 패러다임을 설정하여 제시하였다. 이는 스포츠 세계화 과정에서 발생하는 비판적 현상과 한계를 극복하려는 논리구조의 천착에 일익을 담당하게 될 것이다.

2. 스포츠 세계화의 맥락

21세기 사회변동의 대표적 현상인 세계화는 다양한 영역에서 전개되고 있다. 교통과 통신의 발달로 인한 시간과 공간의 물리적 재편이 가져온 세계화 현상이 하나의 메가트랜드로 자리 잡은 것이다. 스포츠에 있어서도 세계화 현상은 인적 세계화, 물적 세계화 등의 형태로 나타나고 있다. 자유시장의 원리에 입각하여 진행된 스포츠의 세계화는 경제적 효율성을 제고하고 개인과 이해당사자의 능력을 신장시키며 세계시민의식을 고양하여 풍요로운 삶을 누릴 수 있을 것이라는 기대를 가지게 한다. 또한 외형적으로 모순관계에 있을 것 같은 민족주의와도 결합하여 애국심을 고취시키고, 사회통합을 이루는 매개의 역할을 하기도 한다. 경제적인 측면에서 점철된 세계화는 문화적인 측면으로 이양되어 오늘날 일상생활의 많은 부분에 영향을 미치고 있다. 스포츠에 있어서 세계화를 둘러싼 공방은 효율성에 근거한 긍정론과 문화적 획일화 등의 비판론이 첨예한 대립을 이루고 있는 양상이다.

스포츠 세계화의 개념과 이론적 구조

1) 스포츠 세계화의 개념

21세기 사회변동의 핵심키워드로서 세계화는 많은 학자들에 의해 주목을 받고 있다. 또한 오늘날 우리가 당면하고 있는 문제들과 깊이 연관되어 있고 나아가 미래의 운명을 결정지어줄 중요한 단서로까지 인식되고 있다(김신동, 2004). 세계화(globalization)는 지구화, 전지구화, 국제화, 범지구화 등으로 번역되는 용어로서 바라보는 시각에 따라 여러 의미를 함축하고 있으나 일반적으로 많은 사회과학자들은 '국제화(internationalization)'와 대비되는 개념으로 정의하고 있다(김경동, 1994). 국제화는 국가 간의 관계에 초점을 맞춘 것으로서, 근대 국민국가가 성립되고 이들 상호간에 관계가 맺어지고 교역이 이루어지면서 자리 잡게 된 것이다. 즉 국제화는 국경을 초월한 경제활동의 지리적 확장을 의미하며, 세계화는 국제화된 경제활동 위에 기능적 통합요소를 가미함으로써 세계시장이 통합되어가는 현상을 의미한다(신경환, 1997). 세계화에 대한 개념과 정의가 일치되지 못하고 복잡한 이유는 세계화 또는 세계화의 과정이 여러 가지 다양한 측면을 포함하고 있고, 국가 간의 관계와 그 관계를 가능하게 하는 맥락까지도 고려해야 하기 때문이다.

세계화는 경제학에서는 경제적 국제주의와 자본주의 시장의 확산을, 국제관계에서는 국가들 간의 연계의 증가와 글로벌 정치학의 발전을, 사회학에서는 세계의 사회적 갈등의 증가와 '세계사회(world society)'의 출현을, 문화이론에서는 글로벌 커뮤니케이션의 증가와 맥도날드와 코카콜라와 같은 문화적 표준화의 문제 및 탈식민 문화 등의 문제를 지칭한다(현남숙, 2012). 즉 경제·정치·문화 등 제반영역에서 동시적으로 전개되는 다원적 변화인 까닭에, 절대적 수용이나 절대적 거부와 같은 일의적 시각을 벗어나 진전경로나 요인들 간의 관계를 폭넓게 고려하는 통합적 접근이 요구되는 현상에 속한다(김문조, 2009).

세계화라는 용어가 본격적으로 쓰이기 시작한 것은 1960~70년대부터라고 할 수 있지만, 본격적으로 관심의 초점이 되기 시작한 것은 소련과 동구공산권의 붕괴 이후라고 보아야 한다는 것이 일반적인 입장이다. 그러나 일각에서는 세계화라는 현상은 현재에 국한된 것이 아니라 이미 수백 년 전부터 시작되었다는 견해 또한 존재한다. Marx와 Wallerstein

은 1500년대부터, Giddens는 1800년대부터 세계화현상이 시작되었다고 보기도 한다(Held, 2000; 정기웅, 2004 재인용). 세계화 현상의 역사를 놓고 다양한 시각이 존재함을 의미한다.

그렇지만 세계화 개념을 학계에 정착시키는데 공헌한 사람은 바로 Robertson이다. Robertson은 이 개념이 1980년대 초반 혹은 중반까지도 학계에서 인정받지 못했다고 기술한다. 그는 1983년 '세계성(globality)'이라는 개념을 사용했고, 1985년에는 세계화라는 제목 하에서 소논문들을 모아 책으로 출간함으로써 이 개념을 학계에 정착시켰다(김미경, 2010). Robertson(1992)은 이 개념을"인적 자원을 비롯한 물적 자원들이 전 지구적으로 연결되고 상호의존관계를 형성하는 과정을 의미한다."라고 설명한다.

Robertson은 세계화의 역사적 진전과정을 통시적으로 다섯 가지 단계를 통해 진행되어 왔다고 주장했다. 그는 15세기 이래 세계화의 과정을 다음과 같이 제시하였다.

> ① 태동기: 유럽에서 18세기 중반까지 이루어진 중세체제의 해체와 국가사회의 배태로 특징 지워진다. 태양중심설과 그레고리안 달력이 통용되며, 인본주의 사상이 타나난 시기이기도 하다.
>
> ② 시발기: 비서구지역에 대한 유럽의 제국주의적 침탈이 절정에 달한 1870년까지를 말한다. 민족주의와 국제주의 사이의 논쟁이 나타나며 보다 동질적인 단일 국가관이 자리 잡는다. 초국가적 규제와 통신에 관한 기구가 나타나며 행사도 이루어진다.
>
> ③ 도약기: 1920년대 중반에 이르기까지 개인, 인류, 국가, 국제사회에 대한 개념이 구체화되는 시기이다. 올림픽과 노벨상 같은 국제경쟁이 전개되며 세계전쟁이 일어난다.
>
> ④ 헤게모니 투쟁기: 신생독립국의 출현에 따른 제3세계가 형성되고 동서갈등과 남북문제가 심각해지는 1960년대 후반기까지의 시기이다. UN이 출범하지만 국제분쟁이 격화되며, 특히 미국과 소련 사이의 냉전과 열전이 교차한다.

⑤ 불확정기: 인권, 환경, 평화에 대한 국제적 관심이 고조된다. 미·소 양극체제의 쇠퇴에 따라 세계질서가 다극화한다. 극소 전자기술의 발달에 힘입어 세계적 규모의 통신망이 구성된다. 또한 1990년대 초반에 이르는 이 시기에 노동운동이 약화되고 신사회운동이 활성화된다(Robertson, 1993; 임현진, 2011: 26-27 재인용).

Hirst & Thompson(1999)도 세계화가 최근의 현상만이 아니라고 주장하며 세계화의 흐름이 인류역사상 세 번에 걸쳐 있었다고 주장하였다. 그들에 의하면 '세계경제안의 상호의존, 금융과 재정의 통합, 그리고 국민경제의 개방도'라는 측면에서 볼 때 세계화는 이미 1900년대 초반에 광범하게 이루어졌다고 한다. 제1차 세계화는 1870년부터 1914년까지의 흐름이고, 제2차 세계화는 1950년부터 1980년까지, 그리고 제3차 세계화는 1980년부터 현재에 이르고 있다고 한다(임현진, 2011 재인용).

이처럼 세계화의 역사적 배경에 대해서 다양한 관점이 존재한다. 그러나 Perimutter가 주장하였듯이 동유럽의 붕괴와 함께 세계화가 시작된 것으로 인식하는 것이 일반적이다(이한구, 2002). 1989년 베를린 장벽이 무너지고 동구권이 몰락하기 시작한 것은 냉전시대의 대결구도가 종식되고 새로운 국제질서, 즉 세계화가 시작되는 사변이었다. 장벽의 철거는 이념과 이념의 장벽을 가로막았던 철의 장막과 죽의 장막을 없앴고 나라와 나라를 갈라놓았던 국경을 무의미하게 만들었을 뿐만 아니라 민족과 민족 간의 울타리조차 낮추는 새로운 시대를 상징하는 것이다(이한규, 1999).

세계화의 성격에 대해서도 다양한 관점이 존재한다. Kearney는 세계화가 먼 거리의 지방들 간의 폭넓은 사회, 경제적 관계의 강화에서 일어난 현상으로 정치적, 이데올로기적인 측면이 강한 트랜스-내쇼날리즘의 결과로 분석한다. 반면 Nairn은 오늘날의 세계화를 '제3의 민족주의'로 파악하며 '미국중심의 세계화', 즉 '경제적 신제국주의'의 일환에 기인하는 것으로 분석하지만, Steger는 세계화가 미국화와 동일시 될 수 없으며, 오늘날의 세계화를 '제3의 물결'로 보는 것 또한 자제할 것임을 각성시킨다(김미경, 2010 재인용).

이 밖에 Tomlinson은 세계화에 대해 다차원적이고 중층적 성격을 지닌 것으로, Watters는 세계화가 지역, 국제, 세계라는 3차원적인 측면에서 상호 작용하여 발생하지만 이 중에서 문화영역에서 가장 두드러진다고 설명하면서 '1980년대 인문사회과학 분야에서 가장 열띤 논쟁의 주제가 포스트모더니즘이었다면, 1990년대에 가장 강력한 논제는 바로 세계화이다'라는 말로 세계화의 중요성과 보편성을 표현하고 있다(김미경, 2010 재인용). 즉 세계화의 다층적 수준과 다양한 전개양상으로 인해 세계화에 대한 이론적 분석이 날로 복잡해지고 있음을 의미한다.

Appadurai(1991)는 세계화 현상의 요인으로서 다음의 다섯 가지를 들고 있다. 첫째, 관광객, 이민, 피난민, 외국인 노동자에 의해 이루어지는 민족지학적인 양상(ethnoscapes), 둘째, 다국적 기업, 직접투자, 기술의 흐름인 기술적 양상(technoscapes), 셋째, 통화시장과 주식거래에서 화폐가 급속하게 이동하는 금융의 양상(financescapes), 넷째, 신문, 잡지, 텔레비전, 영화에 의해 생산되고 분배되는 이미지와 정보매체의 양상(mediascapes), 다섯째, 민주주의, 자유, 복지, 인권과 같은 서구 계몽주의 세계관의 요소로 이루어진 국가나 반국가 운동 등 이념의 흐름인 이데올로기적 양상(ideoscapes) 등이 그것이다.

이러한 세계화의 배경에 대한 인식을 바탕으로 세계화 현상에 대해서도 다양한 정의가 내려지고 있다. 세계화 또는 세계화 과정이 여러 가지 다양한 측면을 포함하고 있기 때문이다. 기능적인 측면에서 세계화는 인류의 생활과 직결된 경제적, 정치적, 기술적 그리고 문화적 측면들을 포괄하고 있다. 공간적인 측면에서 세계화는 지구촌에 존재하는 모든 사람들과 국가, 조직, 기구들을 포괄한다. 시간적인 측면에서 세계화는 과거, 현재, 그리고 미래 인간들의 삶과 관련이 있다(임동욱, 2012).

표1. 축구의 역사적인 세계화 과정(참조: Giulianotti, 조성식 역, 2010)

단계	기간	내용
1단계 (초기단계)	~ 19세기 초	- 축구가 공식적으로 체계화되기 이전 단계 - 도시화, 산업화, 영국 식민지 무역팽창 등이 축구의 확산을 위한 사회문화적 하부구조 제공 - 지역화 된 전통 축구게임이 영국과 유럽대륙에서 열림
2단계 (발단단계)	19세기 초 ~ 1870년대	- 영국 공립학교들과 노동자계급의 축구클럽이 다양한 규칙 제정 - 하나의 공통적 법률체계 생성 - 첫 번째 국제대회 개최 - 축구의 확산 시작
3단계 (도약단계)	1870년대 ~1920년대	- 축구는 유럽, 남미, 아프리카 식민지 국가, 아시아, 북아메리카 등 광범위한 지역에서 인기 있는 스포츠로 자리 잡음 - 1904년 FIFA 창설은 축구의 국제체계를 제도화 함
4단계 (투쟁단계)	1920년대 ~1960년대	- 축구의 국제적인 시스템이 복잡화 됨 - 유럽과 남미세력이 FIFA내부에서 주도권을 가지기 위한 노력을 함 - 브라질 축구가 전 세계적인 영향력 발휘
5단계 (불확실성 단계)	1960년대 ~2000년대	- FIFA, 대륙연맹, 국가별 협회, 클럽과 스폰서 등 조직 간의 복잡해진 관계를 통해서 정치적 투쟁이 발생 - 축구단체들이 인권 문제를 강조하기 시작 - 전지구적 미디어 체제의 중계권 투쟁 시작

이상을 종합하여 보면, 세계화에 대한 분석은 모두 시간과 공간의 개념적 틀을 토대로 이루어지는 것임을 알 수 있다. Harvey(1989)는 세계화에 대해 '시간과 공간의 압축(time and space compression)'이라고 하였고, Robertson(1992)도 세계화를 '세계의 압축과 함께 인적 자원을 비롯한 물적 자원들이 전 지구적으로 연결되고, 전체로서의 세계라는 의식이 강화

되는 현상'이라고 하였다. 즉 정보통신기술의 발달은 시간과 공간의 물리적 재편을 가능하게 하였고, 이를 바탕으로 현대적 의미의 세계화가 발생했다고 볼 수 있다.

세계화는 스포츠와 결합하여서도 다양한 관점들을 제시한다. 학문의 영역에서도 1990년대를 기점으로 하여 스포츠분야의 핵심 연구주제로 부상하였다(Bale & Maguire, 1994; Donnelly, 1996; Harvey, Rail, & Thibault, 1996; Giulianotti & Robertson, 2007, 2009; Guttmann, 1991, 1994; Maguire, 1993, 1994, 1999, 2005; Mckay, Lawrence, Miller & Rowe, 1993; Sage, 2010). 이들은 상이한 관점에서 스포츠와 세계화의 역학적 관계를 서술하고 있으나 스포츠 세계화에 대한 개념적 합의는 어느 정도 이루고 있다. 스포츠종목, 용품, 인적자원 등 스포츠 콘텐츠 자체의 세계화와 스포츠 콘텐츠를 통한 지역의 문화와 정보 등의 세계화를 포괄적으로 스포츠 세계화라 보는 것이다. 이를 바탕으로 스포츠 세계화의 개념을 정의하면 한 국가나 지역의 스포츠 콘텐츠가 국가나 민족 등 지역과 인종의 경계를 넘어 확산되고 전파되는 현상이라고 할 수 있다.

스포츠 세계화의 이론적 구조

세계화 과정은 경제적, 정치적, 사회적, 그리고 문화적 과정을 포함하는 다층적이고 다면적이다(Donnelly, 1996). 따라서 세계화에 대한 이론화 작업은 세계화 과정이 경제적 지구화(economic globalization), 정치적 지구화(political globalization), 문화적 지구화(cultural globalization) 등 다차원적인 전개 과정으로 구성되기 때문에 쉽지 않다(Harvey, Rail, & Thibault, 1996).

스포츠와 세계화의 관계에 대한 다양하고 심층적인 이론적 분석들이 전개되어 왔고, 따라서 글로벌-로컬 동학, 관계, 그리고 경험 등에 대한 다양한 이론적 근거들을 제시해 주고 있다. 주요 초기 이론적 관점들로 세계체제론(the world system theory), 문화제국주의론(cultural imperialism approaches), 근대화론(the modernizaton approach), 종속이론(dependency theory), 문화헤게모니론(cultural hegemony approaches) 등을 들 수 있다(Donnelly, 1996; Maguire, 1999). 권순용(2012)은 스포츠 세계화의 이론적 근거들을 바탕으로 의미 있는 관점들을 제시하고 있는데, 그 구분을 바탕으로 스포츠 세계화의 구조를 다음과 같이 제시하고자 한다.

세계체제론(the world system theory)은 Marx와 Weber로 대표되는 19세기 사회과학 패러다임의 국민 국가적 분석틀을 거부하고 지구적인 세계체제야말로 적절한 분석단위임을 적극적으로 부각시킨 이론적 패러다임이다(이수훈, 1996). 또한 세계체제론은 자본주의 세계경제를 하나의 통합된 세계체제로 인식한다. 따라서 세계체제론은 세계를 하나의 단위로 사고함으로써 세계화에 대한 이론적 스펙트럼을 넓히는데 공헌을 하였다. 세계체제론은 세계체제 내의 국가 간 위계질서와 불평등이 지구적 차원에서 구조적으로 재생산되고 있음을 강조하고 있다. 이러한 세계체제는 중심부, 반주변부, 그리고 주변부 등 단일한 분업구조로 이루어져 있으며, 국가 간 국제체제는 그러한 자본주의 세계경제의 정치적 상부구조에 지나지 않는다. 그렇기 때문에 국가란 아무런 독자적 실체가 없는 분석의 단위일 뿐 세계경제의 축적구조가 핵심을 이룬다(임현진, 2011).

세계체제론을 스포츠에 적용하면, 주변국가에서 중심국가로의 선수 및 지도자의 이동을 예로 들 수 있다. 즉 아프리카 선수들이 미국대학스포츠 프로그램으로 유입되는 현상에 대한 적절한 설명을 제공한다. 세계체제론은 또한 스포츠노동이주 뿐만 아니라 다양한 스포츠 및 여가상품을 팔기 위한 새로운 자본주의 시장의 확보와 세계자본주의 질서구축에 대한 이해를 제공한다. 결국 글로벌 스포츠 및 여가체제는 제1세계 선진국들의 초국적 기업 및 조직들에 의해 작동되고 유지된다는 점이다(Maguire, 1999; 권순용, 2012 재인용).

표2 . 근대 세계체제의 국가구성(Giulianotti, 조성식 역, 2010).

단위	내용
핵심(core)	부유하고, 강력하게 통치되는 지배적 나라들 - 미국 혹은 서유럽 국가들
준주변적 (semi-peripheral)	보통수준의 정부능력과 기술발전과 상품의 다양성에 제한이 있는 경제적으로 팽창하는 국가들 - 아시아의 4개 국가(한국, 싱가포르, 타이완, 홍콩) 및 동유럽 국가들
주변적 (peripheral)	약한 정부에 국경분쟁이 있으며 서구국가에 구조적인 종속이 있는 나라들 - 아프리카와 라틴 아메리카 국가들

그러나 세계체제론은 문화적 세계화를 단순히 경제적 세계화에 대한 결과라고 주장함으로써 지구적 차원의 문화변동에 대한 체계적인 설명이 부족하다는 비판을 받고 있다(김윤태, 1999). 즉 정치나 문화나 이데올로기의 기능에 대해 적극적인 관심을 보이지 못하고 경제적 세계화의 단순한 반영으로 보는 약점을 지니고 있다.

문화제국주의론(cultural imperialism perspectives)은 정부, 초국적 기업 및 조직의 활동과 함께 한 국가 및 지역의 문화가 다른 문화를 지배하는 구조를 말한다. 예를 들어 미국화(Americanization)의 경우 미국의 문화가 한 국가, 지역, 그리고 전 세계적으로 확장되는 현상을 지칭하는데, 스포츠에서 미국화 현상은 초창기 세계화 논쟁에서 두드러진 주제 중의 하나였다(권순용, 2012).

미국화와 연관된 세계화 과정으로 맥도널드화(McDonaldization), 코카콜라화(Cocacolonization), 디즈니화(Disneyfication) 등은 문화제국주의를 의미하는 또 다른 수사(rhetoric, 修辭)로 볼 수 있다. 그리고 문화제국주의적 시각에서 근대스포츠의 확산이 설명 가능하다. 이들의 입장에서는 스포츠와 관련한 문화자원의 유통과정이 미국과 같은 강대국에 의해 한쪽 방향으로 유포됨을 주목한다. 이창섭과 남상우(2010: 518)는 문화제국주의에 대해"경제적으로 지배적인 체제와 위치를 갖춘 나라가 다른 나라에 대해 상품이나 유행, 스타일 등을 전파하는 과정"이기도 하고, 또는 이 과정에서"지배적인 국가로부터 종속적 국가, 가령 아시아나 아프리카 등의 시장으로 전달되는 요소들이 지배국가의 문화적 가치와 신념, 관례들에 의해 유지되고 또 이를 보장하는 특정형태의 수요와 소비를 창조하는 과정"으로서 여러 가지 논의를 종합하여 개념을 제시하였다. 그러나 문화제국주의론도 세계화 과정의 본질에 대하여 단일 방향적이고, 단일 요인적인 설명이라는 비판을 받는다.

근대화론은 1970년대까지 지배적인 발전이론 패러다임으로서 주요 관심이 전통사회가 어떻게 근대성(modernity)을 성취하는가에 대한 질문, 즉 산업화와 도시화를 이루면서 전통적 권위의 쇠퇴를 동반하는 근대적 발전과정에 중점을 둔다. 스포츠 세계화와 근대화론과 관련하여 Guttmann(1991)과 Wagner(1991)는 근대화(modernization) 개념이 지구적 변화의 본질적 과정에 대한 중요한 의미를 함축하기 때문에 적당한 용어이며, 특히 세계스포츠의 동질화 경향을 암묵적으로 받아들인다는 점에서 미국화 개념보다 더욱 적절한 용어임을 주장하였다. 그러나 근대화론은 갈등, 착취, 저발전에 대한 설명이 부족하며 단일방향의 동질화 경향의 발전모델을 지향한다는 비판이 제기된다(권순용, 2012 재인용).

종속이론(dependency theory)이란 한 지역, 한 국가 그리고 국제사회의 구조가 중심과 주변으로 양분 대립되어 중심이 주변을 착취하고 주변이 중심의 발전을 위해 희생함으로써 중심은 계속 발전하는데 반해 주변은 지속적으로 저발전 후진상태에 놓이게 되는 현상에 대한 이론적 설명체계이다. 종속이론의 핵심논리는 첫째, 경제체제나 사회를 중심과 주변으로 양분 대립되는 구조로 파악하고, 둘째, 중심은 자기 발전을 위하여 주변을 착취하고 이러한 착취, 피착취 관계는 지속적으로 계속된다는 점이며, 셋째, 주변이 이러한 종속관계를 벗어나지 못하는 한 저발전 후진상태를 결코 벗어날 수 없으며, 오히려 중심지역의 발전이 고도화되면 될수록 주변지역의 저발전 상태는 더욱 심화됨을 강조한다(권순용, 2012).

Klein은 라틴아메리카의 야구를 설명하기 위해 종속이론을 전개했다. 미국의 야구가 라틴아메리카에 널리 퍼져 있는 것은 미국의 역사적 패권을 반영하는 것이다. 도미니카의 야구아카데미는 라틴아메리카 지역 내 최고의 자원들을 모으고, 기본적인 정제과정을 거쳐 최고의 상품은 북미 지역으로 보내지고, 거기서 부유한 소비자들에 의해 소비되기 전에 마지막 정제를 받는다. 도미니카 국민은 하급의 나머지 것들을 소비하게 된다(Giulianotti, 조성식 역, 2010).

예로 든 것처럼 종속이론은 서구중심 또는 소유의 스포츠 통치기구, 미디어스포츠 복합체, 스포츠장비/용구 제조 및 서비스망 등에 대한 이론적 설명으로 타당할 수 있으나, 몇몇 제3세계 국가들의 성장 및 발전에 대한 설명이 어렵다는 비판이 제기된다(Maguire, 1999). 따라서 최근에는 종속적 발전(dependent development) 또는 종속역전(dependency reversal)이라는 개념이 대두되었다(권순용, 2012).

문화헤게모니론(cultural hegemony perspectives)은 종속이론과 문화제국주의론의 과잉결정론적 시각을 극복하려는 관점이다. 문화헤게모니론에서는 어느 한 문화의 총체적인 지배 또는 종속이 불가능함을 강조한다. 즉 문화의 생산과정에는 여러 가지 요인이 작용하고 이데올로기적 메시지는 고정되어 있는 것이 아니며, 그러한 생산물을 접하는 사람들은 그 메시지와 생산물을 해석 및 재해석할 수 있는 자유와 능력을 지니고 있다는 점이다. 예를 들어 미국문화에 노출되더라도 자신이 선택하는 방식으로 그러한 문화상품을 해석하고 재해석하는 어느 정도의 자유를 지닌다는 것이다. 그러나 그러한 상품의 원천이나 생산을 통제하거나 결정적인 영향을 줄 수는 없다는 점에서 자유에는 분명한 한계가 있다는 주장이다(권순용, 2012).

한편, Pieterse(1995)는 세계화를 "전 지구적인 혼합물을 부상시키는 혼종화(hybridization)의 과정"으로 논의하며, 혼성 또는 합성을 의미하는 혼종성(hybridity)이 세계화를 설명하는 근거로 제시될 수 있음을 주장하였다. 이는 문화헤게모니론에 기반을 둔 현재의 스포츠 세계화를 설명하는데 설득력이 있는 논리로 제시 가능하다. 최근 대중문화의 한류현상뿐만 아니라(김수정, 양은경, 2008; 윤경우, 2009; 윤평중, 2006; 현남숙, 2012), 스포츠의 세계화 과정도 이러한 방식으로 접근해(박수정, 정희준, 2004) 해석하려는 시도가 이어지고 있다.

신자유주의와 스포츠 세계화

1) 신자유주의의 확산과 스포츠

앞서 세계화가 복합적이고 다면적인 과정이기에 세계화에 대한 용어의 통일과 개념의 정의가 쉽지 않음을 언급하였다. 그러나 오늘날 세계화 과정의 주된 흐름이 신자유주의 이데올로기에 의한 것이라고 보는 것에는 대체로 동의한다(조순, 정운찬, 전성인, 2003). 신자유주의란 어떠한 외부 통제나 규제로부터의 자유라고 하는 시장원리를 따르는 것으로서, 민영화(privatization), 자유화(liberalization), 그리고 탈규제(de-regulation)라는 3대 정책을 세계경제체제의 핵심으로 본다(임현진, 2011).

신자유주의는 20세기 초의 지배적인 사상체계인 케인즈(J. M. Keynes)의 국가개입주의와 유럽 사회민주주의자들의 복지국가주의에 반대하고, 자유주의의 고전적 이념으로 회귀하고자 하는 정치경제적 이념체계이다. 신자유주의는 자유시장과 규제완화, 재산권을 중시하는 논리이다. 국가권력의 시장개입을 최소화함으로써 시장경쟁을 유도함으로써 경제의 효율성을 높인다는 것을 이론의 기반으로 삼고 있다. 이러한 주장은 완전고용, 복지국가 등을 주창하는 수정자본주의에 대한 반론으로 제기됐다(손호철, 2005). 다시 말해 시장실패의 원인을 국가의 개입으로 치환하고, 경제활동에 영향을 미치거나 규제하는 국가의 개입은 제한되어야 하며, 시장이 문제해결의 실마리가 될 수 있음을 주장하는 것이다.

20세기 후반부터 자원의 분배와 교환에 관한 이념으로 등장하여, 압도적인 힘을 가시해온 것이 신자유주의이다. 신자유주의 영향력은 그 범위가 시장숭배자들에게만 국한되는 것이 아니라 모든 분야에 다양하게 제시되고 있다(김병곤, 2001). 즉 신자유주의의 추동력으로 전 지구적 자본주의와 시장주의 이데올로기는 사람들의 의식과 모든 분야가 경제에 종속되어야 함을 강요한다. 신자유주의는 1970년대 이후 경제위기를 극복하는 과정에서 보수 우익세력들이 채택한 일련의 정치적-이데올로기적 조류를 모두 지칭하는 말이다(강상구, 2000).

신자유주의가 1970년대 본격적으로 표면화된 이후 오늘날 세계화의 담론과 정책을 주도하는 핵심적인 용어가 되었다. 신자유주의화 과정에서 국가는 가능한 시장과 경제에 개입하지 않아야 하지만 사적 소유권, 법에 의한 통치, 자유시장과 자유무역의 제도화 등을 지원해야 한다고 주장한다(Harvey, 2007). 시장에서 자유롭고 공정한 경쟁은 혁신과 생산성을 향상시키며 자원배분의 효율성을 제고하는 최적의 수단이라는 것이다(유호근, 2009 재인용). 신자유주의자들은 시장의 확대와 경제의 논리를 언제나 바람직한 것으로 간주하지만, 정부역할의 확대와 정치의 개입논리는 비생산적인 것으로 평가한다.

신자유주의가 고착화되어 국가 간의 자유경쟁이 세계시장의 차원에서 전개될 수 있도록 자본과 시장의 역할은 점차 확대되었으며, 반면에 국가와 정부권력에 의한 통제의 역할을 축소시키는 결과를 가져왔다(유호근, 2009). 이 과정에서 세계화 현상이 증진하고 강화되는 경향을 보이게 되며, 세계화의 전반적인 경향 속에 경제적 논리가 강조되고 있음을 발견할 수 있다. 즉 초국가적 자본의 지배와 개방과 자유무역이 중심이 되는 시장질서에 대한 강조를 경제적, 정치적, 문화적 영역에서 발견할 수 있는 것이다.

신자유주의로 인하여 국가 간 자본의 이동이 원활해지고, 무역장벽이

완화되어 자본을 소유하고 있는 투자자들은 언제든지 외국의 투자하기 좋은 곳으로 이동이 가능하게 되었다. 이처럼 세계화를 통해 전일적인 세계경제체제를 구축하려는 신자유주의 흐름 속에서 스포츠 역시 자유로울 수 없다(윤여탁, 2004). 오늘날 시장경제원리에 입각한 신자유주의 사상은 스포츠 영역에서 다양한 변화를 초래하고 있다는 것이다. 신자유주의는 스포츠와 결합하면서 스포츠의 상업화를 가져오게 되고, 이는 자본주의의 논리로 이해되어지며, 일반적으로 비판의 대상이 된다(조정환 역, 2007: Guattari, & Negri, 1995).

그러나 신자유주의의 세계화로 인해 스포츠산업이 외향적 성장을 이룬 것은 분명해 보인다. 스포츠 용품업, 제조업을 비롯해 프로스포츠 산업의 성장은 국가 간 자본의 이동과 자유경쟁체제가 아니었더라면 불가능한 일이다. 또한 신자유주의로 인한 스포츠의 상업화가 스포츠의 보급과 스포츠의 기술수준의 향상을 가져왔다는 것은 보편적으로 인지하고 있는 사실이다. 스포츠에 침투한 자본으로 인해 스포츠는 미디어 등을 활용하여 일반대중들에게 보다 쉽게 보급되었다. 그리고 자유경쟁체제로 인해 기업 간 혹은 국가 간 경쟁에서 우위를 차지하기 위한 노력은 스포츠과학의 발달을 가져왔으며, 스포츠기술을 혁신적으로 발전시켰다.

2) 스포츠 세계화의 심화

2012년 3월 15일 한국과 미국의 자유무역협정(Free Trade Agreement, FTA)이 발효됨에 따라 이 협정은 정치적 공방의 요소뿐 아니라 사회적인 이슈로 부각되었다. 미국과의 FTA를 반대하는 쪽에서는 주로 농·수산업의 피해를 우려하고 있으며, 평등하지 못한 조약이 있음을 주장하고 있다. 농민단체뿐만 아니라 많은 시민단체들의 한미 FTA 비준에 반대하는 시위가 국지적으로 이루어졌고, 사회적으로도 많은 논쟁의 대상이 되며 세계화에 대한 전면적 반대의 움직임으로 이어지기도 하였다. 그러나 일부 급진적 민족주의자들을 제외하고는 한미 FTA 비준에 반대하는 사람들도 국가 간 무역자체를 부인하지는 않는다. 다시 말해 자신이 속한 분야가 처한 상황이나 개인이 가진 정치적 가치판단에 의해 찬성과 반대논쟁을 일으킬 뿐 날이 갈수록 국제관계가 심화되고 있는 상황에서 세계화에 대한 전면적인 반대를 하는 것은 아니라는 것이다.

한미 FTA는 세계화와 관련된 단적인 예를 보여준다. 이처럼 한 가지 사안을 두고도 세계화는 다면적 현상이기에 다의적 해석이 가능하고, 다양한 가치판단이 개입될 여지가 있다. 그런데 때때로 세계화의 폐해에 저항하는 움직임이 반세계화운동으로 이어지기도 한다(김미경, 2013). 이들은 세계화의 사회적 부작용에 주목하며, 전 세계 노동자와 민중의 저항운동을 일으키기도 한다. 반세계화운동은 그 주제와 주체의 다양성으로 인해 어떤 합의된 개념이나 전망은 없지만 대체적으로 볼 때, 신자유주의적 세계화 전략에 반대하는 전 지구적 사회운동 및 민중운동을 지칭한다고 볼 수 있다(김미경, 2013). 자본의 이해관계를 중시하는 신자유주의적 세계화의 심화로 자본가, 초국적 기업, 선진국, 중심국 등은 더욱 많은 이득을 가지게 되고, 주변부 국가들과 노동자, 농민 등 소외계급은 무한경쟁의 희생자가 된다는 현실을 지적한다.

앞서 살펴보았듯이 신자유주의적 세계화는 선진국과 후진국 간의 격차를 확대시키고, 사회계층 간의 불평등을 심화시킬 뿐만 아니라 세계경제를 불안하게 하는 부정적인 측면이 심각하게 제기되는 현상이다. 한국의 경우도 외환위기를 극복하기 위해 사용한 이 정책으로 인해 오히려 계층 간 양극화는 심화되고, 수도권과 지방, 도시 근로자와 농어촌 근로자 간의 소득격차는 갈수록 커지고 있다(김신동, 2004). 이러한 문제점에 주목하는 것이 일종의 반세계화이다.

Glyn은 1980년대에 일어난 좁은 의미의 세계화가 미국의 위상을 점차 강화시키고, 중국의 괄목할 만한 성장을 유도했다고 주장한다. 그는 기존의 제품무역, 해외 직접투자, 새로운 국제이주의 급증 등이 경제적 통합을 촉진시켰고, 1980년대 이후 이러한 자본의 축적과정은 자본가의 반노동 전략을 통해 노동자 계급의 지위를 약화시켰다고 주장한다. 또한 유럽에 비해 정보통신기술을 중심으로 빠른 성장을 보이는 것 같지만, 실제로는 두 국가 모두 어려움에 처해 있으며, 유럽 또한 서독과 동독 통일의 영향으로 미세한 성장에 그쳐 세계화에 따른 실제 경제성장률은 세계 전체적으로 볼 때 점차 저하되고 있다고 비판한다(김수행 역, 2008).

이처럼 세계화에 대한 비판적 의식들은 반세계화운동으로 표출되기도 하는데 이러한 움직임은 신자유주의적 세계화에 대한 전 지구적 저항운동을 창출하고, 21세기 새로운 차원의 사회변혁운동의 가능성과 세계화에 대한 새로운 패러다임을 요청하기도 한다(김미경, 2013). 왜냐하면 기본적으로 자유경쟁 시스템에 초점을 맞춘 신자유주의적 세계화는 사회적 불평등과 계층 간 갈등을 심화하며, 과학기술의 발전과 정보화 등으로 인한 국적을 초월한 자본의 증가가 불균등하게 전개되기 때문이다.

경쟁을 기반으로 하고 있는 스포츠현장에서도 세계화의 반작용으로서 스포츠의 반세계화 움직임은 여러 곳에서 포착된다. 스포츠는 대중문화와 더불어 문화의 주요 부문으로서 정치, 경제적 영역을 포함한 다면적 속성을 지닌 영역이기 때문이다(유호근, 2010). 다음은 스포츠 반세계화의 한 단면인 축구공 생산을 담당하는 국가에서 발생하는 노동착취를 지적하는 기사이며, 한동안 스포츠에서 반세계화를 주도했던 담론의 일부를 발췌한 것이다.

> 월드컵을 앞두고 축구공 등 스포츠용품을 만드는 노동자들의 열악한 노동실태를 알리며 초국적 기업의 노동착취에 반대하는 운동이 활발히 진행된다. "아이들은 학교도 가지 못하고 축구공을 꿰매요." 89개국 2천여 단체들로 구성된 '아동노동 반대 글로벌마치(아래 글로벌마치)' 소속의 활동가로서 24일 방한한 토코 씨는 말한다. 축구공을 만들기 위해서는 가죽조각들을 실로 꿰매야 한다. 파키스탄과 인도 등 대표적인 축구공 생산국들에서는 많은 아동들이 이 일에 종사하고 있다.

2000년에 발간된 '축구의 그늘'이란 보고서에 따르면, 인도의 펀잡 지방에서만 축구공을 만드는 아동이 1만 명가량 된다. 또 ILO(국제노동기구)는 파키스탄의 시알코트 지방에서 1만5천명이 넘는 아동들이 축구공 바느질일을 하고 있다고 보고했다. 이들 축구공의 제조업체는 아디다스와 같은 초국적기업이다. 코카콜라나 이코노미스트를 홍보하는 축구공도 아동들에 의해 만들어진다. "어두운 방에서 가죽조각을 꿰매는 일을 장시간 하다 보니, 아이들은 항상 등과 목에 통증을 느끼고 실을 잡아 다니느라 손가락이 비틀어지기 십상이다. 또 시력을 잃는 경우도 있다."

토코 씨는 아이들의 건강상태 뿐 아니라 임금도 매우 열악하다고 말했다. 파키스탄의 한 집에서는 세 자매가 한 조로 일을 해 하루 평균 4~5개의 축구공을 꿰매는데 이에 대해 받는 돈은 미화로 2달러도 안 된다. 축구공 산업에 종사하는 어른들 역시 공식 최저임금에 못 미치는 돈을 받고 있다. 올해 초 글로벌 마치가 인도 펀잡 지방에서 조사한 결과, 평균적으로 성인노동자들은 하루 최저임금 82.08 루피아에 못 미치는 58루피아를 받고 있었다. 토코 씨는 "축구공 바느질에 대한 임금이 워낙 낮아, 아동들은 가족을 돕기 위해 불가피하게 학교를 못 가고 일을 하는 경우가 많다"며 "노동에 대한 정당한 임금은 아동노동을 근절하기 위해서도 절실하다"고 주장했다. 빈곤가구 아동들이 학교를 가지 못한 채 일을 해야 한다면, 빈곤과 문맹의 악순환은 대물림될 수밖에 없는 것이다.

또 글로벌마치의 필립 씨는 "피파는 월드컵 공식 축구공 제조업체인 아디다스 등의 노동조건 및 아동노동 사용 여부에 대해 감독을 거쳤다고 하지만, 우리들로서는 신뢰하기 어렵다"고 말했다. 실제 필립 씨는 파키스탄에서 월드컵 로고가 찍히는 홍보용 축구공을 만드는 아동들을 직접 목격하기도 했다. 이밖에도 아시아모니터센터의 김애화 씨는 "스포츠 의류와 신발도 대부분 25세 미만의 어린 여성노동자들의 저임 노동으로 만들어지고, 한국이나 대만 기업들이 이들 산업분야에서 초국적기업의 하청업체로서 노동착취를 하는 일이 잦다"고 지적했다.

> 이에 국제민주연대, 국제연대정책정보센터 등 국내단체들과 홍콩에 있는 아시아모니터센터(AMRC) 등 10여 개 단체들은 '노동자·아동 노동착취 월드컵 후원 초국적 기업반대 공동행동'을 구성하고 27일부터 '스포츠산업과 노동자들의 인권'을 주제로 거리캠페인과 토론회 등을 열 예정이다. 27일 아침 10시 30분 영상미디어센터(옛 동아일보사 건물)에서 열릴 기자회견에는 해외진출 한국기업에서 일하는 아시아 노동자와 축구공을 꿰매는 일을 했던 인도 어린이 소니아씨가 참석해 열악한 노동실태를 생생하게 폭로한다(이주영, 2002. 05. 25).

이와 같이 다국적 기업의 세계화 과정에서 다음과 같은 부작용들이 발생하고 있다. 자유 시장경제 체제에서 값싼 노동력을 구하기 위한 다국적 기업의 행보가 최빈국에 해당하는 국가들에 거주하고 있는 아동들의 인권을 침해하는 결과로 되돌아오는 것이며, 스포츠 세계화의 심화는 반세계화의 움직임으로까지 귀결되고 있는 것이다.

스포츠 세계화 해독의 새로운 프레임

앞서 살펴 본 근대화론, 종속이론, 세계체제론, 문화제국주의론 등의 이론적 개념구조는 단일방향성(unidirectional)과 단일요인(monocausal)적 시각에 편중된 경향이 있다(권순용, 2012). Jackson & Andrews(1999)는 세계화 과정에 대한 다양한 이론적 관점들이 글로벌(Global)과 로컬(Local)의 관계에 따라 동질화의 관점(homogenizers)과 이질화의 관점(heterogenizers)으로 구분할 수 있다고 하였는데, 대다수 초기 이론적 관점들이 동질화의 관점으로 이루어지고 있다는 것이다. 그러나 이러한 비판을 바탕으로 글로벌과 로컬의 동역학 관계가 복잡하고 유동적이며, 양자 간의 상호 연관적 분석이 중요함을 주장하는 연구들이 등장하고 있다(Andrews, 1999; Andrews

& Ritzer, 2007; Donnelly, 1996; Maguire, 1999; Robertson, 1995 등). 즉 동질화냐 이질화냐, 글로벌이냐 로컬이냐의 이분법적 해석은 세계화 과정의 복잡성과 다양성을 종합적으로 설명하는데 한계가 있다는 것이다.

Robertson이 제시한 세방화(glocalization)와 Pieterse가 주장한 혼종화(hybridization) 등은 앞선 이론적 관점에 대한 한계를 극복하고, 글로벌과 로컬의 상호 구성적 관계를 관찰할 수 있는 이론적 프레임을 제공해줄 수 있을 것이다. 따라서 이 장에서는 세방화, 혼종화, 다문화 등을 스포츠 세계화 해독의 새로운 프레임으로 제시하고, 스포츠 세계화 과정에서의 글로벌과 로컬의 동역학 관계에 대한 분석을 시도하였다.

1) 세방화

세계화를 개념적으로 설명하려는 다양한 차원의 시도 중에 Robertson은 세계성(globality)의 개념을 사용할 것을 제안하였다. 세계성은 지리적으로 상이한 문화들 간에 상호적인 침투를 의미하며 보편적 근대성의 확산을 용이하게 하는 일반적 조건이다. Robertson은 현대화 과정에서 발생하는 양극적인 특성인 세계화와 지방화 양상을 세방화로 표현하였다(김미경, 2010). Robertson(1995)은 세방화 과정의 본질이 글로벌과 로컬이 서로 상대방을 만들어내고(creation), 서로 엮이는(incorporation) 관계성(relationality)에 있다고 주장한다. 그는 동질화와 이질화, 보편주의와 특수주의, 같음과 다름, 그리고 글로벌과 로컬의 관계는 상호보완적이고 상호 침투적(complementary and interpenetrative)인 관계임을 강조하고 있다(권순용, 2012). 즉 그가 주장한 세방화의 본질은 세계화 과정에서 발생하는 동질화 대 이질화의 논쟁을 초월하고, 다양한 현대생활 영역들 속에서 보편주의와 특수주의를 결합하려는 시도인 것이다.

세방화를 의미하는 glocalization은 세계화를 뜻하는 globalization과 지방화(현지화)를 의미하는 localization의 합성어로 일본의 기업인 '소니'의 창업자 Akio가 만들어낸 신조어이다. 세계화는 전 세계시장을 대상으로 생산과 원재료 조달 및 판매활동을 최적의 장소에 배치함으로써 경쟁력을 확보하기 위한 경영방식이며, 지방화는 현지의 문화나 소비자 기호 등의 차이를 반영하여 생산, 마케팅, 연구개발 등의 활동들을 현지 실정에 맞게 수정하여 실행하는 경영방식이다. 즉 이 둘을 합친 세방화란 세계화를 추구하면서 동시에 현지 국가의 기업풍토를 존중하는 경영방식을 말한다(김용식, 2008). 즉 세계화의 과정에서 지방의 특색, 규범, 문화 등이 영향을 미쳐 새로운 것을 창출하는 것을 의미한다.

김용식(2008), 안상욱(2009) 등은 대표적인 세방화의 사례로서 맥도날드와 휴대전화 생산업체인 노키아의 사례를 들었다. 맥도날드는 맥도날드화(McDonaldization)라는 용어가 대변해 주듯 그간 세계화의 상징으로 비춰졌다. 또한 문화제국주의의 전파자로 지목받기도 하였다. 그렇지만 그들은 맥도날드와 노키아가 사용한 마케팅 전략을 세방화 전략이라 주장하고 있다. 구체적으로 맥도날드와 노키아가 사용한 전략은 다음과 같다.

> 'Think Globality Act Locally'를 사훈으로 명명하고 브랜드와 매장 인테리어 등을 동일하게 사용하되 햄버거 원료인 패트는 각 고객의 기호를 반영하였다. 대표적으로 소고기를 먹지 않는 인도시장에 진출할 때에는 소고기 대신 양고기와 치킨을 사용하였으며, 채식주의자가 많은 시장특성을 반영하여 채소버거를 개발하였다. 한편 남녀 구분이 확실한 사우디아라비아 권에서는 남, 녀 의자를 분리시킴으로 소비자의 호응을 얻었다(김용식, 2008).

> 세계통신연합(ITU)은 2010년경에 전 세계 휴대전화 수요의 61%가 신흥국에서 나올 것으로 예상하고 있다. 노키아는 2004년부터 단말기 대당 100달러 미만의 저가 휴대전화 시장을 시장에 공급하였다. 특히 나이지리아 같은 개발도상국에서의 전력사정이 안 좋은 것을 고려하여 배터리 소모가 많은 카메라 등의 부가기능이 없는 흑백액정의 전화를 시장에 공급하여 배터리 사용기간을 극대화하는 전략을 사용하였다(안상욱, 2009).

이처럼 기업의 의미에서 세방화의 개념은 어떤 맥락에서 매우 경제적인 용어들인 미시마케팅(micro-marketing)이라고 불리는 것과 밀접하게 연결되어 있다. 즉 점차 분화되는 지역시장과 특수한 시장들을 위해 세계적 기초 위에서 상품과 서비스를 광고하고 재단하는 것을 말한다(윤민재 역, 2000). 그러나 세방화의 개념은 보다 광범위한 형태로 전개되며, 특히 사회문화적 영역에서 의미 있는 적용이 가능하다.

Ritzer(2003)는 glocalization을 좀 더 세분화해서 이해하기 위하여 'grobalization'이라는 반대개념을 도입하여 비교설명하고 있다. glocalization이 다양한 지역에서 서로의 독특한 결과물을 창출하면서 세계와 지역의 균형적인 상호교류를 추구하는 개념이라면, grobalization은 grow와 globalization의 합성어로서 국가와 기업, 조직 및 그 외 독립체가 다양한 지역에 그들 스스로를 드러내며, 이들의 주요 관심사는 세계를 통해 자신들의 힘(power)과 영향력(influence), 그리고 수익을 추구한다는 보다 현실적인 개념이라고 설명하고 있다. 이는 앞선 연구자들의 주장보다는 좀 더 세분화된 개념으로서 한 방향의 소통이 아닌 양방향의 소통, 그리고 독특한 결과물의 창출 등을 새로운 요소로 제시하고 있다.

이는 기존의 글로벌과 로컬의 인식구조에서 the grobal과 the glocal의 상호 구성적 관계로 확대하려는 시각이다. 중요한 점은 the local뿐만 아니라 the glocal에 대한 특권화 및 숭배로 인하여 the grobal의 지배적 영향력을 단순히 거부하는 것을 경계할 필요가 있다는 것이다(Andrews & Ritzer, 2007). 앞서 살펴 본 맥도날드와 노키아의 마케팅 전략은 Ritzer의 입장에서는 초국적 기업이 자신의 상품을 보급하기 위한 단순한 마케팅 전략에 지나지 않을 수 있으므로 glocalization이 아닌 grobalization일 수 있으며 그들의 영향력에 대한 단순한 추종을 주의해야 한다는 것이다.

Ritzer(2003)가 제시한 '다양한 지역에서 서로의 독특한 결과물을 창출하면서 세계와 지역의 균형적인 상호교류를 추구하는 것'을 세방화의 개념으로 설정하면, 미국처럼 정치, 경제적으로 지배적인 위치에 있는 국가가 일방적으로 타 국가에 자신의 상품을 수출하고, 문화를 전파 및 보급하는 것은 glocalization이 아니라 grobalization이다. 마찬가지로 대중문화의 하나로 인정받고 있는 스포츠 역시 하나의 국가에서 한 방향으로 유통되어 영향력을 발휘하는 것은 스포츠의 세방화로 볼 수 없다. 이의 대표적인 경우로서 미국의 NBA와 MLB의 전략을 들 수 있다. NBA는 미국, 유럽뿐만 아니라 아시아까지 시장을 확대하였다. 2002년 야오밍을 비롯한 중국선수들을 영입한 것이 대표적인 예이다. MLB는 한국의 박찬호와 추신수, 류현진, 일본의 노모와 이치로, 마쓰자카, 대만의 왕첸민 등을 영입하며 아시아 시장에 진입하였다. 이는 세계에 진출하기 위한 NBA와 MLB의 grobalization 전략일 뿐 다양한 국적의 선수를 영입하였다고 세방화 현상이라고 볼 수는 없는 것이다.

종합하면 세방화가 사회변동과정에서 제국주의나 식민주의, 혹은 선진국에 대한 후발국들의 일방적 모방과 서구화(미국화) 등이 지니는 논리적, 정서적 문제점을 극복하겠다는 의지의 표현으로 해석할 수 있다. 즉 이상적 개념으로서 세계화가 지닌 단점을 보완하고 완충하는 대안적 세계화의 가능성을 열 수 있는 기제가 될 수도 있다는 것이다. 따라서 세방화는 서구화(미국화)와 맥을 같이하는 grobalization과는 구별되어 사용되어야 할 것이다.

2) 혼종화

세계화는 추상적으로 문화적 동질화의 과정으로 해석되는 경향이 있다. 그러나 Appadurai는 오늘날 문화가 전지구적으로 미국화와 같은 동질화와 지역 현지에서 다양성을 갖는 이질화를 오가며 긴밀하게 상호작용하고 있어 문화를 더 이상 현존하는 중심-주변 모델들의 용어로는 설명할 수 없는, 복합적이고 중층적이며 이동배치(displacement)되는 질서로 간주하고 있다(차원현, 채호석, 배개화 역, 2004). 따라서 세계화가 국민국가의 경계를 허물게 하는 것은 분명하지만 문화적 동질화 못지않게 이질화 또한 수반할 것이라고 전망된다.

Pieterse는 세계화를 '전 지구적인 혼합물을 부상시키는 혼종화(hybridization)의 과정'으로 논의하며, 혼성 또는 합성을 의미하는 혼종성(hybridity)으로 세계화를 파악할 것을 주장하였다(Pieterse, 1995). Bakker 역시 세계적으로 문화다양성 또는 문화혼종 현상이나 문화분열이 일어나고 있다고 주장한다. 그는 문화수용이 인종, 국가, 성에 따라 다양화되고 있다는 것 등을 예로 들며 이런 현상은 국가 간의 문화교류를 문화제국주의 시각보다는 문화의 혼성이나 복합성으로 이해하여야 한다는 것이다(Bakker, 1999; 주형일 역, 2000 재인용). 기존의 세계화에 대한 논의들의 공통점은 서구로부터 나온 기술적, 상업적, 문화적 일치를 통해 더욱 단일하고 표준화된다는 생각이다. 반면에 혼종화로서의 세계화는 세계와 지역의 상호연결성을 주장하는 세방화와 같이 동질화로서 세계화를 인식하는 주장들의 논리적 단편성을 극복하고자 하는 시도로 이해된다.

어떻게 우리는 암스테르담의 모로코 소녀들의 무에타이복싱, 런던에서 울려 퍼지는 아시아 랩송, 아일랜드의 딱딱한 롤빵, 중국의 타코와 미국의 마르디 그라스 인디언, 또는 이사도라 던컨식으로 춤추는 그리스의 토가(toga)의상을 입은 멕시코소녀들과 같은 현상들을 수용할 것인가에 대한 의문들(Tomlinson, 1999; 김승현, 정영희 역, 2004)이 혼종화로서 세계화를 주장하게 된 배경이다. 즉 과거나 현재의 문화적 현상들이 단일성과 표준화의 방향으로 전개되는 것만은 아닌 것이다. 문화적 측면에서의 혼종성이나 잡종교배는 문화획일화 개념과 달리 주체적 문화주권을 전제로 한 문화수용이라는 의미를 갖는다(김미경, 2010). 즉 세계화 현상에서 비서구문화들이 가진 문화주권을 간과하지 않고 그들의 영향력을 주목하는 것이다. 최근 진행되고 있는 대중문화의 한류현상을 혼종성의 개념으로 해석하려는 시도들(윤평중, 2006; 김수정, 양은경, 2008; 윤경우, 2009; 현남숙, 2012)도 세계화 동인의 양면성을 인정하고 서구문화의 지역적 수용을 인정하는데서 시작된 것이다.

스포츠 세계화 역시 특정문화의 동질화를 수반하면서도 동시에 각국의 다양한 문화적 취향과 정체성을 인정하며 수용하고 있는 것으로 보고되고 있다(Maguire, 1999). 트로브리안드(파푸아 뉴기니아 인근 섬) 크리켓은 스포츠 혼종화의 가장 극적인 예시를 보여준다고 할 수 있다(Kildea & Leach, 1975). 크리켓은 영국인들에 의해 발명되어 식민지 엘리트들에 의해 규율, 복종, 엄격한 위계의 보수적 가치를 극대화하도록 의도되어졌다. 트로브리안드섬에서 크리켓은 부족의 신념에 부응하기 위해 급진적으로 재구성되었으며 홈팀은 항상 이기고, 열두 명의 선수들이 각 팀에서 경기하며, 몇몇 크리켓 규칙은 지역관습에 맞게 수정되고, 부족춤은 경기의 일부로 인정되었던 것이다(조성식 역, 2010 재인용).

Archetti(1998)는 폴로와 축구와 같은 아르헨티나 스포츠의 혼종성 개념을 적용한다. 그는 문화적 창조성과 힘, 활력의 관점에서 확장된 네트워크를 수반하는 혼종성을 정의한다. 아르헨티나에서 서로 다른 이민자 집단(특히 이탈리아계, 스페인계, 영국계)으로부터의 영향은 서로 혼합되어 폴로와 축구에서의 독특하고 크리올로(criollo, 중남미 태생 유럽계)적인 문화스타일을 창조하게 되었다. 아르헨티나인들은 스포츠를 통해서 새로운 영향을 지속적으로 흡수하면서, 그들의 혼종성을 문화적으로 안정된 것으로 이해했다(조성식 역, 2010).

이처럼 세계화된 문화가 혼종의 문화라는 생각은 탈영토화의 개념으로부터 직접 도출된 강한 직관적 호소력을 가지고 있다. 왜냐하면 세계화 과정이 촉발시킨 문화 간 교류의 증가는 문화의 장소 간의 연결의 해체가 새로운 복합적 혼종형태의 문화를 생산하는 탈각된 문화적 실천들이 한데 뒤섞임으로써 이루어진다는 것을 보여주기 때문이다(Tomlinson, 1999; 김승현, 정영희 역, 2004). 즉 탈영토화, 탈식민화의 관점으로 세계화를 해석함으로써 세계화의 이론적 지평을 넓히고, 세계화의 맥락에서 이론적 다양화를 추구할 수 있는 것이다.

그러나 혼종성의 개념은 문화적 혼합이나 혼종이 국가나 기업의 전략적 차원으로 이용되어 거대자본에 의한 지역의 포획을 정당화하는데 이용될 우려가 있다. 박수정과 정희준(2004: 121)은 이종격투기의 혼종성에 대해"미국과 일본이 이종격투기의 상업화를 위해 종목과 경기규칙, 경기 요소들을 혼합하여 국가경계를 잠식시키고, 세계화에 있어 장애물이 될 만한 요소들을 배제시켰다."고 하였다. 즉 혼종성은 세계화라는 자유경쟁시장에서 문화적 차이를 상품화하는 전략이자 일종의 수사(rhetoric, 修辭)로 기능할 위험과 제국주의의 우월성과 지배를 정당화하는 이데올로기의 논리로 전락할 가능성이 있는 것이다(Papastergiadis, 2005; 김수정, 양은경, 2008 재인용).

3) 다문화

세계화는 오늘날 우리가 당면하고 있는 문제들에 이미 깊은 관여를 하고 있다. 다국적 기업의 출현, 기업의 해외진출, 외국인 투자의 증가, 경제적 공동체의 형성 등과 같은 경제적 측면의 세계적 변화와 더불어 임금이나 삶의 질을 높이기 위하여 국가 간을 이동하는 초국적 이주자가 급증하는 추세를 보여주고 있다(이남미, 2010). 한국사회에서도 외국인의 이주와 정착은 일상생활 주변에서 볼 수 있는 보편적 현상이 되었고, 이러한 현상을 다문화시대의 도래로 여기며 정책적인 주요 사안으로 보고 있다.

다문화주의라는 개념은 매우 다양한 의미로 사용되고 있으나 넓은 의미에서 보자면 현대사회가 평등한 문화적·정치적 지위를 가진 상이한 문화집단을 끌어안을 수 있어야 한다는 믿음을 말한다. 이는 매우 다양한 범주의 집단에 적용될 수 있는 문제로서 단순히 여러 이주민 집단에 해당하는 것이 아니라 성, 종교 등의 측면에서도 적용될 수 있는 광범위한 문제이다(이지영, 2012). 이는 다문화주의라는 개념의 확대적용 가능성을 의미하는 것이다. 그러나 다문화주의는 외국인의 이주와 정착과정에서 발생하는 여러 가지 복잡한 문제들에 대한 근대체제 진화의 문제를 고려하기 위한 시도로 많이 이해된다. 이주문제의 해법을 모색하기 위해 고안된 시도이긴 하나 탈 전통적인 진화의 문제의식과 맞닿아 있음으로 인해 명확하고 정확한 규정이나 합의가 이루어지지 않은 개념이다. 그럼에도 불구하고 다문화주의는 근대국가 체제 이후의 탈 전통적인 사회공동체의 구성을 전망하는 주요 키워드라고 할 수 있다(김우석, 2010).

이처럼 세계적인 이주는 보편적인 현상으로 인식되며, 현실적으로 불가피한 문제로 나타난다. 세계적인 노동이주를 통해 개발도상국이나 후진국들은 외국자본의 유입은 물론 선진기술을 습득함으로써 자국의 경제성장을 앞당기게 해주는 역할을 하고 있다. 또한 이주 유입국들의 경우 부족한 노동력을 매우기 위한 수단으로 외국인 이주자를 활용함으로써 자국의 경제성장을 돕고 있다(김우석, 2010). 즉 노동 유입국과 송출국간의 이해관계가 일치함으로써 다문화현상은 심화되고 있는 것이다. 맨 처음 다문화시대로 진입한 유럽에서의 다문화현상은 보다 다양한 형태로 표현된다. 유럽에서는 기본적으로 '사회통합(integration)'과 '동화(assimilation)'의 개념을 포괄하며 '결합(incorporation)', '다원주의(pluralism)', '다원 단일문화주의(plural monocultualism)', '다원문화주의(pluriculturalism)', '상호문화주의(intercultualism)', '공동체사회주의(communitalrianism)'등으로 통용된다(Silj, 2010; 박천응, 2013 재인용). 유럽에서 발생한 다문화주의의 기원에 대한 박천응(2013: 37)의 분석은 다음과 같다.

> 유럽의 다문화주의는 유럽에 기원한 근대문명의 한계와 위기에서 비롯된 것이다. 유럽의 경우 제2차 세계대전 이후 계몽과 이성에 대한 비판이 일어났다. 단일문화중심주의와 전체주의를 부르짖었지만 식민과정과 전쟁과정에서 스스로의 한계가 드러났다. 특히 세계대전 이후 전쟁복구 산업화를 위해 전쟁 난민과 전쟁복구를 위하여 이주노동자를 노동력으로 활용하는 정책에서 다문화주의가 나타났다. 식민지과정에서는 문화적 뒤섞임과 정체성 및 혼종성의 수렴, 인종차별적인 노예제의 청산이 사회적 이슈였다. 프랑스 6·8운동 뒤 사회운동적 차원에서 신사회운동과 다문화주의가 결합되었다.

미국에서도 1980년대 후반부터 국가정체성에 관한 논의와 관련하여 다문화주의는 포스트모더니즘의 비판적 가능성이 실제로 구현된 형태로 표출되고 있다. 다문화주의는 미국사회에 언제나 존재하고 있던 다양한 문화적, 인종적, 종족적, 성적 차이를 인정하고 그 차이를 열린 마음으로 포용할 수 있는 감수성과 태도를 배양하려는 목적을 달성하기 위한 행위라고 볼 수 있다(이지영, 2012). 즉 공동체 내의 관용과 다양성의 존중이라는 인식이 미국 내 다문화주의의 기제인 것이다.

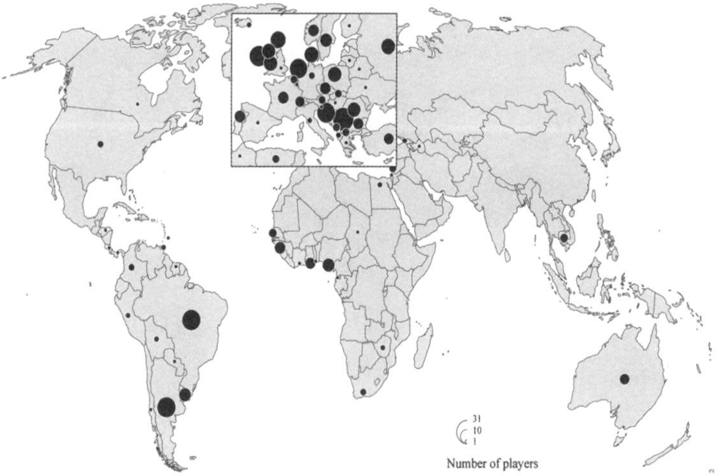

그림1. 유럽 빅5리그에서 활동하는 외국인의 수(number)와 본국(1995/96 시즌)(Poli, 2010)

세계화시대가 진행될수록 인적 이동이 자유로워져서 한국사회에서도 다양한 국적과 문화적 배경을 가진 구성원들이 등장하기 시작했다. 산업구조의 변화에 의해서 더 이상 한국인들이 참여하려 하지 않는 사양산업 부분의 인력부족을 담당하는 아시아국가 출신의 노동자들, 결혼하지 못한 농촌총각들과 결혼하기 위해서 입국하는 아시아 출신의 여성들, 국제화 시대를 맞이하여 경제적으로 위상이 높아진 한국에서 일하고 노동하려고 하는 기타의 이유로 한국사회에 발을 디딘 다른 지역출신의 외국인들의 급격한 증가는 현재 130만 외국인 시대를 열었다(문상석, 2011). 즉 세계경제 재편이나 사회문화 및 제도의 변화 등과 같은 거시적 환경의 변화는 외국인들의 노동이주를 유발하고 있는 것이다.

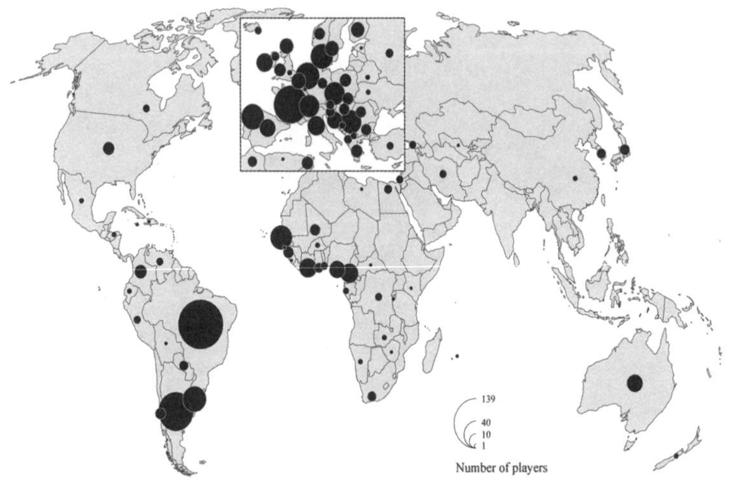

그림2. 유럽 빅5리그에서 활동하는 외국인의 수(number)와 본국(2005/06 시즌)(Poli, 2010)

이러한 거시적 환경의 변화를 전제로 노동이주자들의 의사결정과정은 개인과 직결된 미시적 환경에 의해 보다 직접적으로 영향을 받게 된다(최병두, 송주연, 2009).

스포츠 노동이주자들 역시 스포츠시장의 개방으로 인한 시장규모의 차별화로 발생하는 임금격차가 개인의 합리적 선택에 주요한 요인이 되고 있다. 뿐만 아니라 훈련환경, 경력 및 기술 습득과 같은 주관적 판단과 에이전트와 매니저 충고, 동료 및 선후배의 권유와 같은 사회적 네트워크에 의해 노동이주를 결정하게 된다(양소예, 원영신, 2007). 한국내의 스포츠 노동이주현상은 1983년 포항제철 축구팀에서 브라질 원료공급 회사와 유대관계를 증진시키기 위하여 스포츠 교류적인 측면에서 2명의 브라질 선수들을 영입하면서 시작되었다(이남미, 2010). 그 이후 축구, 야구, 농구, 배구 등 프로스포츠리그에서 외국인에게 선수뿐만 아니라 지도자의 자격으로 문호를 개방하고 있으며, 육상, 탁구 등 아마추어 종목까지 그 영역을 확대하고 있다. 한국의 여러 선수 및 지도자 역시 다양한 국가로 진출하고 있으며, 외국에서 활약하고 있는 한국선수들의 모습은 이제 자연스러운 현상이 되었다.

이처럼 스포츠 현장에서의 다문화 현상은 심화될 것으로 예상된다. 그런데 이 과정에서 발생하는 주택문제, 인종간의 갈등, 취업문제, 의료문제 등 다문화로 인한 다양한 갈등이 표출될 가능성이 있다. 이와 같은 현실에서 다문화주의의 적용이 요청된다. 다문화주의는 이상적으로 "상이한 국적, 체류자격, 인종, 문화적 배경, 성, 연령, 계층적 귀속감 등에 관계없이 모든 인간이 인간으로서 보편적 권리를 향유하고, 각각의 특수한 삶의 방식을 존중하며 공존할 수 있는 다원주의적인 사회, 문화, 제도, 정서적 인프라를 만들어내기 위한 집합적인 노력"으로서, 제도적인 차원에서는 "자유민주주의에 대한 광범위한 합의와 지지가 선결된 조건에서 다양한 문화적 주체들의 특수한 삶의 권리에 대한 제도적 보장"을 의미하고 있다(Kymlicka, 1996). 역설적이게도 다문화로 인해 발생하는 문제들을 해결하는 것 역시 다문화주의의 적용인 것이다.

그러나 다른 한편으로, 초국적 문화자본들이 다문화주의를 이용하여 문화적 차이를 적극적으로 활용해 만들어내는 상품의 전략으로 활용될 가능성도 있다. 대표적으로 호주의 Freeman과 미국의 Woods가 다문화주의의 증거로서 초국적 기업과 미디어들에 의해 동원되는 사례 등은 세계화 시대 지배권력의 다양한 재분배 형식들에 보다 주목할 필요성을 환기시킨다(Barker, 1997; Hall, 1991; Kraidy, 2002; 양은경 2009 재인용).

한국사회에서의 다문화주의 연구를 비롯한 다양한 다문화주의 담론의 생산과 관련하여 이상길과 안지현(2007)은 다문화주의의 개념정립이 제대로 이루어지지 않은 상태에서 이에 대한 무조건적인 수용이나 긍정의 자세가 가져올 수 있는 부정적 결과들에 대해 경계해야함을 지적한다. 그들은“문화적 다양성이나 다문화주의에 대한 옹호가 누구나 좋아하고 동의할만한 ‘문화’, ‘다양성’, ‘차이’라는 외양 뒤로 은밀하게 우리의 문화영역을 잠식해오는 자본의 논리를 보지 못하게 한다.”는 Zizek(1997)의 비판을 상기시킨다(이상길, 안지현, 2007). 문화적 다양성의 증가란 결국 ‘돈 되는’, ‘상품’의 다양화에 다름 아니며, 자본력에 바탕을 둔 ‘강자’만 살아남는 문화적 토양의 형성에 불과하다는 것이다(이상길, 안지현, 2007). 이들의 해석은 다문화가 지향하는 문화적 다양성에 대한 단편적인 해석이라는 비판의 여지가 있음에도 불구하고 자본의 침투에 따른 스포츠 세계화의 불균형적 전개에 대한 주의를 상기시킨다는 점에서 의의가 있다.

3. 스포츠 세계화 담론의 비판적 지형

세계경제는 하나의 시장경제로 통합되어 가고 있고, 이는 신자유주의의 확산으로 더욱 가속화되는 실정이다. 신자유주의는 스포츠의 제반영역을 시장의 원리로 환원하며 이 가운데 스포츠 내에 계층화와 양극화 현상, 사회적 불평등, 개발도상국의 스포츠 하부구조 파괴, 노동과 인권의 문제 등을 야기한다. 정치적 영역에서의 스포츠 세계화는 국제스포츠 조직기구의 정치적 헤게모니 투쟁, 그 이면에 존재하는 자본의 논리, 국제정치 관계에서 스포츠로 인해 발생하는 민족 간의 충돌 등이 발생한다. 정치·경제적인 권력을 획득하기 위한 국가 간 투쟁, 이면에 숨겨진 자본의 논리 등은 이미 통제 가능한 수준을 넘어서고 있다. 또한 국제 스포츠경기에서 과도한 민족주의의 발현으로 인해 나타나는 외교적 문제도 간과해서는 안 될 현상이다. 문화적 영역에서의 스포츠 세계화는 스포츠의 문화제국주의적 현상, 세계의식과 민족의식이 상충하는 문제 등을 야기한다.

세계화에 대한 이론화 작업의 어려움은 세계화 과정이 경제적 세계화(economic globalization), 정치적 세계화(political globalization), 문화적 세계화(culture globalization) 등 다차원적 전개과정으로 구성되기 때문으로 볼 수 있다(Harvey, Rail & Thibault, 1996). 그러나 지금까지 세계화 과정에 대한 이론적 분석의 발전은 문화적 세계화 차원에 주로 머물러 있다고 볼 수 있다(권순용, 2012). 역동적인 글로벌 경제, 정치, 문화의 힘이 세계시장, 정치조직 및 문화양식의 창조과정에 침투하는 방식을 체계적이고 균형적으로 분석하는 일이 중요하다 할 수 있으며(김문조, 2009), 따라서 이 장에서는 스포츠 세계화의 과정을 경제적 세계화, 정치적 세계화, 문화적 세계화로 분류하고, 그 과정에서 발생하는 현상에 대한 비판적 지형을 설정하고자 한다.

경제적 세계화와 스포츠

1) 자본주의의 확산과 스포츠

냉전체제의 붕괴가 사회주의권의 쇠퇴를 가져오면서 자본주의가 유일한 역사적 체제로 등장하고 있는 것이 오늘날의 현실이다. 이제 국가와 이념 대신에 시장과 자본이 국경을 가로지르면서, 세계는 지방, 국가, 지역의 구분 없이 서로간의 점증하는 의존과 교류를 통해 전일화(全一化) 되고 있다. 이러한 세계화는 매우 모순적이어서 서구중심적 통합 못지않게 원심적 분화경향 또한 매우 강하게 나타나고 있다(임현진, 정홍익, 안민석, 2002). 세계화에 대해 Castells(1996)은 새로운 시공간 개념의 형성을 논의하는 자리에서 1970년대 이후 경제적 세계화는 자본축적이 세계 각처에서 산발적으로 전개되는 수준을 넘어 세계적 규모의 경제활동이 실시간에 연동되는 새로운 단계로 접어들고 있음을 지적하였다. 세계경제가 자본축적이 세계 각처에서 전개되는 양상을 뜻하는 것이라면, 지구경제란 세계적 규모의 경제활동이 실시간으로 진행되는 상황을 의미하는 것이다(김문조, 2009 재인용). 즉 자본이 국가의 경계를 넘어 확산되며 진행되고 있음을 지적한 것이다.

이처럼 거대기업진단이나 초국가적 기관들(supranational institutions)은 일부 서구국가들의 주도하에 자연적이며 물리적인 공간을 초월한 가상공간에서 광속도로 자신들의 자본과 기술, 지식 등을 증식시키거나, 유통시키는데 성공했다. 자본주의 경제의 기본적 단위인 기업들은 단순히 19세기 이후 지속적으로 진행되었던 것처럼 단순한 구제분업에만 의존하는 것이 아니라, 금융과 기술, 경영기법, 생산시설 등의 거의 모든 부문에서 국민국가의 배타적 영토로서의 공간을 초월해서 작동하며 이는 흥미롭게도 자본주의 체제들 간의 경쟁으로 인해서 국가자체의 정치적 결정에 의해서 승인, 추진되는 양상을 보이고 있는 것이다(임홍빈, 2002). 다시 말해 세계화된 자본시장을 외면하거나 기술과 지식의 발전을 가능케 하는 개방사회의 규범과 제도들을 무시하고 국민국가의 배타적 경제주권을 주장한다는 것은 국제사회에서 경제적으로 도태되는 것이기 때문에 대부분의 국민국가들은 자본주의적 세계사회의 질서에 편입되거나 참여할 수밖에 없다는 인식을 공유하는 것이다.

이와 같이 세계화의 모습 중 경제적인 측면의 세계화가 가장 가시적인 것이며 보편적인 세계화 현상에 원동력을 제공한다. 경제적인 차원에서의 세계화가 의미하는 바는 재화 및 용역과 생산요소, 즉 노동과 자본의 시장이 더욱 밀접하게 국제적으로 통합되는 과정으로 정의된다(Bordo, 2002; 김미경, 2013 재인용). 즉, 오늘날의 세계경제는 하나의 시장경제로 통합되어 가고 있고, 상품·서비스·자본·기술 등이 개별국가의 영토적 제약을 넘어 자유롭게 이동하면서 이른바 '세계적 차원의 무한경쟁'을 펼치고 있으며 이는 신자유주의의 확산으로 더욱 가속화되고 있는 실정이다(김미경, 2013).

또한 경제의 세계화란 경제활동을 세계적인 차원에서 자유화 시킨다는 점이 분명히 포함되고 있다. 세계적 차원에서의 단일시장으로 변화시켜 나가자는 것이다. 그러나 시장은 전통적으로 국가권력의 개입을 통해 실패를 조정해 왔다. 그런데 세계시장에서 국가의 역할을 수행할 행위자에 대해서는 합의가 없는 상황이다. IMF나 세계은행, WTO 등이 행위자로 나서고 있으나 이들은 자본의 이익만을 대행할 뿐이라는 비난 앞에 마땅한 대안을 내지 못하고 있다(임홍빈, 2002). 이와 같이 WTO와 같은 초국적 관리기구의 출범과 세계화의 진전으로 국가의 장벽이 점차 완화되어 초국적 기업의 자본과 상품, 인력의 이동이 대폭 확장되었다.

다시 말해 세계가 하나의 시장으로 수렴되고, 그 안에서 초국적 자본은 국가 간의 자유로운 이동을 통해 자본의 최적화를 시도하고 있는 것이다(임현진, 2011). 세계화의 확대로 모든 상품과 서비스의 교역이 늘어나면서 구축된 장벽 없는 시장은 스포츠영역 역시 다르지 않다. 다음은 한국농구가 프로화와 함께 세계화를 지향하며 도입한 외국인 선수 제도로 인해 발생한 갈등양상을 단적으로 보여주는 예이다.

> 프로농구는 1997년 출범과 함께 외국인 선수제도를 도입했다. 선진농구의 접목이라는 득(得)도 분명히 존재했지만 그만큼 실(失)도 컸다. 외국인 선수 대부분이 KBL에서 센터로 활약한다. 그로 인해 아마추어 시절 잘 나가던 국내 센터들은 프로에 와서는 외곽 슛을 장착하고, 포지션을 바꿔야만 했다. 한 마디로 골밑에서 설 자리를 잃은 셈이다. … (중략) … 이러면서 한국농구의 국제경쟁력은 오히려 추락했다. 외국인 선수들에게 너무 의존한 탓에 선수 개개인의 기량이 하락한 것이 그 이유 중 하나다. 개인기보다는 외국인 선수를 이용하는 플레이에 익숙해졌기 때문에 국제경쟁력에 떨어질 수밖에 없었다(김동욱, 2012. 12. 25).

이밖에도 스포츠가 문화상품으로 국가경계를 넘어 세계적 시장에서 거래되고 소비되는 신자유주의적 스포츠 세계화의 형태는 많은 비판적 담론을 양산하고 있다. 먼저 경제적인 차원의 문제를 제기할 수 있다. 시장경쟁의 효율성은 시장영역을 공간적으로 무한정 확장할 뿐 아니라 근본적으로 비시장적인 가치영역에 속하는 인간의 구체적 욕구와 목적들 그 자체를 상품화하는 경향이 있는데, 스포츠와 같은 문화상품들이 바로 그것이다. 다시 말해 스포츠의 고유한 가치들, 즉 비시장적 가치는 시장에서 평가되는 정도와 수준에 따라 승인되고 그 자체의 고유성은 상실하게 된다. 결과적으로 사회의 모든 영역은 시장영역으로 환원되며, 스포츠 사회는 시장과 동일화되는 것이다(김균, 2001).

이처럼 신자유주의는 스포츠의 제반영역을 시장의 원리로 환원하며 발생하는 또 다른 문제가 스포츠 내에 발생하는 계층화와 양극화 현상이다(Brohm, 1992; 윤여탁, 2004 재인용). 자유경쟁체제에 따른 사회적 불평등을 수정하기 위해서는 시장에 대한 국가의 개입이 필요하기 때문에 신자유주의적 입장에서는 사회적 불평등은 존재할 수밖에 없는 불가피한 현상으로 인식된다(조영훈, 2002). 그러나 세계적 수준의 경쟁이 치열해지면서 스포츠영역의 계층화와 양극화로 인해 발생하는 문제점은 간과할 수 없는 상태에 이르렀다. 자본의 침투가 용이한 프로스포츠와 아마추어스포츠로 대비되는 인기-비인기 스포츠사이의 간극은 점점 더 넓어지고 있는 추세이고, 종목뿐만 아니라 상품화 된 스포츠선수들 간의 양극화도 많은 문제들을 양산하고 있다(구강본, 김영갑, 2005). 이는 Whannel(1992)이 스포츠의 세계화를 전략적인 것으로 간주하고 문화적으로 중요한 관습들과 이와 연관된 소비자 이데올로기를 상업적·경제적 목적으로 활용하여 세계적으로 확산시키려는 시도라는 주장과 맥을 같이 한다(함은주, 원영신, 2005 재인용).

신자유주의 정책은 개발도상국들의 스포츠 하부구조를 파괴하기도 한다. 잠비아의 구리 산출지대에서 국영 채굴권의 민영화는 대량 실직사태를 유발하였고 이는 축구관중의 감소로 이어졌다. 또 광산회사는 노동자들을 위해 스포츠와 레크리에이션에 비용을 지출하는 것을 중단하였다. 1990년대 후반 한국의 'IMF위기'는 스포츠 프로그램과 개발 프로젝트에 대한 공공부문과 민영부문의 재정자원을 큰 폭으로 감소시키기도 하였다(Park, 1999; 조성식 역, 2010). 세계화에 따른 신자유주의의 영향력은 단지 경제분야에 국한된 것은 아니며, 사회와 정치, 문화 등의 분야에서도 많은 문제점들이 제기된다. 신자유주의는 정치적 이성이 아닌 자연주의적 경쟁을 사회원리로 추종함으로써 사회문화적 통합의 위기를 심화시킬 뿐만 아니라, 정치체제 자체의 정당성에 대해서도 심각한 문제를 야기하는 것이다.

또한 신자유주의에 따른 스포츠는 선의의 경쟁을 가장한 일등지상주의나 승리지상주의, 성장제일주의 등의 이념이 만연하게 하여 순위에 의미를 두기보다는 참여에 의미를 두는 아마추어 정신을 퇴색시키고 있다(고병권, 1998). 지역의 스포츠가 제도와 정책, 관습과 행동을 세계적 기준에 부합하도록 수정할 것을 강요받고 있고, 문화적으로는 우리 고유의 씨름과 같이 전 세계, 전 국가에 있는 고유 운동이 사라질 위기에 처하고 있다. 스포츠에서의 시장경쟁을 효율성 증대를 통하여 부의 확대에 도움을 줄 수 있지만, 특정한 사회가 고유하게 유지해 오고 있는 사회적 관계와 문화적 전통을 파괴하는 작용을 하고 있는 것이다(Jerbert, 2000; 윤여탁 2004 재인용). 뿐만 아니라 이윤극대화를 위한 일등지상주의는 과정상의 문제들에 대해 소홀하기 쉬우며, 신자유주의 이데올로기를 확산시키고 정당화시키는 논리로 작용하게 된다. 국가 간 경쟁이 비일비재한 스포츠현장에서 이러한 논리의 적용은 배타적 민족주의로 형성될 가능성도 있고, 이는 인종·성 차별로 이어지기 쉽다.

신자유주의 영향으로 스포츠시장이 개방되어 이권추구 행위를 위해 환경보호나 노동자의 권익보호 등에 역행하는 현상도 나타나고 있다. 이는 환경문제를 비롯하여, 노동문제를 위시한 반인권적 측면(Lipietz, 1993)으로서 스포츠관련 다국적 기업의 반인권적인 이윤창출 구조인 것이다. 다국적 스포츠업체들은 제3세계의 가난한 사람들의 손을 빌어 스포츠용품을 생산하고 있다. 예를 들면 축구공의 경우 수제품으로 만든 공이 최고의 품질이라고 자랑하지만 가난한 아이들의 노동인권을 유린하고 노동력을 값싸게 착취하면서 막대한 이윤을 내고 있는 것이다. 다음의 기사

내용은 다국적기업들의 기획과 생산의 이원화로 발생하는 문제점을 기술한 것이다.

> 우리는 특정지역 내에서 이루어지는 직접적인 생산에는 덜 의존하면서 생산과 유통활동의 많은 부분은 하청에 더 의존하는, 국제적인 재화와 용역 공급자의 출현을 목도하고 있다. 나이키나 아디다스 같은 다국적기업들이 중심부에서 통제되는 설계와 품질결정을 기반으로 하면서 아웃소싱과 하청생산의 복잡한 체계에 실질적으로 의존함에 따라, 이는 결과적으로 "공장 없는 제조업자"의 출현과 시장지배를 낳는다(민중언론 참세상, 2013. 12. 13).

이러한 사회적 논리의 핵심은 초국적 자본을 앞세워 새로운 노동통제를 일상생활에까지 확장시켜 새로운 군주로 군림하려는 신자유주의의 야망에 있는 것으로서, 나이키와 아디다스 같은 세계적인 스포츠 용품회사 뿐 아니라 일반적인 다국적 기업에 공통된 사항이다(Pociello, 1995; Taylor, 2000; 윤여탁, 2004 재인용).

2) 단일 스포츠시장의 형성

세계화 과정에 대한 분석은 주목하는 현상에 따라 실로 다양한 분야에서 이루어져 왔다. 세계경제의 양상이 20세기 후반 이후 급속하게 하나의 경제권으로 통합되어 가는 현상에 주목한 이들은 경제적 세계화를 다양한 지표들에 대한 해독을 통해 주장해 왔다. 대체로 중심부 국가와 주변부 국가, 그리고 반주변부 국가 및 세계체제로부터 소외 혹은 배제되어 있는 국가군으로 세계를 분할하고 이들 지역이 위계적 구조에 의해 상호 의존하는 시스템을 구성하고 있다고 보는 관점이 있고(Held, 2000; 정기웅, 2004 재인용), 개별 국민국가를 단위로 형성된 국민경제가 국경 없는 블록경제로 재편되면서 자본주의적 성과가 보다 넓게 확장되어 가는 과정이라고 주장하는 경우도 있다(Ohmae, 1990; 김신동, 2004 재인용). 이처럼 경제적 세계화에 대한 가치판단은 극명하게 나뉘며, 때로는 이념논쟁의 주요 대상이 되기도 한다.

경제적 세계화가 세계화 과정의 주된 동력원으로 작동하고 있다는 것에는 대체로 의견을 모은다. 그러나 경제적 측면에 치중한 세계화 논의, 즉 세계화 현상의 분석에 대한 일종의 경제주의는 세계화가 좋은 것이냐 아니면 나쁜 것이냐 하는 식의 적대적 가치평가 담론에 쉽게 빠져들게 한다. 세계화를 긍정적으로 평가하는 사람들에 따르면 시장의 세계화는 결국 저개발 사회의 노동자에게는 일거리를 제공하며 선진국의 기업들에게는 저가의 노동력과 넓은 시장을 공급하는 것에 다름 아니다. 반면 세계화가 가져올 영향을 비관하는 사람들에 따르면 세계화로 인해 발생하는 혜택과 피해가 있는데 혜택은 자본가나 초국적 기업, 또는 선진국이나 중심국 등이 받고 주변부 국가들과 노동자, 농민 등 소외계급은 피해를 입게 된다는 논리이다.

이와 같은 세계화 현상과 세계화 논의는 시간이 경과하는 동안 다양한 방면에서 지속적인 변화와 발전을 이루어 나가고 있다. 시장의 확장과 통합을 중심으로 하는 경제적 세계화의 모습들은 일상생활 속에 만연해 있다. 올림픽과 월드컵을 치른 한국의 서울은 대표적인 코스모폴리탄(cosmopolitan)[76] 도시로 성장하였고, 나이키와 아디다스는 전 세계인이 즐겨 신는 신발의 브랜드가 되었다. 또한 세계화를 통한 국가경쟁력의 강화는 전 세계 지도자들의 정치적 구호가 된지 오래다.

세계화의 동력으로서 근대 자본주의 경제체제는 국가를 그 중심단위로 설정해 왔으며 지금도 국가는 경제의 중요한 단위임에 분명하다. 그러나 짧게는 지난 20여 년간, 길게는 지난 반세기 동안 경제적 측면에서의

---

76. 코스모폴리탄(cosmopolitan)은 문화적 다양성의 측면에서 '세계적인'이라는 뜻을 가지고 있으며, 뉴욕, 파리, 도쿄 등 인적·물적으로 세계의 다양한 문화가 혼재되어 있는 도시를 지칭하기도 한다.

세계화는 꾸준히 빠른 속도로 진행되어 왔다. 과거의 모형이 국가를 생산과 소비의 주요 단위로 설정하고 국가 간에는 무역이라는 형태의 거래를 통해 작동하는 자본주의를 그리는 것이었다면, 세계화된 시스템이서는 국경을 초월하는 자본의 이동, 생산거점의 다국적화, 소비시장의 전지구화 등이 주요 특징으로 부각되었다(김신동, 2004).

1970년대까지 선진산업국들의 경제, 금융, 임금 정책은 케인즈이론으로부터 영향을 받고 있었다. 이 정책들은 관세장벽의 유지와 각 국가의 국경 내에서 행사하는 주권과 독립에 의해 가능했다. 유럽의 재구성, 그리고 지역분쟁(베트남, 한국 등)의 개입과 소련과의 군비경쟁에 의해 유지된 미국의 높은 소비수준 때문에 한동안 고도성장의 시기가 있었다(주형일 역, 2000). 다시 말해, 동과 서 또는 계획경제와 시장경제로 분화된 세계, 그리고 강력한 국경선은 선진산업국의 생활양식을 구성하는 요소였다.

하지만 자본주의 경제에 수반되는 경기침제에 직면하여 과거 정부의 적극적인 시장개입을 통해 이를 조절하던 방식으로 문제를 해결하던 케인즈식 정책이 세계화된 금융환경에서는 해결이 쉽지 않게 되었다. 예컨대 경기침체를 극복하기 위하여 정부가 제정지출을 늘림으로써 소비를 부추기고 투자를 촉진한다는 방식이었는데, 세계화된 환경에서는 통화가 증가하여도 소비가 반드시 국내에서 이루어진다는 보장이 없었다(김신동, 2004). 그리하여 많은 경제학자들이 완전한 시장의 세계화만 공황의 출구를 제시할 수 있다고 생각하게 되었고, 모든 생산자의 전 지구적 경쟁, 비교우위에 입각한 각자의 전문화, 교역의 자유화 그리고 국가의 불개입에 의해 세계화를 이룩하는 것이 중요한 일이 되었다(주형일 역, 2000). 이러한 처방은 미국 레이건 대통령의 경제정책인 레이거노믹스(Reaganomics)와 영국에서 11년 동안 지속된 대처리즘(Thatcherism)이 보여주듯이 오로지 이윤법칙에 입각해 만들어진 정책을 합리화하는 수단으로 이용되었다.

이것이 바로 자유방임주의의 변형형태인 신자유주의 시장론이다. 신자유주의시장론에 의하면 일반상품은 공급과 수요의 자유로운 매개로 가장 잘 유통될 수 있다는 것이며, 정부의 직접적 개입이나 통제보다는 시장의 논리로 상품이 자연스럽게 유통될 수 있도록 하자는 것이다. 또한 국제관계에서도 국가 간의 장벽이나 국경을 없애고 자유로운 교역이 될 수 있도록 하자는 의미이다. 자본과 상품, 서비스, 인적 자원이 이전보다 더욱 자유롭게 이동할 수 있는 이른바 세계시장(Global market) 이 구축되는 것이다(임동욱, 2012). 세계시장의 형태에서는 국가 간의 장벽이 무의미해지고 모든 상품이나 서비스가 자유롭게 유통된다. 범세계적 유통에 장애가 되는 제도와 법규들을 제거하여 국가 간의 자유로운 유통이 이루어질 수 있도록 하는 단일시장을 구축하는 것이다.

스포츠산업 역시 점차 세계시장을 구축하며 다국적 기업들의 참여가 증가하는 형국이다. 김용만, 박세혁, 전호문(2010: 7)은 그 이유를 스포츠의 특성에서 찾고 있는데 스포츠가 문화와 언어의 장벽을 극복할 수 있는 범세계적 이미지로 전 세계 소비자에게 다가갈 수 있는 매력적인 상품가치를 가지고 있기 때문으로 분석한다. 미국의 MLB, NBA, NFL, PGA, LPGA 등 미국 내 프로스포츠는 이미 다국적 기업의 스포츠시장을 형성하고 있으며, 프로스포츠 협회 차원에서도 세계화를 위한 다양한 전략을 구상중이다.

> 미 프로농구(NBA)가 사상 처음으로 중국 대륙을 찾는다. 데이비드 스턴 NBA 커미셔너는 오는 11월 3일(한국시각)부터 열리는 04-05 정규 시즌에 앞서 2004년 10월 14일과 17일에 중국의 상하이와 베이징에서 휴스턴 로키츠와 새크라멘토 킹스의 시범경기를 두 차례 치른다고 3일 밝혔다. 미 프로스포츠 경기가 중국에서 열리는 것은 이번이 처음이다. NBA의 중국대륙 진출은 세계적 규모로 시장확대를 노리는 NBA측 전략에 따른 것이다. ……(중략)…… NBA는 세계 212개국에서 42개의 언어로 중계되고 있으며, 해외 마케팅을 위한 지사만 13개에 이른다(김성현, 2004. 08. 03).

스포츠의 세계화는 결국 스포츠 소비시장을 이끌고 있으며, 미디어의 발달로 스포츠 단일시장을 형성하게 되었다. 이러한 결과는 스포츠마케팅의 세계화로 귀결된다. 급성장한 스포츠마케팅의 시장이 스포츠 소비시장의 세계화를 이끌고 있는 것이다. 스포츠는 세계공통의 언어이며, 세계화의 한 축이다(구강본, 2007). 하지만 TV 중계권료의 상승, 소비자의 볼 권리 제약, 국내구단의 경제적 어려움 등 다양한 문제를 초래하고 있는 것도 사실이다(이상문, 2014). 뿐만 아니라 Bail(1991)은 브론 드레인(Brawn Drain)을 저개발 국가의 재능 있는 선수가 경제적 강대국의 대학이나 프로팀에 의해 유출되는 과정이라 하였는데 이는 스포츠 단일시장의 형성이 스포츠 내에 양극화와 저개발 국가 리그의 황폐화 등을 가져올 수 있음을 지적한 것이다(한태룡 외, 2013 재인용). 이처럼 스포츠 세계화 과정에서 숨겨진 거대자본의 논리에 대한 비판적 시각은 스포츠 세계화에 대한 균형 잡힌 통찰력을 가지게 한다.

정치적 세계화와 스포츠

1) 국제 스포츠 조직기구의 구성

현대스포츠의 발전과정에서 영국인들은 기존에 존재하던 스포츠규칙을 통일시키고 이를 규율할 조직기구를 만들었다. 1787년 크리켓 규제기구인 영국 크리켓연맹 본부(Marylebone Cricket Club)가 설립된 후 볼의 무게와 배트의 넓이 등에 대한 정확한 규정이 마련되어 경기가 표준화되기 시작했다. 또 19세기 말부터는 올림픽을 비롯한 국제 스포츠행사가 빈번하게 열리면서 스포츠규칙이 세계화되었고, 1894년에는 국제올림픽위원회(IOC)가 출범해 세계적 수준의 규제기구도 나타났다(정준영, 2003). 오늘날 이와 같은 기구들은 지역 및 국가수준에서부터 전 세계적 차원에 이르기까지 서로 구조적인 연결고리를 형성하여 스포츠의 모든 부문을 관리·통제·운영하고 있다.

스포츠 조직기구의 형성을 통해 스포츠가 표준화되며 스포츠의 세계화도 함께 이루어졌다. 축구, 럭비, 크리켓 등 영국의 스포츠가 세계전역에 유포되기 시작했고, 미국도 영국과 함께 농구와 야구 등 자국의 스포츠를 활용하여 식민지침투에 활용하기도 하였다(정준영, 2003). 이와 같이 스포츠 조직기구가 스포츠 세계화에 긍정적 측면으로 작용하기도 하였으나, 정치적 헤게모니 투쟁에 종속되어 활용되기도 한 것이다.

오늘날 스포츠 조직기구를 대표하는 IOC나 FIFA와 같은 국제 스포츠 기구들은 그 규모나 조직 면에서 국가의 통제에서 벗어나 '자율적'권위를 갖는 '국제체제'로 파악되어져야 한다는 주장도 제기된다(임현진, 윤상철, 2002). 즉 '관세와 무역에 관한 일반협정(GATT: General Agreement on Tariffs and Trade)', '국제통화기금(IMF: International Monetary Fund)', 세계무역기구(WTO: World Trade Organization)' 등의 대표적인 국제체제와 같이 파악되어져야 한다는 것이다(정기웅, 2008b). IOC나 FIFA의 회원국 수가 UN의 회원국 수를 초과한 사실은 이러한 주장을 논리적으로 뒷받침한다.

이들 기구들은 자체 조직의 이해와 목적을 위해 활동하며, 이미 국가의 통제로부터 벗어나 작동하고 있다. IOC나 FIFA와 같은 국제 스포츠기구가 이와 같은 국제체제로서 작동할 수 있는 힘은 많은 회원국의 숫자와 함께 소수에 권한이 집중된 피라미드식 조직, 그리고 올림픽이나 월드컵 같은 메가 스포츠이벤트의 개최에 대한 독점적 권한에서 발생한다(정기웅, 2008a). 많은 국가들이 여전히 메가 스포츠이벤트의 개최를 정치·경제적인 차원에서 희망하고 있고, 이 가운데 국제 스포츠기구들은 국가와 국경을 초월하는 정치·경제적인 권력을 획득하게 되는 것이다.

세계화가 진전되면서 스포츠는 국가단위의 경계영역을 허물고, 외교적 자원의 원천으로서 대중성을 담보하는 상호의존적 교류의 기제가 된다. 즉 국가가 자신의 정책적 목표를 달성하기 위하여 타국의 시민과 대중들을 관여시키는 이른바 공공외교의 핵심적 요소와 맞닿아 있는 것이다(유호근, 2013). 또한 오늘날 국제정치와 국제정치의 무대에서 메가 스포츠이벤트의 개최는 국가가 가장 부담을 느끼지 않는 효과적인 정치·외교적 도구로서 활용되어지고 있다.

본래 근대올림픽은 출범 당시부터 정치적 고려로부터 분리되어져야 하는 이벤트로서 고안되었고, 올림픽헌장은 올림픽이 개인들 간의 경쟁일 뿐, 국가들 간의 경쟁이 아니며, 올림픽 깃발이 휘날리는 동안 그곳은 올림피아드임을 강조하고 있지만, 특히 대표적 메가 스포츠이벤트인 월드컵과 올림픽은 각국이 국위선양, 경제적 확장, 정치적 선전 등의 복합적 목적을 갖고 개최 및 참여하는 무대로서의 역할을 담당한다(정기웅, 2008b). 이처럼 국제 스포츠기구들이 개최하는 올림픽과 월드컵 등의 메가 스포츠이벤트는 표면적으로 지향하는 비정치성과 달리 정치적 메시지를 전달하는 효과적 수단으로 작동하고 있는 것이다.

또한 국제 스포츠기구의 규모가 비대해진 이면에는 자본의 논리가 숨어있다. 메가 스포츠이벤트는 시간이 흐를수록 그 행사규모를 확대하고 관객 수를 늘리고 있으며, 이는 동시에 스포츠마케팅 분야에서 다국적 기업들의 영향력을 증가시키는 결과를 가져왔다. IMG(International Management Group), ISL(International Sport & Leisure). ProServe 등은 국제적 스포츠마케팅을 독점하고 있는 대표적 다국적 기업들이다. 자본국가의 입장에서 볼 때 국제적 스포츠행사는 자국 내의 문제해결을 위해 타국의 자본가들을 압박하는 자본 간의 경쟁이 행해지고 있는 영역이라고 할 수 있다(정기웅, 2008b). 이 과정에서 약육강식의 자본논리가 적용하게 되면 세계적 대자본의 영향력은 갈수록 심화될 것이며, 국가 또한 자본의 지배에 휘둘리는 종속적 존재로 전락할 위험성을 내포하게 된다.

국제 스포츠기구가 상업화와 결탁하면서 발생하는 파편화 현상도 존재한다. 월드컵과 같은 지구적 스포츠행사의 등장은 국제·지역·국가·지방수준에서의 다면적이고 복합적인 정체성의 형성을 가져오고 있다는 점에서 주목을 요구한다. 그러나 문제는 월드컵과 같은 지구적 스포츠가 세계시장에서의 이윤확장을 위해 보다 상품화된 운동경기를 만들어냄으로써 놀이로서의 스포츠자체의 왜곡을 가져오고 있다는 점이다. 스포츠의 상품화는 대중의 관중화를 초래하게 되고, 대중을 스포츠의 주체가 아니라 관중의 위치로 전락시킴으로써 스포츠를 일부 프로선수들의 퍼포먼스로 변환시킨다(임현진, 정홍익, 안민석, 2002). 또한 스포츠중계권의 독점규제 및 공정거래에 관한 법률에서 우월적 지위를 남용한 거래를 활용해 중계권료를 상승시키는 편법을 자행하고 있다(이재형, 2003).

남상우(2007)는 메가 스포츠이벤트 준비과정에서 나타난 소수자의 소외와 배제의 양상에 대해서도 주목한다. 대표적으로 올림픽이나 월드컵과 같은 메가 스포츠이벤트로 인하여 국민과 법적 관심에서 배제된 노점상들과 빈민들을 들 수 있으며, 지난 86아시안게임과 88서울올림픽은 근대화의 도구로서, 2002 한일월드컵은 자본과 국가주의 담론에 의해 소수자들의 소외와 배제가 발생하게 되었으며, 이들은 사회의 주류를 빛내주는 역할을 하면서 동시에 대의를 위한 불가피한 희생으로 간주되었음을 주장한다.

김영갑(2012: 52)도 메가 스포츠이벤트 유치과정에서 경제성장이라는 정치적 수사에 밀린 다양한 본질적 한계와 문제점들, 즉 경제효과의 산출방식, 잠재된 리스크, 유치과정에서 의사결정구조의 비민주성 등을 비판적으로 직시할 것을 지적한다. 나아가 선진화된 스포츠문화의 의식으로서 스포츠 컬처리즘의 지향, 성장과 분배의 문제를 관통하는 통합적 시선, 정치철학으로서의 로컬 거버넌스 등을 제시하였다.

이처럼 국제 스포츠이벤트를 관리·통제·운영하는 국제 스포츠기구와 국제 스포츠이벤트를 통해 국가위상을 제고시키려는 국가의 이해관계가 맞아떨어짐으로써 파생되는 헤게모니를 위한 투쟁들에 대해 정치·경제·문화적으로 다양한 비판적 현상들이 존재하고 있다. 또한 이를 적극적으로 전유하려는 다른 시도들도 발생할 위험을 감수하고 있다. 따라서 스포츠 세계화의 정치적 측면에서 비판적으로 접근하려는 시도는 균형 잡힌 시각을 유지하고, 합리적 의사결정을 위한 출발이라고 할 수 있다.

2) 스포츠와 국제정치의 관계

세계화는 국제 스포츠문제에 있어 국가가 갖는 우월적 지위를 약화시켜 왔다. 스포츠의 국제체계 내에서 국가들의 중요성은 과거에 비해 훨씬 감소하였으며, 그 결과 스포츠에 있어서 국가들은 일반적으로, 그리고 상당한 정도로 초국적 기업들과 국제적 스포츠 비정부기구들에 의하여 설정된 의제 내에서 서로 경쟁하고 있다(정기웅, 2008a: 47). 세계화로 인해 국가의 지위가 약화될 것이라는 일반적인 견해가 스포츠현상에서도 그대로 적용되고 있는 것이다. 그러나 세계화의 진전에도 불구하고 스포츠민족주의는 약화되기보다 오히려 더욱 강화되고 있는 모습으로 나타난다(Andrews & Cole 2002; Hargreaves 2002; Rowe 2003; Tomlinson & Young 2006). Baimer(2001)에 의하면"세계화 동인은 민족정체성의 중요성을 감소시키고 동시에 스포츠와 민족주의의 연결고리를 약화시킨다고 생각되지만... 세계화 과정의 진전에도 불구하고 스포츠, 민족정체성, 그리고 민족주의의 관계는 어느 때보다 강하게 남아있다"는 것이다(정기웅, 2008b: 266 재인용).

이와 같은 스포츠 세계화 논쟁의 정점에는 전통적 사회분석단위로서 민족국가(nation-state)의 생존과 미래에 대한 진단이 자리 잡고 있다. 민족국가를 중심으로 하는 기존의 전통적 사회적 경계를 초월하는 세계화 과정이 심화되는 시점에서 민족국가의 존재성 기반에 대한 지속적인 의문이 제기되어 왔다. 과연 전지구화 과정이 민족국가 기반을 잠식하고 그 경계를 허물어뜨리는가(Castells, 1996), 아니면 국민국가의 경계가 그다지 영향을 받지 않거나 더욱 공고해 지는가(Hirst & Thompson, 1996; 임현진, 2011 재인용)에 대한 물음들이다. 한편 다른 시각에서 글로벌(the global)과 지역(the local)의 관계가 새로운 방식으로 변화 및 재구성되거나(Held, McGrew, Goldblatt, & Peraton, 1999). 양자 간의 밀접한 상호 유기적 관계가 더욱 두드러지고 있다는 분석(Tomlinson, 1999) 또한 많은 주목을 받고 있다(감방출, 권순용, 2007 재인용: 76).

스포츠는 세계화를 통해 비교적 쉽게 국경을 초월해서 전파되었지만 다른 분야와 마찬가지로 민족국가의 틀 안에서 조직되었고, 국제경기는 민족국가의 이름으로 치러졌다. 다만 산업화와 민족국가의 형성이 앞선 영국과 같은 경우에는 스포츠가 민족국가나 민족주의와는 간접적 또는 우회적인 관계를 가지고 산업사회의 질서나 교육과 보다 더 직접적인 관계를 가지면서 발전한 반면, 독일과 같이 산업화나 민족국가의 형성이 늦은 경우에는 양자의 관계는 보다 직접적이어서 스포츠는 민족국가의 형성과 민족주의의 고양에 부응하도록 직접적으로 요구 받았던 것이다(이대희, 2002: 105). 이러한 현상은 국경을 넘나드는 자본의 이동이 용이해지고 세상이 통합의 흐름을 향하여 움직일수록, 자기 것, 자기 민족에 대한 정체성 확보의 욕구는 강력해 질 수밖에 없기 때문이며, 이는 스포츠를 통한 민족적 감성의 강화라는 결과로 극대화 된다(Dyreson 2003; Rowe 2003; Jackie 2008; Maguire 2008: 권순용, 2012 재인용). 근대국가의 형성을 계기로 개인이 아닌 국가와 민족이 다른 민족과 승패를 겨루는 스포츠현상에서 민족간의 대립이 극에 달하는 모습이 자주 표출되기도 하는 이유이다.

본래 민족이란 '일정한 지역에서 오랜 세월동안 공동생활을 하면서 언어와 문화상의 공통성에 기초하여 역사적으로 형성된 사회집단'을 의미한다. 따라서 민족주의는 '민족공동체의 정치적 통일과 독립, 그리고 번영과 발전을 추구하는 집단의지'로 정의할 수 있다(김동규, 2011). 또한 장문석(2007)은 민족주의를 넓은 의미의 민족주의와 좁은 의미의 민족주의로 나누어 설명한다. 넓은 의미의 민족주의는 "민족의 자율성과 정체성과 통일성을 형성하고 유지하려는 이데올로기이자 운동"으로 정의된다. 후자, 즉 좁은 의미의 민족주의는 Hechter의 제안을 따라"민족의 경계들을 통치구조 단위의 경계들과 일치시키도록 고안된 집단행위"로 정의될 수 있다고 한다. 즉 같은 언어와 문화 등을 공유하는 공동체주의의 한 전형으로 이해할 수 있다. 이러한 민족주의는 냉철한 사고와 비판을 요한다. 특히 한국은 해방과 독립, 남북전쟁 후에도 지속된 단일 언어, 단일 혈통에 민족의 기반을 두고 있는데 세계화의 경향으로 더 이상의 순혈주의는 이미 한계에 봉착한 것으로 보기 때문이다. 또한 단일민족 공동체에서 원초적이고 맹목적인 충성심은 민족의 공동체를 위한 국가의 희생에 정당성을 부여할 수도 있다는 담론을 형성하기도 한다.

대표적으로 임지현(2005)은 민주주의와 인권과 같은 소위 인류의 보편적 가치와 민족주의 사이의 양립 가능성을 회의적으로 바라본다. 그는 민족주의와 결합된 근대 민족국가의 억압성을 강조하고 그것이 각 개인의 개성을 말살하고 억압하고 획일화하는 권력으로 본다. 윤해동(2003)도 민족주의를 '제국주의의 쌍생아'로 치부하면서 '근대 민족주의가 한편으로 제국주의에 저항하면서 또 다른 한편으로는 제국주의를 모방하면서 형성된 인위적인 구성물'이라고 하였다. 그들이 비판하고자 하는 것은 민족주의의 태생적 공격성과 배타성, 억압성 등이다. 한국사회에서 오도된 민족주의적 정서가 존재하고 있다는 점은 분명하다. 그리고 이런 것이 외국 및 외국인에 대해서 뿐만 아니라 우리 사회의 다양한 삶의 방식들에 대해 지나치게 배타적인 정서를 초래할 수도 있다. 그리고 근대 민족국가가 초역사적으로 지속할 것이라고 생각하지도 않는다(나종석, 2009). 이러한 정서가 지나칠 경우 쇼비니즘(chauvinism), 즉 맹목적, 광신적, 배타적인 애국주의로 표출될 수 있는 것이다.

스포츠에 있어서 민족주의는 국가가 개입하여 스포츠를 국위선양이나 이념경쟁의 도구로 사용함으로써, 즉 스포츠를 정치화하면서 나타났다. 특히 1936년 히틀러는 베를린올림픽을 통해 게르만족과 제3제국의 우수성, 그리고 자국민족의 내적 통합을 위해 올림픽을 유치하였다(빙원철, 2007). 또한 박정희정권은 '체력은 국력'이라는 구호 아래 국내적으로는 체육교육의 활성화를 국제적으로는 국제경기대회의 개최와 우수 경기인들을 지원하기 위한 각종시책을 마련하기도 하였다. 이러한 정책의 영향으로 국제 대회 입상은 곧 '국위선양'과 동일시되는 인식들이 확산되었다(박호성, 2002). 즉 사회통합과 애국심을 고취하기 위한 수단으로 스포츠가 활용되었던 것이다.

1988년 서울올림픽에서도 민족주의가 심화된 모습을 발견할 수 있다. '국민총동원'의 '국가전시체제' 아래에서 '돌격 앞으로' 정신으로 88올림픽을 준비했는데 이 과정에서 언론에 빈번하게 등장하고, 거리 곳곳을 메운 포스터의 문구는 주로 이랬다. '단군이래...', '5000년 민족 역사상...', '한민족의...' 등등. 이러한 공격적이고 단정적이며 억압적인 민족적 수사들을 앞세워 국민들의 참여, 헌신, 인내를 요구했고 우리는 이를 '민족적 사명감'과 '한국인으로서의 의무감'으로 받아들였다. '후진국 아닌 나라'라는 것을 증명하기 위해 '현대화'된 한국사회의 모습만을 강조했고, 전통적인 토속적인 한국문화는 주변부로 밀려날 수밖에 없었다(정희준, 2003: 90). 이처럼 일방적이고 자기중심적인 민족주의는 파시즘으로의 유혹에 빠지기 쉽다. 강권찬(2002: 93)은 스포츠현상에서 발현된 과도한 민족주의의 위험성을 다음과 같이 지적한다.

> 그 뜻이 아무리 위대하다해도, '온 국민'이 '한마음 한뜻'이 된다는 것은 위험성을 내포한다. 하나가 될 수도 없고, 되어서도 안 된다. 2002년과 2003년에 목격한 일련의 스포츠현상에서 획일적 집단주의 세계관이 한국인들 정신 깊은 곳에 자리함이 증명되었다. 외국인들이 한국응원단의 '일사분란함'으로 인해 느꼈던 '전율'도 아마 이러한 이유에서일 것이다. '온 국민'이라는 이데올로기적 선동 속에 수많은 사회적 국외자, 즉 장애인, 여성, 외국인노동자, 동성애자 등과 같이 '국민'과 상관없는 수많은 집단의 존재는 무시될 수밖에 없기 때문이다.

스포츠민족주의에 대하여 윤평중(2002: 119)도 한국의 입장에서 설명하였다. 그에 따르면 "중요한 것은 이론의 여지가 있는 사건이나 대상에 대한 냉정하고 입체적인 인식을 민족주의가 저해하는 경향이 있다는 사실이다. 민족주의 자체가 뜨거운 감정의 덩어리인 것처럼, 스포츠민족주의에도 맹목성과 단순성이 스며들어 있다. 그것은 다원적 해석이나 반론의 공간을 질식시키며 한 사회를 평면화 한다." 역대 군사독재 정권이 우민 정책의 일환으로 스포츠민족주의를 부추긴 것은 바로 이 때문이다.

나아가 민족주의가 가진 공격성과 배타성, 억압성 등이 극대화되어 표출되는 경우도 있다. 대개 민족주의가 배타적인 애국주의의 형태로 다른 나라를 적이나 경쟁자로 상정한다. 그 때문에 배타적인 애국주의에 연루된 국가의 시민들은 본인들의 의도와 상관없이 상대 시민들을 서로 적대시하기 마련이다(정종훈, 2002). 이러한 예는 국가 간 스포츠경기에서 상대국가에 대한 배타적인 애국심으로 나타나는 경우가 많다. Boyle와 Haynes(2000)은 "국가적 성격(national character)의 정체성은 국제적 스포츠 수준에서, 특히 올림픽이나 월드컵과 같이 전 세계적인 경쟁이 있는 수준에서 뚜렷하게 나타난다."라고 하였으며, 이러한 국가적 성격의 정체성은 자신의 민족의 우월성을 입증하고자 하는 쇼비니즘으로 표출되는 경우가 많다(빙원철, 2007: 재인용).

과거 1963년 월드컵축구 중미대륙 예선전 엘살바도르와 온두라스의 경기는 두 나라의 전쟁이 일어나게 된 직접적인 원인이 되었으며, 이는 자국 국민들의 잘못된 애국심으로 상대방 국가대표 선수들에 대한 위협과 방해에서 시작된 것이었다(빙원철, 2007). 최근에 스포츠에 나타난 쇼비니즘의 양태로는 2004년 8월 중국에서 열렸던 중국과 일본과의 아시안컵 결승전이 있다. 당시 경기장에는 '중국은 반드시 이긴다' '일본상품을 배척하자' '충성으로 국가에 보답하자' 등 스포츠와 관계없는 구호가 경기장에 난무했다. 몇몇 학생은 손가락을 깨물어 '타도, 일본'이란 혈서를 썼으며, 일본이 중국을 3대1로 이기자, 흥분한 중국 팬들은 일본국기를 불태우고 일본선수단 차를 가로막고 돌과 페트병을 던지는 등 시위를 하기도 하였다(황유성, 2004. 8. 13). 또한 최근 일본프로축구 J리그 경기장에서 'JAPANESE ONLY ' 라는 현수막이 걸렸다. 아사히신문의 보도에 따르면 현수막 외에도 경기 중에 선수에 대한 인종차별적 발언도 확인됐다(홍민철, 2014. 03. 12). 이는 선수들의 자유로운 국적이동이 가능한 스포츠 세계화 과정에서 발생하는 쇼비니즘의 한 단면이며, 과도한 민족주의의 표출이 드러내는 폭력성을 단적으로 보여준다.

이와 같은 스포츠민족주의를 통해 스포츠의 정치적 도구성은 극에 달한다. 스포츠와 결합한 민족주의는 정치세력의 목적달성을 위한 효과적인 도구로서 사용되어져 왔으며, 그 과정에서 민족주의가 내포한 기형적 공격성이 발현되기도 한다. 스포츠의 정치적 도구성에 대해서는 다양한 견해가 존재하지만, 한 가지 분명한 사실은 스포츠가 정치적 영향력으로부터 결코 자유로워질 수 없다는 것이며, 스포츠와 정치는 어떠한 형식으로든 관계를 맺고 있는 것이 현실이다(정기웅, 2008b). 따라서 이러한 현실적 한계를 인정하고 극복하며 세계화 시대에 걸맞은 세계평화와 질서를 유지할 수 있는 새로운 패러다임이 요청되는 이유이다.

문화적 세계화와 스포츠

1) 문화제국주의와 스포츠

실리적 욕구의 소산으로 간주할 수 있는 경제적 세계화나 정치적 세계화와는 달리 가치의 문제와 연관된 문화적 세계화는 오늘날 세계화론의 가장 민감하고도 논쟁적인 영역에 속한다. 글로벌 문화의 출현은 국경을 넘나드는 정보컨텐츠, 상품과 서비스, 이미지와 디자인 등에서 명료하게 드러난다(김문조, 2009: 6). 문화의 한 영역이라 할 수 있는 스포츠에서도 이러한 글로벌 문화현상을 목격할 수 있으며, 다양한 가치론적 논쟁들을 확인할 수 있다.

문화확산이론(cultural diffusion theory)에 의하면 정보와 커뮤니케이션 등을 포함하는 문화영역에서의 수입과 수출 등 국제적인 유통에서는 아무런 제한을 받지 않는, 즉 자유방임적 유통이 보장되어 한다고 주장한다. 즉 자유경쟁에 입각하여 우수한 문화는 자연스럽게 열등한 곳으로 흘러간다는 것이다. 이러한 국가 간의 문화와 정보유입 현상은 자유시장 논리에 의하여 그 영역을 확장해 나가고, 그에 따라서 발생하는 국가 간의 정보, 문화 불균등은 불가피하다는 입장이다. 또한 자유로운 정보와 문화의 유통은 한 사회의 발전과 근대화의 과정에 유익할 수 있다고 주장한다(Read, 1976; 주형일, 2000 재인용). 다시 말해서 제3세계에서 서구로부터의 문화 유입은 전통적인 문화를 약화시키고 침해하기보다는 피유입국가와 사회의 문화를 오히려 보강시키고 살찌운다는 논리이며, 축구, 야구, 농구 등과 같은 유럽 근대스포츠의 확산과 보급이 설명된다.

그러나 정보와 문화의 자유로운 흐름은 결과적으로 국가 간의 불균등하고 일방적인 흐름을 초래하고 말았다. 바로 이러한 정보와 문화의 불균등하고 일방적인 흐름에 대해 주목하는 것이 문화종속 또는 문화제국주의이다. 문화종속 또는 문화제국주의라는 개념이 쓰인 것은 네오마르크스주의에 의해서다. 남미의 경제적인 저발전의 원인을 중심부에 의한 착취와 국제관계에서의 불균형에서 설명하는 종속이론의 틀에 입각하여, 문화영역에서도 국가 간의 불균형과 착취가 일어난다는 것이 이들의 주장이다. 국제적인 차원에서 문화와 정보의 불균형한 교환관계를 규명하고자 하는 것이다. 이러한 과정에서 경제관계의 물질적인 토대와 커뮤니케이션 산업의 이데올로기적인 측면들이 강조된다. 스포츠에서는 미국과 같은 강대국으로부터 종속적 국가로의 문화적 가치와 신념 등의 이식과정이 이러한 논리에 의해 비판 가능하다.

반면에 세계시장론 혹은 문화세계화론의 입장에서는 문화의 전 지구적인 흐름은 더 이상 초국적 미디어기업에 의해 주도되는 단일하고 일방적인 과정이 아니라, 다층적이면서 복합적인 성격을 띠고 있다고 주장한다(Featherstone, 1990; Robertson, 1990; Tomlinson, 1991/1994). Appadurai(1996, 2004: 78) 역시 문화의 전 지구화를 문화의 동질화와 같은 개념으로 보아서는 안 된다고 하였다. 그는 "오히려 전 지구화는 동질화의 다양한 도구들(군대, 광고기술, 언어적 헤게모니, 의복 양식들)을 이용하며 이들을 지역의 정치와 문화 경제 속으로 흡수하게끔 한다."고 주장하며 세계적 문화의 복합성을 주장하였다.

이처럼 문화제국주의는 세계화의 영향으로 인해 생활양식이나 방식, 언어의 사용 등 전 세계의 문화가 점차 동질화되어 간다는 것이며, 이 중심에 있는 미국을 비롯한 유럽의 강대국들의 패권에 주목한다. 문화 세계화를 강조하는 사람들은 이러한 현상이 단일적이거나 일체화된 것은 아니고 여러 문화가 복합되고 혼합되어 나타난 것이라는 입장이다. 또한 오늘날의 세계화는 일관성이 없고 문화적 목표를 갖지 않는 과정이라는 점에서 제국주의와는 구분된다고 주장한다. 제국주의가 어떠한 권력중심으로부터 전 세계에 걸쳐 하나의 의도된 사회체제의 확장이라는 목적을 가지고 있다면 오늘날의 '세계화론'에 대한 개념은 세계 모든 지역의 상호관련과 상호의존을 의미하지만, 제국주의보다는 확실히 덜 의도된 방식으로 이루어지기 때문이다(Tomlinson, 1991, 1994: 301).

그럼에도 불구하고 문화의 혼종은 글로벌 미디어기업의 세계화 전략의 일환인 현지화 전략으로서 파생된 것이기 때문에 문화제국주의의 진화되고 변형된 형태로 보아야 한다는 주장도 있다(김수정, 양은경, 2006). 이들은 스포츠의 확산을 이제 일방적인 것이 아니라 다양한 방향에서 진행되고 있다는 점에 주목한다. 그 좋은 예가 바로 미국에서의 축구의 인기, 전 세계에 전파된 아시아 국가들의 무술, 야구의 올림픽종목 채택, 세계 각국에서 행해지는 배구경기, 그리고 유럽에서 새롭게 정착해 인기를 얻고 있는 미식축구 등이다(Maguire, 1990; 정희준, 이광용, 2000 재인용).

그러나 문화의 혼종 또한 초국적 자본이나 민족자본에 의해서 전 지구적으로 대중문화의 소비층을 확장하려는 의도로 기획된 문화생산 전략의 일환으로 파악할 수 있다. 시장확대를 비롯한 이익창출의 방식으로서 국가 간 또는 지역 간 문화산업 주체들 간의 합작들, 그리고 타국의 방송프로그램 모방이나 차용이 여러 문화에서 혼종성을 주요하게 양산해 내고 있기 때문에 글로벌 기업의 사업다각화 전략에서 비롯되는 세계화 전략으로 이해해야 한다는 입장도 있다(김수정, 양은경, 2006; 김상범, 김동규, 2013).

이러한 맥락에서 세계 스포츠문화의 전반적인 흐름이 다양한 국가에 존재하는 스포츠의 특이성 또는 차이점들이 더욱 달라지고 분화되기보다는 오히려 유사해지고 통합되어지는 동질화(homogenezation)를 향한 것이라는 점에서 비판이 가능하다(Wagner, 1990). 서구의 근대스포츠 조직체계가 18~19세기에 형성되었고, 이를 바탕으로 한 국제적 조직기구의 영향은 아시아와 아프리카를 비롯한 전 세계에 미치고 있으며 유사한 소비경향을 나타내고 있다.

이와 같은 스포츠의 제국주의적 확장은 과거 영국에서 발생한 근대축구의 확산과정부터 설명이 가능하다. 1876년도에 영국 식민지의 인구는 2억 5천만 명에 달했으며, 제1차 세계대전이 일어난 1914년까지 영국 식민지의 인구는 약 4억 명에 달했다. 이러한 상황에서 영국의 정치, 경제, 문화, 교육 등 모든 분야의 발전은 제국주의란 이데올로기의 영향권에서 벗어날 수 없었고, 교육의 한 영역이자 사회문화인 스포츠 또한 예외가 될 수는 없었다. 즉 19세기 후반에 급속히 확산되었던 교육체계의 스포츠교육열인 애슬래티시즘(athleticism)과 제국주의 이데올로기와의 결합은 필연적인 것이었다(하남길, 1996: 250).

제국주의 이데올로기와 결합된 스포츠의 전 세계적 확장과정은 스포츠가 문화의 한 측면으로 이해할 때 자연스럽게 문화적 동질화 논란을 유발하게 된다. 문화의 동질화란 특정한 나라나 사회의 문화가 다른 곳으로 확산되어 특정문화가 세계를 동질화시킨다는 것을 의미한다. 디지털기술을 기반으로 한 정보통신 기술의 발달과 커뮤니케이션 미디어의 보급으로 정보와 지식, 문화콘텐츠가 빠르게 보급됨에 따라 전 세계의 문화가 빠르게 동질화되어 간다는 것이다(임동욱, 2012). 미국중심의 문화제국주의를 표현하는 '코카콜라의 식민화(Coca-Colonization)'나 '맥도날드화(McDonaldization)'가 이러한 문화적 동질성을 비판하는 대표적인 용어이다.

19세기 말 미국에서 시작되었던 이민인구의 미국화를 위한 노력은 제국주의적 성향을 잘 드러내고 있다. 미국화의 일차적 수단은 국가공휴일의 기념과 같은 공공 의례를 준수하도록 강요하거나 교육체계를 변형시켜 국기에 대한 경례를 부과하거나 영어를 강제하는 등 공식적인 형태로 드러났지만(Pope, 1997), 이외에도 다양한 형태의 비공식적 수단들이 '미국적 가치'를 주입하기 위해 활용되었다. 19세기 말 미국에서 펼쳐졌던 운동장 설치운동이 그 한 예이다. 운동장 설치운동은 주로 최근 이민자로 이루어졌던 노동계급 청소년들의 무질서한 거리문화를 순치하고자 중산층 자선사업가들이 펼쳤던 운동이다. 이들은 운동장의 설치를 통해 노동계급 청소년들의 여가활동을 시간적, 공간적으로 제한하고 스포츠의 보급을 통해 그 활동의 내용까지 통제하고자 했다(정준영, 2009 재인용).

그런데 '코카콜라의 식민화(Coca-Colonization)'나 '맥도날드화(McDonaldization)' 등으로 대표되는 문화제국주의의 수사들은 과거 제국주의가 의미하는 지역의 경계를 침범하는 형태뿐만 아니라 개별 인간의 감성영역도 침범한다는 의미를 내포한다. 이에 대해 김문조(2002)는 월드컵이라는 전 세계인들의 공통된 관심사를 예로 들어 자본주의의 상업적인 이윤추구의 논리가 인간감성의 영역도 식민지 개척하듯 상업적 문화상품의 시장으로 개척되고 있음을 지적하였다. 즉 스포츠가 지닌 유희에 대한 인간의 정서가 근대사회에서는 본격적으로 시장의 영역으로 환원된다는 점에서 문화제국주의의 의미가 확대 해석되어야 한다는 것이다.

비교적 최근에 열린 WBC(World Baseball Classic) 야구대회는 미국의 제국주의적 욕망을 극명하게 드러내고 있다(김욱, 2006). 전 세계인의 공통된 관심사인 야구로 자국의 실력을 인정받고, 다른 나라의 선수들을 낮은 가격에 영입해 높은 가격의 중계료를 받으며, 그러한 경제적 효과를 기반으로 미국의 세계패권으로 활용한다는 논리이다. 이러한 관점 역시 문화적 소산인 야구가 결국은 경제논리에 의해 제국주의의 매개역할을 한다는 것이다.

살펴본 바와 같이 문화적 세계화 과정에서 스포츠는 다양한 가치들이 논쟁하는 지점에 위치한다. 스포츠의 세계화 과정에서 발생하는 문화적 동질성을 세계화의 자연스러운 현상으로 이해할 것인지, 아니면 미국과 같은 강대국의 문화적 전략으로 이해할 것인지는 쉽게 판단하기 어려운 문제이다. 그러나 분명한 것은 세계화가 반드시 보편적인 것이라는 형용의 허울을 벗어나 편협한 시각을 바로잡아야 한다는 것이다.

2) 스포츠에서 세계의식과 민족의식의 상충

문화는 사회나 집단에 변별력을 부여하는 특수성이나 지역성을 본원적 속성으로 한다. 주어진 공간에 소재한 사람들이 어떠한 생각과 말과 행위로 살아가는가는 식별할 수 있는 고유한 생활양식이나 지역적 정체성의 원천이 된다(Warnier, 1999). 동질화·혼성화를 지향하는 글로벌 문화가 세계도처로 확산되면서 지역문화와의 충돌이 초래되어 세계화 시대의 문화지형은 복잡성을 더해갈 전망이다(김문조, 2009: 재인용). 다시 말해 글로벌 의식이 확장됨으로써 발생하는 국지주의(localism)와의 갈등은 불가피한 것이고 그 양상도 점차 심화될 것으로 보인다.

일반적으로 글로벌 의식이 확장은 국지주의의 약화를 유발할 것으로 예상가능하다. 그러나 현실은 꼭 그렇지는 않은 방향으로 전개되는데 Castells는 그 이유를 다음의 두 가지로 제시하고 있다(성경륭, 2001: 32-34 재인용).

> 첫째, 국가와 국가 사이의 경계를 뛰어넘어 시장의 범위를 전 세계로 확대하는 세계화 과정의 가장 중요한 본질은 경쟁의 세계화에 있다. 그러므로 세계화가 빠르게 진전되면 경쟁력이 약한 산업·기업·개인은 과거와 달리 국가로부터 강력한 보호를 받지 못하는 상태에서 산업붕괴, 기업도산, 실직 등 갖가지 위험에 직면하게 된다. 또한 자본과 기업의 높은 공간적 이동성에 비해 이동성의 수준이 현저히 낮은 개인들은 날로 심화되는 생존경쟁에 그대로 노출될 수밖에 없게 되므로 인간관계는 더욱 경쟁적으로 되고, 따라서 더욱 원자화되고 만다.
>
> 둘째, 세계화의 진전에도 불구하고 개별국가나 문화공동체의 국지주의적 혹은 특수주의적 특성을 유지하거나 더욱 강화시키는 다른 요인은 민주주의의 세계적 확산이다. 20세기의 후반기, 특히 1989년 이후 공산권의 몰락

> 과 함께 민주주의는 가장 보편적인 정치이념과 체제로 받아들여지면서 세계 각지로 전파되었는데, 바로 민주주의에 내재된 자기통치와 민족자결주의의 원리가 개별 국민국가 내에 존재하는 소수민족들의 민족적 정체성을 강화하고 문화적·정치적 독립을 부추기는 촉진제로 작용하였다.

이런 가운데 경제적 세계화에 대응하여 이루어진 정치적 세계화(즉 EU 등 지역협력체의 등장, WTO와 같은 초국가기구의 등장 등)도 소수민족집단의 문화적 정체성 형성과 정치적 독립을 촉진하는 요인으로 작용하였다. 예를 들면 캐나다의 퀘백주는 북미자유무역지대(NAFTA)와 세계경제에 적극적 참여를 전제로 독립을 추진하였으며, 스페인의 바스크지역과 카탈로니아지역, 영국의 웨일즈와 스코틀랜드, 이탈리아의 북부지역도 모두 유럽연합에의 참여를 전제로 정치적 독립을 추진했다(Drucker, 1993: 152-153). 말하자면 글로벌 경제와의 통합과정에서 오히려 소수민족들로 하여금 문화적 특수주의와 독립을 추구하도록 하는 역설적 결과를 초래하고 있는 것이다. 이처럼 세계화에 대한 강력한 반작용으로 인해 개별국가와 소수민족 집단들을 중심으로 하여 다양한 문화적 집합주의가 분출·확산되는 경향이 뚜렷하게 나타나고 있다. 이러한 경향은 소수집단의 정치적 공동체의 형성으로 뿐만 아니라 견고한 민족주의의 표출로도 나타나게 마련인데 국가 간의 경쟁이 자연스러운 스포츠에서 더욱 극명하게 나타난다.

앞서 살펴 본 바와 같이 서구의 제국주의적 확산과정은 서구문화의 이식과정이기도 했으며 그 속에서 스포츠는 가장 성공적인 이식이 이루어진 분야이기도 했다. 이를 통해 서구의 현대스포츠가 세계인의 공통언어가 되면서 스포츠를 이용한 경쟁이 국가의 경계를 넘어 점차 민족 간의 경쟁으로 발전했다. 서구스포츠가 세계 곳곳으로 퍼져나가던 초창기인 20세기 초반에 이미 스포츠를 통한 민족 간 경쟁의 개념이 출현하는 것을 볼 수 있다. 올림픽과 월드컵 같은 세계대회, 특히 의식적으로 국가 간 대항전을 표방했던 월드컵의 등장이 그를 더욱 심화시켰다(정준영, 2009).

서구 제국주의적 확산과정을 통해 동일한 스포츠를 향유하는 국가들이 늘어나게 됨으로써 국가 간의 경쟁이 가능하게 되고 이는 국가 간의 결속력을 다지는 견고한 민족주의와 같은 형태로 드러나게 되는 것이다.

이상의 논의를 종합하면 세계화는 경제적·정치적 측면에서 세계적 수준의 상호의존성과 통합성을 증진시키고 있으나, 문화적 차원에서는 결코 국지주의와 특수주의의 경향성을 약화시키지 못하는 것으로 볼 수 있다(공유식, 1995). 이는 스포츠에서도 다르지 않으며 세계를 향한 세계의식과 민족의식이 병존하고 있는 것으로 이해할 수 있다. 개개인의 정체성이라는 측면에서는 특정국가의 구성원들은 자신이 속한 국가와 민족집단에 대해 여전히 강한 일체감과 정체성을 가지고 있음을 알 수 있다. 세계화가 진전되고 있음에도 불구하고 스포츠에서 국가 간 대항전에 참여하는 선수들과 지켜보는 국민들은 자신과 국가를 동일시하기 마련하며 강한 일체감을 드러낸다. 역사적으로는 국가 간 경쟁의 심화가 긴박한 긴장상태를 넘어 전쟁으로 이어지기도 하였다.

앞으로 세계화의 전개과정에서 민족주의의 부활 및 문명충돌과 같은 문화적 갈등이 더욱 빈번하게 발생할 것으로 예상되며, 이와 함께 정치적 독립을 획득하고자 하는 소수민족집단의 저항으로 인해 기존의 국민국가들이 더 많은 수의 국가로 분열될 가능성이 많다고 주장하는 학자도 있다(성경룡, 2001; 임혁백 외, 2004). 물론 스포츠가 매개가 되어 국가의 분열을 조장할 것으로 보긴 어려우나 문화적 갈등의 기재가 될 가능성은 충분해 보인다. 나아가 세계의식을 지향하는 계층과 민족의식을 지향하는 계층 간의 갈등이 발생할 여지도 있다.

이에 대해 Sorman(1998)도 비슷한 견해를 제시한다. 즉 세계적 수준에서 활동하는 지구적 유목 엘리트(cosmopolitan nomadic elite)들은 세계화로 인해 요구되는 복합적·다문화적 정체성(multiple identities)을 담지하고 매우 개방적인 의식과 태도를 발전시키는데 반해, 정착생활을 하는 국민과 대중들은 개별국가와 민족의 단일적 정체성에 집착하고 세계적 차원의 실체에 대한 동일시를 거부한다고 한다는 것이다(성경륭, 2001 재인용). 그리하여 세계화가 빠르게 진행되는 상황 속에서 유목 엘리트와 정착한 대중들은 세계의식과 민족의식 사이에서 의식상의 큰 균열을 노출시키는 것으로 보고 있다. 근대스포츠의 유입을 자연스럽게 여기는 세계의식과 씨름과 같은 전통스포츠뿐만 아니라, 자국의 스포츠를 지키기 위한 민족의식이 상충하는 모습은 스포츠현상에서 다양하게 관찰가능하며 이러한 갈등을 극복하기 위한 시도가 요청된다.

4. 스포츠 세계화의 뉴 패러다임

스포츠 세계화의 비판적 지형설정을 바탕으로 세 뉴 패러다임이 제시될 수 있다. 첫째, 경제적 공동체주의의 형성이다. 공정한 경쟁과 기회의 평등, 정의로운 분배와 생산 및 노동의 가치 제고, 환경의 공생 등을 추구하는 경제 공동체적 가치는 신자유주의 세계화로 점철된 사회 양극화 문제를 해결하는 대안이 될 수 있을 것으로 기대된다. 둘째, 생태정치학의 적용이다. 생태정치학적 관점은 환경오염 및 훼손과 관련하여 스포츠에 부여하는 의미가 적지 않다. 또한 스포츠현상에서의 생명윤리, 국가와 지역 및 계층 간 지배와 복종, 억압과 차별 등의 문제를 해결하는 뉴 패러다임으로서의 역할이 가능할 것이다. 셋째, 세계시민주의의 확산이다. 스포츠에서 표출되는 배타적 민족주의, 문화적 획일화와 단일문화의 확산, 강대국과 약소국의 불평등한 국제 관계의 재설정 등을 위해서 스포츠계에 세계시민주의의 이념확산이 요청되고 있다.

스포츠 세계화의 비판적 지형설정을 통해 무한경쟁, 약육강식, 적자생존 등의 논리가 세계화 흐름의 중심을 이루는 것을 확인하였다. 지구적 불균형, 부정의현상이 산업, 금융, 무역뿐만 아니라 계층, 문화, 환경 등

거의 모든 영역에서 나타나고 있는 것이다. 세계화는 자본주의가 전 지구적으로 재구조화되면서 강화되고, 동시에 해체되는 양면적 성향을 갖는다(임현진, 공석기, 2014). 즉 세계가 통합적 현상과 분열적 현상의 이중적 작동원리로 인해 협력과 갈등, 성장과 불평등, 타협과 반목현상 등이 반복적으로 나타나고 있는 것이다.

이처럼 세계화를 둘러싼 공방은 다양한 측면에서 이어지고 있다. 국가를 단위로 하는 교직적 협력체제를 통한 국제적 공조로서 지구차원의 새로운 세계질서가 성립되고 있다는 긍정론이 있는가 하면, 개별국가의 자율성이 약화되어 세계적 차원의 경쟁이나 위기가 초래하고 있다는 비판적 전망이 공존하고 있다(Cohen, 2007; 김문조, 2009 재인용). 현재의 그리스 경제위기가 도미노현상을 일으키며 전 세계적 경제위기를 초래할 것이라는 전망은 이를 대변해준다. 따라서 스포츠에서의 세계화 현상도 이러한 문제들과 무관할 수 없으므로 기존의 세계화론을 넘어서는 새로운 대안이 필요한 시점이다.

그림3 . 스포츠 세계화의 뉴 패러다임

경제적 공동체주의 형성

1) 신자유주의의 세계화에 대한 인식전환

냉전체제의 붕괴가 사회주의권의 쇠퇴를 가져오면서 자본주의가 국가의 이상적 체제로 받아들여지고 있는 현실이다. 국가와 이념보다는 시장과 자본이 국경을 가로지르면서 세계는 지역 간 의존과 교류를 통해 하나의 시장을 형성하고 있다. Fukuyama는『역사의 종언』에서 인류역사의 오랜 체제경쟁 속에서 자유민주주의가 종국적으로 승리하였음을 선언하고 향후 자유민주주의는 지속적으로 인류의 삶을 포괄하는 제도적 양식으로 유지될 것임을 예견하였다. 그의 주장은 1990년도 이후 확산되기 시작한 신자유주의 세계화 담론의 근간을 이루고 있으며 세계화란 곧 '자유민주주의의 정착', '역사의 진보', '시장경제의 승리', '자본주의의 확산', '이데올로기의 종언', '합리적 경쟁체제의 확립'등과 직결됨을 의미한다(송백석, 2009).

Fukuyama의 주장은 탈냉전기 국제정치학의 문명패러다임으로 기능하면서 미국이라는 제국의 야심을 충족시키는 정책노선과 지도이념, 정통성의 기반으로서 확실한 위치를 구축해 왔다(김명섭, 2003). 미국과 같이 한국도 1997년 IMF사태 이후 신자유주의 정책기조를 받아들이고 시행함으로써 경제성장과 경제위기 극복의 실마리를 찾고자 하였다. 또한 미국과 한국을 비롯한 전 세계 많은 국가에서 이러한 정책적 기조를 가지고 경제적 세계화를 이루고 있는 양상이다.

그런데 앞서 고찰한 바와 같이 신자유주의 이데올로기에 기반을 둔 세계화는 다양한 문제점을 동반한다. 시장경쟁의 효율성 추구로 인해 비시장적 가치의 영역들조차 시장의 영역으로 환원되는 문제, 시장의 원리로 인해 발생하는 계층화와 극단적 양극화 현상 등이 그것이다. 바로 이러한 이유에서 지난 2011년 하반기 신자유주의 세계화를 주도한 뉴욕 월가의 탐욕을 비판하는 '월가를 점령하라(occupy Wall Street)'는 시위로 이어지기도 한 것이다. 그리고 이러한 시위는 미국전역은 물론 아시아와 유럽 등 세계적으로 확산되는 양상을 보이기도 하였다.

한국의 경우도 사회 내 양극화 문제가 심화됨에 따라 '경제민주화'가 주요 키워드로 부상하였다. 경제민주화는 대통령직선제를 주요 내용으로 하는 1987년 제9차 헌법개정에 경제민주화 조항이 채택되며 처음 도입되었다. 경제민주화 조항이라 불리는 헌법 제119조 제2항은"국가는 균형 있는 국민경제의 성장 및 안정과 적정한 소득의 분배를 유지하고 시장의 지배와 경제력의 남용을 방지하며 경제주체간의 조화를 통한 경제의 민주화를 위하여 경제에 관한 규제와 조정을 할 수 있다."고 규정하고 있다(박상인, 2013). 이러한 내용이 새로이 주목받고 있는 것은 신자유주의적 폐단의 해결에 대한 실마리를 제공해 줄 수 있을 것으로 기대되기 때문이며, 경제적 세계화의 새로운 패러다임의 요청을 역설적으로 표현해 주는 것이라 판단된다.

Kaletsky는 이와 같은 내용을 포함하는 새로운 경제패러다임으로서 '자본주의 4.0'을 제안하였다. 그는"리먼 브라더스사가 파산한 2008년 9월 15일은 단순히 하나의 투자은행이나 금융시스템의 실패로 기억되어서는 안 된다. 그날 무너진 것은 정치철학과 경제시스템 전체이며 이 세상을 바라보는 방식과 가치관이다"라고 주장하였다(임현진, 공석기, 2014: 51 재인용). 즉 경제적 세계화에 대한 변화를 추동하기 위해 피상적 문제의 해결에 급급하기보다는 철학과 가치의 근본적인 패러다임 전환이 필요하다는 것이다.

자본주의 1.0은 자유방임의 시기(1815년-1914년 세계 제1차 대전 전까지: 미국·프랑스의 정치 혁명, 영국의 산업혁명 등으로 현대 자본주의 시작), 자본주의 2.0은 정부가 주도한 수정자본주의 시대(1914년 이후-1960년대 말: 미국의 위대한 사회, 영국의 복지국가 등), 자본주의 3.0은 시장이 주도한 신자유주의 시대(1960년대 말 1970년대 초 세계적 인플레이션의 발생, 대처와 레이건이 주창한 자유시장경제), 자본주의 4.0은 2008년 미국발 금융위기(리먼 브라더스의 파산) 등으로 세계적인 금융위기가 발생하여 네 번째 시스템으로의 전환이 이루어지는데, 이는 유능하고 적극적인 정부가 있어야만 시장경제가 존속할 수 있다는 인식에 기초한다(위선주 역, 2011). 현재의 세계적 경제민주화의 추세는 신자유주의 시장경제에 대한 반작용으로 발생한 결과물이며, 정부가 나서서 어느 정도 경제를 규제해야 한다는 필요성이 대두된 것이라 할 수 있다. 즉 시장을 이상화하고 정부를 불신하는 경향이 극단으로 치달았던 신자유주의 세계화의 논리에서 벗어나서 정부의 역할과 규제의 필요성에 대한 인식의 전환이 필요한 것이다. 정부와 시장이 각각의 근본적 한계를 인식하고 제로섬적 관계가 아닌 상호보완적 관계의 설정이 요구된다. 경제민주화, 사회적기업, 기업의 사회적 책임강화 등의 경제적 핵심어들은 이와 같은 맥락에서 파생된 용어들이며 경제적 공동체주의라는 보다 큰 개념으로 수렴이 가능하다.

경제적 개인은 반드시 어느 경제공동체에 소속되기 마련이다. 유목적인 경제활동조차도 근본적으로 어느 경제공동체에 편입되거나 소속된다. 경제인은 공동체적 관계를 벗어나서 스스로를 규정할 수 없으며 이러한 관계 속에서 타자는 동반자적 경제구성원이 되기 때문에(신종화, 유승무, 2013) 경제활동에서의 공동체적 가치발현이 당위성을 가질 수 있는 것이다. 공정한 경쟁과 기회의 평등, 정의로운 분배와 생산 및 노동의 가치제고, 환경의 공생 등을 추구하는 경제공동체적 가치는 신자유주의의 세계화로 점철된 사회양극화 문제를 해결하는 대안이 될 수 있을 것으로 기대된다. 경제공동체주의의 대표적인 예로 들 수 있는 사회적 기업에 대해 김태근(2013)은 사회적 기업이 기존의 자본주의적 물질적 가치 혹은 공리주의적 가치를 사회규범적 가치로 대체하고 사회공동의 삶을 통해 사회양극화 문제를 해소시킬 수 있을 것이라 주장하였다. 이밖에도 기업의 사회적 책임(corporate social responsibility: CSR)은 세계화의 물결 속에서 반드시 부과되어야 할 덕목으로서 이상적인 기업문화 실현을 기대하게 한다(강성민, 2012).

2) 스포츠 기업의 사회적 책임강화

스포츠의 현장에서도 신자유주의적 세계화는 많은 비판적 현상을 수반한다. 스포츠 내의 계층화와 양극화 문제, 스포츠 하부구조의 파괴, 지역 스포츠브랜드의 잠식 등이 그 예이다. Thibault(2009)는 신자유주의적 경제흐름에 의해 스포츠가 경제 제국주의 논리의 지배를 받으며, 스포츠와 스포츠선수, 그리고 소외된 소규모 리그는 신자유주의 세계화의 희생양으로 전락할 수 있음을 경고하고 있다. 실제로 글로벌 스포츠기업에 의한 토종 스포츠브랜드의 잠식이 현실화 되고 있다. 스포츠브랜드 사업은 막대한 광고료와 기술개발비를 요구하는 사업으로 나이키와 아디다스 같은 글로벌 스포츠기업은 프로스펙스와 르까프 같은 토종 스포츠브랜드를 잠식해 나가고 있다(강성민, 2012). 이러한 상황으로 인해 1970~80년대의 열악한 노동조건에서 단순 하청업체로서 역할을 해오던 한국 스포츠브랜드산업은 1990년대를 거치며 노동조건이 개선되기는 하였지만 여전히 글로벌 스포츠기업에 종속된 하청업체로서의 역할에 머무를 수밖에 없는 입장이다(임석준, 2005).

최근 세계적 브랜드인 나이키는 종래의 수직적 관계로부터 벗어나 동반자적 위치에서 하청업체들과 사업을 수행하려 노력하고 노동환경을 개선하는 등의 고무적인 모습을 보이고 있다. 나이키는 1990년대 저개발국가 아이들의 노동을 착취해 축구공을 생산한다는 비난을 받았다. 파키스탄과 인도의 아이들은 하루 300원을 받고 14시간 동안 손으로 바느질을 해 축구공을 만들었다. 소비자들의 불매운동과 이미지 타격으로 시장점유율과 주가가 하락하자 나이키는 이에 대한 대응에 나섰다. 기업윤리부서를 신설하고 노동환경 전문요원이 제품생산 공장의 노동환경을 점검하게 했다. 또한 공장종사자의 연령, 안전, 건강, 경영자태도 등을 담은 생산지침의 마련과 함께 '근로자와 공동체를 위한 국제연대'를 창립하는 등 근본적 변화를 추진했다. 이와 같은 윤리경영을 추진한 후 나이키는 신뢰를 회복할 수 있었다(장혜진, 2012. 08. 06; 장효진, 2013. 08. 26).

위의 사례에서 보듯 기업활동이 인간의 보편적 가치에 위배될 경우 세계시민사회에서 질타를 받게 되고, 사회적 질타에 대한 자정노력은 기업시민(Corporate Citizen)으로서 사회적 정당성을 확보하는 계기가 되기도 하는 것이다(김성수, 2007; 임석준, 2005; 강성민, 2012). 따라서 스포츠기업은 그들이 속한 공동체 내의 가치 지향과 일정한 선을 같이 해야 하며, 도덕적으로 용인되는 사회적 가치를 적극적으로 실천할 필요가 있다. 뿐만 아니라 국제적 이벤트를 관장하는 FIFA나 IOC 등도 지나치게 상업화된 현재의 상황에서 인류의 공동체적 가치지향을 통해 균형 있는 시각을 유지함으로써 스포츠의 가치가 올바로 실현될 수 있도록 해야 함에 책임과 의무를 가질 필요가 있다.

생태정치학의 적용

1) 친환경 스포츠로의 회귀

21세기 정치학의 메가트렌드라 할 수 있는 생태정치학(최민자, 2010)을 스포츠 세계화의 뉴 패러다임으로 제시하고자 한다. 본래 생태정치학(Biopolitics)은"생물학을 비롯하여 생리학, 동물학 등 자연과학의 지식을 정치과학에 접목시켜 학제 간 연구를 시도하는 분야이다"(강용진, 2005: 55). 이에 그 대상이 '국민국가'의 패러다임을 넘어선 '세계시민사회'의 패러다임이라고 하는 차원에서 보면 생태정치학은 세계시민주의와 그 맥을 같이 하고 있다. 생태정치학은 자율성과 평등성에 기초한 세계시민사회의 영역을 그 대상으로 하고 있다. 왜냐하면 생태정치학의 목표가 국민국가의 프레임을 넘어선 세계시민사회 프레임으로의 의식확장을 통해 인간과 인간, 인간과 우주자연의 연대성을 회복함으로써 공존의 대안적 사회를 구현하기 위한 것이기 때문이다(최민자, 2010). 이와 동일한 맥락으로서 스포츠 세계화와 국제정치관계에서 인간중심주의, 배타적 국가주의, 문화적 제국주의가 야기할 수 있는 스포츠 내의 환경적, 계층적, 지역적, 인종적인 갈등을 생태정치학의 적용을 통해 극복하고자 하는 것이다.

생태정치학적 관점은 특히 환경오염 및 훼손과 관련하여 스포츠에 부여하는 의미가 적지 않다. 환경오염과 훼손에 의한 온난화현상은 지구생태계에 혼란을 가져오고 있음은 주지의 사실이다. 오존층의 파괴, 산성비의 증가, 황사현상, 해양오염으로 인한 해양생태계 파괴 등은 시간과 장소를 가리지 않고 그 심각성이 날로 더해가고 있으며, 이러한 문제점들은 스포츠계에도 자유롭지 못한 것이 현실이다. 스포츠시설이나 스포츠활동으로 인하여 발생하는 환경오염·훼손은 그 유형에 따라 달라질 수 있지만, 자연환경의 훼손, 소음, 해양오염 등이 주요 문제들이다(김상겸, 2008; 김상범, 김동규, 2012). 주목할 해야 할 점은 환경오염·훼손이 국가적 차원에서 해결 가능한 문제가 아니라, 전 세계적 차원에서 공유해야할 문제라는 것이다.

지구환경의 파괴로 이상기후가 나타나고 있고, 대규모의 재난은 인명살상과 재산의 피해를 초래하고 있다. 서남아시아에서 지진과 해일이 일어나서 큰 피해가 발생했고, 원자력발전소가 폭발하여 방사능에 노출된 사람들이 오랫동안 피해를 입고 있다. 이러한 재난으로 인한 피해는 발생지역뿐만 아니라 전 세계로 확산되고 있다. 예를 들어, 환경단체인 녹색연합은 한국에서 최근 갑상선암 환자가 갑자기 늘고 있고, 그 이유는 1986년에 일어난 체르노빌 원자력발전소 폭발사고 때문이라고 주장하고 있다. 한국여성의 갑상선암 발병률은 세계최고를 기록하고 있는데, 당시 사고가 한반도로부터 8,000km 떨어져 있는 곳에서 일어났지만 방사능낙진이 바람을 타고 한국상공에까지 도달하여 암의 원인이 되었다는 것이다(강용진, 2005). 이러한 사례에서 보듯 재난과 재해는 어느 한 나라만의 문제만이 아니라 지구적 차원에서 대처해야 할 과제가 되고 있다.

이와 같이 국가 간의 경계를 허용하지 않는 환경문제는 지구촌 의식의 확산으로 인해 이웃국가의 환경 불감증이 자국에 피해를 준다는 의식이 확산되고 있다. 최근의 국제정세는 환경문제를 고려하지 않는 국가에 대한 제재와 불이익을 주기 위해 다자간 환경협약(Multilateral Environmental Agreement: MEA)을 통해 이를 방지하고자 하며, 이 같은 MEA는 국가 간의 경제문제와 직결되면서 새로운 전 지구적 환경규범을 탄생시키고 있다(이징연, 김동규, 2009). 경제적 가치창출의 수단과 도구로 생각되어 온 환경문제에 대한 반성적 자각이 전 세계적 의식변화와 행동으로 이어지고 있는 것이다.

2) 스포츠 세계화와 생태정치학

스포츠에 있어서도 환경파괴 혹은 환경자원의 개발은 불가피한 것으로 인식되는 경향이 강했다. 스포츠는 국가의 공권력과 제도를 배경으로 하는 정치적 계층에 의해 현대사회의 생활전반에 광범위하고 견고하게 자리하여 환경파괴를 정당화 내지 합법화하는 자본주의적 이데올로기를 형성함으로써 위화감과 불평등적 소외현상, 그리고 억압과 강제를 수반하고 있다고 비판받고 있다(이정식, 민경선, 2003). 대표적으로 골프, 스키, 등산, 스킨스쿠버, 윈드서핑, 산악자전거, 오리엔티어링, 래프팅, 철인3종경기 등 환경을 이용하는 스포츠가 이미 성행 중이거나 새롭게 출현하고 있어 스포츠는 환경에 막대한 부담을 안겨주는 요인이 되고 있다(송형석, 1997). 즉 스포츠에 대한 국가정책은 환경문제의 사회공간적 불평등을 촉진시키는 경향이 있었던 게 사실이다.

국제환경단체인 그린피스가 '2014 브라질월드컵' 개막을 20여일 앞두고 세계적 축구용품 브랜드의 제품 속 독성물질 함유사실을 발표한 것 역시 스포츠와 환경문제에 시사하는 바가 크다. 스포츠가 직접적인 환경훼손뿐만 아니라 환경오염물질 등을 세계에 확산하는 매개로 작용할 가능성도 배제할 수 없는 것이다. 다음은 월드컵 축구용품의 환경호르몬 검출과 관련한 기사이다.

> 그린피스 한국사무소는 19일 "그린피스가 월드컵 공인구 '브라주카'를 비롯해 아디다스·나이키·푸마 등 세계 3대 축구용품 브랜드가 시판하는 유니폼·

축구화·골키퍼장갑 등 33개 제품을 조사했더니 인체와 환경에 유해한 환경호르몬 물질이 다량 함유돼 있는 것으로 나타났다"고 밝혔다. 이 조사 결과는 독일·멕시코 등에서도 동시에 발표됐다. 조사는 한국·독일·아르헨티나 등 16개국에서 제품을 수거해 영국의 그린피스 연구소 등에서 분석하는 방식으로 이뤄졌다. 조사결과를 보면, 축구화 21종 가운데 17종, 골키퍼 장갑 제품 4종 중 2종에서 생식계통에 영향을 주는 과불화화합물(PFCs)의 일종인 과불화옥탄산(PFOA)이 발견됐다. 아디다스의 대표적 축구화인 '프레데터'와 메시 축구화로 유명한 '아디제로'에선 업체 자체의 규정보다 각각 최대 14배, 6배 높은 과불화화합물이 검출됐다. 월드컵 공인구인 브라주카에서는 생체에 축적돼 환경호르몬으로 작용할 수 있는 노닐페놀 에톡실레이트(NPEs)가 발견됐다. 플라스틱 가소제인 프탈레이트는 조사대상 축구화 21종에서 모두 검출됐는데, 일부 유니폼과 장갑에선 함량이 15%를 넘기도 했다. 국내에는 이번에 검출된 환경호르몬 물질 가운데 프탈레이트만 유아나 어린이 대상 안전기준이 설정돼 있다(김정수, 2014. 05. 19).

이처럼 환경문제의 근원은 환경오염, 자연파괴, 전쟁, 가치관의 상충 등 사회·환경적 문제를 포함하는 것이기 때문에 스포츠와 환경문제를 연루시킬 때 먼저 거론할 수 있는 것은 사회환경적 문제로서의 인간정신의 파괴 내지 인간소외현상 등이다(이정식, 민경선, 2003). 스포츠에서의 환경문제는 자연훼손 등의 자연환경적인 문제뿐만 아니라, 인간의 정서적인 문제와 건강, 행복 등 다양한 차원의 스펙트럼으로 확장하여 고려해야 할 문제인 것이다. 인간 삶의 환경을 위협하는 스포츠에서 환경파괴의 원인을 이학준(2002)은 인간중심의 세계관에서 찾으며 생태중심 세계관으로의 사고전환의 필요성을 주장하였다. 인간중심주의 세계관이 인류의 문명을 발전시켜 온 것은 사실이지만 이제 한계에 직면했다는 것이다. 토양오염, 해양오염, 자연의 이상기후 등 Beck이 지적한 전 지구적 위험사회(risikogesellschaft)가 도래하게 된 것은 자연을 도구적으로 이용한 결과론적 산물이 아닐 수 없다.

생태정치적 인식을 공유하고 있는 대표적 학자인 Bookchin은 생태문제를 사회적 차원의 문제로 확장해서 파악해야 하고, 인간이 다른 인간을 억압하고 착취하는 구조가 바뀌지 않는 한 생태문제의 근본적 해결은 어렵다고 판단하였다(Bookchin, 1995). 즉 인간과 자연의 관계가 정복과 약탈의 관계가 아닌 조화와 친화력이 바탕이 되는 관계로 변해야 한다는 것이 사회생태론의 출발이며, 환경문제뿐만 아니라 사회의 구조적 문제에 대한 해법을 제시해 줄 수 있는 가능성을 지닌 영역으로 판단이 가능하다.

그림4. '그린 올림픽' 엠블렘

물론 환경오염과 훼손에 대한 이러한 스포츠계의 대응이 전혀 없는 것은 아니다. 한국에서는 스포츠시설물의 건축 시 10단계가 넘는 환경영향평가가 실시되고 있고, 스포츠시설의 건축 및 행위와 관련된 국제올림픽위원회의 매뉴얼은(IOC, 1997) 구체적이고도 세부적인 지침을 마련하여 제반 스포츠행위(스포츠 시설물의 건축과 운영, 그리고 참여자의 행위를 포함)에 대한 스포츠관련 환경기준을 제시하고 있다(조남기, 2009). 올림픽에 있어서 1990년 프랑스 알베르빌 동계올림픽이 산림파괴, 동식물서식지파괴 등 최악의 환경올림픽이라는 비난을 받으면서 IOC에서는 올림픽헌장을 수정하여, 2000년 이후 올림픽을 개최하고자 하는 도시는 빠짐없이 환경보호계획의 제출을 요구하기에 이르렀다. 중국 베이징의 경우 올림픽 유치활동을 나설 때부터 환경문제가 대두되어 2000년 올림픽유치에 실패한 사례가 있다.

환경관련 올림픽으로 가장 모범적인 사례를 보인 시드니올림픽은 올림픽파크의 조성에 쓰레기 재활용 언덕조성, 물 절약장치와 기술의 도입, 기존시설의 활용, 재활용자재를 사용한 건축, 태양열에너지 사용, 자연환기시스템, 식수운동의 전개 등은 물론 기념품의 포장 최소화에까지 주의를 기울이면서 Green Game의 청정국가로서 호주의 이미지를 세계에 알렸다(양윤재, 2000). 환경관련 문제를 재정비하여 2008년 올림픽을 유치한 베이징은 대기오염문제를 해결하기 위해 석탄보일러를 대체할 1,600여 개의 에너지설비와 친환경버스의 도입, 대회기간 승용차 역 10부제, 경기장 전원의 신재생에너지 사용원칙 등이 고려되었으며, 베이징시 8개 구역 내 33만m^2에 이르는 건물의 옥상녹화 추진, 경기장 오수처리에 80% 이상의 빗물을 사용하는 설계도입, 경기장 오수 100%재활용, 반도체 조명시스템, 베이징 녹지조성 78% 이상 조성 등을 추진하였다(장기윤, 2008). 이러한 노력들에도 불구하고 여전히 스포츠는 환경과 관련해 해결해야 할 난제들이 산적해 있으며, 세계적 차원에서 고민하고 해답을 찾지 않으면 문제해결이 이루어지 않는 영역들이 있다. 이처럼 세계정치가 지구촌의 사회문제를 제대로 이해하고 해결하려면 가치관을 전환해야 한다는 주장이 설득력을 얻고 있다. 인류의 생존과 행복을 위해서는"생물적 가치(bio-value)"를 존중하는 정책이 나와야 하고, 이러한 정책을 개발하는 데는 인간을 생물적 존재로서 파악하는 생태정치학의 지식이 필요하다는 것이다(강용진, 2005).

예를 들면 전염병환자들이 건강을 회복하기 위해서는 질병에 대한 올바른 정보와 지식을 습득하고 처방의 혜택을 누릴 수 있어야 한다. 그런데 선진국의 국민들은 건강보험 등 의료서비스에 대한 접근이 가능하고 사회적으로 보호받지만, 후진국에서는 사정이 그렇지 못하다. 생존을 위한 최소한의 조건인 생명과 건강을 지킬 수 있는 기회에서마저 차별이 있다면, 이는 윤리적으로 옳지 않다는 것이다. 그래서 환자라면 누구나 제대로 치료받을 수 있는 권리를 보장받아야 하며, 이를 위해서는 세계전체가 윤리적 차원에서 저개발국가에게 원조를 늘려야 하고, 환자들이 진료 받을 수 있도록 의료여건을 개선하는데 다함께 참여해야 한다는 것이다. 생명에 대한 전 세계의 이러한 인식공유는 지구공동체운동으로 이어져 세계사회의 구성원 각자가 이기심을 뛰어넘어 사회에 기부하고 질병에 걸린 환자들을 돌봐야 한다고 주장한다. 그리하여 인류라는 종족전체가 생명을 유지하고, 유전적으로 건강해질 수 있도록 적극 협조해야 한다고 주장한다. 지구에서 살고 있는 모든 사람은 지구가 하나의 생명공동체임을 자각해야 할 것이며, 세계경제는 생명체의 보존과 건강을 위해 서로 협력하는 '희망의 정치경제'로 가야 한다는 논리이다(오주현, 2005).

이러한 생태정치학적 논의는 스포츠현상 안에 환경파괴와 지구촌의 생명윤리뿐만 아니라 국가와 지역·계층 간 빈부격차, 지배와 복종, 억압과 차별 등의 문제를 해결하고 대안적 사회를 건설하는 스포츠 세계화의 뉴 패러다임으로서의 역할이 가능할 것으로 본다. 결국 생태정치학에서 가장 중요한 동심원은 인류전체이다. 따라서 스포츠계에 생태정치학이라는 뉴 패러다임의 적용은 출신지역, 국가, 피부색 등에 따른 차별을 극복하고, 나아가 환경보호를 향한 세계적 관심사를 공유할 수 있는 기틀조성으로 이어질 것이다.

세계시민주의의 확산

1) 세계시민주의의 인식론적 배경

헬레니즘시대 Diogenes는"당신은 어디 출신인가?"라는 질문에"나는 세계시민이다."라고 답했다고 한다. 2,000여년이 지난 오늘날까지 이러한 Diogenes의 답변은 세계시민주의라 해석되는 코스모폴리타니즘(cosmopolitanism)의 이념을 상징적으로 보여준다고 할 수 있다. 어느 도시,

어느 민족, 어느 국가에서 출생했느냐가 중요한 것이 아니라 세계시민으로서 같은 인간이라는 점이 중요하며(손철성, 2009), 한정된 장소에서 살아가는 인간들이 세계로 열린 마음을 견지할 수 있느냐, 즉 '마음의 세계화(internal globalization)'를 할 수 있느냐가 중요한 것이 된다(김문조, 2009).

세계시민주의의 기원은 고대 헬레니즘시대까지 거슬러 올라간다. 기원전 4세기 키니코스(Cynicos)학파는 세계시민(kosmopolitēs)이라는 개념을 처음 사용하였다. 폴리테스(polites)는 시민은 스스로 충성을 맹세한 특정한 폴리스(polis)에 속한다는 것을 의미하고, 코스모스(kosmos)는 지구가 아닌 우주라는 의미에서의 세계를 지칭한다(이현정, 2011). Cicero, Seneca, Aurelius 등의 스토아학파는 세계시민주의를 수용하여 더욱 발전시켰다. 근대 코스모폴리타니즘은 Voltaire와 Kant의 사상, 프랑스 인권선언 등에 나타난 계몽주의 사상을 수용하여 이론적 기반을 강화하였으며, 근대국제법의 이론적 토대를 제공하면서 발전하고 있다(김지현, 손철성, 2009). 따라서 세계시민주의는 어원에서 인지할 수 있듯이 국경을 경계로 한 공동체에 속해야 한다는 전통적인 관점을 거부하는 의미라고 볼 수 있다.

세계시민주의의 이상은 1789년의 프랑스인권선언과 국제연맹의 개념을 제안한 Kant의 글「영원한 평화를 위하여」등의 성과를 수용하며 발전했다. Kant의 세계시민은 계몽주의시대에 계몽된 인간상에 따라 자유주의적이고 다원주의적인 성격을 지니며, 세계평화, 자유, 인권을 옹호하려는 정신적 태도로 이해된다. 세계시민개념은 특정문화나 민족성에 관계없이 모든 인간에게 인정된 존엄의 원리나 인간성의 원리로 나타난다(정하나, 2011). 세계시민주의에 대한 인식론적 배경과 인류의 보편적 가치에 대한 염원이 역사적으로 얕지 않음을 알 수 있다.

Beck은 세계화로 인한 위험사회(risikogesellschaft)의 문제를 해결하기 위해서는 분석적·규범적 차원의 세계시민주의적 시각이 필요하다고 역설하였다. Beck에 의하면 세계화된 위협적 테러뿐만 아니라, 재정위기와 환경재앙 등에 직면해서 우리가 선택할 수 있는 유일한 길은 바로 국가

간의 협력이라고 주장하였다. 이를 위해서는 국가들이 세계화된 국제관계 속에서 자신의 국내적 문제를 해결하기 위해 특히 민족적 이해관계를 위해 스스로를 탈민족화하고 자신의 자율성의 일부를 포기해야 한다는 역설이 적용된다. 그리고 장기적으로는 법적 구속력을 가지는 국제적인 계약과의 협약이 필요하며, 이러한 세계시민적 민주주의(Kosmopolitische Demokratie)의 근간이 되는 것은 시민사회의 자기경험 이외에 또한 초국민적인 효력을 지닌 기본권의 문제이다(조만영 역, 2000). 기본권의 문제가 전 지구적으로 유효해야 한다는 이러한 시각은 Kant가 모든 사람들에 대해 세계시민권을 보장하자고자 한 맥락과 같은 것이다.

이처럼 세계시민주의가 인간은 그들이 세계 어디에 살든 인류공동체의 일원으로 동등한 가치를 가지고 있다는 윤리적 견지의 세계주의를 강조한다면, 신자유주의적 사고방식에 구현되어 있는 세계화주의는 윤리적으로 가치중립적인 태도를 표명한다. 이런 면에서 세계시민주의는 인간과 환경 지향적인 아래로부터의 세계화이고, 세계화주의는 시장 지향적이고 이윤추구적인 위로부터의 세계화라고 이해될 수 있다(오인영 역, 2003).

세계시민주의는 급진적 세계시민주의와 온건적 세계시민주의로 나뉜다. 급진적 세계시민주의를 주장하는 학자들의 경우, 이상적인 근대국가 체제, 이른바 국민국가 내지는 민족국가는 유지될 수 없다고 본다. 또한 세계를 자율적인 사회나 개인들로 구성된 것 이상으로 보지 않는다. 그래서 국가부정론을 강하게 지시하는가 하면, 다른 한편에서는 세계를 하나의 국가, 하나의 정부로 수렴하려는 입장을 보이고 있다(김석수, 2011). Singer, Jaspers, Russel 등이 이러한 주장을 한 대표적인 학자들이다. 그들은 핵무기의 등장과 같은 새로운 상황에 직면한 세계인류가 존속되고 평화를 유지하기 위해서는 각 국가가 주권을 포기하고 세계정권을 수립해야 할 필요가 있음을 주장하였다(P. Singer, 2003; 김희정 역). 이러한 주장은 근대민족국가가 낳은 도구적 합리성, 관료제, 자연파괴의 문제 등을 극복할 수 있다는 장점(김석수, 2011)이 있지만, 세계국가 내지는 세계정권의 수립을 주장하여 민족의 고유성과 국가의 자율성을 묵살하고, 보다 큰 전체주의 국가를 형성할 위험성을 내포하고 있다.

반면, 국가의 자율성을 인정하는 바탕위에서 세계 시민사회로 나아가야 함을 주장하는 온건적 세계시민주의가 있다. Harbermas, Beck, Höffe, Kant 등이 이러한 입장에 속하는 학자들이다. 이들은 온건적 세계시민주의 내에서도 각기 상이한 입장을 취하지만, 국가의 자율성을 존중한다는 점에서 맥을 같이 한다고 볼 수 있다. 즉 온건적 세계시민주의를 주장하는 학자들은 특정지역이나 국가에 대한 관심을 배제하지 않으면서 국가적 다양성을 인정하고 있는 것이다.

2) 스포츠 헤게모니의 약화

세계시민주의의 이념을 스포츠상황에 적용시킬 때에는 급진적 세계시민주의보다 온건적 세계시민주의가 더 합당하다고 본다(김상범, 김동규, 2012). 올림픽대회와 월드컵대회 등과 같이 국가 간의 경쟁이 치열한 스포츠 이벤트가 성행하고 있는 현재의 추세에서 국가존재 자체를 부정하는 급진적 세계시민주의는 스포츠의 존립에 위협을 가할 수 있다. 민족과 국가의 존재를 인정하면서 세계를 향한 개방적 의식을 갖추는 노력이 스포츠세계에서 바람직한 태도인 것이다.

최근 한국스포츠계에도 세계시민주의에 대한 담론이 형성되고 있다. 2006년 미국의 NFL에서 Ward가 MVP로 선정된 후, 한국의 민족적 정체성과 한국사회에서 배제되어 왔던 혼혈인들에 대한 관심이 고조되었고, 세계화를 향한 다문화주의의 수용이라는 변화된 사회적 인식이 싹을 틔웠다. 이와 함께 혼혈인들의 귀화제도와 처우문제, 한국 내 소수민족들의 시민권문제 등이 부각되었고, 실제적으로 2006년 개정된 법에 의해 최초로 화교들의 지방의회 선거권과 같은 시민권에 대한 제도적 개혁이 이루어졌으며, 혼혈인들의 특별귀화법이 개정되기도 하였다(이남미, 2010).

그럼에도 불구하고, 전통적으로 한국과 같은 단일민족, 단일문화의 신화를 간직한 국가들일수록 이질적인 문화를 근간으로 하고 있는 외국인 이주민들에 대한 포용성은 유보적이거나 미온적이며, 심지어는 배타적이고 억압적인 태도를 취할 가능성이 큰 것으로 알려져 있다(김비환, 2007). 2007년 8월 유엔 인종철폐위원회(UN Committee on Elimination)가 "인종적 동질성에 관한 한국인의 순혈주의는 취업, 혼인, 주거, 교육 및 인간관례를 포함한 모든 생활영역에서 혼혈 한인들에게 다양한 형태의 차별을 가하고 있다."는 보고서를 한국정부에 전달(김문조, 2009)한 것은 한국인이 취하고 있는 세계화에 대한 인식과 태도가 아직은 폐쇄적임을 지적하는 것이라고 볼 수 있다.

이러한 경향은 스포츠 문화현장에서도 재현되고 있다. 즉 외국인 스포츠 노동이주자들의 권리를 보호해줄 수 있는 제도적 장치가 미비하고, 일부규정에서는 인권침해의 논란을 일으킬 수 있다는 비난을 받기도 한다. 혼혈 농구선수와 관련한 다음 기사는 이러한 문제와 관련한 제도적 장치의 모순점을 적나라하게 지적하고 있다.

> 문제는 당사자인 선수들의 의사는 처음부터 배제되었다는 점이다. 일반적인 국내선수들의 FA제도 역시 말이 많지만, 귀화혼혈선수들은 아예 팀을 '옮기든 남든'선택할 권리가 없다는 자체가 선수들의 기본권을 침해하고 있는 셈이다. 극단적으로 말하면, 본인의사와 무관하게 장터에 마치 싱싱한 생선 늘어놓듯 내다걸고서는 손님들끼리 알아서 몸값을 흥정하는 꼴이다(이준목, 2012. 5. 3).

최근에는 외국인선수에 대한 차별을 철폐하기 위한 제도를 만들었음에도 불구하고 여전히 암묵적인 차별이 이루어지고 있음을 알 수 있다. 한국농구연맹(KBL)은 2011-2012시즌부터 외국인선수상을 폐지하고 MVP로 통합해서 시상하고 있다. 취지는 국내선수와 외국선수를 가리지 않고 최고로 잘한 선수를 뽑겠다는 것이다. 그러나 아무리 외국인선수가 잘했더라도 국내선수 대신에 MVP를 타기는 현실적으로 불가능하다(서정환, 2014. 4. 16). 미국 메이저리그에서 활동하고 있는 류현진 선수가 아무리 좋은 활약을 하더라도 외국인이라는 이유 하나만으로 수상자 명단에서 제외되는 불합리한 일을 수용하기는 쉽지 않을 것이다. 이러한 역지사지의 인식 적용이 요구된다.

한국에는 현재 150여명의 스포츠노동 이주자가 거주하고 있다(출입국·외국인정책본부, 2010). 이와 함께 박지성, 추신수, 류현진, 이대호 등과 같이 외국에 진출한 한국인 스포츠노동 이주자도 상당수 있다. 이처럼 스포츠 세계에 있어서 국가 간의 이동과 선택이 자유로운 시대에 한국 내에 잔존해 있는 외국인들에 대한 편견과 차별적인 태도는 스포츠 선진문화의 창달에 장애요소가 아닐 수 없다. 해방과 독립 후에도 지속된 단일언어, 단일혈통에 기반 한 우리사회의 민족주의담론은 이제 냉철한 사고와 비판을 요한다. 이러한 민족주의는 아메리카 크리올 민족주의와 유럽의 대중민족주의의 골격인 인민주권, 공화제, 자유와 평등 등에 대한 관심과 논의를 경시하는 경향이 있다. 단일종족 민족공동체에 대한 원초적이고도 맹목적인 충성심은 민족의 공동체적 이익을 위해서라면 개인의 자유와 권리를 회생할 수도 있다는 전근대적 공동체분위기를 형성한다(Anderson, 2002; 정희준, 2003 재인용). 이러한 민족주의 담론에 갇히게 되면 지배체제의 정치적, 경제적 야욕으로 인해 역사적 사실조차 왜곡되고 조작될 가능성도 배제할 수 없는 것이다.

이밖에도 스포츠현장에는 배타적 민족주의가 작용하여 자민족만의 우월성을 강조하는 민족우월주의를 유발하기도 하는데(Guttmann, 1994), 이의 극단적인 예로서 1936년 Hitler가 집권하던 시기에 개최된 베를린올림픽대회를 들 수 있다(손천택, 윤현수, 2011 재인용). 당시 Hitler는 독일 중앙관광국으로 하여금 올림픽의 선전을 담당하도록 하고, 해외 40개국 44개소에 사무소를 마련하여 올림픽선전용 안내책자를 13개 국어, 올림픽 포스터를 19개 국어로 인쇄한 후 세계 각국에 배포하였다. 또 다양한 유형의 선전영화를 제작하여 41개국 5억 4,000만 명이 관람하게 하였으며, 올림픽 성화봉송 릴레이를 처음 도입하기도 하였다(주동진, 2003). 김동규(2011)는 이러한 양상을 파시즘적 국가주의라고 명명하면서, 그 성격이 국수주의적이고 전체주의적이며 반공적인 정치주의적 성향의 표출이라고 평하였다.

이러한 일종의 배타적 민족주의의 성향은 국가 간 경쟁이 아닌 개인의 신체적 탁월성을 스포츠를 통해 표출하는 장으로 자리매김하고자 했던 올림픽대회에서도 표출되고 있다. 1908년 제4회 런던올림픽은 민족주의의 성향이 두드러지게 나타난 대표적인 대회였다. 당시 참가국들은 클럽이나 학교와 같은 대표단을 중심으로 선수를 파견하던 양상을 보여 왔으나, 이 대회부터 자국의 국기를 들고 국가대표 선수들이 참가하기 시작하였던 것이다(곽형기, 2001).

올림픽경기에서의 우승에 대한 집착과 우승을 정치적 이데올로기적 승리와 동일시하는 이유 때문에 민족주의는 더욱 난무하였으며, 메달집계의 발표, 운동선수에 대한 정부와 기업의 지원, 국가대표 및 단체스포츠의 발생, 시상식에서의 국기게양 및 국가연주 등의 요인들이 민족주의적 열기를 부채질 한 요인들이다. 위의 요인들 중 특히 메달수여식은 올림픽경기가 내포한 가장 명백한 민족주의적 요소를 보여준다. 입상자의 이름, 소속, 국가명이 방송되고 국기가 게양되며 우승자가 속한 국가가 연주된다. 올림픽에서 내셔널리즘의 대두야말로 스포츠경쟁을 일층 심화시키는 계기가 되었다고 하겠다. 국가 간의 경쟁이 아닌 평화적인 만남의 자리를 마련하여 인류의 평화와 이상을 구현하려는 세계청소년들의 스포츠제전인 올림픽경기에서 참가국가들은 자국의 이익을 위해 참가선수의 경기력을 극대화시켜 성공적인 결과를 가져오게 함으로써 자국의 정치적 신조, 생활양식, 경제적 지위 등을 과시하며, 자국의 스포츠 프로그램과 민족정신 및 그 가치관을 시위하고 확대해 나가려고 한다(류준상, 2000).

이와 같이 스포츠에서의 민족주의는 애국심을 간접적으로 자극하는 순기능적 기저가 되기도 하지만, 경쟁과 대립을 내재적 속성으로 하여 타 민족에 대한 공격성, 배타성, 억압성 등과 같은 역기능적 기능을 과도하게 표출하여 세계적인 평화질서를 위협할 우려 또한 만만치 않다. 이러한 문제의 극복을 위해서는 스포츠에 원초적으로 내재되어 있는 배타적인 민족주의 성향을 극복하려는 참여자의 의지도 함께 요구되는데, 최근 올림픽에서 나타난 한국국민들의 반응에서 변화하고 있는 민족주의적 성향을 확인할 수 있다.

> 미국의 유력 신문 뉴욕타임즈가 한국국민들이 '피겨여왕' 김연아의 석연찮은 은메달에 분노하면서도 그전과 달리 과도한 민족주의 경향을 보이지 않는다고 보도했다. 이 신문은 "소치에서 논란의 채점으로 러시아 10대 선수에게 왕관을 내준 뒤, 오랫동안 그녀가 안겨준 자부심에 매달려 온 한국에서 분노의 반응이 나오는 것은 전혀 놀라운 일이 아니다"면서도, "많은 온라인의 분석가들은 김연아가 한국이 작고 약해서 도둑맞았다고 말한다. 그러나 적어도 현재까지 한국의 소동은 더 이상 커지지 않을 것 같다"고 전했다. 아울러 "한국인들은 과거 올림픽에서 편파적인 판정을 당했다고 생각할 때마다 격노했다. 런던올림픽에서 펜싱선수가 판정에 항의해 퇴장을 거부했을 때도 그랬고, 한국의 쇼트트랙 선수가 미국선수에게 졌을 때는 서울의 미국대사관을 경찰이 보호하기도 했다. 그러나 이번엔 자제하기 위한 의식적인 노력이 엿보인다."고 덧붙였다. 또한 한국국민들이 스포츠에 열광하는 이유에 대해 "한국의 스포츠성적에 대한 집착은 다른 나라들로부터 피해를 입은 것에 뿌리를 둔 것처럼 보인다. 한국은 6.25 이후 경제적 어려움 속에 내부단합을 공고히 하는 민족주의를 활용했다. 종종 스포츠는 그들이 절실하게 원하는 국가적 자존심을 확인하는 수단이었다."이라고 분석하기도 했다(이석무, 2014. 2. 24).

국가는 이제 더 이상 세계질서를 재편하는 기본단위로 볼 수 없다는 Harvey & Houle(1994)의 지적처럼 세계화시대에 있어 국가 간 경계는 모호해졌다. 이는 국가라고 하는 존재자체를 부정하는 것이 아니라, 자민족과 자국만을 위하는 배타적이고 국수주의적 태도는 세계화시대에 있어 경계해야 할 자세임을 강조하는 것이다. 그리고 스포츠 세계화의 부작용으로 대두되고 있는 문화적 획일화와 단일문화의 확산, 강대국과 약소국의 불평등한 관계 등에 대한 대처방안도 주요한 이슈이다. 그러한 맥락에서 스포츠계에 세계시민주의의 이념 확산이 요청되고 있다.

5. 맺는말

21세기 사회변동의 대표적 현상인 세계화는 정치, 경제, 사회, 문화 등의 분야에서 다양하게 전개되고 있다. 교통과 통신의 발달로 인한 시간과 공간의 물리적 재편이 가져온 세계화 현상이 하나의 메가트렌드로 자리 잡은 것이다. 다시 말해 세계화는 선택의 영역이 아닌 당위의 영역에서 접근해야 할 문제로 일상생활에 깊이 연관되어 있다.

스포츠에 있어서도 세계화 현상은 인적 세계화, 물적 세계화 등 다양한 형태로 나타나고 있다. 자유시장의 원리에 입각하여 진행된 스포츠의 세계화는 경제적 효율성을 제고하고 개인과 이해당사자의 능력을 신장시키며 세계시민의식을 고양하여 풍요로운 삶을 누릴 수 있을 것이라는 기대를 가지게 한다(강성민, 2012). 또한 외형적으로 모순관계에 있을 것 같은 민족주의와도 결합하여 애국심을 고취시키고, 사회통합을 이루는 매개의 역할을 하기도 한다.

경제적인 측면에서 점철된 세계화는 문화적인 측면으로 이양되어 오늘날 일상생활의 많은 부분에 영향을 미치고 있다. 문화자원의 유통과정을 미국과 같은 강대국에 의해 한쪽 방향으로 유포됨을 주목하는 '문화제국주의', '맥도날드화', '미국화'등의 논의는 스포츠에서도 예외가 아니다. 스포츠에 있어서 세계화를 둘러싼 공방은 효율성에 근거한 긍정론과 문화적 획일화 등의 비판론이 첨예한 대립을 이루고 있는 양상이다. 따라서 이 저서에서는 기존의 세계화론에 대한 비판적 지형을 경제, 정치, 문화의 영역으로 나누어 검토하고, 새로운 세계화의 패러다임을 제시하고자 하였다.

경제적 영역에서의 스포츠 세계화에 대해서는 자본주의의 확산과 단일 스포츠시장의 형성에 대해 비판적으로 고찰하였다. 자본이 국가의 경계를 넘어 확산됨으로써 대부분의 국가들은 자본주의적 세계사회의 질서에 편입되거나 참여할 수밖에 없다는 인식을 공유하고 있다. 즉 오늘날의 세계경제는 하나의 시장경제로 통합되어 가고 있고, 이는 신자유주의의 확산으로 더욱 가속화되는 실정이다. 신자유주의는 스포츠의 제반영역을 시장의 원리로 환원하며 이 가운데 스포츠 내에 계층화와 양극화 현상, 사회적 불평등, 개발도상국의 스포츠 하부구조 파괴, 노동과 인권의 문제 등을 야기한다.

정치적 영역에서의 스포츠 세계화에 대해서는 국제스포츠 조직기구의 정치적 헤게모니 투쟁, 그 이면에 존재하는 자본의 논리, 국제정치 관계에서 스포츠로 인해 발생하는 민족 간의 충돌 등을 검토하였다. 세계적 수준의 스포츠 조직기구의 구성은 전 세계적으로 구조적인 연결고리를 형성하여 스포츠의 모든 부문을 관리·통제·운영이 가능하게 하였다. 그러나 이 과정에서 정치·경제적인 권력을 획득하기 위한 국가 간 투쟁, 이면에 숨겨진 자본의 논리 등은 이미 통제 가능한 수준을 넘어서고 있다. 또한 국제 스포츠경기에서 과도한 민족주의의 발현으로 인해 나타나는 외교적 문제도 간과해서는 안 될 현상으로 파악하였다.

오늘날 세계화론의 가장 민감하고도 논쟁적인 영역에 속하는 문화적 영역(김문조, 2009)에서의 스포츠 세계화에 대해서는 스포츠의 문화제국주의적 현상, 세계를 향한 세계의식과 민족을 지향하는 민족의식의 상충하는 문제를 검토하였다. 자본주의의 상업적 이윤추구의 논리가 인간의 감성영역도 상업적 문화상품의 시장으로 개척되고 있음을 지적하였고, 미국과 같은 경제 대국은 이러한 경제효과를 기반으로 세계적 패권을 행사하고 있음을 비판하였다. 또한 맥도날드화, 코카콜라화 등으로 대변되는 스포츠의 문화제국주의적 현상에 대한 균형 잡힌 시각을 유지할 필요성에 대해 피력하였다. 이러한 스포츠 세계화의 비판적 지형설정을 바탕으로 다음 세 가지의 뉴 패러다임을 제시하였다.

첫째, 경제적 공동체주의의 형성이다.

신자유주의 세계화의 논리를 벗어나 정부의 역할과 규제의 필요성에 대한 인식의 전환이 필요하다. 이를 토대로 정부와 시장이 근본적 한계를 인식하고 상호보완적 관계를 설정할 필요성이 있다. 경제민주화, 사회적 기업, 기업의 사회적 책임강화 등의 경제적 핵심어들은 이러한 맥락에서 파생된 용어들이며 경제적 공동체주의라는 큰 개념으로 수렴이 가능하다. 공정한 경쟁과 기회의 평등, 정의로운 분배와 생산 및 노동의 가치제고, 환경의 공생 등을 추구하는 경제 공동체적 가치는 신자유주의 세계화로 점철된 사회양극화 문제를 해결하는 대안이 될 수 있을 것으로 기대된다.

둘째, 생태정치학의 적용이다.

본래 생태정치학은 생물학을 비롯하여 생리학, 동물학 등 자연과학의 지식을 정치과학에 접목시켜 학제 간 연구를 시도하는 분야이다(강용진, 2005). 이러한 생태정치학은 자율성과 평등성에 기초한 세계시민사회의 영역을 그 대상으로 하고 있으며, 인간과 인간, 인간과 우주자연의 연대성 회복을 통하여 공존의 대안적 사회를 구현하고자 한다(최민자, 2010). 생태정치학적 관점은 특히 환경오염 및 훼손과 관련하여 스포츠에 부여하는 의미가 적지 않다(김상범, 김동규, 2012). 뿐만 아니라 스포츠현상에서의 생명윤리, 국가와 지역 및 계층 간 지배와 복종, 억압과 차별 등의 문제를 해결하고 대안적 사회를 건설하는 뉴 패러다임으로서의 역할이 가능할 것으로 본다.

셋째, 세계시민주의의 확산이다.

세계시민주의로 해석되는 코스모폴리타니즘(cosmopolitanism)의 이념확산은 세계화로 인한 위험사회의 문제를 해결하기 위한 분석적·규범적 차원의 전제로서 기능이 가능하게 한다. 또한 스포츠에서 표출되는 배타적 민족주의, 문화적 획일화와 단일문화의 확산, 강대국과 약소국의 불평등한 국제관계의 재설정 등을 위해서라도 스포츠계에 세계시민주의의 이념확산이 요청되고 있다.

스포츠 세계화는 이미 우리 삶에 깊이 침투해 있다. 그러면서도 긍정적인 면과 부정적인 면이 동시에 존재하는 다면적 성격을 지니고 있기에 다양한 가치평가가 가능하다. 그러나 분명한 것은 스포츠 세계화는 회피할 수 없는 영역이라는 것이다. 이 저서는 스포츠 세계화를 부정할 수 없다는 것을 전제로 스포츠 세계화의 과정에서 발생하는 부정적 요소를 극복할 수 있는 새로운 패러다임에 대한 탐구를 위한 시도이다. 또한 스포츠 세계화라고 하는 거대담론의 변화에 단초가 되기를 기대해 본다.

참고문헌

강권찬(2002). 스포츠, 내셔널리즘 그리고 붉은 악마: '붉은 악마'담론의 서로 다른 민족주의. 민족연구, 9, 156-162.

강내희(2000). 신자유주의와 문화-노동사회에서 문화사회로-.서울:문화과학사.

강상구(2000). 신자유주의의 역사와 진실. 서울: 문화과학사.

강성민(2012). 덕으로서 기업의 사회적 책임-스포츠 기업 및 기구를 중심으로-. 한국스포츠산업·경영학회지, 17(6), 91-103.

곽형기(2001). 올림픽의 본질과 발전 요인에 관한 재조명. 한국체육학회지, 40(4), 21-38.

구강본, 김영갑(2005). 선수상품화에 대한 신자유주의적 해석과 과제. 움직임의 철학: 한국체육철학회지, 13(2), 105-118.

권순용(2012). 스포츠와 사회이론. 한국스포츠사회학회 편. 서울: 레인보우북스.

권혁범(2009). 민족주의는 죄악인가. 서울: 생각의 나무.

김경동(1994). 국제화와 지방화: 개념적 고찰. 서울: 나남 출판사.

김동욱(2012, 12월 25일). 프로농구 용병천하 16년, 득과 실은? 인터넷 노컷뉴스 http://www.nocutnews.co.kr/Show.asp?IDX=2354489.

김명섭(2003). 탈냉전기 국제정치학의 문명패러다임. 한국정치학회보, 37(3), 431-451.

김문겸(2002). 축구의 대중화와 세계화의 사회학적 의미. 경제와 사회, 54, 9-34.

김문조(2009). 코스모폴리탄 사회학: 세계화 시대의 사회학적 대응. 한국사회학, 43(1), 1-22.

김미경(2010). 세계화, 세방화, 다문화 -아래로부터의 세계화를 위한 제언-. 인문연구, 59, 207-252.

김미경(2013). 세계화시대 역사교육의 대안적 패러다임 탐색-유럽중심주의와 자민족중심주의의 극복을 위한 이론적 성찰-. 미간행 박사학위논문. 영남대학교 대학원.

김병곤(2001). 신자유주의 정치철학적 근원을 찾아서. 과학사상, 36, 186-203.

김상범, 김동규(2012). 스포츠 세계화의 뉴 패러다임: 코스모폴리타니즘. 한국체육철학회지, 20(4), 33-52.

김상범, 김동규(2013). 스포츠 한류의 쟁점과 정초과제. 한국체육철학회지, 21(2), 45-58.

김석수(2010). 미국의 스포츠 세계화전략: 월드베이스볼클래식(World Baseball Classic)대회를 중심으로. 글로벌정치연구, 3(1), 141-166.

김성수(2007). 세계시민사회이론의 비교분석: 자유주의적, 맑스적, 구성주의적, 사회학적 관점을 중심으로. 한국정치외교사논총, 29(1), 47-74.

김성현(2004, 8월 3일). NBA "열려라 차이나"…시장 확대 노력. 조선일보. http://news.chosun.com/svc/content_view/content_view.html?contid=2004080370448.

김소희, 이원재, 인상우(2011). 한국 스포츠세계화의 불균형적 전개와 정책적 시사점. 사회과학연구, 22(1), 169-182.

김수정, 양은경(2006). 동아시아 대중문화물의 수용과 혼종성의 이해. 한국언론학보, 50(1), 115-138.

김수행 역(2008). 고삐 풀린 자본주의. 서울: 필맥.

김신동(2004). 세방화, 정보화, 그리고 문화충돌. IT의 사회·문화적 영향 연구, 49, 1-105.

김영갑(2011). 스포츠이벤트 개최의 설명력과 가치론적 정당성 논의. 움직임의 철학: 한국체육철학회지, 19(1), 95-106.

김영갑(2012). 스포츠이벤트 개최의 비판적 접근과 미래적 응시. 한국체육학회지, 51(5), 51-61.

김영갑, 남중웅(2009). 스포츠산업의 이데올로기: 세계화. 움직임의 철학: 한국체육철학회지, 17(1), 39-50.

김용식(2008). 글로컬라이제이션(glocalization). 포스코경영연구소 DB.

김우석(2010). 다문화사회 소통 통로로서의 스포츠: 문화적응 과정에서의 스포츠의 역할. 미간행 박사학위논문. 경희대학교 대학원.

김욱(2006). 스포츠 제국주의, 어떻게 읽을 것인가. 인물과 사상, 97, 139-148.

김인환(1995). 'Glocalization'시대의 지역과학기술정책에 관한 소고-과학기술처정책을 중심으로-. 한국지방자치학회보, 7(2), 2263-2290.

김정수(2014, 5월 19일). 월드컵 축구용품서 환경호르몬 다량 검출. 인터넷 한겨레뉴스, http://www.hani.co.kr/arti/society/environment/637871.html.

김태근(2013). 사회적기업 정착을 위한 한국 사회의 성찰: 베버와 하버마스의 합리성이론을 중심으로. 인문연구, 67, 407-442.

김태성 역(2006). 문명들의 대화. 서울: 휴머니스트.

나종석(2009). 탈민족주의 담론에 대한 비판적 성찰-탈근대적 민족주의 비판을 중심으로-. 인문연구, 57, 57-96.

남상우(2007). 아감벤의 정치철학이론과 스포츠 메가이벤트: 예외상태와 호모 사케르. 한국체육학회, 46(6), 73-83.

류준상(2000). 올림픽과 민족주의에 대한 연구. 한국레저스포츠학회지, 4, 3-18.

민중언론 참세상(2013, 12월 13일). 여성은 어떻게 자본주의의 노동 예비군이 되었나. http://www.newscham.net/news/view.php?board=news&nid=72340.

민현주(2010). 청소년의 하위문화로서 비보잉의 세계지역화와 무용문화의 방향 및 과제. 움직임의 철학: 한국체육철학회지, 18(2), 293-314.

박보현(2008). 스포츠 메가 이벤트의 경제발전 담론: 1988 서울올림픽과 2002 한일월드컵을 중심으로. 한국스포츠사회학회지, 21(4), 789-812.

박상인(2013). 사회통합과 경제민주화. 응용경제, 15(2), 153-173.
박수정, 정희준(2004). 이종격투기의 세계화: 탈근대와 전근대의 만남. 한국체육학회지, 43(4), 115-125.
박천응(2013). '혼종적 담론비판분석'으로 본 한국의 다문화담론 비판. 미간행 박사학위논문. 인하대학교 대학원.
박치완(2011). 탈영토화된 문화의 재영토화. 철학연구, 42, 59-92.
박호성(2002). 국제 스포츠 활동과 사회통합의 상관성, 가능성과 한계. 국제정치논총, 42(2), 93-110.
빙원철(2007). 스포츠와 민족 그리고 쇼비니즘의 형성. 한국체육철학회지, 15(2), 17-27.
서정환(2014, 4월 16일). 제퍼슨이 1표? 프로농구 MVP는 국내선수 전유물. OSEN, http://osen.mt.co.kr/article/G1109833465.
성경륭(2001). 세계화의 딜레마: 세계주의와 국지주의의 갈등. 한국사회학, 35(2), 29-57.
손천택, 윤현수(2011). 세계화와 양립하는 스포츠 민족주의 순기능 탐색. 한국체육학회지, 50(3), 37-44.
손철성(2009). 지역적 헌신을 요구하는 세계시민주의. 동서사상, 7, 359-362.
손호철(2005). 김대중정부의 복지개혁의 성격: 신자유주의로의 전진? 한국정치학회보, 39(1), 213-231.
송백석(2009). 신자유주의 지구화담론 비판. 한국사회학, 43(1), 188-219.
송형석(1997). 체육학의 과제로써 스포츠와 환경. 한국체육학회보, 68, 31-36.
신경환(1997). 세계화와 국제통상. 서울: 두남.
신재휴(2000). 스포츠용품산업의 국제화 동향과 한구그이 국제화 전략. 한국스포츠사회학회지, 13(1), 191-206.
신종화, 유승무(2013). 한국의 현대성과 경제민주화: 사회사상의 쟁점. 사회와 이론, 23, 253-276.
안상욱(2009). 세계화와 세방화 구현-수렴성과 다양성의 선택-. 인문연구, 57,

291-316.
양소예(2007a). 글로벌-로컬 지점으로서 한국 프로 스포츠 리그로의 외국인 선수의 노동 이주와 적응. 미간행 박사학위논문. 연세대학교 대학원.
양소예(2007b). 선수들의 국제적 이동과 Global-local 지점으로서 한국 프로 스포츠의 변화. 한국체육학회지, 46(5), 75-90.
양소예, 원영신(2007). 외국인 프로 농구 선수의 한국 프로 리그로의 노동 이주 특성과 적응 경험 연구. 한국스포츠사회학회지, 20(3), 537-554.
양순창(2003). 스포츠의 정치적 상징성과 상징조작 기제에 관한 연구. 국제정치논총, 43(3), 53-72.
양윤재(2000). 스포츠와 환경. 제39회 체육주간기념 제20회 국민체육진흥세미나논문집, 39, 13-26.
양은경(2009). 스포츠 인력의 초국적 이동과 다문화주의의 환상. 사회과학연구, 20(1), 63-83.
오주현(2005). 생태정치학적 측면에서 본 리더십-동학사상을 중심으로-. 미간행 석사학위논문. 성신여자대학교 대학원.
유호근(2009). 신자유주의적 세계화 패러다임: 비판적 검토와 대안적 전망. 아태연구, 16(1), 123-140.
유호근(2010). 소프트 파워로서의 스포츠. 비교민주주의연구, 5(2), 135-161.
유호근(2013). 스포츠 교류·협력의 국제정치: 공공외교적 함의. 평화학연구, 14(1), 53-74.
윤경우(2009). 중국의 한류 수용양상: 선택죽 수용, 저항 그리고 변용 및 주변화. 중소연구, 32(4), 99-132.
윤여탁(2004). 신자유주의에 따른 스포츠의 상업성에 관한 비판적 고찰. 한국체육학회지, 43(4), 55-64.
윤평중(2006). 한류의 문화철학과 세계화. 철학과 현실, 69, 54-69.
이강우, 김석기(2006). 메가-스포츠이벤트의 정치경제학. 움직임의 철학: 한국체육철학회지, 14(2), 165-183.

이남미(2010). 국내 스포츠 노동이주 현상과 유연한 시민권의 발현. 한국스포츠사회학회, 23(3), 155-178.

이남미(2011). 스포츠 한류의 맥도날드화-세계 속에 한국화(Koreanization)를 위한 가능성 탐색-. 스포츠과학, 115, 9-17.

이상길, 안지현(2007). 다문화주의와 미디어/문화연구: 국내 연구동향의 검토와 새로운 전망의 모색. 한국언론학보, 51(5), 58-83.

이석무(2014, 2월 24일). 美 뉴욕타임즈 "韓국민, 김연아 銀 분노하지만 과격행동 자제. 이데일리. http://starin.edaily.co.kr/news/NewsRead.edy?SCD=EB33&newsid=01462886605993800&DCD=A20402.

이승환(2011). 맨 주먹과 한국인의 '깡다구'로 일군 글로벌 한류 태권도, 이제 종착역인가? 스포츠과학, 115, 18-25.

이은주(2007). 한국음악의 세방화 방안 연구. 음악과 민족, 34, 187-215.

이은주, 조철기(2008). 고등학교 '사회'교과서에 나타난 세계화와 지역화 내용 분석. 중등교육연구, 56(2), 65-92.

이재형(2003). FIFA의 헤게모니와 월드컵. 한국스포츠리서치, 14(3), 447-490.

이정식, 민경선(2003). 스포츠에 있어서 환경정의론의 재조명: 담론에서 실천으로. 한국체육철학회지, 11(2), 225-241.

이정우(2011). 스포츠 한류의 가능성 탐색: 한국 스포츠의 전지구화 현상과 한류. 스포츠과학, 115, 2-8.

이종하(2005). 세계화 시대의 문화 획일화 비판과 반비판-아도르노와 함께, 아도르노를 넘어서. 철학과 현상학 연구, 26, 107-130.

이주영(2002, 5월 25일). 극빈국 고사리손 착취하는 축구공. 오마이뉴스. http://news.naver.com/main/read.nhn?mode=LSD&mid=sec&sid1=102&oid=047&aid=0000004963.

이지영(2012). 중학생들의 다문화 수용성에 대한 연구. 미간행 박사학위논문. 서울대학교 대학원.

이징연, 김동규(2009). 녹색성장과 스포츠 환경. 한국체육철학회지, 17(3), 15-33.
이창섭, 남상우(2010). 스포츠사회학. 대전: 궁미디어.
이학준(2002). 스포츠환경과 생태학적 윤리. 한국체육철학회지, 10(1), 1-10.
이한구(2002). 문명 다원주의에서 본 세계화. 인문연구, 32, 183-198.
이한규(1999). 스포츠와 제3밀레니엄: 스포츠와 세계화. 1999년도 제 4차 한국스포츠사회학회 정기세미나집, 1-16.
이해성(2002). 역사적 교육사회학의 쟁점과 방법. 서울: 문음사.
임석준(2005). 소비자 정치와 기업의 사회적 책임: 나이키의 글로벌 상품사슬을 중심으로. 한국정치학회보, 39(2), 237-254.
임지현(2005). 민족주의는 반역이다. 서울: 소나무.
임현진(2002). 전지구화, 한국사회 및 스포츠- '시민적 프로젝트'를 향하여. 계간 사상, 여름호, 6-26.
임현진(2011). 세계화와 반세계화. 서울: 세창출판사.
임현진, 공석기(2014). 뒤틀린 세계화: 한국의 대안찾기. 서울:나남출판사.
임현진, 윤상철(2002). 월드컵의 국제정치경제: 누구를 위한, 무엇을 향한 잔치인가? 경제와 사회, 54, 57-83.
임현진, 정홍익, 안민석(2002). 새로운 스포츠 사회학. 서울: 나남출판사.
임홍빈(2002). 국가체제의 변혁과 세계화의 도전. 인문연구, 32, 227-237.
장기윤(2008). 중국, 환경문제 해결에 미래를 걸다: 베이징이 꿈꾸는 환경올림픽 실현될까-스포츠, 환경, 경제를 엮은 "차이나 세일즈"-. CHINDIA, 18, 22-24.
장문석(2007). 민족주의 길들이기. 서울: 지식의 풍경.
장혜진(2012, 8월 6일). 나이키·코카콜라가 돌변한 이유. 인터넷 환경TV뉴스, http://www.greenpostkorea.co.kr/news/articleView.html?idxno=17638.
장효진(2013, 8월 26일). 윤리경영의 성공·실패 사례. 이투데이 , http://www.etoday.co.kr/news/section/newsview.php?idxno=782070.

전원재(2010). 스포츠의 세계화와 세방화에 따른 한국스포츠의 문제점과 과제. 미간행 석사학위논문. 경북대학교 대학원.
정기웅(2004). 세계화 시대, 민족주의의 역설. 세계지역연구논총, 22(1), 117-137.
정기웅(2008a). 스포츠를 통한 국가위신의 고양: 가능성과 한계. 글로벌정치연구, 1(1), 31-61.
정기웅(2008b). 스포츠의 정치적 도구성에 대한 재고찰: 2008 베이징 올림픽을 중심으로. 한국시민윤리학회, 21(2), 259-282.
정종훈(2002). 나라사랑과 교회교육: 애국주의와 나라사랑의 현대적 의미. 교회교육, 303, 9-14.
정준영(2003). 열광하는 스포츠 은폐된 이데올로기. 서울: 책세상.
정준영(2009). 근대 민족국가의 형성과 스포츠. 사회와 역사, 84, 75-103.
정하나(2011). 세계시민주의에 대한 비판적 고찰: 콰메 앤터니 애피아와 피터 싱어를 중심으로. 미간행 석사학위논문. 연세대학교 대학원.
정희준(2008). 스포츠메가이벤트와 경제효과: 그 진실과 허구의 재구성. 한국스포츠사회학회지, 21(1), 229-251.
정희준, 이광용(2000). 세계화 과정 속의 한국 프로스포츠: 그 현실과 미래에 대한 사회학적 접근. 한국체육학회지, 39(1), 242-253.
조만영 역(2000). 지구화의 길. 서울: 거름.
조성기(2010). 1990년대 공교육 위기 담론의 사회구조적 맥락과 의미. 미간행 박사학위논문. 안양대학교 대학원.
조순, 정운찬, 전성인(2003). 경제학원론. 서울: 율곡출판사.
조영훈(2002). 신자유주의 복지 정책의 이론과 현실. 현상과 인식. 26(3), 97-107.
조정환 역(2007). 자유의 새로운 공간. 서울: 갈무리.
주형일 역(2010). 문화의 세계화. 서울: 한울.
차원현, 채호석, 배개화 역(2004). 고삐 풀린 현대성. 서울: 현실문화연구.

최민자(2010). 통섭의 기술. 서울: 모시는 사람들.

한상진(2008). 위험사회가 여는 코스모폴리탄 전망: 새로운 사회학적 상상력. 사회비평, 39, 140-155.

한태룡, 박보현, 한승백, 탁민혁(2013). 스포츠사회학. 서울: 레인보우북스.

함은주, 원영신(2005). 글로벌 미디어스포츠 수용과 신자유주의적 문화정체성에 관한 내러티브 탐구적 접근. 한국스포츠사회학회지, 18(3), 445-466.

현남숙(2012). 문화횡단 시대의 한류의 정체성-개념 분석을 중심으로-. 시대와 철학, 23(3), 301-327.

홍민철(2014, 3월 12일). 'JAPANESE ONLY'현수막 걸린 J리그 경기장...재일교포 겨냥했나. 민중의 소리. http://www.vop.co.kr/A00000734519.html.

황경식(2002). 보편 윤리와 지구촌 정의. 인문연구, 32, 213-226.

Andreff, M, & Andreff, W. (2009). Global trade in sport goods: International specialization of major trading countries. European Sport Management Quarterly, 9(3), 259-294.

Andrews, D. & Ritzer, G. (2007). The grobal in the sporting glocal. Global Networks, 7(2), 135-153.

Andrews, D. L. (1999). Whither the NBA, Whither America? Peace Review: A Journal of Social Justice, 11(4), 505-510.

Appadurai, A. (1991). Global Ethnoscapes: Notes and Queries for a Transnational Anthropology. SF: School of American Research Press.

Bale, J., & Maguire, J. (1994) The global sports arena: Athletic talent nigration in an interdependent world. Frank Cass: London.

Bookchin, M. (1995). The Philosophy of social Ecology; 문승홍 역(1997). 사회생태론의 철학. 서울: 도서출판 솔.

Cashmore, E. (2000). Making Sense of Sports. London: Routledge; 정준영 역(2001). 스포츠, 그 열광의 사회학. 서울: 한울아카데미.

Clarke, R. (2002). The Future of Sports Broadcasting Rights, SportBusiness Group Ltd. Report.

Donnelly, P. (1996). The local and the global: Globalization in the sociology of sport. Journal of Sport & Social Issues, 23, 239-257.

Drucker, P. (1993). Post-Capitalist Society. NY: Harper Business.

Elliott, R., & Maguire, J. (2008). Thinking outside of the box: Exploring a conceptual synthesis for research in the area of athletic labor migration. Sociology of Sport Journal, 25, 482-497.

Giulianotti, R., & Robertson, R. (2004). The globalization of football: A study in the glocalization of the 'serious life'. The British Journal of Sociology, 55(4), 545-568.

Giulianotti, R., & Robertson, R. (2007). Globalization and sport. Oxford: Blackwell.

Giulianotti, R., & Robertson, R. (2009). Globalization & Football. London: Sage.

Giulianotti, R., (2005). Sport: A Critical Sociology. 조성식 역(2010). 스포츠 비판사회학. 서울: 범한서적.

Guttmann, A. (1991). Sports diffusion: A response to Maguire and the Americanization commentaries. Sociology of Sport Journal, 8(2), 185-190.

Guttmann, A. (1994). Games and empires: Modern sports and cultural imperialism. New York: Columbia University Press.

Harvey, D. (1989). The condition of postmodernity: An inquiry into the origins of cultural change. London: Blackwell.

Harvey, J., & Saint-Germain, M. (2001). Sporting goods trade, international division of labor, and the unequal hierarchy of nations. Sociology of Sport Journal, 18, 231-246.

Harvey, J., Rail, G., & Thibault, L. (1996). Globalization and sport: Sketching a theoretical model for empirical analyses. Journal of Sport and Social Issues, 20(3), 258-277.

Hiller, H. H. (2006). Post-event outcomes and the post-modern turn: The Olympics and urban transformations. European Sport Management Quarterly, 6(4). 317-332.

Jackson, S. J., & Andrews, D. L. (1999). Between and beyond the global and the local: American popular sporting culture in New Zealand. International Review for the Sociology of Sport, 34(1), 31-42.

Kymlicka, W. (1995). Multicultural Citizenship: A Liberal Theory of Minority Right. Oxford University press.

Maguire, J. (1993). Globalization, sport development, and the media/sport production complex. Sport Science Review, 2, 29-47.

Maguire, J. (1994). Sport, identity politics and globalization: diminishing contrasts and increasing varieties. Sociology of Sport Journal, 11(4), 398-427.

Maguire, J. (1999). Global sport: identities, societies, civilizations. Cambridge: Polity Press.

Maguire, J. (2005). Power and global sport : Zones of prestige, emulation and resistance. New York : Routledge.

McKay, J., Lawrence, G., Miller, T., & Rowe, D. (1993). Globalization and Australian sport. Sport Science Rewiew, 2, 10-28.

Miller, T., Rowe, D., McKay, J., & Lawrence, G. (2003). The overproduction of US sport and the new international division of cultural labor. International Review for the Sociology of Sport, 38(4), 427-440.

Pieterse, J. N. (1995). Globalization as Hybridization In Global Modernities. London: Sage.

Poli, R. (2010). Understanding globalization through football: the new international division of labor, migratory channels and transnational trade circuits. International Review for the Sociology of Sport, 45, 491-506.

Porter, P. K., & Fletcher, D. (2008). The economic impact of the Olympic Games: Ex Ante predictions and Ex Poste reality. Journal of Sport Mangement, 22(4), 470-486.

Ritzer, G. (2003). Rethinking Globalization: Glocalization/ Grobalization and Something/Nothing. Sociological Theory, 21(3), 193-209.

Ritzer, G. (2003). The Globalization of Nothing. ND: Pine Forge Press

Ritzer, G. (2007). The globalization of nothing. Thousand Oaks: Pine Forge Press.

Robertson, R. (1992). Globalization: Social theory and global culture. London: Sage.

Robertson, R. (1995). Glocalization: Time-space and homogeneity-heterogeneity. In Featherstone, M., Lash, S., & Robertson, R. (Eds.), Global modernities (pp. 25-44). London: Sage.

Sage, G. H. (2010). Globalizing sport: How organizations, corporations, media, and politics are changing sports. Boulder: Paradigm.

Thibault, L. (2009). Globalization of sport: An inconvenient truth. Journal of Sport Management, 23, 1-20.

Tomlinson, J. (1991). Cultural imperialism. Oxford: Blackwell.

Tomlinson, J. (1999). Globalization and culture. 김승현, 정영희 역(2004). 세계화와 문화. 서울: 나남출판.

Tomlinson, A., & Young, C. (2006). National identity and global sports events. NY: State University of New York Press.

Watters, M. (1995). Globalization, Routledge. 이기철 역(1998), 세계화란 무엇인가? 서울: 현대미학사.

* 위 내용은 김상범(2014)의 박사학위논문 「스포츠 세계화의 비판적 지형과 뉴 패러다임」을 수정 보완한 것임.

저자소개

최순태(崔淳汰)

동서대학교 국제관계학부 졸업(국제통상학사)
영남대학교 스포츠과학대학원 졸업(체육학석사)
영남대학교 대학원 체육학과 졸업(이학박사)
주식회사 태하메카트로닉스 이사

하송박(何松博)

北華大學 체육대학 체육교육과 졸업
北華大學 대학원 체육교육과 졸업(체육학석사)
영남대학교 대학원 체육학과 졸업(이학박사)
北華大學 체육학과 조교수

김상범(金相範)

영남대학교 체육학부 졸업(체육학사)
영남대학교 대학원 체육학과 졸업(체육학석사)
영남대학교 대학원 체육학과 졸업(이학박사)
동양대학교 생활체육학과 겸임교수
한국교통대학교 세계무술아카데미 전임연구원

김동규(金東奎)

영남대학교 체육학과 졸업(체육학사)
고려대학교 대학원 체육학과 졸업(체육학석사)
한국체육대학교 대학원 체육학과 졸업(이학박사)
영남대학교 체육학부 교수